SEW “十二五”高职高专国际贸易系列教材
国家骨干高职院校建设规划教材

国际货物运输实务

王明严　陈　广◎主　编
丁　琪　戴丽萍◎副主编

中国经济出版社
CHINA ECONOMIC PUBLISHING HOUSE
·北京·

图书在版编目(CIP)数据

国际货物运输实务/王明严主编.
北京:中国经济出版社,2012.7(2016.8 重印)
ISBN 978-7-5136-1262-3

Ⅰ.①国… Ⅱ.①王… Ⅲ.①国际货运—高等职业教育—教材
Ⅳ.①F511.41

中国版本图书馆 CIP 数据核字(2016)第 182693 号

责任编辑 焦晓云
责任审读 霍宏涛
责任印制 张江虹
封面设计 巢新强

出版发行 中国经济出版社
印 刷 者 北京艾普海德印刷有限公司
经 销 者 各地新华书店
开　　本 787mm×1092mm 1/16
印　　张 17.5
字　　数 439 千字
版　　次 2012 年 7 月第 1 版
印　　次 2017 年 8 月第 3 次
定　　价 39.00 元
广告经营许可证 京西工商广字第 8179 号

中国经济出版社 网址 www.economyph.com **社址** 北京市西城区百万庄北街 3 号 **邮编** 100037
本版图书如存在印装质量问题,请与本社发行中心联系调换(联系电话:010-68330607)

前 言

国际货物运输实务课程是国际商务、报关与国际货运、物流管理等专业的一门专业必修课，内容主要包括国际货物运输的基本理论和实际业务操作。在教材编写过程中，我们紧扣本专业的教学大纲要求，全面、系统地讲授了国际货物运输的原理、法规、惯例、操作流程及操作要点等，贯彻“理论够用、操作实用、重在实操”的指导思想，充分汲取高职高专在探索培养应用型人才方面的成功经验、教学成果、科研成果及行业实践经验等，突出教材的前沿性和实用性。全书分为六大学习模块，每一模块下均设有学习单元和操作单元：学习模块一，国际货物运输行业认知；学习模块二，国际海上货物运输；学习模块三，国际航空货物运输；学习模块四，国际陆运及多式联运；学习模块五，国际货物运输保险；学习模块六，国际货物运输事故及处理。

本教材每一学习模块开始均设有实例导入，可以使学生尽快进入本章的学习情境；同步穿插的“知识链接”和“新视窗”，能拓宽学生的知识面；设置“实例研讨与教学互动”，能引导学生对相关知识点进行深入探究，有助于学生理解和消化学习中的重点和难点；同时教材也着重引导并培养学生对信息的搜索、分析和整合能力。

本教材的编写力求紧跟实务操作、兼顾考证，具有以下几个特色：

1. 体系清晰。全书六大模块内容设置体现了“行业认知→货运业务→货运保险→事故处理”这一逻辑顺序；每一学习模块的内容上体现出“理论先行，实践紧随其后”的思路。

2. 突出重点。全书六大模块内容中，海上货运和航空货运为教材的重点模块；每一模块内容上也充分体现了“重在实操”的思想。

3. 体现实用。本教材中采用了大量一线业务操作人员提供的真实单据和业务资料，使实操训练逼真，并使学生在课堂学习中便对实际业务操作有了较为具体的认知。

4. 可读性强。结合教学内容安排的实例导入、案例研讨、例题及思考训练题均有助于学生对相关教学内容的正确理解、掌握，能够满足学生对相关资格证书考试的需求。

5. 前沿性。本教材中有最新的国际航运规则、航运惯例及最新的科研成果，有助于指导学生的实际业务操作。

本书既可以作为高职高专国际货物运输实务课程的教材，也可以作为国际货物运输相关从业人员的自学用书及参考资料。

本书由王明严（海南经贸职业技术学院）担任第一主编，陈广（海南经贸职业技术学院）担任第二主编。其中，学习模块一由吴海文（海南经贸职业技术学院）负责编写；学习模块二基础知识部分由丁琪（海南经贸职业技术学院）负责编写，学习模块二实务操作部分由陈广负责编写；学习模块三由王明严负责编写；学习模块四由潘玥舟（天津渤海职业技术学院）负责编写；学习模块五由戴丽萍（广州科技贸易职业学院）负责编写；学习模块六由陈辉韬（重庆工业职业技术学院)负责编写。

在本书的编写过程中,我们得到了王国安(浙江工商大学教授,硕士研究生导师)、王正华(海南经贸职业技术学院国贸系教授)、贺亚茹博士(海南经贸职业技术学院国贸系副教授)、张梅英(海南经贸职业技术学院国贸系副教授)、蒋伟(连云港骏辉国际货运代理有限公司经 理)、许军(连云港骏辉国际货运代理有限公司业务部经理)、张家严(连云港骏辉国际货运代理 有限公司业务部副经理)、龙借洪(中外运空运发展股份有限公司海南分公司业务经理)、符传法(中外运空运发展股份有限公司海南分公司业务副经理)、陈史丹(深圳柏威国际货运代理有限 公司市场部)等同志的支持与帮助,在此对他们表示衷心的感谢!

本书的编写过程中,我们借鉴了国内外诸多专家和学者的观点,参考了大量的学术专著、教材及网络资料,这些专家和学者的观点对本书的编写帮助很大,书末的参考文献已列出来源,挂一漏万,在此向所有列名文献及未列名文献的作者表示谢意!本书的出版得到海南经贸职业技术学院学术著作出版项目(项目编号:Hnjm2011310)资助,以及中国经济出版社的大力支持,在此表示感谢,尤其感谢责任编辑焦晓云老师在本书出版过程中的热情帮助。

由于编者水平有限,本书中难免还存在不足之处,恳请各位专家和读者批评指正!

编　者

2012 年 5 月

目 录

学习模块一　国际货物运输行业认知

【学习目标】　通过本模块的学习，使学生了解我国对外货物运输的发展概况、国际货物运输的概念和特点、国际货物运输中存在的风险和国际货物运输的组织方式。

【实例导入】　2011年11月10日上午10:00，从巴生港出发的东方海外亚特兰大号全集装箱船装载了4 800TEU的货物抵达新加坡港，在新加坡港装载了1 000TEU的货物，靠泊10个小时后又离开新加坡港前往中国香港。在中国香港，卸下500TEU来自马来西亚的新鲜水果（这500TEU的新鲜水果将通过陆运转运到中国大陆）后，又装上从澳大利亚来的1 000TEU的明虾冷冻集装箱和999TEU的葡萄酒货物转运至美国，以供美国人圣诞节享用。15个小时后，亚特兰大号离开中国香港后走全水运前往美国东海岸，预计11月28日抵达目的港纽约。海上航行途中，船长不断与目的港的船舶代理进行信息交流，大副定时检查船上冷冻集装箱是否正常供电，以保证冷冻集装箱要求的正常温度。航海日志记录显示，亚特兰大号在途经南中国海域时曾遭不明“渔船”拦截，船长指挥全船水手，利用消防水枪击退“渔船”；在途经太平洋时曾遭遇大风暴，好在船长的英明指挥将两次险情顺利化解，安全抵达目的港。

思考：

1. TEU是什么计量单位？
2. 目前的国际海运集装箱船的装载量有多大？
3. 特种货物的运输过程中有哪些注意事项？
4. 国际货物运输中存在哪些风险？
5. 国际货物运输中，除海洋运输外，还有哪些运输方式？

学习任务一　基础知识单元

基础1　国际货物运输概述

一、运输的含义

1. 运输的含义。运输是人类在生产过程中，有意识地使用各种运输设备，通过各种方式，使物或人实现位置移动。在早期人类活动中，生产和运输是融为一体的，运输是生产不可分割的一部分。随着生产力的发展，社会分工的不断加深和细化，运输便从生产中分离出来，成为一个独立的行业。

运输就其性质而言,是一种特殊的生产,具有生产的本质属性:

(1)运输和一般生产一样,也必须具备劳动者(运输者)、劳动手段(运输工具和通道)、劳动对象(运输对象即货物或人)这三个基本条件。运输是生产过程的继续,离开它,社会生产便无法完成。

(2)运输的过程(货物或人的位移)和一般生产过程一样,是借助于活的劳动(运输者的劳动)和物化劳动(运输工具设备与燃料的消耗)的结合而实现的。

(3)运输的结果使运输对象发生了位移,改变了运输对象的地位,这也和一般生产的结果制造出新产品一样,是创造了新价值。商品经过一段运输后,可按高于原产地的价格出售。

(4)运输也和一般生产一样,始终处在变化和发展的状态中,并且,运输的变化和发展是与一般的变化和发展紧密地结合在一起而经历了几个相同的阶段。现代工业和现代运输之间的关系更是密不可分的。

2. 运输的产品。运输不能改变劳动对象的性质和形状,不能生产出任何独立物质形态的产品,运输生产的"产品"是无形的,随着运输的终止而消失,不能像一般生产的产品一样进行储备,所以运输"产品"是以运输工具为载体的服务。

3. 现代运输的四要素:运输工具、运输动力、运输通道及电信设备。

(1)运输工具(VEHICLE),载人载物的运行设备,如轮船、火车、汽车、飞机、管道等。运输工具随着科学技术水平和管理水平的不断提高而日益发展完善。

(2)运输动力(MOTIVE POWER)。推动运输工具前进的力量,包括自然动力(风力、水力、人力、畜力等)和人工动力(蒸汽力、石油燃烧爆发力、气体燃烧力、电力、原子能、核能等)。运输工具的动力,也在不断进步中。

(3)运输通道(WAY OF PASSAGE WAY)。运输工具借以通行的媒介,如河流、湖泊、海洋、铁路、公路、空间、地道等。运输通道与运输工具、动力相配合,才能充分发挥其效用。

(4)电信设备(TELECOMMUNICATION INSTALLATION)。传递信息的设备,如有线电、无线电、雷达、广播、电视、计算机等。现代运输由于效率高,范围大,因此危险性也大,迫切需要电信设备的配合。运输工具与地面的电信设备相互配合,才能充分发挥其功能。

二、国际货物运输的含义

1. 国际货物运输的含义。国际货物运输,就是货物在国家与国家、国家与地区之间的运输。国际货物运输可分为贸易物资运输与非贸易物资(如展览品、个人行李、办公用品、援外物资等)运输两种。由于国际货物运输主要是贸易物资的运输,非贸易物资的运输往往是贸易物资运输部分的附带业务。所以,国际货物运输也通常被称为国际贸易运输,从国家角度来讲,就是对外贸易运输,简称外贸运输。

国际货物运输也是一种国际贸易,只不过用于交换的不是物质形态的商品,而是一种无形的特殊商品——运力。

2. 国际货物运输的特点。国际货物运输是国家与国家、国家与地区之间的运输,与国内货物运输相比,具有以下几个主要特点:

(1)国际货物运输涉及国际关系问题,是一项政策性很强的涉外活动。国际货物运输是国际贸易的一个组成部分，在组织货物运输的过程中，需要经常同国外发生直接或间接的广泛的业务联系，这种联系不仅是经济上的，也常常会涉及国际政治问题，是一项政策性很强的涉外活动。

(2)国际货物运输是中间环节很多的长途运输。它是国家与国家、国家与地区之间的运输，一般来说，运输的距离都比较长，往往需要使用多种运输工具，通过多次装卸搬运，要经过许多中间环节，如转船、变换运输方式等，经由不同的地区和国家，要适应各国不同的法规和规定。其中任何一个环节发生问题，都会影响整个运输过程，这就要求我们做好组织安排，避免在某一环节上出现脱节现象，造成损失。

(3)国际货物运输涉及面广，情况复杂多变。国际货物运输涉及国内外许多部门，需要与不同国家和地区的货主、交通运输、商检机构、保险公司、银行或其他金融机构、海关、港口以及各种中间代理商等打交道。同时，由于各个国家和地区的法律、政策规定不一，贸易、运输习惯和经营做法不同，金融货币制度的差异，加之政治、经济和自然条件的变化，都会对国际货物运输产生较大的影响。

(4)国际货物运输的时间性强。按时装运进出口货物，及时将货物运至目的地，对履行进出口贸易合同，满足商品竞争市场的需求，提高市场竞争能力，及时结汇，都有着重大意义。特别是一些鲜活商品、季节性商品和敏感性强的商品，更要求迅速运输，不失时机地组织供应，才有利于提高出口商品的竞争能力，有利于巩固和扩大销售市场。因此，国际货物运输必须加强时间观念，争时间、抢速度，以快取胜。

(5)国际货物运输的风险较大。由于在国际货物运输环节中运输距离长，涉及面广，情况复杂多变，加之时间性又很强，在运输沿途国际形势的变化、社会的动乱，各种自然灾害和意外事故的发生，以及战乱、封锁禁运或海盗活动等，都可能直接或间接地影响到国际货物运输，以致造成严重后果，因此，国际货物运输的风险较大。为了转嫁运输过程中的风险损失，各种进出口货物和运输工具，一般都需要办理运输保险。

三、国际货物运输的关系方

运输业所涉及的机构很多，不仅包括进出口企业、承运人，还包括包装、仓储、检验、海关、保险、银行、装卸公司、港口、车站、机场及各种代理人，具体可归纳为以下四个类型：

1. 外贸企业，是指专门经营进出口商品业务的进出口商或商品生产厂家，他们专营国际进出口业务，被称为货主。在商品买卖中，贸易合同签订以后，无论他们是买方还是卖方，都必须根据合同条款的规定，办理进出口商品的运输事宜。他们是货物运输工作中的托运人或收货人，是运输合同的当事人。

2. 交通运输企业，是指专门经营水上、铁路、公路、航空等货物运输业务的交通运输企业，他们一般拥有大量的运输工具，为货主提供运输服务，是货物运输工作中的承运人。

3. 货运代理人，是指根据委托人的要求，代办货物运输业务的机构。有的代理人受承运人的委托，向货主揽取货物；有的代理人受货主委托，向承运人办理货物的托运事宜；也有的代理人兼营承托双方的业务。在运输合同中，货运代理人不是合同的当事人，他们属于中间人的性质，在承运人和托运人之间起到桥梁作用。

4. 其他关系方。国际贸易运输工作与海关、商检、保险、银行以及包装、仓储等部门也有着十分密切的关系。

四、国际货物运输的任务及要求

(一)国际货物运输的任务

国际货物运输的基本任务是根据国家有关的方针政策,合理地运用各种运输方式和运输工具,多快好省地完成进出口货物的运输任务,为国际贸易服务。

1. 按时、按质、按量地完成进出口货物运输。国际贸易合同签订后,只有通过运输,及时将进口货物运进来,将出口货物运出去,交到约定地点,商品的流通才能实现,贸易合同才能履行。"按时"就是根据贸易合同的装运期和交货期的条款规定履行合同;"按质"就是按照贸易合同质量条款的要求履行合同;"按量"就是尽可能地减少货损货差,保证贸易合同中货物数量条款的履行。如果违反了上述合同条款,就构成了违约,有可能导致赔偿、罚款等严重的法律后果。

2. 节省运杂费用。由于国际货物运输是国际贸易的重要组成部分,而且运输的距离长,环节较多,各项运杂费用开支较大,故节省运杂费用的潜力比较大,途径也多。因此,从事国际货物运输的企业和部门,应该不断地改善经营管理,节省运杂费用,提高企业的经济效益和社会效益,为国家积累更多的建设资金。

3. 为国家节约外汇支出,增加外汇收入。国际贸易合同在海上运输一般采用 CIF 和 FOB 等贸易术语成交,按照 CIF 条件,货价内包括运费、保险费,由卖方派船将货物运至目的港;按照 FOB 条件,货价内则不包括运费和保险费,由买方派船到装货港装运货物。为了国家的利益,出口货物多争取 CIF 条件,进口货多争取 FOB 条件成交,则可节省外汇支出,增加外汇收入。而国际货物运输企业为了国家利益,首先要依靠国内运输企业的运力和我国的方便旗船,再考虑我国的租船、中外合资船公司和侨资班轮的运力,再充分调动和利用各方面的运力,使货主企业同运输企业有机地衔接,争取为国家节约外汇支出,创造更多的外汇收入。

4. 认真贯彻国家对外政策。国际货物运输是国家涉外活动的一个重要组成部分,它的另一个任务就是在平等互利的基础上,密切配合外交活动,在实际工作中具体体现和切实贯彻国家各项对外政策。

(二)对国际货物运输的要求

1. 选择最佳的运输路线和最优的运输方案,组织合理运输。不同运输方式有着各自较合理的适用范围和不同的技术经济特征,选择时必须进行比较和综合分析,首先要考虑商品的性质、数量的大小、运输距离的远近、市场需求的缓急、风险的程度等因素。另外,要考虑运输成本的高低和运行速度的快慢。

正确选择运输路线、装卸和中转港口。一般而言,应尽量安排直达运输,以减少运输装卸、转运环节,缩短运输时间,节省运输费用。如果是必须中转的货物,也应选择适当的中转港或中转站。货物的装卸港,一般应尽量选择班轮航线经常停靠的自然条件和装卸设备较好、费用较低的港口。

2. 树立系统观念,加强与有关部门配合协作,努力实现系统效益和社会效益。国际货物运输过程中,要切实加强货主、运输企业、商检、海关、银行金融、港口、船代和货代等部门与企业之间的联系,相互配合、密切协作,充分调动各方面的积极性,形成全局系统观念,共同完成国际货物运输任务。

基础2　国际货运与国际物流的关系

一、国际物流概述

(一)物流的概念

物流(Logistics)是利用现代信息技术和设备,将物品从供应地向接收地准确、及时、安全、保质保量地完成门到门位移的服务模式和服务流程。

物流的分类有多种。如果按照从事物流的主体进行划分,可分为第一、二、三、四方物流。

1. 第一方物流。第一方物流是指需求方(生产企业或流通企业)为满足自己企业在物流方面的需求,由自己完成或运作的物流业务。

2. 第二方物流。第二方物流是指供应方(生产厂家或原材料供应商)专业物流企业,提供运输、仓储等单一或某种物流服务的物流业务。

3. 第三方物流。第三方物流(Third Party Logistics,缩写 TPL)是指由物流的供应方与需求方以外的物流企业提供的物流服务。即由第三方专业物流企业以签订合同的方式为其委托人提供所有的或一部分的物流服务。第三方物流也称为合同制物流。

4. 第四方物流。第四方物流(Fourth Party Logistics)是一个供应链的集成商,是供需双方及第三方的领导力量。它不是物流的利益方,而是通过拥有的信息技术、整合能力以及其他资源提供一套完整的供应链解决方案,以此获取一定的利润。它是帮助企业实现降低成本和有效整合资源,并且依靠优秀的第三方物流供应商、技术供应商、管理咨询以及其他增值服务商,为客户提供独特的和广泛的供应链解决方案。

(二)国际物流的概念

国际物流(International Logistics)是组织货物在国家与国家之间或国家与地区之间的合理流动。这种物流是国际贸易的一个重要组成部分,各国之间的相互贸易最终通过国际物流来实现。国际物流是现代物流系统中重要的领域,也是一种新的物流方式。

广义的国际物流的研究范围包括国际贸易物流、非贸易国际物流、国际物流合作、国际物流投资、国际物流交流等领域。

狭义的国际物流主要是指国际贸易物流,即组织货物在国际上的合理流动,也就是指发生在不同国家或地区之间的物流。更具体地说,狭义的国际物流是指当生产和消费分别在两个或两个以上的国家(或地区)独立进行时,为了克服生产和消费之间的空间距离和时间间隔,对货物进行物理性移动的一项国际贸易或国际交流活动。

(三)国际物流的特点

国际物流使各国物流系统相互“接轨”,因而与国内物流系统相比,具有市场广阔、国际性、复杂性、高风险性、运输方式选择和组合的多样性等特点。

1. 国际物流的市场广阔。国际物流是跨国界的物流活动,市场广阔。国际物流的需求层次多,或者说国际物流面对的是一个多层次、多维体的市场。

2. 国际物流的国际性。国际物流的国际性是指物流系统涉及多个国家,系统的地理范围大。国际物流跨越不同地区和国家,跨越海洋和大陆,运输距离长,运输方式多样,这就需要合理选择运输路线和运输方式,尽量缩短运输距离,缩短货物在途时间,加速货物的周转并降低物流成本。

3. 国际物流的复杂性。国际物流的复杂性主要包括国际物流通信系统设置的复杂性、法规环境的差异性和商业现状的差异性等。

不同国家的物流适用法律的不同使国际物流的复杂性远高于一国的国内物流,甚至会阻断国际物流;不同国家的不同经济和科技发展水平则会造成国际物流处于不同科技条件的支撑下,甚至有些地区根本无法应用某些技术,从而迫使国际物流系统的总水平下降;不同国家的不同标准,也造成了国际"接轨"的困难,因而使国际物流系统难以建立;不同国家的不同风俗和人文环境也使国际物流受到了很大局限。

可见,由于物流环境的差异,一个国际物流系统需要在几个不同法律、人文、语言、科技、社会标准的环境下运行,这些无疑会大大增加物流的难度和系统的复杂性。

4. 国际物流的高风险性。国际物流的风险性主要包括政治风险、经济风险和自然风险。政治风险主要是指由于所经过国家的政局动荡,如罢工、战争等原因,造成货物可能受到损害或丢失;经济风险又可分为汇率风险和利率风险,从事国际物流必然要发生资金流动,因而就必然产生汇率风险和利率风险;自然风险则是指在物流过程中,可能因自然因素,如台风、暴雨等引起的风险。

5. 国际物流以远洋运输为主,多种运输方式组合。与国内物流相比,国际物流以远洋运输为主,并由多种运输方式组合。国际物流涉及多个国家,地理范围更大,运输距离更长,因此需要合理选择运输路线和方式,尽量缩短运距和货运时间,加速货物的周转,降低物流成本。运输方式选择和组合的多样性是国际物流的一个显著特征。

(四)国际物流的作用

国际物流最大的特点是物流跨越国界,在不同国家之间进行,所以它的存在与发展可以促进世界范围内物的合理流动,使国家间物资或商品的流动路线最佳、流通成本最低、服务最优、效益最高。

同时,由于国际化信息系统的支持和世界各地域范围的物资交流,国际物流可以通过物流的合理组织促进世界经济的发展,改善国家间的友好交往,并由此推进国际政治、经济格局的良性发展,从而促使整个人类的物质文化和精神文化朝着和平、稳定和更加文明的方向发展。

二、国际货运与国际物流的关系

现代国际物流包括货物流及由于货物流而引发的资金流和信息流。国际货运即货物流,是国际物流的主要组成部分,没有国际货运也就没有相应的资金流和信息流,所以,国际货运是国际物流形成的基础。

基础3　国际货运代理

一、国际货运代理概述

国际货物运输是一项业务范围广、情况复杂的工作。而且,随着市场经济和国际贸易的迅速发展，社会分工越加趋于明确，单一的贸易经营者或者单一的运输经营者都没有足够的力量亲自处理每项具体业务，他们需要委托代理人为其办理一系列商务手续，从而实现各自的目的。在这种背景下也就出现了国际货运代理行业。

国际货运代理即接受委托人委托或授权，代办各种国际贸易及国际货物运输所需要服务的业务，并收取一定报酬，或作为独立经营人组织并完成货物运输及仓储等业务，因而被认为是国际运输的组织者，也被誉为国际贸易的桥梁和国际货物运输的设计师。

二、国际货运代理的作用

国际货运代理的作用可归纳为以下几个主要方面：

1. 能够为委托人办理国际货物运输中所有环节或部分环节的业务，手续简单方便；

2. 能够把小批量的货物集中为成组货物进行运输。这对货主来说，可以取得优惠运价而节省运杂费用；对承运人来说，接收货物省时、省事、省钱，而且有比较稳定的货源。

3. 能够根据委托人托运货物的具体情况，综合考虑运输中的安全、时耗、运价等各种因素，使用最适合的运输工具和运输方式，选择最佳的运输路线和最优的运输方案，把进出口货物安全、迅速、准确、节省、方便地运往目的地。

4. 能够掌握货物的全程运输信息，使用最现代化的通信设备随时向委托人报告货物在运输途中的状况。

5. 能够就运费、包装、单证、结关、领事要求、金融等方面向工农贸企业提供咨询，并对国外市场和在国外市场销售的可能性提出建议。

6. 不仅能够组织和协调运输，而且能够创造开发新的运输方式、新的运输路线以及制订新的费率。

总之，国际货运代理是整个国际货物运输的设计者和组织者，特别是在国际贸易竞争激烈、社会分工越来越细的情况下，它的地位越来越重要，作用越来越明显。

三、国际货运代理的法律地位

随着国际贸易与国际货物运输的迅速发展，货运代理人已逐渐成为国际贸易和国际货物运输中不可或缺的关系方。深入了解货运代理在国际货物运输关系中的法律地位，对于明确国际货运业务中不同关系方的权利、义务以及责任具有重要意义。

国际货运代理的法律地位应根据其具体业务而定。实务中，国际货运代理可能以委托人的名义开展业务，也可能以自己的名义开展业务。当国际货运代理人以委托人的名义开展业务时，国际货运代理人并不承担运输业务中当事人的责任，而只对自身的行为或不行为负责。当国际货运代理以自己的名义开展业务时，国际货运代理人应承担运输业务中当事人的责任。

基础 4　国际货物运输方式简介

根据运输工具的不同，国际货物运输可分为水上运输、航空运输及陆路运输和多式联运几种方式。

一、水上运输

水上运输可分为内河运输和海洋运输。海洋运输是国际货物运输的主要方式,每年约80%以上的国际贸易货运量是通过海洋运输完成的。

(一)国际海洋运输的特点

1. 通过能力大。海洋运输可以利用四通八达的天然航道,它不像火车、汽车受轨道和道路的限制,故其通过能力很大。

2. 运量大。海洋运输船舶的运载能力,远远大于铁路运输车辆和公路运输车辆。如一艘万吨船舶的载重量一般相当于250~300个火车车皮的载重量。而目前的国际海洋运输船舶通常可达到几十万吨。

3. 运费低。因为运量大,航程运,分摊于每货运吨的运输成本就少,因此运价相对低廉。

海洋运输虽有上述优点,但也存在不足之处。例如,海洋运输受气候和自然条件的影响较大,风险较大。

此外,海洋运输的速度相对较低①,不能满足对时间要求较紧的货物运输。

(二)国际海上货物运输的作用

国际海上货物运输虽然存在速度较低、风险较大的不足,但由于它的通过能力大、运量大、运费低廉以及对货物适应性强等长处,加上全球特有的地理条件,使它成为国际贸易中最主要的运输方式。

二、航空运输

航空货物运输是指采用商业飞机运输货物的商业活动。

(一)航空货物运输的特点

1. 运送速度快。现代喷气运输机一般时速都在900英里左右,协和式飞机时速可达1 350英里。航空线路不受地面条件限制,一般可在两点间直线飞行,航程比地面短得多,而且运程越远,快速的特点就越显著。

2. 安全准确。航空运输管理制度比较完善,货物的破损率低,可保证运输质量,如使用空运集装箱,则更为安全。

3. 手续简便。航空运输为了体现其快捷便利的特点,为托运人提供了简便的托运手续。

4. 节省包装、保险、利息和储存等费用。由于航空运输速度快,商品在途时间短、周期快,存货可相对减少,资金可迅速收回。

5. 航空运输的运量小、运价较高。

(二)航空运输在国际贸易中的作用

1. 当今国际贸易大多是洲际市场,商品竞争激烈,时间就是金钱,争取时间至关重要。航空运输的出现,满足了国际市场的这种需要,对国际贸易的发展起到了很大的推动作用。

2. 国际航空运输能够满足对时间要求较高的商品的国际运输。如鲜活、易腐商品,及季节

---

① 目前,较快的国际货运船舶的航速通常为26节左右。1节=1海里/小时=1.852千米/小时。

性较强的商品。

3. 节省费用。由于航空运输的速度快,商品周转期短,存货可相应降低,资金可迅速回收,这就大大节省商品的储存费用及资金的利息费用;货损货差少,可简化包装,又可节省包装费用;运费安全准确,保险费也较低。

三、其他运输方式

(一)国际铁路货物运输

铁路是国民经济的大动脉,铁路运输是现代化运输业的主要运输方式之一,它与其他运输方式相比较,具有以下主要特点:

1. 铁路运输的准确性和连续性强。它几乎不受气候影响,一年四季可以不分昼夜地进行定期的、有规律的、准确的运转。

2. 铁路运输速度比较快。铁路货运速度每昼夜可达几百公里,一般货车可达100千米/小时左右,远远高于海上运输。

3. 运输量比较大。铁路一列货车一般能运送3 000~5 000吨货物,远远高于航空运输和汽车运输。

4. 铁路运输成本较低。铁路运输费用仅为汽车运输费用的几分之一到十几分之一,运输耗油约是汽车运输的二十分之一。

5. 铁路运输安全可靠,风险远比海上运输小。

6. 初期投资大。铁路运输需要铺设轨道、建造桥梁和隧道,建路工程艰巨复杂;需要消耗大量钢材、木材;占用土地,其初期投资大大超过其他运输方式。

(二)国际公路货物运输

公路运输(一般指汽车运输)是陆上运输的两种基本方式之一,也是现代运输的主要方式之一。在国际贸易运输中,它是不可缺少的一个重要组成部分,其特点主要体现为:

1. 机动灵活、简捷方便、应急性强。

2. 汽车运输投资少、收效快。

3. 随着公路建设的现代化、汽车生产的大型化,汽车也能够适应集装箱货运方式发展的需要,载运集装箱。

4. 汽车运输的不足之处是:载重量小;车辆运行时震动较大,易造成货损事故;费用成本比水运和铁路运输高。

公路运输在国际贸易运输中的地位和作用主要体现为:

1. 公路运输的特点决定了它最适合于短途运输。它可以将两种或多种运输方式串联起来,实现多种运输方式的联合运输(多式联运),做到进出口货物运输的“门到门”服务。

2. 公路运输可以配合船舶、火车、飞机等运输工具完成运输的全过程,是港口、车站、机场集散货物的重要手段。

3. 公路运输也是一个独立的运输体系,可以独立完成进出口货物运输的全过程。

(三)国际多式联运

国际多式联运是在集装箱运输的基础上产生并发展起来的,一般以集装箱为媒介,把海上运输、铁路运输、公路运输、航空运输和内河运输等传统的单一运输方式有机地结合起来,构成一种连贯的过程来完成国际货物运输。因而,国际多式联运将海、陆、空各种运输方式的特点融为一体,比传统单一的运输方式具有无可比拟的优越性。

(四)管道运输

管道运输(Pipeline Transport)是用管道作为运输工具的一种长距离输送液体或气体物资的运输方式。

管道运输不仅运输量大、连续、迅速、经济、安全、可靠、平稳以及投资少、占地少、费用低,而且可以实现自动控制。管道运输可省去水运或陆运的中转环节,缩短运输周期,降低运输成本,提高运输效率。

当前管道运输的发展趋势:①管道的口径不断增大;②运输能力大幅度提高;③管道的运距迅速增加;④运输物资由石油、天然气、化工产品等流体逐渐扩展到煤炭、矿石等非流体。

基础5 国际货运对象及运输标志

国际货物运输的对象是货物,货物的种类繁多,而且结构、形状、性质及包装等千差万别,在搬运、积载、保管、装卸、运输过程中,必须要根据不同的要求区别对待。承运人和托运人必须熟悉货物并掌握其特性,才能做好运输工作。从不同角度对国际物流中的货物进行分类有多种不同的分法。

一、货物的分类

(一)从货物性质的角度分类

从货物性质的角度分类,可分为普通货物和特殊货物。

1. 普通货物。除了特殊货物以外的货物均为普通货物,它又可分为清洁货物和粗劣货物。

(1)清洁货物,指清洁、干燥货物。这种货物在运输保管过程中,不能混入杂质,也不能被玷污,如棉纺制品、食品、药品、日用工业品等。

(2)粗劣货物,指具有油污、水湿、扬尘和散发异味等特性,易对其他货物造成玷污的货物,如颜料、水泥、煤炭、生皮等。

2. 特殊货物。主要包括危险货物、贵重货物及鲜活易腐货物等。

(1)危险货物,指具有燃烧、爆炸、腐蚀、毒害、放射射线、污染等性质,在运输、装修和储存过程中,容易造成人身伤亡和财产毁损而需要特别防护的货物。危险货物一旦发生事故,将给人身、财产及水域、陆域、大气环境造成严重损害。

国际危险货物运输中,危险货物的分类以联合国《关于危险货物运输的建议书——规章范本》为依据,可分为9大类,分别为爆炸品、气体、易燃液体、易燃固体、氧化物质、有毒物质和感染性物质、放射性物质、腐蚀品及杂类危险物质和物品。

(2)贵重货物。国际货物运输中的贵重货物通常是指每千克的货物价值超过1 000美元的货物,如金条、钻石及其制品等。

(3)鲜活品,如活体动植物等。易腐品,如需冷冻的海鲜及已宰杀过的动物肉类等。

(二)从包装的角度分类

从包装的角度分类,可将国际货运中的货物分为包装货物、裸装货物和散装货物。

包装货物是为了便于运输过程的装卸和搬运,同时也减少装卸和搬运过程所造成的货损、货差。货物的包装可以是箱装、桶装、袋装、捆装、瓶装、罐装等多种包装形式。

裸装货物是不加包装而成件的货物,如车辆、机械设备等。

散装货物一般是指货物的规格一致、每次成交量特别大的低值货物,为了便于采用机械化和自动化装卸,在运输过程中不加任何包装货物,如煤炭、矿石及大豆、小麦等农产品。

(三)按货物的重量和体积的比率分类

按货物的重量和体积的比率可分为重货和轻货。国际货物运输中,重货是指货物的实际重量吨大于其尺码吨(由货物的最长、最宽、最高尺寸之积,按一定的折合系数折算所得)的货物,否则即是轻泡货物。

二、货物的积载因数

货物的积载因数(Stowage Factor,S. F.),是指货物的单位重量所占的单位体积,即每一吨货物正常堆积时所占的空间,单位为立方米/吨或立方英尺/吨。它是船舶配载工作中十分重要的资料,用于计算一定重量的某种货物需占多少货舱容积,或一定的货舱容积能装载多少吨的某种货物。积载因数反映了货物的轻重程度。

货物积载因数的测量方法。如果货物为轻泡大件货可以直接测量其最大尺寸的长、宽、高,如果是小件重货,可采用 N×N 堆高法,测其总的长、宽、高,求其体积,然后用此体积除以该货物的实际重量,即得到货物的理论积载因数。不同货物的积载因数可能会不同。

但在实务中,因不同货物的包装方式不同,其装载方式也有所不同,货物的体积不可能把所有舱容全部占满,有时因为货物特殊性质的要求,可能要特意留有一定的合理空隙,或无法占有的空间,或需要加一定的铺垫所占用的空间等,这些空间都是合理的亏舱。这种包括合理亏舱的积载因数即为实务中更具实际意义的积载因数。

亏空率(Rate of Broken Stowage)是指货舱容积未被货物充分利用的空间占整个货舱容积的百分数,用 β 表示。

货物的积载因数用公式可表示为:

$\text{S. F.} = \frac{M}{W}$ ——不包括亏空　$\text{S. F.}' = \frac{V}{W}$ ——包括亏空

式中 M 为货物实际体积,V 为总舱容或总箱容,W 为货物毛重。

亏空率公式为:$\beta - \frac{(V-M)}{V}$

两种积载因数间的关系可表示为:$\text{S. F.}' = \frac{\text{S. F.}}{1-\beta}$

例 1:某船公司计划配装出口箱装红茶 50T,已知箱装红茶积载因数为 2.492 ~ 2.520m^3/个,问配载时需要安排多少舱容?

解:由积载因数公式可得:

$$V = \text{S. F.}' \times W = 2.520 \times 50 = 126.00(\text{m}^3)$$

例 2:某轮船装运箱装动力机,每箱尺寸为 1.15m×1.00m×2.80m,重量为 3 000KG,装舱时亏舱率为 15%,求装舱后该批货的积载因素。

解:由题意可知:$M = 1.15\text{m} \times 1.00\text{m} \times 2.80\text{m} = 3.22\text{m}^3$

再由公式 $S.F.' = S.F./(1-\beta) = (M/W)/(1-\beta)$

$= (3.22/3)/(1-15\%) = 1.26(\text{m}^3/\text{T})$

三、国际货物运输标志

运输标志(Shipping Mark)俗称唛头或"唛",是在货物或其包装上,用印刷或者烙印的方法,书写一定的图案和文字,其目的是为了便于识别,以利于货物交换、装卸、分票、清点、核查,避免错发错运。其主要内容包括:①目的地的名称或代号;②收、发货人的代号;③件号、批号。此外,有的运输标志还包括原产地、合同号、许可证号、体积与重量等内容。运输标志的内容繁简不一,由买卖双方根据商品特点和具体要求商订。

运输标志实例如图 1-1 所示。

1. 主标志(Main Marks)。是货主的代号,一般以图文或文字表示,其内容是收货人的信息。通常印刷在箱装货物的端面,如图 1-1 中的 ABC。

2. 副标志(Counter Marks)。是主标志的补充,内容有目的港、发货港、货物品名、规格、编号等。如图 1-1 中的 NOS.24/50(件数号)、SEATILE(目的港)、44×50×60(体积标志)、G.125KG、N.100KG(重量标志)及 MADE IN CHINA(原产地)。

3. 指示性标志(Indicative Mark)。以图形或者文字的形式标示出在运输过程中需要注意的事项(如图 1-2 所示)。

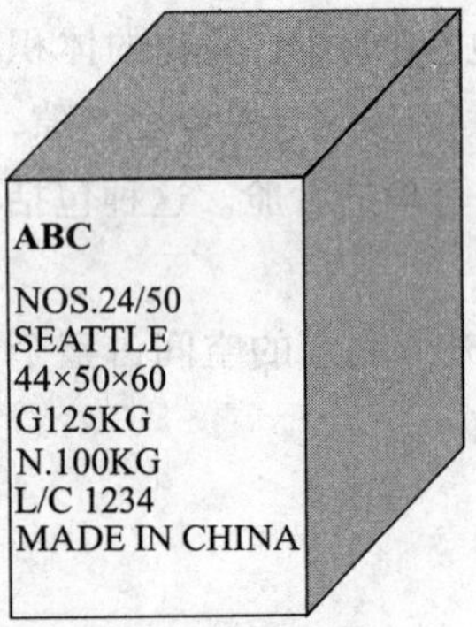

图 1-1　运输标志

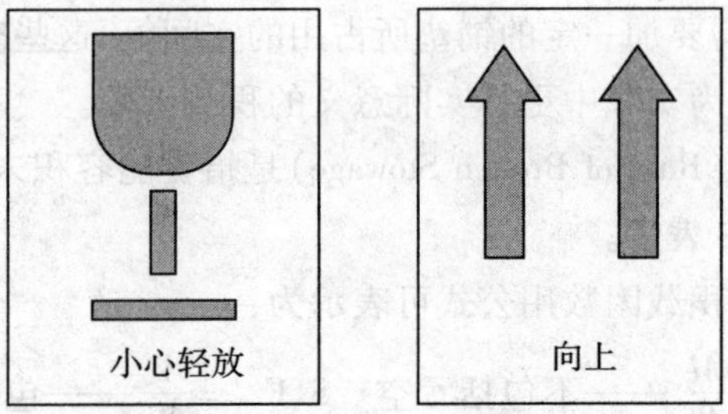

图 1-2　指示性标志——节选

4. 危险货物标志(Dangerous Cargo Marks)。用以表明货物的危险性质(如图 1-3 所示)。

图1－3　联合国危险品货物运输标志——节选

学习任务二　实务操作单元

教师带领学生模拟组建一个国际货运企业。

操作目标：

了解国际货运企业的性质、经营范围、组织机构、岗位职责、企业目标及经营理念。

操作准备：

1. 将学生分成若干组（根据教学对象的实际情况确定每组人数，每组选一个组长）。
2. 学生在课前阅读教材上的相关内容；上网查找操作所需要的资料。

操作过程：

第一步：拟定国际货运企业的名称、经营范围、岗位设置、企业发展目标及经营理念，最后以企业章程的形式体现出来。

第二步:拟定企业对外宣传的公司简介;讨论公司品牌的宣传策划方案,并在班内简要宣传。

第三步:小组成果展示。每组派两名代表将小组的操作结果向大家展示,展示内容包括:

(1)将本组操作结果做成 PPT;

(2)对本组的操作内容进行讲解和分析。

第四步:教师总结。教师对学生的操作结果进行点评和总结。

案例研讨与教学互动

学习本模块的教学内容后,我们来解决本模块开始的实例导入中的几个问题:

1. TEU 是英文 Twenty-Foot Equivalent Unit 的缩写,是以长度为 20 英尺的集装箱为国际计量单位,也称国际标准箱单位。通常用来表示船舶装载集装箱的能力,也是集装箱港口吞吐量的重要统计、换算单位。

2. 目前,世界上最大的海运集装箱船为马士基航运拥有的"E"级船系列,可容纳 6 800 个 40 英尺高箱或 15 200TEU。我国中海集运 2011 年投入使用的"中海之星"等 8 艘"星"系列集装箱船,其载箱量均达到 14 000TEU。

2011 年 2 月,马士基航运与韩国大宇造船签下 10 艘 1.8 万 TEU 集装箱船的订单,新船将于 2013 年至 2015 年交付使用。这批新船被称为"3E"系列,意为更具规模(Economy of Scale),更节能(Energy Efficient),更环保(Environmentally)。

3. 特种货物的运输过程中应根据货物的物理性质、化学性质、生物性质及机械性质进行合理包装、配舱,有些特殊货物在运输和仓储过程中还要注意通风或保持一定的温度等。

4. 国际货物运输中主要存在外来风险和自然风险。外来风险主要有战争、罢工、海盗等;自然风险主要有地震、海啸、台风等。

5. 国际货物运输中,除海洋运输外,还有航空运输、陆路运输及管道运输。

思考与练习

一、选择题

1. 国际货运行业在社会产业结构中属于(　　)。

A. 第一产业　B. 第二产业　C. 第三产业　D. 第四产业

2. 货运企业为客户提供的产品是(　　)。

A. 货物运输服务　B. 货物运输能力　C. 舱位　D. 货运总量

3. 承运人向客户提供货运服务时,当客户总价值和客户总成本的比值一定时,客户在(　　)情况下比较满意。

A. 形象价值大于产品价值　B. 形象价值小于产品价值

C. 客户预期价值大于客户感受价值　D. 客户预期价值小于客户感受价值

4. 在国际货运代理业务中,货代业务员时常会遇到这样的情况,虽然自己已经努力遵守公司的服务规范了,但还是有些客户不满意。从营销理论上分析,产生此类问题的最主要原因是(　　)。

A. 该业务员工作还不够努力　　B. 业务员没有了解客户的真正需求,没有因人而异

C. 客户太挑剔而不好满足　　D. 客户对公司有意见,故意不配合业务员的工作

5. 国际货运代理人是指接受进出口货物(　　)的委托,以委托人的名义或以自己的名义,为委托人办理国际货运及相关业务并收取服务报酬的企业。

A. 收货人　　B. 发货人　　C. 承运人　　D. 货运代理人

二、课外练习

浏览国际货运企业或其他与国际货运相关的网站,在线学习国际货运的相关知识,了解国际货运行业的发展趋势。

可参考的网址:

1. 中远集装箱运输有限公司官网,http://www.coscon.com
2. 中国船东网,http://www.csoa.cn
3. 货运中国网,http://www.cargoinchina.com
4. 民航资源网,http://www.carnoc.com

学习模块二 国际海上货物运输

【学习目标】 通过本模块的学习,使学生了解与海上货物运输有关的船舶基础知识、国际海运组织、国际海运航线与港口、国际海运船舶的营运方式及其特点、国际海运操作流程、国际海运提单的内容及其缮制方法,以及国际海运运费的计算。

【实例导入】 2011 年 7 月 15 日,连云港 SS 物流公司市场部小许接到徐州市 YT 外贸公司递交的托运单,欲将一批"WHEEL RIM PARTS OF MOTOR VEHICLES"发到巴生港(收货人为 YUNDONG TRADE CO. LTD.),货物共 224 件,每件尺码为 89cm×57cm×52cm,总重量为 21 800.000KGS,总体积为 59.090CBM,L/C NO. 08651225,不刷唛,交货方式为 CY/CY,FCL/FCL,装船期不迟于 7 月底,运费预付,货主自行装箱、打封,信用证的运输单据要求为"B/L SURRENDERED, COPY OF CLEAN ON BOARD B/L REQUIRED, CONSIGNED TO APPLICANT AND NOTIFY THE SAME, MARKED FREIGHT PREPAID。"

思考:

1. 要顺利完成该票业务须具备哪些国际海运基础知识?
2. 小许应如何设计该票货物的运输航线?
3. 该票货物的运费该如何计收?
4. 电放提单签发的流程如何?
5. 如何缮制电放提单?

学习任务一 基础知识单元

基础 1 国际海上货运船舶基础

一、船舶的基本构造

船舶由主船体、上层建筑及其他各种配套设备组成。

(一) 主船体

主船体是指上甲板及以下由船底、舷侧、甲板、艏艉与舱壁等结构组成的水密空心结构,是船舶的主体部分。主船体各组成部分含义如下:

1. 船底。船底为主船体的底部结构,有单层底和双层底两种结构。其横向两侧以圆弧形式

(称其为舭部),逐渐向上过渡至舷侧。

2. 舷侧。舷侧为主船体两侧的直立部分。两舷侧在过渡至近船舶前后两端时,逐渐成线型弯曲接近并最终会拢(此两会拢段部分分别称船艏和船艉)。其中,前部的线型弯曲部分称艏舷(又称艏部),后部的线型弯曲部分称艉舷(又称艉部)。构成船底、舷侧及舭部外壳的板,通常称为船舶外板,俗称船壳板。

3. 甲板。甲板为主船体竖向上成上下层并沿船长方向水平布置的大型纵向连续板架。甲板对保证船体强度及不沉性有重要作用,而且提供了布置各种舱室和安置机械设备的面积。甲板数量视船舶的大小而定,取决于船舶的类型、使命和主尺度。通常小型船舶有1~3层,中型船舶有3~5层,大型船舶有5~10层。

4. 舱壁。舱壁为主船体内竖向方向上布置的结构(分隔船内空间的竖壁或斜壁),它将船体内部空间划分成若干个舱室。有横舱壁和纵舱壁两种。

(二)上层建筑

上层连续甲板上由一舷伸至另一舷的或其侧壁板离船壳板向内不大于4%船宽的围蔽建筑称上层建筑,即艏楼(位于船艏)、桥楼(位于船舯部)和艉楼(位于船舶艉部),其他的围蔽建筑称甲板室。

1. 长上层建筑与短上层建筑。长度大于0.15L(L表示船长),且不小于其高度6倍的上层建筑为长上层建筑,不符合长上层建筑条件的为短上层建筑。客船及客货船的上层建筑属长上层建筑,其他船舶的上层建筑一般属短上层建筑。

艏楼的作用是减少艏部上浪,改善航行条件,艏楼的舱室可作贮藏室用。

桥楼的作用是保护舯部舱室免受风浪袭击,用来布置船员居住与活动场所,顶层设有驾驶室,是指挥和操纵船舶航行的中心。

艉楼的作用是减少船艉上浪,保护机舱,其内的舱室亦可作为船员居住舱室或派作其他用途。现代船舶基本都为尾机型或中尾机型船,桥楼直接设在近船艉处,故无艉楼。

2. 长甲板室与短甲板室。长度大于0.15L,且不小于其高度6倍的甲板室为长甲板室。不符合长甲板室条件的为短甲板室。船舶的桅屋基本属短甲板室。

3. 上层建筑各层甲板。根据船舶种类、大小的不同,上层建筑所具有的甲板层数及命名方法均有所不同。如有的船舶从上层建筑下部的第一层甲板开始,向上按A、B、C的方式依次命名各层甲板;有的船舶则按各层甲板的使用性质不同命名,如罗经甲板、驾驶甲板、船长甲板、高级船员甲板、艇甲板、船员甲板等。

(三)舱室

除上层建筑内具有各种功能不同的舱室外,主船体亦由各甲板与舱壁将其分隔成若干舱室,这些舱室按其用途的不同主要有:

1. 机舱。机舱是用于安装主机、辅机及其配套设备的舱室,为船舶的动力中心。机舱一般位于桥楼正下部的主船体区域。

2. 货舱。货舱是用于载货的舱室。根据船舶种类的不同,有干货舱、液货舱及液化气体货舱等。每一货舱一般仅设置一个货舱口,但对一些大尺寸的货舱,有时设置纵向方向或横向并列的两个货舱口,如集装箱船、油船及大型的杂货船等。

3. 压载舱。压载舱是指船空载时用来盛放压载物的舱室总称。如货舱下部的双层底舱，船舶的首、尾尖舱及边舱等。

4. 深舱。深舱为双层底以外的压载舱、船用水舱、货油舱（如植物油舱）及闭杯闪点不低于60℃的燃油舱等。它由船舶中纵剖面处设置的纵舱壁或制荡舱壁分隔为左右对称的舱室，以减小自由液面的影响。

5. 其他舱室。除上述主要舱室外，还有燃油舱、滑油舱、淡水舱、污油水舱、隔离空舱等舱室。

（四）各种配套设备

船舶的配套设备主要有：主辅机及配套、电气、各种管系、甲板（锚、舵、系泊及起重）设备、安全（消防、救生）设备、通信导航设备及生活设施配套设备等。

二、船舶的种类

海上货物运输船舶的种类繁多。货物运输船舶按照其用途不同，可分为干货船和液体货船两大类。

（一）干货船（Dry Cargo Ship）

根据所装货物及船舶结构、设备不同，干货船可分为：

1. 杂货船（General Cargo Ship）。杂货船一般是指定期航行于货运繁忙的航线，以装运零星杂货为主的船舶。这种船航行速度较快，船上配有足够的起吊设备，船舶构造中有多层甲板把船舱分隔成多层货舱，以适应装载不同货物的需要。杂货船应用广泛，在世界商船队中吨位总数居首位。杂货船通常根据货源的具体情况及货运需要航行于各港口，设有固定的船期和航线。

2. 干散货船（Bulk Cargo Ship）。干散货船是用以装载无包装（如谷物、煤、矿砂、盐、水泥等）大宗货物的船舶。依所装货物的种类不同，又可分为粮谷船（Grain Ship）、煤船（Collier）和矿砂船（Ore Ship）。这种船大都为单甲板，舱内不设支柱，但设有隔板，用以防止在风浪中航行时舱内货物错位。

3. 冷藏船（Refrigerated Ship）。冷藏船是专门用于装载冷冻易腐货物的船舶。船上设有冷藏系统，能调节多种温度以适应各舱货物对不同温度的需要。

4. 集装箱船（Container Ship）。又称为吊上吊下船，由于集装箱船航速较快，大多数船舶本身没有起吊设备，需要依靠码头上的起吊设备进行装卸。集装箱船可分为部分集装箱船、全集装箱船和可变换集装箱船三种。

（1）部分集装箱船（Partial Container Ship）。这类船仅以船的中央部位作为集装箱的专用舱位，其他舱位仍装普通杂货。

（2）全集装箱船（Full Container Ship）。专门用以装运集装箱的船舶。它与一般杂货船不同，其货舱内有格栅式货架，装有垂直导轨，便于集装箱沿导轨放下，四角有格栅制约，可防倾倒。集装箱船的舱内可堆放3～9层集装箱，甲板上还可堆放7～9层。目前我国沿海大港大多数都能靠泊1.4万TEU的集装箱船。

（3）可变换集装箱船（Convertible Container Ship）。其货舱内装载集装箱的结构是可拆装式的，因此它既可装运集装箱，必要时也可装运普通杂货。

5. 滚装船（Roll on/off Ship）。又称滚上滚下船，主要用来运送汽车和集装箱。这种船本身无须装卸设备,一般在船侧或船的首、尾有开口斜坡连接码头,装卸货物时,或者是汽车,或者是集装箱(装在拖车上的)直接开进或开出船舱。这种船的优点是不依赖码头上的装卸设备,装卸速度快,可加速船舶周转。

6. 载驳船(Barge-Carrying Ship)。又称子母船,是指在大船上搭载驳船,驳船内装载货物的船舶。其主要优点是不受港口水深限制,不需要占用码头泊位,装卸货物均在锚地进行,装卸效率高。目前较常见的载驳船主要有拉希型(Lighter Aboard Ship,缩写为 LASH)和西比型(Seabee)两种。

7. 木材船(Timber Ship)。木材船是专门用于装载木材或原木的船舶。这种船舱口大,舱内无梁柱及其他妨碍装卸的设备。船舱及甲板上均可装载木材。为防甲板上的木材被海浪冲出舷外,在船舷两侧一般设置不低于一米的舷墙。

8. 牲畜运输船(Livestock Ship)。牲畜运输船是专门用来装运活牲畜的船舶。这种船舱内设有喂食口、清扫口和排水口等装置。

(二)液体货船(Wet Cargo Ship)

液体货船是主要用来装运液体货物的船舶。根据所装货物种类不同,液体货船又可分为油轮、液化天然气船、液化石油气船和化学品船。

1. 油轮(Oil Tanker)。油轮主要装运液态石油类货物。它的特点是机舱都设在船尾,船壳衣身被分隔成数个贮油舱,有油管贯通各油舱。油舱大多采用纵向式结构,并没有纵向舱壁,在未装满货时也能保持船舶的平稳性。

2. 液化天然气船(Liquefied Natural Gas Carder)。液化天然气船专门用来运输经过 -162℃低温液化的天然气(主要成分是甲烷)。

3. 液化石油气船(Liquefied Petroleum Gas Carder)。液化石油气船主要运输以丙烷和丁烷为主要成分的石油碳氢化合物或两者混合气,包括丙烯和丁烯,还有一些化工产品,近年来乙烯也列入其运输范围。这些船的工作温度一般在 -45℃以下,采用管道进行装卸。

4. 化学品船(Chemical Ship)。化学品船建造或改装用于运载各种有毒的、易燃的、易挥发或有腐蚀性化学物质的货船。液体化学品船多为双层底和双重舷侧,货舱设有分隔并装有专用的货泵和管系。货舱内壁和管系采用不锈钢或抗腐蚀涂料。

新视窗 2-1

海运已成亚太地区货运的主要方式

国际著名顾问公司弗若斯特沙利文(Frost & Sullivan)在一份最新报告中预计,亚太区 12 个国家和地区的总的运输及物流市场,在 2011 年至 2016 年的年均复合增长率为 7.6%,并有望在 2016 年达到 4.09 万亿美元。

弗若斯特沙利文目前在香港发表了一份题为《2012 年亚太区物流业展望》的报告,研究范围涵盖中国内地、中国香港、中国台湾、日本、新加坡、澳大利亚、韩国、印度、马来西亚、泰国等 12 个亚太区国家和地区。公司亚太区运输及物流副总裁戈帕尔表示,海运已成为亚太地区货运的主要运输方式,占 12 个经济体总货运量的 60% 以上。他估计,亚太区 2012 年的总货运量较上一年有望增长 5.1%,至 196.7 亿吨。

(资料来源:证券时报,2012-02-23)。

三、船舶规范与证书

(一)船舶规范的概念

船舶规范是各国政府验船机构或船级社为了船舶入级或维护船舶航行安全而公布的一系列关于船舶结构、性能、系统、装置、设备和材料等在安全质量方面的技术规定。它是船舶设计、建造、维修和检验的主要依据,也是船舶入级所应达到的最低标准。各国验船机构的船舶规范尽管在内容和形式上各不相同,但基本上都符合国际上的相关海事公约,如《国际海上人命安全公约》《国际船舶载重线公约》《1973 年国际防止船舶造成污染公约》等的要求。

由于造船工业技术的发展,新材料的采用和新型船舶的出现,船舶规范必须不断地修订更新。较小的修订可以用修改通报形式发布,较大的修改则以新的规范来代替旧的规范,所以各种规范都标明公布年份。对于新型船舶,往往先以准则或指导性文件形式公布试行,待取得经验后再公布正式规范。

(二)船舶规范的内容

船舶规范是对具体船舶情况的描述,供作承租方选择适用船舶的依据,并作为租船合同的组成部分。其主要内容包括:船名、船旗、船籍港、船级、船舶呼号、船舶吨位、船级号码、国际海事组织号码、船籍国注册号、国际海事卫星通信号码、建造材质及时间、建造者、总长、两柱间长、型宽及型深、船舶主/辅机型号、燃油规格/油耗、包/散装舱容、舱口尺寸、货舱形状。

1. 船旗。船旗是指商船在航行中悬挂其所属国的国旗,船旗是船舶国籍的标志。国际法规定,商船是船旗国浮动的领土,无论在公海或在他国海域航行,均需悬挂船籍国国旗。船舶有义务遵守船籍国法律的规定并享受船籍国法律的保护。

2. 船籍港也称“船舶登记港”“登记港”。船舶所有人办理船舶所有权登记的港口。船籍港的名称应在船舶国籍证书、船舶登记证书内载明,并在船艉显著位置标出。

知识链接 2 -1

方便旗船

方便旗船(Flag of Convenience)是指在实施开放登记的外国登记,悬挂该国国旗在航运市场上进行营运的船舶。即船东将本土船舶转移到开放登记国登记入籍,悬挂开放登记国国旗,雇用低工资国家船员,在国际航运市场上进行营运。

最早的方便旗船出现于16 世纪,主要是为了方便国际贸易交往。现代方便旗船出现在第一次世界大战之前,以船东为其拥有的船舶在其本土之外的国家进行登记为标志。“二战”期间,为了避免与敌对国家的冲突,一些国家的船东也经常把船舶加入方便旗国籍。“二战”结束后,特别是 50 年代初期以后,方便旗船迅速发展,对世界航运市场产生了巨大的影响。

船舶不使用本国国旗而在他国入籍并非是某个航运国家的新发明,而是在一定的历史条件下,为达到某种特定的目的所采取的必要手段。大量方便旗船出现的原因主要是出于经济上的考虑,因为这大大降低了船舶的营运成本。

方便旗船是在一定的历史条件下,国际经济政治和各国航运立法等因素的综合性产物。其存在和发展有其积极的一面,但一些方便旗船国忽视了对方便旗船的有效管理,也给世界航运经济带来了负面影响。

（资料来源：蔡德林. 国际贸易运输地理. 北京：中国商务出版社，2006.）

3. 船舶呼号。国际海事组织用于对船舶进行呼叫的代号，是主管机关授予每一个通讯站点（船舶、飞行器、救生工具等）的一组字母和数字。通常有四个至五个字符。例如，“A”在呼号中读做“Alpha”。26 个字母和 10 个数字都有单一的专用呼号。中国籍的船舶第一个字母是 B，由无线电委员会授予。

4. 船舶吨位。船舶吨位是船舶大小的计量单位，可分为重量吨位和容积吨位两种。

（1）船舶的重量吨位（Weight Tonnage），是表示船舶重量的一种计量单位，以 1 000 公斤为一公吨，或以 2 240 磅为一长吨，或以 2 000 磅为一短吨。目前国际上多采用公制作为计量单位。船舶的重量吨位，又可分为排水量吨位和载重吨位两种。

排水量吨位（Displacement Tonnage），是船舶在水中所排开水的吨数。排水量吨位又可分为轻排水量、重排水量和实际排水量三种。

轻排水量（Light Displacement），又称空船排水量，是船舶本身加上船员和必要的给养物品三者重量的总和，是船舶最小限度的重量。

重排水量（Full Load Displacement），又称满载排水量，是船舶载客、载货后吃水达到最高载重线时的重量，即船舶最大限度的重量。

实际排水量（Actual Displacement），是船舶每个航次载货后实际的排水量。

排水量吨位可以用来计算船舶的载重吨；在造船时，依据排水量吨位可知该船的重量；在统计商船的大小和船队时，一般以轻排水量为准；船舶通过巴拿马运河，以实际排水量作为征税的依据。

载重吨位（Dead Weight Tonnage），表示船舶在营运中能够使用的载重能力。载重吨位可分为总载重吨和净载重吨。

总载重吨（Gross Dead Weight Tonnage），是指船舶根据载重线标记规定所能装载的最大限度的重量，它包括船舶所载运的货物、船上所需的燃料、淡水和其他储备物料重量的总和。

净载重吨（Net Dead Weight Tonnage），是指船舶所能装运货物的最大限度重量，又称载货重吨，即从船舶的总载重量中减去船舶航行期间需要储备的燃料、淡水及其他储备物料的重量所得的差数。

船舶载重吨位可用于对货物的统计，作为期租船月租金计算的依据，表示船舶的载运能力，也可用作新船造价及旧船售价的计算单位。

（2）船舶的容积吨位（Registered Tonnage），是表示船舶容积的单位，又称注册吨，是各海运国家为船舶注册而规定的一种以吨为计算和丈量的单位，以 100 立方英尺或 2.83 立方米为一注册吨。容积吨又可分为容积总吨和容积净吨两种。

容积总吨（Gross Registered Tonnage），又称注册总吨，是指船舱内及甲板上所有闭合的场所的内部空间（或体积）的总和，是以 100 立方英尺或 2.83 立方米为一吨折合所得的商数。容积总吨的用途很广，它可以用于国家对商船队的统计，表明船舶的大小，用于船舶登记，用于政府确定对航运业的补贴或造船津贴，用于计算保险费用、造船费用以及船舶的赔偿等。

容积净吨（Net Registered Tonnage），又称注册净吨，是指从容积总吨中扣除那些不供营业用的空间后所剩余的吨位,也就是船舶可以用来装载货物的容积折合成的吨数。容积净吨主要用于:船舶的报关、结关;作为船舶向港口交纳的各种税收和费用的依据;作为船舶通过运河时交纳运河费的依据。

5. 船级。船级是表示船舶技术状态的一种指标。在国际航运界,凡注册总吨在100吨以上的海运船舶,必须在某船级社或船舶检验机构监督之下进行建造。在船舶开始建造之前,船舶各部分的规格须经船级社或船舶检验机构批准。每艘船建造完毕,由船级社或船舶检验局对船体、船上机器设备、吃水标志等项目和性能进行鉴定,发给船级证书。证书有效期一般为4年,期满后需重新予以鉴定。船舶入级可保证船舶航行安全,有利于国家对船舶进行技术监督,便于租船人和托运人选择适当的船只,以满足进出口货物运输的需要,便于保险公司决定船、货的保险费用。

知识链接2-2

国际主要船级社

American Bureau of Shipping 美国船级社,缩写为A. B. S.。

Bureau Veritas 法国船级社,缩写为B. V.。

China Classification Society 中国船级社,缩写为C. C. S.。

Det Norske Veritas 挪威船级社,缩写为D. N. V.。

Russian Maritime Register of Shipping 俄罗斯船舶登记局,缩写为RS。

Registro ltaliano Navale 意大利船级社,缩写为R. I. N. A。

Nippon Kaiji Kyokai 日本船级社,缩写为N. K. K.。

Lloyd's Register of Shipping 劳埃德船级社/英国船级社,缩写为LR。

Korean Register of Shipping 韩国船级社,缩写为KR。

Germanischer Lloyd 德国船级社,缩写为C. L.。

The Australian Maritime Safety Authority 澳大利亚船舶登记局,缩写为AMSA。

Polish Register of Shipping 波兰船舶登记局,缩写为PRS。

(资料来源:http://baike. baidu. com/view/131920. htm)

(三)船舶规范的应用

船舶规范主要应用于租船市场的询盘、发盘、还盘以及签订合同等环节,且常作为租船合同的主要附件之一,具有法律效力。船舶规范发布者需要对自己发布的船舶规范负有责任。

(四)船舶证书

国际航运船舶证书是船舶非常重要的身份证明,也是船舶技术状况的证明。船舶证书是根据联合国和其他国际组织的有关公约、规则、规定和协定来制定的,由船舶登记的国家当局或当局授权的机构签发,到期时要按规定进行检验后方可延期或更新。船舶未获得必要的证书,或证书过期,或证书到期而未进行检验并延期,有关港口当局可以进行强制检验或将船舶滞留。

国际航运船舶证书主要有以下38种:国籍证书、登记证书、船籍港证书、船级证书、载重线证书、干舷证书、保险单、无疫证书、检疫证书、除鼠证书、免予除鼠证书、货船结构安全证书、货船无线电报安全证书、货船设备安全证书、客船安全证书、散货适载证书、吨位证书、适航证书、国际防油污证书、最低船员配备安全证书、船舶航行安全证书、加入保赔协会证书、钢瓶测试证书、手提灭火机检验证书、救生艇/筏证书、起重设备检验和试验证书、符合证明、安全管理证书、苏伊士运河吨位证书、散装液化气适装证书、散装危险化学品适装证书、防止有毒液体污染证书、危险货物适装证书、危险货物监装证书、船舶可燃气体清除证书、防止生活污水污染证书、油污损害民事责任保险或其他财产保证证书、港口国检查报告。

基础2　国际海运组织

一、政府间国际航运组织(Inter-Government Organization,IGO)

1958 年 2 月 9 日,联合国在日内瓦召开海事大会,并于同年 3 月 6 日通过了成立"政府间海事协商组织"(IMCO)的公约,即《政府间海事协商组织公约》。该公约于 1958 年 3 月 17 日生效。1959 年 1 月在伦敦召开的第一次大会期间,政府间海事协商组织正式成立。1982 年 5 月 22 日,该组织更名为"国际海事组织"(International Maritime Organizaion,IMO)。

国际海事组织是联合国在海事方面的一个技术咨询和海运立法机构,是政府间的国际组织,所有联合国成员国均可成为国际海事组织的会员国。我国于 1973 年 3 月 1 日正式参加国际海事组织,并于 1975 年当选为理事国。

国际海事组织设有海上安全委员会、海上环境保护委员会、法律委员会、便利委员会和技术合作委员会五个委员会;还设有协助海上安全委员会和海上环境保护委员会的散装液体和气体分委会,危险品、固体货物和集装箱运输分委会,消防分委会,无线电和搜寻与救助分委会,航行安全分委会,船舶设计和设备分委会,稳性、载重线和渔船安全分委会,培训和值班标准分委会及船旗国履约分委会九个分委会。

国际海事组织的宗旨是:"在与从事国际贸易的各种航运技术事宜的政府规定和惯例方面,为各国政府提供合作机会;并在与海上安全、航行效率和防止及控制船舶造成对海洋污染有关的问题上,鼓励和便利各国普遍采用最高可行的标准"。国际海事组织还负责处理与这些宗旨有关的行政和法律事宜。

二、非政府间国际航运组织(Non-Government Organization,NGO)

除了属于政府间的国际组织外,还有一些国际航运组织是属于非政府间的国际组织,这些非政府间的国际航运组织都是由航运企业以及与航运有关的机构联合而成的学术性和咨询性的民间团体。因参与的成员众多,它们还能在国际海运政策方面起到协调和咨询的作用。非政府间国际航运组织中比较著名的有:

1. 国际航运公会(International Chamber of Shipping,ICS)。ICS 成立于 1921 年(当时叫 International Shipping Conference,1948 年改为现名),主要是由英、美、日等 23 个国家有影响力的私人船东所组成的协会,协会成员大约拥有 50% 的世界商船总吨位。ICS 成立的宗旨是为了保护本协会内所有成员的利益,就互相关心的技术、工业或商业等问题交流思想,通过协商达成一致意见,共同合作。ICS 的主要业务包括:油船、化学品船的运输问题和国际航运事务,贸易程序的简化,集装箱和多式联运,海上保险,海上安全,制定一些技术和法律方面的政策,便于船舶进行运输。

2. 波罗的海国际海事协会(Baltic and International Maritime Conference, BIMCO)。BIMCO成立于1905年,总部设在丹麦哥本哈根,原名波罗的海和白海公会,后来因其成员变成世界性的,于1927年改名为BIMCO。BIMCO向本组织成员提供全世界港口和海运条件方面的免费情报服务、免费咨询服务、专题讲座及短期培训。成立的宗旨是联合船东和航运机构,在适当的时候采取一致行为促进航运业的发展,把不同的意见和违反工作惯例的情况通知本组织成员。BIMCO的服务范围非常广泛,主要有预防和解决争端、信息服务、出版物等。

3. 国际海事委员会(Comité Maritime International, CMI)。国际海事委员会1897年成立于布鲁塞尔。它的主要宗旨是促进海商法、海运关税和各种海运惯例的统一。它的主要工作是草拟各种有关海上运输的公约,如有关提单、有关责任制、有关海上避碰、有关救助等方面的国际公约草案。国际上第一个海上货物运输公约——著名的《海牙规则》就是由该委员会1921年起草、并在1924年布鲁塞尔会议上讨论通过的。

4. 国际海运联合会(International Shipping Federation, ISF)。ISF成立于1909年,总部设在伦敦,是一个船东组织,在有关海员雇佣和安全的所有问题上代表船东的利益。ISF是最老的国际船东组织,到1919年才成为世界性的船东组织。ISF有三个主要目标:为会员提供和交流最新的海员雇佣情报;根据海员的雇佣发展情况,提出和协调各国船东的意见;在讨论处理海员问题的国际论坛上,代表会员的利益与各国政府和工会商洽。ISF的工作重点放在劳动标准方面,经常与工会打交道。在许多问题的解决上,雇主与工会的看法难免不同,因此,ISF的主要任务是协调和提出雇主的观点。ISF还为IMO、联合国贸易和发展会议、联合国经社理事会担任咨询工作。在IMO里,ISF主要关心船员的配备和培训工作,积极参与制定了1978年《关于海员培训、发证和值班标准国际公约》。ISF的活动还包括船员工资、建立并协调与工会的关系、船员配备与组织等。ISF主要为船东谋福利,但它与国际劳工组织、海事组织合作,积极参加拟订与海员雇佣条件、健康培训和福利有关的重要的国际劳工组织公约和决议,对航运业的发展起着重要的作用。

5. 国际独立油轮船东协会(International Association of Independent Tanker Owners, INTERTANKO)。INTERTANKO成立于1934年,总部设在挪威奥斯陆,由来自各海运国家的独立油轮船东组成。

INTERTANKO是非营利性机构,它成立的宗旨是为会员之间交换意见、提供场所、促进自由竞争、维护独立油轮船东利益、加强技术和商业之间的交流。INTERTANKO特别强调它所提供的服务对它的成员具有实际价值。其业务主要包括:港口信息,运费和滞期费问题,租船合同,市场研究,关于船舶动态、海上安全、市场趋势、油轮费用、港口使用费等各方面的最新消息。INTERTANKO凭借着优质的服务,给各独立油轮业主创造了更多的获利机会,同时也促进了自身的发展,对海运业发展起到了一定的推动作用。

三、国际海运企业间的航运组织

1. 班轮公会(Conference Shipping Ring)。航运经营具有很强的竞争性,在某一航线上同时有几家船公司经营班轮运输时,竞争尤为激烈。在这种情况下,各船公司常以降低运价的手段来争揽货载。但是,运费收入是船公司最主要的收入来源,无节制地降低运价势必减少船公司的收入，有时甚至会动摇船公司的经营基础。因此，作为一种维护船公司自身利益的手段，就出现了由在同一航线上经营班轮运输的船公司组成的以垄断航线经营为目的班轮公会组织。全世界目前已有360多个班轮公会，分布在各主要班轮航线。它们大多由海运发达国家的航运公司控制，成为掌握大量现代化船舶和货源，控制件杂货运价市场，牟取高额利润的航运垄断力量。

班轮公会又称航运公会，俗称水脚公会，是指由两家以上在同一航线上经营班轮运输的船公司，为避免相互间的竞争，维护共同利益，通过在运价和其他经营活动方面签订协议而组成的国际航运垄断组织。

各班轮公会的具体制度各不相同，但它们的业务基本相同：①规定共同遵守的最低运价；②通过对船舶发航次数、船舶吨位和挂靠港口的限制，控制各会员公司投入运输的船舶吨位，或采用货载或收入公摊的办法，以减少或限制会员公司之间的竞争；③采用折扣、回扣、延期回扣或合同优惠等方式给货主以一定的优惠，以取得货主的"忠诚"，将全部货物交由公会载运，并借以控制货源，对抗会外竞争，垄断航线上的班轮业务。④班轮公会还曾使用过"战斗船"，开展运价战，即以一艘类似的船舶，按照同样的航线和班期，压低运价同会外航运公司船舶竞争，直到将这些船逐出公会所经营的航线为止。目前，这种露骨的垄断手段已被多数国家禁止，不再继续使用。

2. 航运联盟(Shipping Federation)。航运联盟是指班轮公司之间在运输服务领域航线和挂靠港口互补、船期协调、舱位互租，以及在运输辅助服务领域信息互享、共建共用码头和堆场、共用内陆物流体系而结成的各种联盟。其特征主要表现在动态化、稳定化、交易成本的降低、声誉的市场化、网络化、虚拟化等几个方面。

四、班轮公会与航运联盟的区别

1. 运力的配置和航线服务方面。由于联盟对内是联合派船、统一分配舱位，对外是一套船期、一种港序，这种运力调配方式比班轮公会内部实行的传统的运力配额方式更加直接和有力，且联盟成员通过运力共享的方式进行合作，彼此间的关系比较紧密而且稳定。由于联盟采取强强联合的形式，在主干航线上投入大型、高速船舶，并通过枢纽港积极开辟支线网络，所以运输频率高、周转时间短、挂靠港口全；许多联盟成员在主要港口使用自营码头，使得装卸、中转和多式联运作业均有保证，再加上运用先进科技手段提高服务质量，使得联盟在服务上的优势日益明显。

2. 运价手段方面。迄今为止，联盟仅局限于船舶运力、班期和挂靠港方面，在运价和附加费等方面没有采取一致行动，其运价反映的仍是联盟成员各自的运价政策，所以各成员能够根据市场情况，采取比较灵活的手段进行调整。而班轮公会在运价的制定和修改方面就显得比较呆板和烦琐，如远东运费协定要求所有特价都必须在公会内通报，且有专职人员审核各成员公司的舱单和收费情况。在市场供过于求的情况下，公会成员为利益所驱使，往往以明折暗扣等方式扭曲公会的运价规定，使得公会的调价工作举步维艰。

新视窗2-2

中远等班轮公司转向与马士基合作

中远、韩进海运、阿拉伯轮船以及智利航运四大班轮公司已结束了它们于2011年3月联合推出的贯穿北欧和南美东海岸的ESE/SAM1航线。同时中远和韩进在马士基推出的从欧洲和地中海到南关东岸(ECSA)的Samba航线上投入集装箱船。

阿拉伯轮船也瞄准了市场,箱船驶进马士基推出的从ECSA到中东的Rumba航线上。与此同时,马士基放慢了Samba运营脚步,将其全程航行时间从49天增加到56天,并调整了轮港顺序,并在里奥格兰德(Rio Grande)、葡萄牙波尔图(Porto)、伊塔帕(Itapoa)以及马士基/(韩进)在西班牙阿尔赫西拉斯(Algeciras)的区域转运中心增加挂靠。与此同时,阿拉伯轮船不选择Samba而选择马士基的长期航线Rumba,贯穿南美东岸和地中海西部,包括西班牙港口阿尔赫西拉斯,且贯穿中东和印度。

(资料来源:上海航运交易所,2012-02-17.)

3. 在改善经营状况和降低经营成本方面。联盟集团统一规划航线、统一调遣船舶、互通有无,所以大公司可以借助小公司进入偏远航线,小公司也可以借助大公司进入主干航线,从而使联盟成员不论大小,均成为某种意义上的全球承运人,极大地改善了联盟成员的业务范围和竞争实力,这在班轮公会是无法实现的。联盟同时也改变了船港双方的力量对比,与联盟的往来关系到一个港口的生存。例如,韩进、德国胜利、朝阳进驻西雅图港口以后,1998年前8个月装卸量达到15万TEU,成为进出该港的最大客户。再如,马士基与海陆联营以后,放弃了自己的堆场,与海陆的堆场合二为一,仅此一项就使塔科马港损失15万美元的年收益。所以,为争取联盟挂靠,港口当局不得不以降低装卸费率、增加设施投入、建立海铁联运接口、推行港口私营化等方式改善码头堆场服务。联盟正是看到了这一点,在与港方的谈判中开始掌握主动,尽力降低港口使用费,并取得实效。

4. 受政府部门和经济组织的干预方面。由于联盟尚属新生事物,它涉及的成员少(一个联盟最多七八家公司)、范围小(仅限于合作配船),对它的作用和影响也不甚明了,所以目前各国在法律上对联盟均没有明确的定义和限制。

5. 组织结构和办事效率方面。从组织结构来看,早期的班轮公会结构比较严密,甚至可以统筹分配会员公司的收入,以平衡各方的利益。从成员构成来看,公会的会员组成十分庞杂。由于公会统领着特定航线上的大多数船公司,这些公司的利益千差万别,所以各项建议要想得到大多数的支持就比较困难,这也导致公会效率不高。

基础3　国际海运航线与港口

一、国际海运航线

世界各地水域,在自然条件的限制下,可供船舶航行的一定路径,即可称为航路,也叫航线。目前,国际海运航线主要有:

(一)太平洋航线

1. 远东—北美西海岸航线。该航线包括从中国、朝鲜、日本、俄罗斯远东海港到加拿大、美国、墨西哥等北美西海岸各港的贸易运输航线。从我国的沿海各港出发,偏南的经大隅海峡出东海;偏北的经对马海峡穿日本海后,或经清津海峡进入太平洋,或经宗谷海峡,穿过鄂霍茨克海进入北太平洋。中途经过夏威夷，然后到达北美西海岸。

2. 远东—加勒比、北美东海岸航线。该航线常经夏威夷群岛至巴拿马运河后到达。从我国北方沿海港口出发的船只多半经大隅海峡或经琉球庵美大岛出东海。

3. 远东—南美西海岸航线。从我国北方沿海各港出发的船只多经琉球庵美大岛、硫黄列岛、威克岛、夏威夷群岛之南的莱恩群岛穿越赤道进入南太平洋，至南美西海岸各港。中途可停经苏瓦、帕皮提等。

4. 远东—东南亚航线。该航线是中国、朝鲜、日本货船去东南亚各港，以及经马六甲海峡去印度洋、大西洋沿岸各港的主要航线。东海、台湾海峡、巴士海峡、南海是该航线船只的必经之路，航线繁忙。

5. 远东—澳新航线。远东至澳大利亚东南海岸分两条航线。中国北方沿海港口及朝鲜、日本到澳大利亚东海岸和新西兰港口的船只，需走琉球久米岛、加罗林群岛的雅浦岛进入所罗门海、珊瑚海；中澳之间的集装箱船需在中国香港加载或转船后经南海、苏拉威西海、班达海、阿拉弗拉海，后经托雷斯海峡进入珊瑚海。中国、日本去澳大利亚西海岸航线经菲律宾的民都洛海峡、望加锡海峡以及龙目海峡进入印度洋。

6. 澳新—北美东西海岸航线。由澳新至北美西海岸多经苏瓦、火奴鲁鲁等太平洋上重要航站到达。至北美东海岸则取道社会群岛中的帕皮提，过巴拿马运河而至。

（二）大西洋航线

1. 西北欧—北美东海岸航线。该航线是西欧、北美两个世界工业最发达地区之间的原燃料和产品交换的运输线，两岸拥有世界最多的重要港口，运输极为繁忙，船舶大多走偏北大圆航线。该航区冬季风浪大，并有浓雾、冰山，对航行安全有威胁。

2. 西北欧、北美东海岸—加勒比航线。西北欧—加勒比航线多半出英吉利海峡后横渡北大西洋。它同北美东海岸各港出发的船舶一起，一般都经莫纳，向风海峡进入加勒比海。除去加勒比海沿岸各港外，还可经巴拿马运河到达美洲太平洋岸港口。

3. 西北欧、北美东海岸—地中海、苏伊士运河—亚太航线。西北欧、北美东海岸—地中海、苏伊士运河航线，属世界最繁忙的航段，它是北美、西北欧与亚太海湾地区间贸易往来的捷径。该航线一般途经亚速尔、马德拉群岛上的航站。

4. 西北欧、地中海—南美东海岸航线。该航线一般经西非大西洋岛屿的加那利群岛、佛得角群岛上的航站。

5. 西北欧、北美东海岸—好望角、远东航线。该航线一般是巨型油轮的运油航线。佛得角群岛、加那利群岛是过往船只停靠的主要航站。

6. 南美东海岸—好望角—远东航线。这是一条以石油、矿石为主的运输线。该航线处在西风漂流海域，风浪较大。一般西航偏北行，东航偏南行。

（三）印度洋航线

印度洋航线以石油运输为主，此外有不少是大宗货物的过境运输。

1. 波斯湾—好望角—西欧、北美航线。该航线主要由超级油轮经营，是世界上最主要的海上石油运输线。

2. 波斯湾—东南亚—日本航线。该航线东经马六甲海峡（20 万吨载重吨以下船舶可通行）

或龙目、望加锡海峡(20万载重吨以上超级油轮可通行)至日本。

3. 波斯湾—苏伊士运河—地中海—西欧、北美运输线。该航线目前可通行载重大于30万吨级的超级油轮。

除了以上三条油运线之外,印度洋还有其他航线:远东—东南亚—东非航线;远东—东南亚,地中海—西北欧航线;远东—东南亚—好望角—西非—南美航线;澳新—地中海—西北欧航线;印度洋北部地区—欧洲航线。

(四)世界集装箱海运干线

目前,世界海运集装箱航线主要有:远东—北美航线;北美—欧洲、地中海航线;欧洲、地中海—远东航线;远东—澳大利亚航线;澳新—北美航线;欧洲、地中海—西非、南非航线。

二、国际主要海运港口

(一)国际前十大集装箱港口

1. 上海港(Port of Shanghai)。上海港位于长江三角洲前沿,地处长江东西运输通道与海上南北运输通道的交汇点,是我国沿海的主要枢纽港,作为世界著名港口,2010年和2011年上海港货物、集装箱吞吐量均位居世界第一。2011年集装箱吞吐量累计3 173.9万标准箱,与2010年相比增长9.3%。

2. 新加坡港(Port of Singapore)。该港口位于新加坡岛南部沿海,西临马六甲海峡的东南侧,南临新加坡海峡的北侧,扼太平洋及印度洋之间的航运要道,战略地位十分重要,是亚太地区最大的转口港,也是世界上最大的集装箱港口之一。2005年至2009年,该港的集装箱吞吐量均居世界第一,2010年被上海港超越,屈居第二。2011年,该港集装箱吞吐量累计2 993.7万标准箱,与2010年相比增长5.3%,全球排行第二。

新视窗2-3

亚欧线、泛太线货量增长预计放缓

欧洲债务危机重重,预计2012年亚欧线海运货量增长放缓,估计只会轻微上升1.5%。而泛太线去年货量跌0.8%,与最初预期上升的7%至8%有较大差距,虽然美国经济有所回升,但该线今年货量预期仅增4.6%。

欧美市场的需求增长缓慢,2012年集装箱运输市场将面临又一寒冬,尽管还未有全面统计数据,但机构估计亚欧线2011年的货量仅比2010年增长2.8%。

报告称,今年集装箱船队预期运力增长8.3%,船舶过剩情况进一步恶化。由去年累积至今,相当于59.5万箱运力的货柜船闲置,但由于大量过剩船舶被迫拆解,预计到今年年底,闲置船将相当于100万箱运力。船舶过剩的现象同时也对运费带来压力,尤其对配载3 000至6 000箱的中小型集装箱船影响严重,部分已被大型船只取代,主要是因为没有多余市场去吸收余下的运力。

(资料来源:上海航运交易所,2012-02-17.)

3. 中国香港港(Port of Hong Kong)。香港港是位于香港地区的香港岛和九龙半岛之间的港口和海域,是远东的航运中心。该港的货物装卸作业素以高效著称,其港口设备可同时容纳上百

艘船舶靠泊和进行装卸作业。该港不仅拥有集装箱码头，而且还拥有石油、煤炭、水泥等专用码头。其港口费率在世界上属于最低的。中国香港港是自由港，也是亚太地区一个较为重要的中转港，有海上航线20多条，通往世界120多个国家和地区近1 000个港口，无论是从港口设施的船舱吨位还是货物处理量而言，它都跻身于世界大港之列。中国香港港集装箱吞吐量在2004年是世界第一，2005年至2009年是世界第二，2010年和2011年两年居世界第三位，2011年集装箱吞吐量为2 422.4万标准箱，与2010年相比增长3.4%。

4. 深圳港(Port of Shenzhen)。深圳港位于广东省珠江三角洲南部，珠江入海口伶仃洋东岸，毗邻香港。深圳港也是华南地区集装箱枢纽港之一，它将通过与香港港口的优势互补、互相促进，联手构筑亚太地区国际航运中心。该港货物以集装箱为主，兼营化肥、粮食、饲料、糖、钢材、水泥、木材、砂石、石油、煤炭、矿石等。2011年集装箱吞吐量累计2 249.9万标准箱，居世界第四。

5. 釜山港(Port of Busan)。釜山港位于韩国东南沿海，东南濒朝鲜海峡，西临洛东江，与日本对马岛相峙。它是韩国海陆空交通的枢纽，又是金融和商业中心，在韩国的对外贸易中发挥着重要作用。2011年釜山港集装箱的吞吐量为1 617.5万标准箱，与2010年的1419.4万标准箱相比增加了14%，在2011年集装箱吞吐量全球排行第五。

6. 宁波—舟山港(Port of Ningbo-Zhoushan)。宁波—舟山港位于我国东南沿海，浙江省舟山群岛，是一个以水运中转为主要功能的深水良港，作为上海国际航运中心和上海—宁波—舟山组合港的主要组成部分，是中国沿海建设大型深水港及集装延缓码头的理想港址。2011年集装箱的吞吐量为1 463.93万标准箱，与2010年的1 315.12万标准箱相比增加了11.3%，在2011年集装箱吞吐量全球排行第六。

7. 广州港(Port of Guangzhou)。广州港地处珠江入海口和我国外向型经济最活跃的珠江三角洲地区中心地带，濒临南海，毗邻香港和澳门，东江、西江、北江在此汇流入海。广州港是华南地区最大的对外贸易口岸。2011年广州港集装箱吞吐量达到1 430.8万标准箱，比2010年增长了14.3%。在2011年集装箱吞吐量全球排行第七。

8. 青岛港(Port of Qingdao)。青岛港位于山东半岛南岸的胶州湾内，是太平洋西海岸重要的国际贸易口岸和海上运输枢纽。港内水域宽深，四季通航，港湾口小腹大，是我国著名的优良港口。青岛港也是晋中煤炭和胜利油田原油的主要输出港。2011年集装箱的吞吐量为1 463.93万标准箱，与2010年的1 302.04万标准箱相比，增长了8.4%，在2011年集装箱吞吐量全球排行第八。

9. 迪拜港(Port of Dubai)。迪拜港位于阿拉伯半岛的东部，波斯湾与阿拉伯海交界处，地理位置十分优越，是中东各国石油出口运输的必经之路，素有中东的“香港”之称。该港地处亚欧非三大洲的交汇点，是中东地区最大的自由贸易港，尤以转口贸易发达而著称，如今迪拜港是中东地区规模较大的集装箱枢纽港。2011年集装箱吞吐量为1 200标准箱，比2010年增长3.4%，在2011年集装箱吞吐量全球排行第九。

10. 鹿特丹港(Port of Rotterdam)。鹿特丹港位于莱茵河与马斯河河口，西依北海，东溯莱茵河、多瑙河，可通至里海。港区面积约100平方公里，码头总长42公里，吃水最深处达22米，可停泊54.5万吨的特大油轮。鹿特丹是连接欧、美、亚、非、澳五大洲的重要港口，素有“欧洲门户”之称。鹿特丹也被誉为新亚欧大陆桥西桥头堡城市。2011年集装箱吞吐量累计1 190万标准箱，与2010年相比增长7.2%，在2011年集装箱吞吐量全球排行第十。

(二)世界主要海港

1. 东南亚主要港口有新加坡、巴生港、科伦坡港、杰贝阿里港、豪尔法坎港、卡拉奇港、孟买新港等。

2. 韩国主要港口有釜山港、光阳港、仁川港、蔚山港、马山港、丽水港、群山港、束草港、平泽港、木浦港、浦项港、济州港等。

3. 中国主要港口有上海港、香港港、深圳港、青岛港、宁波港、天津港、广州港、厦门港、大连港、连云港港、高雄港等。

4. 日本主要港口有东京港、神户港、名古屋港、横滨港、川崎港、北九州港、千叶港等。

5. 澳新主要港口有霍巴特港、墨尔本港、悉尼港、珀斯港、雅加达港等。

6. 美国主要港口有波士顿港、纽约港、诺福克港、查尔斯顿港、萨凡纳港、杰克逊维尔港、迈阿密港、西雅图港、旧金山港、洛杉矶港、长滩港、圣迭戈市港等。

7. 加拿大主要港口有温哥华港、多伦多港、蒙特利尔港、魁北克港等。

8. 南美主要港口有里约热内卢港、桑托斯港、布宜诺斯艾利斯港、瓦尔帕莱索港、卡亚俄港、科隆港等。

9. 欧洲主要港口有鹿特丹港、安特卫普港、马赛港、热那亚港、汉堡港、勒阿弗尔港、康斯坦萨港、圣彼得堡港、伦敦港、巴塞罗那港等。

10. 波斯湾主要港口有迪拜港、达曼港、阿布扎比港,多哈港、吉拜阿里港、朱拜勒港、巴林港、科威特港等。

11. 地中海主要港口有亚历山大港、以色列港、波夫热港、雅典港、伊斯坦布尔港、威尼斯港、那不勒斯港、斯文那港、巴勒莫港、马赛港、巴伦西亚港、巴塞罗那港、马拉加港、里斯本港、法鲁港、阿尔及尔港、突尼斯港、瓦莱塔港等。

12. 非洲主要港口有亚历山大港、开普敦港、蒙罗维亚港、德班港、达累斯萨拉姆港等。

新视窗 2-4

马士基航运决定削减亚欧航线运力

为了应对亚欧航线仓位过剩、运价过低的问题,马士基航运于 2012 年 2 月 23 日在北京宣布削减亚欧航线 9% 的运力,进而使亚欧航线的服务更加合理化。

马士基航运首席执行官施索仁先生指出,“本次调整能够减少马士基航运亚欧航线运力,提高船舶利用率,同时可以保持过去两年来我们拥有的市场份额。我们将不惜一切捍卫我们的市场地位,并继续将关注点放在市场份额和利润的增长方面。”

海运分析杂志 Alphaliner 一月份报告预计,由于欧洲经济的低迷,在 2012 年欧洲远东的集装箱运输量将从 2011 年的 2.8% 减少至 1.5%,而集装箱船队反而会在 2012 年增长 8.3%。

马士基航运产品提升部门负责人文森特·克拉克(Vincent Clerc)表示:“亚欧航线仍旧是世界上最繁忙的航线,但该航线运力供给已经远远地超过了实际需求。因此,为了使马士基提供的服务更加合理化,调整运力、降低成本势在必行。”

此外,马士基航线还将考虑采用适合的商业模式减少运力,比如退回租赁运力,充分利用闲置船舶和减速航行。马士基将不会行使最后一批 10 艘“3E”级 18 000TEU 船的选择权。

(资料来源:http://www.ce.cn/,2012-03-19.)

(三)2011 年国际港口集装箱吞吐量排名(见表 2-1)

表 2-1　2011 年全球十大集装箱港口集装箱吞吐量　　单位:万 TEU

排　名	港口名称	2010 年吞吐量	2011 年吞吐量	增长率
1	上海	2 905	3 173.9	9.30%
2	新加坡	2 842.5	2 993.7	5.30%
3	中国香港	2 343.2	2 422.4	3.40%
4	深圳	2 250.97	2 249.9	0.00%
5	釜山	1 419.4	1 617.5	14.00%
6	宁波—舟山	1 315.12	1 463.93	11.30%
7	广州	1 252	1 430.8	14.30%
8	青岛	1 201.17	1 302.04	8.40%
9	迪拜	1 160	1 200	3.40%
10	鹿特丹	1 110	1 190	7.20%

数据来源:上海国际航运研究中心.全球港口发展报告(2011),2012-03-01.

(四)2011 年国际港口货物吞吐量排名(见表 2-2)

表 2-2　2011 年全球十大港口货物吞吐量排名　　单位:万吨

排　名	港口名称	2010 年存吐量	2011 年吞吐量	增长率
1	上海	65 197.1	72 032.9	10.48%
2	宁波—舟山	62 052.1	67 838.2	9.32%
3	新加坡	57 893.1	61 571.62	6.35%
4	广州	41 100	45 100	9.73%
5	天津	41 000	44 800	9.27%
6	鹿特丹	43 015.9	43 342.4	0.76%
7	青岛	35 000	37 500	7.14%
8	大连	31 135.7	33 800	8.56%
9	唐山	25 062	30 800	22.90%
10	釜山	26 000	29 357.07	12.91%

数据来源:上海国际航运研究中心.全球港口发展报告(2011),2012-03-01.

新视窗 2-5

集装箱船闲置运力超过八十万标箱

据最新统计,截至 2012 年 2 月中旬,全球共有 288 艘集装箱船,计 80.6 万 TEU 的运力闲置,占全球集装箱船队总量的 5.2%。在闲置运力中,1000-2000TEU 船型的数量正在减少,由前期的 92 艘下降至 78 艘。分析认为,这主要是亚洲地区航线货运需求活跃,对支线船舶需求增加所致。闲置运力数量增加最快的是5000－7500TEU型船，主要是受航线季节性运力调整的影响。

（资料来源：http://port.mtw001.com/，2012－03－02.）

三、国际主要航运公司

（一）2010年全球20大航运公司排名

截至2010年5月，全球20大航运公司排名如表2－3所示。

表2－3　全球20大航运公司排名

排　名	船公司名	TEU总数	船艘总数	自有船舶TEU	自有船舶艘数
1	马士基航运	2 040 492	544	18 663	207
2	地中海航运	1 623 680	411	858 591	202
3	达飞轮船	1 072 891	372	343 351	85
4	美国总统	584 923	145	170 373	45
5	长荣海运	556 142	152	319 263	87
6	赫伯罗特航运公司	529 957	122	292 613	60
7	中远航运	486 277	131	271 305	87
8	韩进轮船	447 206	98	104 068	19
9	中海集运	437 564	121	250 099	71
10	南美轮船	427 832	116	41 410	8
11	日本邮轮	355 109	93	280 379	54
12	商船三井	351 890	92	151 250	27
13	东方海外	346 934	73	246 705	41
14	汉堡南方	331 994	107	137 726	37
15	川崎汽船	330 775	85	199 537	36
16	以星航运	319 503	94	165 482	35
17	阳明海运	313 379	77	187 201	45
18	韩国现代	273 287	53	74 325	12
19	加拿大太平洋	219 495	121	133 229	80
20	阿拉伯轮船	199 082	50	113 596	27

数据来源：中国船舶在线网，2010－06－18.

（二）全球主要航线运力的配置

截至2010年9月1日，全球主要航线运力的配置情况如表2－4所示。

表 2-4　全球主要航线运力的配置

航线名称	船舶数量	船舶箱量(TEU)
东亚/东北亚	333	632 129
欧洲/远东	308	2 339 947
远东/北美西海岸	300	1 666 106
东亚/东南亚	245	482 192
远东/地中海	206	1 287 865
远东/中东	205	1 161 400
远东/印度次大陆	201	828 744
远东/北美东海岸	197	919 771
地中海区内支线	180	166 291
印度次大陆/中东	176	647 814
东南亚内	172	135 680
中美/远东	159	646 294
东北亚/东南亚	155	304 757
欧洲/波罗的海	149	126 035
非洲南部/远东	149	483 300
美洲中部/北美东海岸	145	283 251
欧洲/地中海	138	496 142
欧洲区内	135	73 664
地中海/中东	124	70 926
欧洲/印度次大陆	122	61 188

数据来源:中国船舶在线网,2010-10-06.

基础 4　班轮运输概述

一、班轮运输相关概念及特点

班轮运输(Liner Shipping),又称定期船运输,是指在固定的航线上,以既定的港口顺序,按照事先公布的船期表航行的水上运输方式。班轮运输适用于货流稳定、货种多、批量小的杂货运输。旅客运输一般采用班轮运输。

班轮运输特点为"四定一负责",即航线、停靠港口、船期、运费率固定,承运人负责装和卸。具体如下:

1. 具有"四固定"的特点,即固定航线、固定港口、固定船期和相对稳定的费率。这是班轮运输的最基本特征。

2. 班轮运价内包括装卸费用,即货物由承运人负责配载装卸,承托双方不计滞期费和速遣费。

3. 承运人对货物负责的时段是从货物装上船起，到货物卸下船止，即“船舷至船舷”（Rail to Rail）或“钩至钩”（Tackle to Tackle）。

4. 承运双方的权利义务和责任豁免以签发的提单为依据，并受统一的国际公约制约。

二、班轮运输的关系人

班轮运输中，通常会涉及班轮公司、船舶代理人、无船承运人、海上货运代理人、托运人和收货人等有关货物运输的关系人。

1. 托运人（Shipper），是指本人或者委托他人以本人名义或者委托他人为本人与承运人订立海上货物运输合同的人。托运人可以与承运人订立协议运价，从而获得比较优惠的运价。但是，托运人无法从承运人那里获得“佣金”。如果承运人给托运人“佣金”，则将被视为给托运人“回扣”。

2. 班轮公司（Liner Company），是指运用自己拥有或者自己经营的船舶，提供国际港口之间班轮运输服务，并依据法律规定设立的船舶运输企业。班轮公司应拥有自己的船期表、运价本、提单或其他运输单据。根据各国的管理规定，班轮公司通常应有船舶直接挂靠该国的港口。班轮公司有时也被称为远洋公共承运人。

3. 无船承运人（Non-Vessel Operating Carder，NVOC），是无船承运业务的经营主体。他没有运输工具，但以承运人的身份发布自己的运价，接受托运人的委托，签发自己的提单或者其他运输单证，收取运费，并通过与有船承运人签订运输合同，承担承运人责任，完成国际海上货物运输经营活动的经营者。

根据《中华人民共和国国际海运条例》的规定，在中国境内经营无船承运业务，应当在中国境内依法设立企业法人；经营无船承运业务，应当办理提单登记，并交纳保证金；无船承运人应有自己的运价本。无船承运人可以与班轮公司订立协议运价以从中获得利益。国际货运代理企业在满足了市场准入条件后，可以成为无船承运人。

4. 船舶代理人（Shipping Agent），是指接受船舶所有人、船舶经营人或者船舶承租人的委托，为其船舶及船舶所载货物或集装箱提供办理进出港口手续、安排港口作业、接受订舱、代签提单、代收运费等服务，并依据法律规定设立的船舶运输辅助性企业。由于国际船舶代理行业具有一定独特的性质，所以各国在国际船舶代理行业大多制定有比较特别的规定。

5. 货运代理人（Freight Forwarder），是指接受货主的委托，代表货主的利益，为货主办理有关国际海上货物运输相关事宜，并依据法律规定设立的提供国际海上货物运输代理服务的企业。货运代理人除可以从货主那里获得代理服务报酬外，因其为班轮公司提供货载，所以还可从班轮公司那里获得奖励，即通常所说的“佣金”。

三、班轮船期表

1. 班轮船期表的概念。班轮船期表（Liner Schedule）就是班轮航行靠泊的时间表，是班轮运输营运组织工作中的一项重要内容。公布班轮船期表有多方面的作用：首先是为了招揽航线途经港口的货载，既满足货主的需要，又体现海运服务的质量；其次是有利于船舶、港口和货物的及时衔接，以便船舶有可能在挂靠港口的短暂时间内取得尽可能高的工作效率；再次是有利于提高船公司航线经营的计划质量。

2. 班轮船期表的内容。班轮船期表的主要内容包括航线、船名、航次、编号、始发港、中途港、终点港的港名,预计到达和驶离的时间,其他有关的注意事项等(见表 2-5)。

表 2-5 连云港 2012 年 1 月出口集装箱班轮船期表(韩国一线)——节选

船 名	航次	船东	离港日期	挂 港	每周班期
达通青岛 OSG ALPHA	578E	达通	03/JAN	釜山(周五抵港)(不接冻柜)	周二班
	1202E		10/JAN		
	1203E		17/JAN		
中外运京都 LANTAU BAY	1201E	海丰 & 外运	07/JAN	釜山(周二抵港)	周六班
海丰联茂 FORMOSA CONTAINER NO. 4	1203E		14/JAN		
中外运京都 LANTAU BAY	1203E		21/JAN		
海丰联茂 FORMOSA CONTAINER NO. 4	1205E		28/JAN		
向兴 XIANG XING	8327E	中海	06/JAN	釜山接转仁川	周五班
	8328E		13/JAN		
	8329E		20/JAN		
韩进维拉克鲁斯 MATHIS	0059E	韩进	07/JAN	釜山(3天) 光阳(4天)	周六班
	0060E		14/JAN		
	0061E		21/JAN		

资料来源:连云港大智国际物流有限公司网站,2012-01-10.

四、集装箱货运基础

(一)集装箱的起源与发展

1. 集装箱的起源。集装箱外形的构思最早起源于卡车的车斗。很早以前,在运输过程中有时会发生卡车运输的货物,需通过渡轮或一段火车运输的过渡,为减少货物装上卸下的工作量,偶尔会有人将整个卡车车厢吊上渡船或火车,到达目的地后再将整个卡车车厢吊到卡车底盘上。这就给了人们一种"集装箱运输方式"的启示。

2. 集装箱的发展。集装箱运输的发展经历了萌芽期、开创期、成长扩展期、现代成熟期四个阶段。

(1)萌芽期(1801—1955)。1801 年,英国人安德森(James Anderson)博士首先提出了集装箱运输的设想。1830 年,在英国铁路上首先出现了一种装煤的容器,也出现在铁路上使用大容器来装运件杂货。1845 年,在英国铁路上开始出现了酷似现代集装箱的载货车厢——集装箱雏形。1853 年,美国铁路也采用了容器装运法。这是世界上最早出现的集装箱运输的雏形。1880 年,美国正式试制了第一艘内河用的集装箱船。正式使用集装箱是在 20 世纪初期,1900 年,英国铁路上首先出现了较为简单的集装箱运输,1917 年,美国铁路上试行集装箱运输。1933 年,在巴黎成立国际集装箱协会,负责制定统一的集装箱标准。"二战"后(1952 年)美国建立了"军用集装箱快速勤务系统",实现了使用集装箱运输弹药和其他军用物品。但由于这个时期社会生产力还较落后,没有充足而稳定的适箱货源,致使集装箱运输的优越性不能很好地发挥,影响了集装箱运输的开展。

(2)开创期(1955—1966)。1955年,美国人麦克林(Mclean)首先提出了集装箱运输必须实现海陆联运的观点,为了便于海陆联运,他主张陆运和海运由一个公司控制和管理。1956年4月26日,美国泛大西洋船公司(Pan-Atlantic Steamship Co.)使用一艘经改装的T-2型油船"理想X"号,在甲板上装载了58个大型集装箱,试运行纽约至休斯敦航线,3个月的试运行取得了巨大的经济效果,显示了集装箱运输的巨大优越性。1957年10月,该公司又将6艘C-2型件杂货船改装成了带有箱格的全集装箱船,第一艘被改造船的船名为"Gateway City",该船设有集装箱装卸桥,载重量9万吨,装载35英尺集装箱226只,每箱总重25吨,航行于纽约到休斯敦,这标志着海上集装箱运输方式正式开始。

(3)成长扩展期(1966—1980年代末)。1966年4月,海陆运输公司(原美国泛大西洋船公司)以经过改装的全集装箱船开辟了纽约至欧洲集装箱运输航线。1967年9月,麦特森航运公司(Matson Navigation Company,Inc.)将"夏威夷殖民者"全集装箱船投入到日本至北美太平洋沿岸航线。一年后,日本有6家船公司在日本至加利福尼亚之间开展集装箱运输。紧接着日本和欧洲各国的船公司先后在日本、欧洲、美国和澳大利亚等地区开展了集装箱运输。随着海上集装箱运输的发展,世界各国普遍建设集装箱专用码头。20世纪七八十年代,是计算机软件发展时代,这个时代把"门到门"的运输目标导向国际多式联运的系统化方向,开始构筑系统运输和联运系统,这也为集装箱运输成熟期的到来做好了准备。

(4)成熟期(20世纪80年代末至今)。20世纪80年代末,集装箱运输已遍及全球,发达国家件杂货运输的集装箱化程度已达80%以上。这个时期,船舶运力、港口吞吐能力和内陆集疏运能力三个环节之间衔接和配套日趋完善,与集装箱运输有关的硬件和软件日臻完善,各有关环节紧密衔接、配套建设;集装箱运输多式联运获得迅速发展,发达国家之间的集装箱运输已基本实现了多式联运,发展中国家多式联运的增长势头也十分可观。20世纪90年代至今,集装箱运输市场竞争日趋激烈,各船公司为了求生存、求发展,纷纷组建联营体和"环球联盟",1993年世界排名前20的班轮公司到1996年仅剩下13家。国际航运界兼并潮风起云涌,1997年4月,新加坡东方海皇集团(NOL)收购美国总统轮船公司(APL);1998年9月,加拿大太平洋航运公司(CP)收购澳新捷运(ANZDL);1999年6月,日本邮船兼并昭和海运;1999年,马士基集团收购了当时全球第二的班轮公司——美国海陆公司的国际班轮业务及相关的18个码头,与旗下的马士基航运公司合并,新公司取名为"马士基海陆"(Maersk Sealand);2005年,马士基海陆又兼并了当时全球排名第三的集装箱班轮公司铁行渣华(P&O Nedlloyd),马士基海陆又把名字改回"马士基航运"(Maersk Line),其国际航运业老大的位置更加牢不可破。

中国集装箱运输是从20世纪50年代开始起步的。1955年4月,铁路部门开始办理国内小型集装箱运输。水运部门在1956年、1960年、1972年3次借用铁路集装箱进行短期试运。1973年开辟海上国际集装箱运输。自1973年天津接卸了第一个国际集装箱,历经了70年代的起步,80年代的稳定发展,到90年代,中国国际集装箱运输引起全世界航运界的热切关注。至此,中国拥有了一支现代化的集装箱船队,建成了一批集装箱专用深水泊位。2011年年底,世界十大集装箱港口中,中国港口就占了半壁江山,上海港已连续两年位居世界第一集装箱大港;中远集团、中海集团、香港地区的东方海外集团、中国台湾的长荣海运集团和阳明集团也身居世界前二十大班轮公司之列。

(二)集装箱类型

1. 从规格上分,与ISO 668—1995《系列1集装箱分类、尺寸和额定质量》(包括其修正案ISO

668—1995/Amd1:2005 和 ISO 668—1995/Amd2:2005)等同的我国国家标准 GB/T 1413—2008《系列 1 集装箱分类、尺寸和额定质量》把集装箱分成 5 种规格 15 种尺寸,具体见表 2 - 6。

表 2 - 6　国际标准集装箱的类型及外部尺寸

序号	规格(ft)	箱型	长度(mm)	宽度(mm)	高度(mm)
1	45	1EEE	13 716	2 438	2 896
2		1EE			2 591
3	40	1AAA	12 192	2 438	2 896
4		1AA			2 591
5		1A			2 438
6		1AX			<2 438
7	30	1BBB	9 125	2 438	2 896
8		1BB			2 591
9		1B			2 438
10		1BX			<2 438
11	20	1CCC	6 058	2 438	2 591
12		1C			2 438
13		1CX			<2 438
14	10	1D	2 991	2 438	2 438
15		1DX			<2 438

2. 按箱内所装货物,集装箱一般分为:

(1)通用干货集装箱(Dry Cargo Container)。这种集装箱也称为杂货集装箱,用来运输无须控制温度的件杂货,其使用范围极广。这种集装箱通常为封闭式,在一端或侧面设有箱门。这种集装箱通常用来装运文化用品、化工用品、电子机械、工艺品、医药、日用品、纺织品及仪器零件等。这是平时最常用的集装箱。不受温度变化影响的各类固体散货、颗粒或粉末状的货物都可以由这种集装箱装运。

(2)保温集装箱(Keep Constant Temperature Container)。它们是为了运输需要冷藏或保温的货物。所有箱壁都采用导热率低的材料隔热而制成的集装箱。可分为以下三种:

Ⅰ. 冷藏集装箱(Reefer Container)。它是以运输冷冻食品为主,能保持所定温度的保温集装箱。它专为运输如鱼、肉、新鲜水果、蔬菜等食品而特殊设计的。目前国际上采用的冷藏集装箱基本上分为两种:一种是集装箱内带有冷冻机的机械式冷藏集装箱;另一种是箱内没有冷冻机而只有隔热结构,即在集装箱端壁上设有进气孔和出气孔,集装箱装在舱中,由船舶的冷冻装置供应冷气,这种叫作离合式冷藏集装箱(又称外置式或夹箍式冷藏集装箱)。

Ⅱ. 隔热集装箱(Insulated Produce Container)。它是为载运水果、蔬菜等货物,防止温度上升过大,以保持货物鲜度而具有充分隔热结构的集装箱。通常用干冰作制冷剂,保温时间为 72 小时左右。

Ⅲ. 通风集装箱(Ventilated Container)。它是为装运水果、蔬菜等不需要冷冻而具有呼吸作用的货物,在端壁和侧壁上设有通风孔的集装箱,如将通风口关闭,同样可以作为杂货集装箱使用。

(3)罐式集装箱(Tank Container)。它是专用以装运酒类、油类(如动植物油)、液体食品以及化学品等液体货物的集装箱。它还可以装运其他液体的危险货物。这种集装箱有单罐和多罐数种,罐体四角由支柱、撑杆构成整体框架。

(4)台架式集装箱(Platform Based Container)。它是没有箱顶和侧壁,甚至连端壁也去掉而只有底板和四个角柱的集装箱。这种集装箱可以从前后、左右及上方进行装卸作业,适合装载长大件和重货件,如重型机械、钢材、钢管、木材、钢锭等。台架式的集装箱没有水密性,怕水湿的货物不能装运,或用帆布遮盖装运。

(5)平台集装箱(Platform Container)。这种集装箱是在台架式集装箱上再简化而只保留底板的一种特殊结构集装箱。平台的长度和宽度与国际标准集装箱的箱底尺寸相同,可使用与其他集装箱相同的紧固件和起吊装置。这一集装箱的采用打破了过去一直认为集装箱必须具有一定容积的概念。

(6)敞顶集装箱(Open Top Container)。这是一种没有刚性箱顶的集装箱,但有由可折叠式或可折式顶梁支撑的帆布、塑料布或涂塑布制成的顶篷,其他构件与通用集装箱类似。这种集装箱适于装载大型货物和重货,如钢铁、木材,特别是像玻璃板等易碎的重货,利用吊车从顶部吊入箱内不易损坏,而且也便于在箱内固定。

(7)汽车集装箱(Car Container)。它是一种运输小型轿车用的专用集装箱,其特点是在简易箱底上装一个钢制框架,通常没有箱壁(包括端壁和侧壁)。这种集装箱分为单层的和双层的两种。因为小轿车的高度为1.35~1.45米,如装在8英尺(2.438米)的标准集装箱内,其容积要浪费2/5以上,所以轿车是一种不经济的装箱货。因而出现了双层集装箱,这种双层集装箱的高度有两种:一种为10.5英尺(3.2米),一种为8.5英尺高的2倍。因此汽车集装箱一般不是国际标准集装箱。

(三)集装箱货物的交接

1. 装箱方式。集装箱的装箱方式主要有整箱和拼箱两种。

(1)整箱货(FCL)。整箱货是指发货人一次托运的货物可以装满一个或多个集装箱。一般由发货人自行装箱,负责填写装箱单、场站收据,由海关加铅封。整箱货习惯上理解为"一个发货人、一个收货人"。

(2)拼箱货(LCL)。拼箱货是指发货人一次托运的货物数量较少,不能装满一个集装箱,需要与其他发货人的货物拼装于一个集装箱内进行运输。一般由集装箱货运站负责装箱,负责填写装箱单、场站收据,由海关加铅封。拼箱货习惯上理解为"多个发货人、多个收货人"。

2. 交接地点。集装箱运输中的交接地点主要有门、场、站。

(1)门(DOOR)。发货人(收货人)工厂或仓库。

(2)场(CY)。起运地(目的地)或装箱港(卸箱港)的集装箱堆场。

(3)站(CFS)。起运地(目的地)或装箱港(卸箱港)的集装箱货运站。

3. 集装箱货物的交接方式。集装箱的交接方式大致有以下四类:

(1)整箱交,整箱接(FCL/FCL)。货主在工厂或仓库把装满货后的整箱交给承运人,收货人在目的地以同样整箱接货,换言之,承运人以整箱为单位负责交接。货物的装箱和拆箱均由货方负责。

(2)拼箱交、拆箱接(LCL/LCL)。货主将达不到整箱要求的小票托运货物在集装箱货运站或内陆转运站交给承运人,由承运人负责拼箱和装箱运到目的地货站或内陆转运站,由承运人负责拆箱,拆箱后,收货人凭单接货。货物的装箱和拆箱均由承运人负责。

(3)整箱交,拆箱接(FCL/LCL)。货主在工厂或仓库把装满货后的整箱交给承运人,在目的地的集装箱货运站或内陆转运站由承运人负责拆箱后,各收货人凭单接货。

(4)拼箱交,整箱接(LCL/FCL)。货主将达不到整箱要求的小票托运货物在集装箱货运站或内陆转运站交给承运人。由承运人分类调整,把同一收货人的货集中拼装成整箱,运到目的地后,承运人以整箱交,收货人以整箱接。

表2-7列出了集装箱货物的交接方式与交接地点。

表2-7　集装箱货物的交接方式与交接地点

序　号	交接方式	交接地点
1	FCL/FCL	门—门(Door to Door)
2		门—场(Door to CY)
3		场—门(CY to Door)
4		场—场(CY to CY)
5	FCL-LCL	门—站(Door to CFS)
6		场—站(CY to CFS)
7	LCL/FCL	站—门(CFS to Door)
8		站—场(CFS to CY)
9	LCL/LCL	站—站(CFS to CFS)

基础5　租船运输概述

一、租船运输的概念及特点

租船运输,又称不定期租船(Tramp Shipping),是相对于班轮运输,即定期船运输而言的另一种远洋船舶营运方式。它和班轮运输不同,没有预先制定的船期表,航线、停靠港口也不固定,具有"漂泊流浪"的特点。所以,租船运输是一种既没有事先制定的船期表,也没有固定的航线和挂靠港,而是追随货源,按照货主对运输的要求安排船舶航行的航线,组织货物运输的船舶营运方式。租船运输适用于大宗货物运输,有关航线和港口、运输货物的种类以及航行的时间等,都按照承租人的要求,由船舶所有人确认。

租船运输是国际贸易运输中另一种重要的船舶经营方式,船东(或二船东)向租船人提供的不是运输劳务,而是船舶的使用权。船东和租船人之间所进行的租船业务是对外贸易的一种商业行为,属于服务贸易的范畴,也叫无形贸易。

租船运输的特点如下:

1. 租船运输的营运组织取决于各种租船合同。船舶经营人与船舶承租人双方首先须签订租船合同才能安排船舶营运,合同中除了需规定船舶航行的航线、载运的货物种类及停靠的港口外,还需具体订明双方的权利和义务。

2. 租船运输的运费或租金水平的高低,直接受租船合同签订时的航运市场行情的影响。世界的政治经济形势、船舶运力供求关系的变化及通航区域的季节性气候条件等,都是影响运费或租金水平高低的主要因素。

3. 租船运输中的有关船舶营运费用及开支,取决于不同的租船方式,由船舶所有人和船舶承租人分担,并在租船合同中订明。

4. 不定航线,不定船期。船东按照租船人的要求确定船舶的航线、航行时间和货载种类等。

5. 租船运输主要服务于专门的货运市场,承运大宗类货物,如谷物、油类、矿石、煤炭、木材、砂糖、化肥、磷灰土等,并且一般都是整船装运的。

6. 各种租船合同均有相应的标准合同格式。一般由船东与承租方通过各自或共同的租船经纪人洽谈成交租船业务。

二、租船运输业务关系人

1. 租船经纪人(Shipping Broker)。租船通常在租船市场上进行。在那里,船东、租船人、船舶经纪人聚集在一起,互通情报,提供船舶和货源,进行租船活动。在租船市场上,大宗交易常常是通过经纪人进行的。他们拥有广泛的业务渠道,能向船方提供咨询信息、向租船人提供船源情况,促使双方选择适当的洽谈对象。交易成功,经纪人可以取得一定的报酬,船舶经纪人除促成船舶租赁业务外,还代办船舶买卖,船舶代理等业务。他们的主要作用是为委托人提供最合适、最有利的生意;提供市场行情、当事人资信及答复委托人的咨询,为当事人双方斡旋并解决困难。

2. 租船人(Charterer)。租船人,又称承租人,即租用船东船舶的人。

3. 船东(Ship's Owner/Ship-owner)。船东是指《船舶所有权证书》的合法持有人,即合法拥有船舶主权的人,可以是一个公民、一个法人、一个公司或者一个集团公司。有时在业界取得船舶光租权的合法企业也被认为是船东。

新视窗 2 - 6

2011 年全球拆解商船约 2 500 万吨

拉克松研究公司日前公布市场调查分析报告,认为受欧债危机、船舶融资市场大幅萎缩、运力过剩导致运价低迷、航运公司经营困难等诸多因素影响,2011 年全球商船拆解量创历史最高水平,约为 2 500 万载重吨,相当于 2007 年 56 万载重吨拆解量的 44.6 倍;2008 年、2009 年和 2010 年的商船拆解量分别为 550 万载重吨、1 000 万载重吨和 568 万载重吨。

(资料来源:中国船舶在线,2012 - 03 - 06.)

三、租船运输经营方式

(一)航次租船

1. 航次租船的概念。航次租船(Voyage Charter,Trip Charter),又称程租船,是指由船舶所有人负责提供一艘船舶在指定的港口之间进行一个航次或几个航次运输指定货物的租船。它是租船市场上最活跃,且对运费水平的波动最为敏感的一种租船方式。在国际现货市场上成交的绝大多数货物(主要包括液体散货和干散货两大类)都是通过航次租船方式运输的。程租船的"租期"取决于航次运输任务是否完成,由于它并没有规定完成一个航次或几个航次所需的时间,因此船舶所有人对完成一个航次所需的时间是最为关心的,他们特别希望缩短船舶在港停泊的时间,而承租人与船舶所有人对船舶的装卸速度又是对立的，所以在签订租船合同时，承租双方还需约定船舶的装卸速度以及装卸时间的计算办法，并相应地规定滞期费和速遣费率的标准和计算方法。

2. 航次租船的形式。按需要完成的航次数划分，航次租船可分为以下三种形式：

(1)单航次租船(Single Trip Charter)，指船舶所有人与承租人双方约定，只需完成一个单程航次的租船。船舶所有人负责将指定的货物从一个港口运往另一港口，货物运到目的港卸货完毕后，船舶所有人的合同义务即告结束。单航次租船是定程租船的基本形式，也是对运输市场的费率波动最为敏感的租船形式。

(2)往返航次租船(Return Trip Charter)，指船舶所有人与承租人双方洽租一个来回程航次的租船。同一艘船舶在完成一个单航次后，紧接着在原卸货港或其附近港口装货，运回原装货港或其附近港口卸货后，航次租船才告完成，船舶所有人的合同义务才能结束。由于对一个承租人来说，不大可能既有去程货载，又有回程货载，所以这种租船形式较为罕见。不过，在一个货主有去程货载，而另一个货主同时有回程货载时，两个货主可能联合起来向船舶所有人按往返航次洽租船舶。在这种情况下，因为船舶所有人在回程货载上有了保证，可避免回程空载，因而通常愿意在运费方面给承租人一定的优惠。

(3)连续单航次或连续往返航次租船(Consecutive Single or Continuous Return Voyage Charter)，指船舶所有人与承租人双方洽租连续完成几个单航次或几个来回程航次的租船。在这种情况下，同一艘船舶在同方向、同航线上连续完成规定的两个或两个以上的单航次或来回程航次运输后，航次租船才告结束，船舶所有人的合同义务也到这个时候才能结束。

这种连续航次租船可以按每个单航次各订一个租船合同，也可以只订一个包括各个单航次或往返航次的租船合同。在只订一个包括各个航次或往返航次的租船合同的情况下，合同中须订明船舶第一个航次的受载日期和连续的航次数。当然也可以为后续航次规定受载日期，以防止船舶所有人延误。

在连续单航次租船中，如果不影响下一航次的受载期，船舶可以承揽回程货载，否则就须空驶至原装货港继续装运，直至完成规定的航次数为止。

3. 航次租船的特点。航次租船的特点主要体现在以下几个方面：

(1)船舶的营运调度由船舶所有人负责，船舶的燃料费、物料费、修理费、港口费、淡水费等营运费用也由船舶所有人负担；

(2)船舶所有人负责配备船员，负担船员的工资、伙食费；

(3)航次租船的"租金"通常称为运费，运费按实际运载货物的数量及双方商订的费率计收；

(4)租船合同中订明货物的装、卸费用由哪一方负担，以及装、卸时间的计算方法，并规定滞期费和速遣费的标准及计算办法，但不订明一个航次的具体租用期限。

(二)定期租船

1. 定期租船的概念。定期租船(Time Charter)，又称期租船，是指按一定期限租赁船舶的方式，即由船东(船舶出租人)将船舶出租给租船人在规定期限内使用，在此期限内由租船人自行调度和经营管理。租期可长可短，短则数月，长则数年。这种租船方式不以完成航次数为依据，而以约定使用的一段时间为限。

2. 定期租船的特点。定期租船的特点主要体现在以下几个方面：

(1)船舶所有人任命船长,配备船员,并负担他们的工资和给养,但船长应听从承租人的指挥,否则承租人有权要求船舶所有人予以撤换;

(2)承租人负责船舶的营运调度,并负担船舶的燃料费、港口费、货物装卸费、运河通行费等与营运有关的费用,而船舶所有人则负担船舶的折旧费、维修保养费、船用物料费、润滑油费、船舶保险费等船舶维持费;

(3)租金按船舶的载重吨、租期长短及商定的租金率计算;

(4)租船合同中订有关于交船和还船,以及关于停租的规定;

(5)较长期的定期租船合同中常订有"自动递增条款(Escalation Clause)",以防止在租期中因部分费用上涨而使船舶所有人的盈利减少或发生亏损。由于租金一经确定,通常在租期内不再变动,如果合同中订有"自动递增条款",在规定的费用上涨时,约定租金即可按相应的比例提高。

(三)包运租船

1. 包运租船的概念。包运租船(Contract of Affreightment),是指船舶所有人以一定的运力,在确定的港口之间,按事先约定的时间,航次周期,每航次以较均等的运量,完成全部货物运输的租船方式:

2. 包运租船主要有以下特点:

(1)包运租船合同中不确定船舶的船名及国籍,仅规定船舶的船级、船龄和船舶的技术规范等,船舶所有人只需按照这些要求提供能够完成合同规定每航次货运量的运力即可,这使得船舶所有人在调度和安排船舶方面十分灵活和方便。

(2)租期的长短取决于货物的总量及船舶航次周期所需的时间。

(3)船舶所承运的货物主要是运量特别大的干散货或液体散装货物,承租人往往是业务量大和实力强的综合性工矿企业、贸易机构、生产加工集团或大石油公司。

(4)船舶航次中所产生的时间延误的损失风险由船舶所有人承担,而对于船舶在港装、卸货物期间所产生的延误,则按照合同中订有的"滞期条款"来处理,通常是由承租人承担船舶在港的时间损失。

(5)运费按船舶实际装运货物的数量及商定的费率计收,通常按航次结算。

(四)光船租船

1. 光船租船(Bareboat Charter),又称船壳租船、净船期租船。这种租船不具有承揽运输的性质,它只相当于一种财产租赁。光船租船是指在租期内船舶所有人只提供一艘空船给承租人使用,而配备船员、供应给养、船舶营运管理以及一切固定或变动的营运费用都由承租人负担。也就是说,船舶所有人在租期内除了收取租金外,不再承担任何责任和费用。因此,一些不愿经营船舶运输业务,或者缺乏经营管理船舶经验的船舶所有人也可将自己的船舶以光船租船的方式出租,虽然这样的利润不高,但船舶所有人可以取得固定的租金收入。

2. 光船租船的特点:

(1)船舶所有人只提供一艘空船;

(2)全部船员由承租人配备并听从承租人的指挥,承租人负责船舶的经营及营运工作,并承担在租期内的时间损失,即承租人不能"停租";

(3)除船舶的基本费用外,承租人承担船舶的全部固定的及变动的费用;租金按船舶的装载能力、租期及商定的租金率计算；

(4)光船租船是通过船舶所有人与承租人订立光船租船合同，由船舶所有人将船舶的占有权和使用权转移给承租人、船舶所有人仍然保留船舶的所有权。所以说，光船租船合同是财产租赁合同，而不是海上运输合同。

(五)光船租购

光船租购(Bareboat Chartering Purchasing)是光船租船的一种特殊形式，是指船舶出租人向承租人提供不配备船员的船舶，在约定的期间内，由承租人占有和使用，并在约定期间届满时将船舶所有权转移给承租人，而由承租人支付租购费。光船租购实际上相当于分期付款购买船舶，船东在收到全部付款前对船舶拥有正式的所有权，租船人支付每期租金相等于分期付款，租期结束船价全部付清，船舶就属于租船人所有。当然光船租购的租金率要比光船租赁的租金率高，这是因为光船租购下，租期届满时承租人无须将船舶交还船东，船东要在租期内收回船舶的成本和利润。由此，光船租购所要达到的目的是买卖船舶，它是实现船舶买卖的途径。因此，光船租购具有船舶融资租赁的性质，在多数情况下，光船租购相比较传统的贷款购买船舶是更为经济的一种融资方式。光船租购一般租期相对较长，承租人负担租赁物的维修、保养、保险及纳税费用，出租人拥有租赁物的所有权，承租人拥有使用权，原则上不得中途解约，租期届满时承租人有购买的优先权。

(六)航次期租船

航次期租船(Trip Charter on Time Basis)，又称期租航次租船或日租租船，是以完成一个航次运输为目的，租金按完成航次所使用的日数和约定的日租金率计算的租船。航次期租船是介于期租与航次租船之间的一种混合的或是变形的形式，结合了程租和期租的特点。租期的计算以船舶所完成的本航次任务为基础，从船舶抵达第一装货港的引水锚地时起租，直至该船于最后一个卸货港卸完货后，并由引航员引至引水锚地，引航员离船为止。具体交还船的时间及地点在租约中订明。这种租船方式不计滞期、速遣费用，船方不负责货物运输的经营管理。

新视窗 2-7

日邮以轻资产经营或租船增加运力

日本邮船在财年中期就全球班轮运输业前景发表看法，社长工藤泰山表示，预测全球班轮运输全年运量会升7%，亚欧线有单位数升幅，泛太平洋线与去年中期相比，会有2位数字增幅。

工藤泰山还谈到对物流业的看法。他表示，按照人口的增长，全球物流业还会上升，全球集装箱流通量预测会上升7%，他说：新造的集装箱船预计年规模产量会增加10%，直到2013年左右。

日邮在面对种种挑战与问题，将会如何应对？工藤泰山强调，在集装箱船队建立规模的基本点上，日邮不会盲目地与其他船公司去竞争，而是将关注的重点放在揽货和实际的货量上。清楚自己船队现有的运力及在不久的将来会发展出更高节能的船舶，目前没有需要建造新船。相反，在这个节骨眼上，日邮将继续实施轻资产策略。必要时，会租用船舶和舱位。

(资料来源：上海港口网，2012-02-16.)

基础6　海运提单

一、提单的概念、性质与作用

（一）提单的概念

海运提单（Marine Bill of Lading or Ocean Bill of Lading），简称为提单（Bill of Lading，B/L），是国际货物运输中的一种最重要的单据。

《汉堡规则》给提单下的定义是：Bill of lading，means a document which evidences a contract of carriage by sea and taking over or loading of the goods by the carrier，and by which the carrier undertakes to deliver the goods against surrender of the document. A provision in the document that the goods are to be delivered to the order of the document. A provision in the document that the goods are to be delivered to the order of a named person，or to order，or to bearer，constitutes such an undertaking.

1993年7月1日施行的《中华人民共和国海商法》第71条规定："提单，是指用以证明海上货物运输合同和货物已经由承运人接收或者装船，以及承运人保证据以交付货物的单证。提单中载明的向记名人交付货物，或者按照指示人的指示交付货物，或者向提单持有人交付货物的条款，构成承运人据以交付货物的保证。"提单的主要关系人是签订运输合同的双方：托运人和承运人。托运人即货方，承运人即船方。其他关系人有收货人和被通知人等。收货人通常是货物买卖合同中的买方，被通知人是承运人为了方便货主提货的通知对象，可能不是与货权有关的当事人。如果提单发生转让，则会出现受让人、持有人等提单关系人。

（二）提单的性质与作用

1. 提单是承运人接收货物或货物装船的收据。提单是根据大副收据或场站收据而来，记载了大副收据或场站收据的内容，所以提单也具有了承运人接收货物或货物装船的收据的作用。虽然大副收据或场站收据是承运人收到货物的原始收据，但它们仅作为船务单证或称为运输单证；而托运人最终所要取得的不是船务单证，而是能够用于结汇、收货人凭以提取货物和商业流通的提单。因此，提单既属船务（或运输）单证，又属商务（业）单证。

提单作为货物收据（Receipt for the Goods），不仅证明收到货物的名称、种类、数量、标志、外表状况，而且证明收到货物的时间。在实际操作中，托运人取得已装船提单，即可到银行结汇而获得货款。因此，用提单来证明货物的装船时间是非常必要的。

2. 提单是海上货物运输合同成立的证明。班轮货物运输合同的成立，首先是由托运人持托运单或订舱委托书（单）到船公司或其代理人（船代）处订舱，可称为"要约"。如果承运人可以满足托运人的要求，接受订舱，确定船名、航次、提单号，并在装货单上签章，可谓"承诺"，即认为海上货物运输合同成立。承、托双方就是根据此约定来安排货物运输的，如果发生争议，当然也应以这种约定作为解决争议的依据。

提单是在货物装船后取得的，或者说是在合同履行过程中取得的。但是托运单或订舱委托书（单）没有规定承、托双方的权利、义务，而提单背面的条款却规定了，而且法律上承认是解决班轮货物运输争议的依据。但按严格的法律概念，提单并不完全具备经济合同应具备的基本条件,它不是双方意思表示一致的产物,而约束承、托双方的提单条款是承运人单方面拟定的。所以,承运人签发提单,只是海上货物运输合同已经订立的证明,如果承、托双方除提单外并无其他协议或合同,那么提单就是订有提单上条款的合同的证明。

3. 提单是承运人保证凭以交付货物和可以转让的物权凭证。根据提单的定义,承运人要按提单的规定凭提单交货,谁持有提单,谁就可以提货;提单持有人,不论是谁,只要他能递交提单,承运人保证凭以交付货物,他不会过问其提单来自何方,甚至不会追究如何合法持有提单。所以,提单的持有人就是物权的所有人,这充分体现出提单是一张物权凭证,除法律有规定外,提单可以转让或抵押。

为了加速商品流转和便于资金筹措,国际贸易中出现了"单证买卖"。单证持有人只要将代表一定财产或资产的单证转让给他人,就意味着该财产或资产所有权的转移,让与人便可及时获得价款,以加速资金周转。提单既然是物权凭证,为适应上述需要,除不可转让的提单外,经背书或无须背书就可以买卖转让,这在国际贸易中起了很重要的作用。

但提单的转让受到一定的条件限制:①提单的转让必须是在承运人在目的港交付货物前才有效,如果承运人凭一份正本提单交付了货物,其余的几份也就失去了效力,提单则不能再行转让;②提单持有人必须在货物运抵目的港的一定时间内,与承运人洽办提货手续;③由于货物过期不提,即视为无主,承运人可对不能交付的货物行使处置权,从而限制了提单作为物权凭证的效力。

除上述作用外,提单在业务联系、费用结算、对外索赔等方面都有着重要作用。

二、提单的种类

提单可以从不同角度进行分类,主要有以下几种:

(一)根据货物是否装船,可分为已装船提单和备运提单

1. 已装船提单(On Board B/L or Shipped B/L)。已装船提单是指承运人已将货物装上指定的船只后签发的提单。这种提单的特点是,提单上面有载货船舶的名称和装货日期,同时还应由承运人或其代理人、船长或其代理人签字。由于已装船提单对收货人及时收到货物有保障,所以在国际货物买卖合同中一般都要求卖方提供已装船提单。根据国际商会2010年修订的《国际贸易术语解释通则》的规定,凡以FOB、CIF或CFR条件成立的货物买卖合同,卖方应提供已装船提单。根据UCP600规定,如信用证要求海运提单作为运输单据,银行将接受注明货物已装船或已装指定船只的提单。

2. 备运提单(Received for Shipment B/L)。备运提单是指承运人收到托运的货物在待装船期间签发给托运人的提单。这种提单上面没有装船日期,也无载货的具体船名。如果承运人签发备运提单,就是他确认货物已交由他保管,而不是确认货物已开始装运。备运提单是初步的运输合同的证据。

备运提单通常包括一切运输条款,如果货物确实装入预定船舶后,由承运人在提单正面加注已装船批注和装船日期,并签字盖章,使之成为已装船提单。或经承运人同意,也可由托运人以备运提单向承运人换取已装船提单。如果预定船舶不能按时到港,承运人不负责任,承运人可以另换他船。

买方一般不愿接受备运提单,因为备运提单没有装船日期,使他无法估计货物到达卸货港的日期,而且他要冒货物装船前残损的风险。加之船期延误,还要多支付货款利息,另外,备运提单

上没有确切船名,使提单持有人不能在承运人违约时申请法院扣押船只。但随着集装箱运输的开展,备运提单日益增多,因为集装箱航运公司有时必须在内陆收货站收货,而在收货站不能签发已装船提单,只能签发备运提单。

(二)根据货物表面状况有无不良批注,可分为清洁提单和不清洁提单

1. 清洁提单(Clean B/L),是指货物装船时"表面状况良好",承运人在提单上不带有明确宣称货物及/或包装有缺陷状况的条款或批注的提单。根据 UCP600 第 27 条规定,银行只接受清洁提单。清洁提单也是提单转让时所必备的条件。

2. 不清洁提单(Unclean B/L,Foul B/L),是指承运人收到货物之后,在提单上加注了货物外表状况不良或货物存在缺陷和包装破损的提单。例如,在提单上批注"Ironstriploose of missing"(铁条松失)、"In sufficiently packed"(包装不固)"X package in damage condition"(X 件损坏)等。但是,并非提单有批注即为不清洁提单。国际航运公会(International Chamber of Shipping)于 1951 年规定下列三种内容的批注不能视为不清洁:①不明确地表示货物或包装不能令人满意,如只批注"旧包装""旧箱""旧桶"等;②强调承运人对货物或包装性质所引起的风险不负责任;③否认承运人知悉货物内容、重量、容积、质量或技术规格。这三项内容已被大多数国家和航运组织所接受。在使用信用证支付方式时,银行一般不接受不清洁提单。

有时在装船时会发生货损或包装不良,托运人常要求承运人在提单上不作不良批注,而向承运人出具保函,也称赔偿保证书(Letter of Indemnity),向承运人保证如因货物破、残损以及承运人因签发清洁提单而引起的一切损失,由托运人负责。承运人则给予灵活签发清洁提单,便于托运人在信用证下结汇。对这种保函,有些国家法律和判例并不承认,如美国法律认为这是一种欺骗行为,所以,使用保函时要视具体情况而定。

(三)根据收货人抬头不同,可分为记名提单、不记名提单和指示提单

1. 记名提单(Straight B/L)。记名提单,又称收货人抬头提单,它是指在提单的收货人栏内,具体写明了收货人的名称。由于这种提单只能由提单内指定的收货人提货,所以提单不易转让。在没有收款保障的情况下,不宜做记名提单,因为在许多国家,记名提单的收货人可以不凭提单就可以提货,因此提单实际上已经失去了物权的作用。在国际贸易中,这种提单一般用于价值贵重的货物或特殊货物的交易。

2. 不记名提单(Open B/L)。不记名提单,又称空白提单,是指在提单收货人栏内不填明具体的收货人或指示人的名称而留空的提单。不记名提单的转让不需任何背书手续,仅凭提单交付即可,提单持有者凭提单提货。这种提单流通性极强,但风险极大,在国际贸易中很少使用。

3. 指示提单(Order B/L)。指示提单是指收货人栏内,只填写"To order"(凭指示)或"To order of…"(凭某人指示)字样的一种提单。这种提单通过背书方式可以流通或转让,所以,又称可转让提单,这种提单在国际贸易中被广泛使用。

指示提单的四种抬头:

(1)凭银行指示,即提单收货人栏填写为"to the order of ×× Bank"。

(2)凭收货人指示,即提单收货人栏填写为"to the order of ABC Co. Ltd"。

(3)凭发货人指示,即提单收货人栏填写为"to the order of shipper"并由托运人在提单背面空白背书。这种提单亦可根据信用证的规定而做成记名指示背书。托收人也可不作背书,在这种

情况下则只能由托运人提货,即卖方保留货物所有权。

(4)不记名指示,即提单收货人栏填写为"to order",并由托运人在提单背面作空白背书。也可根据信用证的规定而做成记名指示背书。

(四)根据运输方式不同,可分为直达提单、转船提单和联运提单

1. 直达提单(Direct B/L),是指轮船装货后,中途不经过转船而直接驶往指定目的港所签发的提单。直达提单上仅列有装运港和目的港的港口名称。在国际贸易中,如信用证规定货物不准转船,卖方就必须取得承运人签发的直达提单后才能向银行办理兑用货款。

2. 转船提单(Transhipment B/L),是指装运港装货的轮船,不直接驶往目的港,而需在中途换装另外船舶所签发的提单。转船提单内一般注明"在某港转船"的字样。按照海牙规则,如船舶不能直达货物目的港,非中转不可,一定要事先征得托运人的同意。船舶承运转船货物,主要是为了扩大营业范围、获取运费。转运的货物,一般均属零星杂货,如果是大宗货物,托运人可以租船直航目的港,也就不发生转船问题。转运货物船方的责任可分为以下三种情况:①第一航程与第二航程的承运人对货物的责任各自负责,互不牵连;②第一航程的承运人在货物转运后承担费用,但不负责任;③第一航程的承运人对货物负责到底。上述三项不同责任,须根据转运的过程和措施不同而定。

3. 联运提单(Through B/L)。联运提单是指海陆、海空、海河、海海等联运货物,由第一承运人收取全程运费后并负责代办下程运输手续在装运港签发的全程提单。卖方可凭联运提单在当地银行结汇。转船提单和联运提单虽然包括全程运输,但签发提单的承运人一般都在提单上载明只负责自己直接承运区段发生的货损,只要货物卸离他的运输工具,其责任即告终止。

(五)根据提单内容的繁简,可分为全式提单和略式提单

1. 全式提单(Long Form B/L),又称长式提单,是指大多数情况下使用的既有正面内容又带有背面提单条款的提单。背面提单条款详细规定了承运人与托运人的权利与义务。在海运的实际业务中,大量使用的都是这种全式提单。

2. 简式提单(Short Form B/L),又称短式提单,是相对于全式提单而言的,是指提单背面没有关于承运人与托运人及收货人之间的权利义务等详细条款的提单。这种提单一般在正面印有"Short Form"(简式)字样,以示区别。简式提单中通常列有如下条款:"本提单货物的收受、保管、运输和运费等事项,均按本提单全式提单的正面、背面的铅印、手写、印章和打字等书面条款和例外条款办理,该全式提单存本公司及其分支机构或代理处,可供托运人随时查阅。"

(六)根据船舶的运营方式,可分为班轮提单和租船提单

1. 班轮提单(Liner B/L),是指由班轮公司签发给托运人的提单。

2. 租船提单(Charter Party B/L),是指根据租船合同而签发的提单。这种提单无须注明承运人,由船长或其代理人、船东或其代理人、承租人或其代理人签署。租船提单上常注明:"一切条件、条款和免责事项按照×年×月×日的租船合同之约定。"这种提单受租船合同约束。信用证下,银行按照 UCP600 第 22 条审核租船提单,但银行不管租船合同内容,也不对其进行审核。

(七)根据提单的使用效力,可分为正本提单和副本提单

1. 正本提单(Original B/L),是指提单上经承运人、船长或其代理人签字盖章并注明装船完毕日期的、带有“Original”字样的提单。正本提单通常是签发一式三份，也有一式两份、四份和五份的，以便托运人遗失其中一份时，可凭其他各份提单结汇或收货人提货，若其中一份完成提货手续，其余各份自动失效。所有正本提单具有同等的法律效力。根据 UCP600 第 20 条第 a 款 iv 规定，银行接受仅有一份的正本提单，如签发一份以上正本提单时，交单应包括全套正本提单。开证行通常要求卖方提供全部正本提单，即所谓“全套”(Full Set)提单。提单表面有专门注明正本提单签发份数的栏目(Number of Original B/L)，这一栏里注明的数字就是全套正本提单的数目。

也有些正本提单上标注的不是“Original”字样，而是“Duplicate”及“Triplicate”，表明是第二份正本提单和第三份正本提单。

2. 副本提单(Copy B/L)。副本提单是指提单上没有承运人、船长或其代理人签字盖章，且正面有“Copy”或“Non-negotiable”字样的提单，通常没有背面条款。提单副本只供业务上参考使用，副本提单的份数或是按照托运人的要求或是由船方自行确定。

(八)根据货物运输船舶划分，可分为油轮提单、杂货提单、集装箱提单

1. 油轮提单(Tanker B/L)，是指使用主要用来装运液体或气体货物的特殊化学品运输船舶装运的货物运输提单，这种提单一般都是租船提单，货物为散装的液态或气态化学品。

2. 杂货提单(General B/L)，是指用杂货船运输的普通货物提单，普通货物又叫件杂货，批量小，批次多，这种提单多是班轮提单，而且现在的件杂货多是以集装箱来运输。

3. 集装箱提单(Container B/L)，是货物采用集装箱方式运输的运输单据，现代海运方式下，它一般是指用集装箱运输的海运提单，但集装箱已突破了单一的运输方式，因此有时候它也可以是多式联运提单。

(九)不正常提单

1. 过期提单(Stale B/L)，是指出口商取得提单后未能及时到银行交单，或过了银行规定的交单期限未兑用而形成过期提单，习惯上也称为滞期提单或陈旧提单。按照 UCP600 规定，凡超过发运日期 21 个日历日后提交的提单为过期提单，但在任何情况下都不得迟于信用证的截止日。如信用证有效期或信用证规定的交单期早于此期限，则以有效期或规定的交单期为最后期限。一般银行不接受过期提单，但过期提单并非无效提单，提单持有人仍然可凭其要求承运人交付货物。

实务中，过期提单通常会晚于货物抵达目的港，这将影响收货人及时提货并因此产生一些额外费用。

2. 倒签提单(Anti-date B/L)，是指承运人或其代理人应托运人的要求在货物装船后签发的，装船日期早于货物实际装船日期的提单。因为这是托运人为了使提单上记载的已装船日期符合信用证关于装运期的规定，以便能顺利结汇，承运人应托运人要求而倒填装船日期签发的提单，所以称为倒签提单。

承运人签发倒签提单的做法，掩盖了提单项下货物的实际装船时间，将面临承担由此而产生责任的风险。特别是当市场上货价下跌时，收货人可以以“伪造提单”为由拒绝收货，并向法院起诉要求赔偿。因此，承运人应避免签发这种提单。不过，为了贸易的需要，根据一般商业习惯，在一定条件下，比如该票货物已全部装船完毕，且倒签的日期与实际装船完毕的日期间隔不长，在取得了托运人保证承担由此而引起的一切责任的保函后，承运人有时会同意签发倒签提单。

3. 预借提单(Advanced B/L)，又称无货提单，是指因信用证规定装运日期和兑用期限已到，

货物因故而未能及时装船(但已被承运人接管,或已经开装而未装毕),托运人出具保函,要求承运人签发已装船提单。

预借提单与倒签提单同属一种性质,为了避免造成损失,应尽量不用或少用这两种提单。

显然,预借提单和倒签提单的共同之处在于提单上载明的货物装船日期与货物实际装船完毕的日期不符,前一个日期是为了满足卖方顺利结汇的需要而虚构的,并且早于后一个日期;预借提单和倒签提单的不同之处在于,被预借的提单是在货物装船完毕日期前签发的,被倒签的提单则是在货物实际装船完毕时签发的。两种行为实施时间不同,但它们产生的法律后果是相同的。

4. 顺签提单(Post-date B/L)。顺签提单是指货物装船后,承运人或其代理人应托运人的要求,以晚于该票货物实际装船完毕的日期作为提单装船日期而签发的提单。这是为了符合贸易合同或信用证关于装运日期的规定,应托运人的要求按延后装船日期而签发的提单。但是在这种情况下,如果货物在实际装船后,提单顺签日期前发生货损,承运人将面临索赔问题。

(十)其他特殊提单

1. 舱面提单(On Deck B/L),又称甲板货提单,是指对装在甲板上的货物所签发的提单。在这种提单上一般都有"On Deck"(装舱面)字样。舱面货(Deck Cargo)风险较大,《海牙规则》规定,承运人对舱面货的损坏或灭失不负责任。因此,买方和银行一般都不愿意接受舱面提单。但有些货物,如易燃、易爆、剧毒、体积大的货物和活牲畜等必须装在甲板上,在这种情况下,合同和信用证中就应有"允许货物装在甲板上"的条款,这样,舱面提单才可结汇。但采用集装箱运输时,根据《汉堡规则》规定和国际航运中的一般解释,装于舱面的集装箱是"船舱的延伸",与舱内货物处于同等地位。

2. 合并提单(Omnibus B/L)。合并提单是指根据托运人的要求,将同一船舶装运的同一装货港、同一卸货港、同一收货人的两批或两批以上相同或不同的货物合并签发一份提单。托运人或收货人为了节省运费,常要求承运人将本应属于最低运费提单的货物与其他另行签发提单的货物合并在一起,只签发一份提单。

3. 并装提单(Combined B/L)。将两批或两批以上品种、质量、装货港和卸货港相同,但分属于不同收货人的液体散装货物并装于同一液体货舱内,而分别为每批货物的收货人签发一份提单,其上加盖"并装条款"印章的提单,称为并装提单。在签发并装提单的情况下,应在几个收货人中确定一个主要收货人(通常是其中批量最大的收货人),并由这个主要收货人负责分摊各个收货人应分担的货物自然损耗和底脚损耗。

4. 交换提单(Switched B/L),是指凭原提单换发的另一套提单。在直达运输的条件下,应托运人的要求,承运人承诺,在某一约定的中途港凭在启运港签发的提单另换发一套以该中途港为启运港,但仍以原来的托运人为托运人的提单,并注明"在××港收回本提单,另换发以该××港为启运港的提单"或"Switch B/L"字样的提单。当贸易合同规定以某一特定港口为装货港,而作为托运人的卖方因备货原因,不得不在这一特定港口以外的其他港口装货时,为了符合贸易合同和信用证关于装货港的要求,常采用这种变通的办法,要求承运人签发这种交换提单。签发交换提单的货物,一般由同一艘船进行直达运输,中途港并不换装,只不过由承运人在中途港的代理人收回原在启运港签发的提单,另签发以中途港为货物启运港的提单而已。

5. 分提单(Separate B/L),是指承运人依照托运人的要求,将本来属于同一装货单其标志、货种、等级均相同的同一批货物,分开签多份提单,分属于几个收货人,这种提单称为分提单。其目的是为了方便目的港收货人提货。只有标志、货种、等级均相同的同一批货物才能签发分提单,否则,会因在卸货港理货,增加承运人理货、分标志费用的负担。分提单一般除了散装油类最多不超过5套外,其他货物并无限制。

三、提单的内容

(一)提单正面的内容

提单正面记载了有关货物和货物运输的事项,这些事项有的是有关提单的国内立法或国际公约规定的,作为运输合同必须记载的事项,如果漏记或错误记载,就可能影响提单的证据效力;有的则是为了满足运输业务需要而由承运人自行决定,或经承运人与托运人协议,认为应该在提单正面记载的事项。前者称为必要记载事项,或法定记载事项,后者则称为一般记载事项。

1. 必要记载事项的一般规定。各国有关提单的法规都对提单正面的必要记载事项做出了规定。虽然各个国家对提单的法定记载事项的规定有简有繁,但是,从提单的证据效力和业务的需要考虑,各个国家对提单必须记载事项的规定又是基本相同的。如我国《海商法》第73条规定,提单正面内容一般包括下列各项:

(1)货物的品名、标志、包数或者件数、重量或体积,以及运输危险货物时对危险性质的说明(Description of the goods, mark, number of packages or quantity, weight or measurement, and a statement, if applicable, as to the dangerous nature of the goods);

(2)承运人的名称和主营业处所(Name and Principal Place of Business of the Carrier);

(3)船舶的名称(Name of the Ship);

(4)托运人的名称(Name of the Shipper);

(5)收货人的名称(Name of the Consignee);

(6)装货港和在装货港接收货物的日期(Port of loading and the date on which the good were taken over by the carrier at the port of loading);

(7)卸货港(Port of Discharge);

(8)多式联运提单增列接收货物地点和交付货物地点(Place where the goods were taken over and the place where the goods are to be delivered in case of a multimodal transport bill of lading);

(9)提单的签发日期、地点和份数(Date and place of issue of the bill of loading and the number of originals issued);

(10)运费的支付(Payment of Freight);

(11)承运人或者其代表的签字(Signature of the carrier or of a person acting on his behalf)。

填写提单时,缺少上述规定的一项或者几项并不影响提单的性质和法律地位,但提单应符合该法第71条的规定;签发多式联运提单时,除接收货物地点、支付货物地点及运费的支付这3项外,其余8项内容是必不可少的。

2. 有关提单的国际公约对必要记载事项的规定。根据《海牙规则》第3条第3款的规定:在收到货物之后,承运人或船长或其代理人,应依照托运人的请求签发给托运人提单,其上载有:

(1)与开始装货前由托运人书面提供者相同,为辨认货物所需的主要标志;

(2)由托运人书面提供的包数或件数,或者数量,或者重量;

(3)货物的表面状况。

另外,《海牙规则》第3条第4款还规定:"这种提单应当作为承运人依照第3款1、2、3项所述收到该提单中所载货物的表面证据。"

对《海牙规则》做出修改的《维斯比规则》,对《海牙规则》规定的必要记载事项未加以修改,但对这些记载内容的证据效力作了修订,规定"……当提单已经转让给善意的第三方时,与此相反的证据不予采用"。这段对《海牙规则》规定的证据效力所作出的补充文字,在法律上为承运人规定了一项义务,即对于善意的第三方,承运人应对提单上所记载的有关货物的事项负责,不能以事实上货物未装船来抗辩。这样,提单上有关货物的记载就成为按照提单记载内容收到货物的最终证据了。

《汉堡规则》关于提单必须记载的内容则做出了详细的规定。《汉堡规则》第15条第3款规定:"提单漏列本条所规定的一项或多项,不影响该单证作为提单的法律性质,但该单证必须符合第1条第7款(提单定义)规定的要求。"

关于提单必要记载事项的证据效力,《汉堡规则》第16条中做出了与《维斯比规则》相同的规定,即承运人签发了已装船提单,则可作为提单上所述货物已装船的初步证据,当提单转让给包括收货人在内的善意的第三方时,提单上的记载内容具有最终证据的效力。

3. 一般记载事项。提单上常见以下几种记载事项:

(1)属于承运人因业务需要而记载的事项:如航次号、船长姓名、运费的支付时间和地点、汇率、提单编号及被通知人等。

(2)区分承运人与托运人之间的责任而记载的事项:如数量争议的批注;为了减轻或免除承运人的责任而加注的内容;为了扩大或强调提单上已印妥的免责条款;对一些易受损的特种货物,承运人在提单上加盖的以对此种损害免除责任为内容的印章等。

(3)承运人免责和托运人作承诺的条款,如中远提单正面右下方的3段文字说明:①"上列外表状况良好的货物(另有说明者除外),已装在上列船上,并应在上列卸货港或该船以能安全到达并保持浮泊的附近地点卸货。""重量、尺码、标志、号数、品质、内容和价值是托运人所提供的,承运人在装船时并未核对。托运人、收货人和本提单持有人兹明确表示接受并同意本提单及其背面所载的一切印刷、书写或打印的规定、免责事项和条件。"②"为证明以上所述,承运人或其代理人已签署本提单(若干份),其中一份经完成提货手续后,其余各份失效。"③"请托运人特别注意本提单内与该货物保险效力有关的免责事项和条件。"

根据我国《海商法》第77条规定:除非承运人按有关规定做出保留外,承运人或者代其签发提单的人签发的提单,是承运人已经按照提单所载状况收到货物或者货物已经装船的初步证据;承运人向善意受让提单的包括收货人在内的第三人提出的与提单所载状况不同的证据,不予承认。

(二)提单背面的条款

提单背面的条款作为承托双方权利和义务的依据,多则三十余条,少则二十几条,这些条款一般分为强制性条款和任意性条款两类。强制性条款的内容不能违反有关国家的法律和国际公约、港口惯例的规定。我国《海商法》第四章海上货物运输合同的第44条明确规定:"海上货物运输合同和作为合同凭证的提单或者其他运输单证中的条款,违反本章规定的,无效。"《海牙规则》第3条第8款规定:"运输契约中的任何条款、约定或协议,凡是解除承运人或船舶由于疏忽、过失或未履行本条规定的责任与义务,因而引起货物的或与货物有关的灭失或损害,或以本规则规定以外的方式减轻这种责任的,都应作废并无效。”上述规定都强制适用提单的强制性条款。

任意性条款,即上述法规、国际公约没有明确规定的,允许承运人自行拟定的条款,和承运人以另条印刷、刻制印章或打字、手写的形式在提单背面加列的条款,这些条款适用于某些特定港口或特种货物,或托运人要求加列的条款。所有这些条款都是表明承运人与托运人、收货人或提单持有人之间承运货物的权利、义务、责任与免责的条款,是解决他们之间争议的依据。

虽然各种提单背面的条款多少不一,内容也不尽相同,但通常都有下列主要条款:

1. 定义条款(Definition)。定义条款是提单或有关提单的法规中对与提单有关用语的含义和范围做出明确规定的条款。如中远提单条款第1条规定:货方(Merchant)包括托运人(Shipper)、接货人(Receiver)、发货人(Consignor)、收货人(Consignee)、提单持有人(Holder of B/L),以及货物所有人(Owner of the Goods)。

在国际贸易实践中,提单的当事人应该是承运人和托运人是毫无异议的。但是,不论是以FOB还是CIF或CFR价格成交的贸易合同,按照惯例,当货物在装货港装船时,货物一旦装到船上,其风险和责任就转移到作为买方的收货人或第三者。如果货物在运输过程中发生灭失或损坏,对承运人提出赔偿要求的就不再是托运人,而是收货人或第三者,在这种情况下,如果仅将托运人看作合同当事人一方,就会出现收货人或第三者不是合同当事人,而无权向承运人索赔。为了解决这一矛盾,英国1855年的提单法第1条规定,当提单经过背书转让给被背书人或收货人后,被背书人或收货人就应该取代作为背书人的托运人的法律地位,而成为合同当事人的一方,由于《海牙规则》的定义条款未涉及“货方”,英国提单法弥补了这一不足,各船公司都在提单中将“货方”列为定义条款。

2. 首要条款(Paramount Clause)。首要条款是承运人按照自己的意志,印刷于提单条款的上方,通常列为提单条款第一条,用以明确本提单受某一国际公约制约或适用某国法律的条款。通常规定:提单受《海牙规则》或《海牙—维斯比规则》或者采纳上述规则的某一国内法的制约,如英国《1971年海上货物运输法》,《1936年美国海上货物运输法》的制约。例如,我国《海商法》实施前的中远提单第3条规定,“有关承运人的义务、赔偿责任、权利及豁免应适用《海牙规则》,即1924年8月25日在布鲁塞尔签订的《关于统一提单若干规定的国际公约》”。目前中远提单规定,该提单受中华人民共和国法律的制约。

提单上出现的首要条款,通过当事人“意思自治”原则,在某种意义上扩大了国际公约或国内法的适用范围。各国法院通常承认首要条款的效力。

3. 管辖权条款(Jurisdiction Clause)。在诉讼法上,管辖权是指法院受理案件的范围和处理案件的权限。在这里是指,该条款规定双方发生争议时由何国行使管辖杖,即由何国法院审理,有时还规定法院解决争议适用的法律。提单一般都有此种条款,并且通常规定对提单产生的争议由船东所在国法院行使管辖权。例如,我国中远公司提单就规定,本提单受中华人民共和国法院管辖,本提单项下或与本提单有关的所有争议应根据中华人民共和国的法律裁定,所有针对承运人的法律诉讼应提交有关公司所在地的海事法院——广州、上海、天津、青岛、大连海事法院受理。严格地说,该条款是管辖权条款和法律适用条款的结合。

提单管辖权的效力在各国不尽相同,有的国家将其作为协议管辖处理,承认其有效。但更多的国家以诉讼不方便,或该条款减轻承运人责任等为理由,否认其效力,依据本国诉讼法,主张本国法院对提单产生的争议案件的管辖权。也有的国家采取对等的原则,确定其是否有效。

1958 年,《联合国承认与执行外国仲裁裁决的公约》即《纽约公约》,已被 90 多个国家承认,我国也是该公约的缔约国。在远洋运输提单中列入"仲裁条款",以仲裁代替诉讼,其裁决可以在很多公约缔约国家得到承认和执行。因此,仲裁不失为解决纠纷的现代途径。

4. 承运人责任条款(Carriers Responsibility)。一些提单订有承运人责任条款,规定承运人在货物运送中应负的责任和免责事项。一般概括地规定为以什么法律或什么公约为依据,如果提单已订有首要条款,就无须另订承运人的责任条款。中远提单的第 3 条、中国外运提单第 4 条、华夏提单第 3 条均规定,其权利和责任的划分以及豁免应依据或适用《海牙规则》。根据这一规定,并非《海牙规则》所有规定都适用于该提单,而只是有关承运人的义务、权利及豁免的规定适用于该提单。

《海牙规则》中承运人的责任可归纳为承运人保证船舶适航的责任(义务)和管理货物的责任,即承运人应"适当"与"谨慎"地管理货物。

5. 承运人的责任期间条款(Period of Responsibility)。《海牙规则》中没有单独规定承运人的责任期间,因而各船公司的提单条款中都列有关于承运人对货物运输承担责任的起止时间条款。例如,"承运人的责任期间应从货物装上船舶之时起到卸离船舶之时为止。承运人对于货物在装船之前和卸离船舶之后发生的灭失或损坏不负赔偿责任"。

上述责任期间的规定,与现行班轮运输"仓库收货、集中装船"和"集中卸货、仓库交付"的货物交接做法不相适应。所以,一些国家的法律,如美国的"哈特法"(Harter Act)则规定:承运人的责任期间为自收货之时起,至交货之时止。《汉堡规则》则规定:承运人的责任期间包括在装货港、运输途中以及在卸货港,货物在承运人掌管下的全部期间。我国《海商法》规定的承运人责任期间,集装箱货物同《汉堡规则》,而件杂货则同《海牙规则》。

6. 装货、卸货和交货条款(Loading, Discharging and Delivery)。本条款是指对托运人在装货港提供货物,以及收货人在卸货港提取货物的义务所做的规定。该条款一般规定货方应以船舶所能装卸的最快速度昼夜无间断地提供或提取货物;否则,货方对违反这一规定所引起的一切费用(如装卸工人待时费、船舶的港口使用费及滞期费等)承担责任。应当注意,这一条款很难实施,因为,没有租船合同及装卸期限,要收取滞期费比较困难。承运人签发了提单,如果航程很短,货物比单证先到,收货人无法凭单提货,货物卸载存岸仍将由承运人掌管,难以推卸继续履行合同之责。如果收货人不及时提取货物,承运人可以将货物卸入码头或存入仓库,货物卸离船舶之后的一切风险和费用,由收货人承担,而承运人应被视为已经履行其交付货物的义务。

承运人负担货物装卸费用,货物在装船之前和卸船之后的费用由托运人、收货人负担。费用的承担往往与承运人的责任期间的规定有关,如果双方当事人另有约定,则以约定为准。提单中通常不另订条款规定,当按照港口习惯或受港口条件限制,船舶到达港口时,不能或不准进港靠泊装卸货物,其责任又不在承运人时,在港内或港外货物过驳费用由托运人或收货人承担。

7. 运费和其他费用条款(Freight and other Charges)。该条款通常规定:①托运人或收货人应按提单正面记载的金额、货币名称、计算方法、支付方式和时间支付运费;②托运人或收货人应支付货物装船后至交货期间发生的,并应由货方承担的其他费用;③运费收取后不再退还。中远提单第 6 条和中外运提单第 8 条规定:运费和费用应在装船前预付,到付运费则在货物抵达目的港时,交货前必须付清。无论是预付还是到付,船舶或货物其中之一遭受损坏或灭失都应毫不例外地全部付给承运人,不予退回,不得扣减。一切同货物有关的税费均应由货方支付。

另外,该条款还规定:装运的货物如系易腐货物、低值货物、活动物(活牲畜)、甲板货,以及卸货港承运人无代理人的货物,运费及有关费用应预付。

该条款通常还规定,货方负有支付运费的绝对义务。即使船舶或货物在航行过程中灭失或损害,货方仍应向承运人支付全额运费。如货物灭失或损害的责任在于承运人,则货方可将其作为损害的一部分,向承运人索赔。

8. 自由转船条款(Transhipment Clause)。转运、换船、联运和转船条款(Forwarding, Substitute of Vessel, Through Cargo and Transhipment)或简称自由转船条款。该条款规定,如有需要,承运人为了完成货物运输可以任意采取一切合理措施,任意改变航线,改变港口或将货物交由承运人自有的或属于他人的船舶,或经铁路或以其他运输工具直接或间接地运往目的港,或运到目的港以外的港口转船、收运、卸岸、在岸上或水面上储存以及重新装船运送,以上费用均由承运人负担,但风险则由货方承担。承运人责任限于其本身经营的船舶所完成的那部分运输,不得视为违反运输合同。如中远提单第13、14条都做了上述规定①。

我国《海商法》第91条规定:因不可抗力或者不能归责于承运人的原因,船舶不能在约定的目的港卸货时,船长有权将货物卸在邻近的安全港口,视为已经履行合同;否则,承运人有责任将货物运到目的港。

9. 选港(Option)条款,亦称选港交货条款(Optional Delivery),该条款通常规定,只有当承运人与托运人在货物装船前有约定,并在提单上注明时,收货人方可选择卸货港。收货人应在船舶驶抵提单中注明的可选择的港口中第一个港口若干小时之前,将其所选的港口书面通知承运人在上述第一个港口的代理人,否则,承运人有权将货物卸于该港或其他供选择的任一港口,运输合同视为已经履行。也有的提单规定,如收货人未按上述要求选定卸货港,承运人有权将货物运过提单注明的港口选择范围,至船舶最后的目的港,而由托运人、收货人承担风险和费用。当船舶承运选港货物时,一般要求收货人在所选定的卸货港卸下全部货物。

10. 赔偿责任限额条款(Limit of Liability)。承运人的赔偿责任限额是指已明确承运人对货物的灭失和损失负有赔偿责任应支付赔偿金额,是承运人对每件或每单位货物支付的最高赔偿金额。

提单应按适用的国内法或国际公约规定承运人对货物的灭失或损坏的赔偿责任限额。但承运人接受货物前,托运人书面申报的货物价格高于限额并已填入提单又按规定收取运费时,应按申报价值计算。如果首要条款中规定适用某国际公约或国内法,则按该公约或国内法办理。如中远提单第12条规定:当承运人对货物的灭失或损坏负赔偿责任时,赔偿金额参照货方的净货价加运费及已付的保险费计算;同时还规定,尽管本提单第3条规定承运人对货物灭失或损坏的赔偿责任应限制在每件或每计费单位不超过700元人民币,但承运人接受货物前托运人以书面申报的货价高于此限额,而又已填入本提单并按规定支付了额外运费者除外。

11. 危险货物条款(Dangerous Goods)。此条款规定托运人对危险品的性质必须正确申报并标明危险品标志和标签,托运人如事先未将危险货物性质以书面形式告知承运人,并未在货物包装外表按有关法规予以标明,则不得装运;否则,一经发现,承运人为船货安全有权将其变为无

① 自由转船条款是承运人为保护自身权益而做出的规定。转船过程中所产生的费用理应由承运人承担,但风险由货方负担则欠合理。

害、抛弃或卸船，或以其他方式予以处置。托运人、收货人应对未按上述要求装运的危险品，使承运人遭受的任何灭失或损害负责，对托运人按要求装运的危险品，当其危及船舶或货物安全时，承运人仍有权将其变为无害、抛弃或卸船，或以其他方式予以处置。

如提单上订明适用《海牙规则》或《海牙—维斯比规则》或相应的国内法，便无须订立此条款。

12. 舱面货条款(Deck Cargo)。由于《海牙规则》对舱面货和活动物(Live Animal)不视为海上运输的货物，因而提单上一般订明，关于这些货物的接收、装载、运输、保管和卸载均由货方承担风险，承运人对货物灭失或损坏不负赔偿责任。

四、与提单有关的国际公约

调整海上货物运输法律关系的国际公约主要有《海牙规则》《维斯比规则》《汉堡规则》及《鹿特丹公约》。

(一)海牙规则

海牙规则全称为《统一提单的若干法律规定的国际公约》，是关于提单法律规定的第一部国际公约，至今已有50多个国家承认了它。几十年来，许多国家的航运公司都在其所制发的提单上规定采用该规则，据以确定承运人在货物装船、收受、配载、承运、保管、照料和卸载过程中所应承担的责任与义务，以及其应享受的权利与豁免。《海牙规则》的主要内容：

1. 承运人的适航责任。船舶适航是承运人必须执行的最低限度的义务。

2. 承运人的管货责任。承运人在运输过程中，应适当和谨慎地装载、搬移、配载、运送、保管、照料和卸载所运送的货物，安全地把货物运送到目的港。承运人的管货责任，从货物装运开始至货物运抵目的港结束，即“钩至钩”的责任期间。

3. 承运人的免责条款。《海牙规则》中承运人的免责条款共17项。这些免责条款主要包括两种类型，第一种是过失免责，第二种是无过失免责。承运人的过失免责是指船长、船员、引航员或承运人的受雇人员在驾驶船舶或管理船舶上的行为、疏忽或过失引起的货物灭失或损坏，承运人可以免除赔偿责任。承运人无过失免责是指船舶发生火灾、海上灾难、意外事故、天灾、不可抗力、船舶潜在缺陷、货物固有缺陷等造成的损坏或灭失，不承担赔偿责任。

(二)维斯比规则

《维斯比规则》的全称是《关于修改统一提单若干法律规定的国际公约的议定书》，于1977年6月23日生效。该议定书不能单独使用，而要和《海牙规则》合起来一起使用，因此也就有了《海牙—维斯比规则》。《维斯比规则》对《海牙规则》修改的主要内容有：

1. 承运人的赔偿限额。《维斯比规则》规定凡属未申报价值的货物，其灭失或损害的最高赔偿限额为每件或每单位666.67特别提款权，或按货物毛重每公斤2特别提款权，两者中以较高者为准。

2. 集装箱条款。《维斯比规则》规定，如果货物是用集装箱、托盘或类似运输工具集装，提单中所载明装在这种运输工具中的货物件数或单位，应视为本款所指的件数或单位数；除上述情况外，此种运输工具应视为件或单位。

3. 提单的最终证据效力。当提单转移给善意的第三方时，与此相反的证据不予采用。

4. 合同之诉或侵权之诉的规定。在货物运输中，即便受害人是以侵权行为提起诉讼的，也要适应以运输合同所提起的诉讼。

5. 船方的雇佣人员的法律地位。船方的雇佣人员在受雇期间,由于其过失造成人身或货物的损失,与船方一样享有免责和限制的规定。

6. 适用范围。《维斯比规则》规定,公约各项规定适用于两个不同国家港口之间有关货物运输的每一提单。

《维斯比规则》对《海牙规则》做了一些有益的修改,在一定程度上权衡了承托双方的利益,并适应集装箱运输的发展要求。但在承运人的运输责任方面,仍保持《海牙规则》体系,对船长、船员和管理船舶过失负责的规定没有触及,因此发展中国家仍迫切要求对《海牙规则》进行根本性的修改。

(三)汉堡规则

《汉堡规则》的全称是《1978 年联合国海上货物运输公约》。该公约于 1992 年 11 月 1 日正式生效。《汉堡规则》的主要内容包括:

1. 承运人的责任原则。《汉堡规则》规定,对承运人实行完全过失责任制,承运人发生事故时,应采用推定过失与举证责任相结合的原则。承运人在运输途中发生货物灭失、损坏或延迟交货等行为,首先应该推定承运人有过失,如果他想使用过失免责条款免除其责任,就负有举证之责。反之,承运人将承担有关责任。

2. 承运人的责任期间。承运人对货物的责任期间,包括货物在装货港、运输途中和卸货港处于承运人掌管的全部期间。

3. 承运人的责任限制。《汉堡规则》规定,承运人对货物灭失或损坏的赔偿,每件或其他装运单位以 835 特别款权或毛重每公斤 2.5 特别提款权为限,以两者中较高者为准。

4. 管辖权和诉讼时效。《汉堡规则》规定,国际海上货物运输的司法管辖权,可以从以下几个方面选择:被告的主要营业场所,如无主要营业场所,则为通常住所;合同订立地,但该合同是通过被告在该地的营业场所、分支或代理机构订立;装货港或卸货港;海上运输合同规定的其他地点。《汉堡规则》规定的诉讼时效为两年。

(四)鹿特丹规则

《鹿特丹规则》全称为《全程或者部分海上国际货物运输合同公约》(也称为《联合国统一运输法公约》,《联合国运输法公约》)。《鹿特丹规则》将取代现有的三个国际公约,以真正实现海上货物运输法律制度的国际统一。《鹿特丹规则》获得主要航运国家的认可并生效,意味着"海牙时代"的结束,开启了新的"鹿特丹时代",它首次把港口码头营运商纳入涵盖范围之内,并提升了承运人的责任条款和赔偿规限,对现行的国际海运交货法律制度进行了颠覆性的改变,将给船东、港口营运商等国际贸易的相关各方带来重大影响。

五、其他运输合同证明:海运单、电子提单、电放提单

(一)海运单

海运单(Sea Waybill)是证明海上货物运输合同和货物已经由承运人接管或装船,已经承运人保证将货物交给指定收货人的一种不可转让的单证,不具备物权凭证的特性,只是运输合同证明和承运人收货并已装上船运输的凭证。收货人在卸货港提货时无须出具正本海运单,仅凭船

公司签发的到货通知和身份证明即可换得提货单提货，从而在一定程度上避免了正本提单流转慢而造成的“货等单”或“无单放货”现象的发生。

（二）电子提单

电子提单，是指通过电子数据交换系统（Electronic Data Interchange，EDI）传递的有关海上货物运输合同的数据。电子提单不同于传统提单，它是无纸单证，即按照一定规则组合而成的电子数据。各有关当事人凭密码通过 EDI 进行电子提单相关数据的流转，既解决了因传统提单晚于船舶到达目的港，不便于收货人提取货物的问题，又具有一定的交易安全性，因而有着广阔的应用前景。

传统的书面提单是一张物权凭证，提单下货物权利的转移是通过提单持有人对提单背书流转而实现的。而电子提单下货物权利的转移则是利用 EDI 系统，并依据特定密码进行的，因此它具有传统书面提单无法比拟的优越性。

电子提单的使用加速了单证流转，但在流转过程中的欺诈行为时有发生。为了进一步完善电子提单的使用规则，国际海事委员会于 1990 年 6 月 24 日至 29 日在巴黎召开了国际海事委员会第 34 届大会，会议通过了《国际海事委员会电子提单规则》（CMI Rules for Electronic Bill Lading），该规则是当前指导电子提单使用的法律依据。联合国国际贸易法委员会也通过了《1996 年联合国国际贸易法委员会电子商务示范法》。INCOTERMS 和 UCP 明确允许使用电子提单。1997 年，我国交通部颁布了《国际海上集装箱运输电子数据管理办法》，为我国电子提单的使用和管理提供了相关依据。

知识链接 2－3

电子提单至今没有广泛应用的原因

电子提单克服了传统纸质提单的众多缺陷，在效率、安全、成本、适应性等方面具有强大的竞争优势。但电子提单至今并没被广泛应用于国际航运业中，原因主要有：①技术方面的限制因素，主要表现为电子提单流转模式自身的缺陷和互联网安全性的缺陷；②法规制度方面的限制因素，主要表现为电子提单的物权凭证功能和有效制度的缺失；③电子贸易的环境等。总的来说，技术和法规制度上的缺陷弱化了电子提单的有效性和流通性，运作不畅的电子贸易环境禁锢着电子提单的发展空间。但这三个方面是相互影响、互为前提的：技术层面的缺陷将随着电子技术的发展而得以解决，那么技术层面的需求必然要求与其相适应的法律制度作支撑，当法律上的缺陷和制度上的不足得以完善时，统一的国际技术标准和规范的 EDI 平台也得以建立，进而适于电子提单运作的贸易环境也就自然得到完善。当阻碍电子提单广泛应用的三大主要障碍逐一克服之后，电子提单将逐渐取代传统的纸质提单而成为市场的主流，此时阻碍电子提单广泛应用的另一障碍——专业人才的短缺，也将被市场机制给予自然调解。

（资料来源：王明严. 简析阻碍电子提单广泛应用的几种因素. 对外经贸实务，2009(10).）

（三）电放提单

电放提单，是船公司或其代理应托运人的申请并在其出具电放保函的条件下，收回全套正本提单（如果已签发给托运人）后，向托运人签发的加盖有“TELEX RELEASE”或“SURREN-

DERED”字样的提单或提单副本。电放即是承运人在签发了电放提单后,以电传、电报等通信方式通知其在卸货港的代理人,无须凭正本提单即可将该票货物交付给电放提单上指定的收货人。

知识链接2-4

电放提单产生的背景原因

1993年年初,在国际集装箱班轮近洋航线上出现了“电放提单”,至今已有20年的历史,在国际近洋运输中占有一定比例。“电放提单”是以传统提单为基础的一种变通做法,主要是为了解决目的港“货到单未到”的矛盾。因为在传统正本提单业务中,提单是承运人在目的港据以交付货物的凭证,承运人在目的港交货时“认单不认人”。但随着国际集装箱运输的普及、货物装卸速度的加快、船舶在海上航行速度的加快,从而使货物从装运港到卸货港的时间大大减少。而提单的流转速度并没有加快,仍然需要经过多次背书、检查、邮寄等环节才能最终到达收货人的手中,很容易造成“货等单”。在“货等单”的情况下,如果坚持凭正本提单提货,势必造成货物在目的港压船、压港,港口费用和仓储费用必将大幅增加。实务中,通常是承运人凭收货人出具的保函做无单放货。但无单放货却违反了提单制度的规定,承运人应对提单的合法持有人承担违约或侵权责任。而电放提单在目的港提货时无须凭正本提单提货和交货,所以,电放提单是解决“货等单”问题及无单放货问题的自然选择。

电放提单虽是为解决“货等单”及无单放货等问题而出现的“商业创造”,但它并不具有提单的物权特性,“SURRENDERED”字样即表明签发此单的承运人放弃物权凭证及提货凭证之功能,不可背书转让。电放提单只具备海上货物运输合同证明及承运人接收货物收据之特性,是承运人收到货物的初步证据(除非承运人有确凿的相反证据,否则该电放提单即表明承运人已经收到该单上所记载的货物)。

(资料来源:江佳,董鹏.对“电放提单”的法律思考.国际商务财会,2010(6).)

学习任务二　实务操作单元

操作1　国际海运相关信息搜索

一、国际海运航线、港口信息搜索

在国际海运中,当接到货主的托运单后,承运人或其代理首先应为货主设计航运路线,作为国际货运业务员,必须要了解国际海运的航线及港口。这里主要介绍航线及港口的信息搜索。

关于国际航线及港口的信息比较好搜索,只要到国际海运的相关网站或船公司网站上,查找船公司的服务产品即可。图2-1是在美国总统航运(APL)网站上搜索到的航线与港口信息。

由图可知,该航线为 APX 线,即中国到美东航线。该航线上沿途挂靠港口有:Chiwan(深圳)—Hong Kong(中国香港)—Kaohsiung(高雄)—Busan(釜山)—Kobe(神户)—Tokyo(东京)—Balboa(巴尔泊亚)—Manzanillo(曼萨尼约)—Miami(迈阿密)—Jacksonville(杰克逊维尔)—Savannah(萨凡纳)—Charleston(查尔斯顿)—New York(纽约)。此航线还有特别提示 Highlights: South China cargo loads at the gateway of Chiwan for direct service to the U. S. East Cost,即中国南方的货物由深圳赤湾码头上船,然后直接运抵美东。

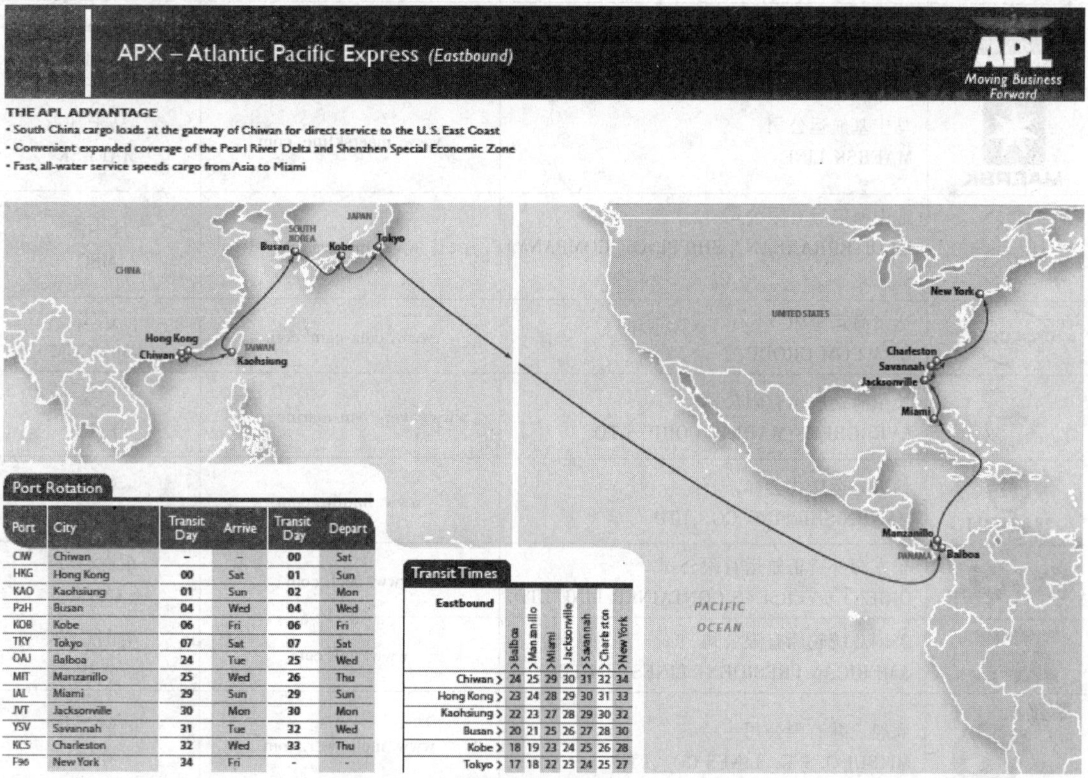

Port Rotation

Port	City	Transit Day	Arrive	Transit Day	Depart
CIW	Chiwan	-	-	00	Sat
HKG	Hong Kong	00	Sat	01	Sun
KAO	Kaohsiung	01	Sun	02	Mon
P2H	Busan	04	Wed	04	Wed
KOB	Kobe	06	Fri	06	Fri
TKY	Tokyo	07	Sat	07	Sat
OAJ	Balboa	24	Tue	25	Wed
MIT	Manzanillo	25	Wed	26	Thu
IAL	Miami	29	Sun	29	Sun
JVT	Jacksonville	30	Mon	30	Mon
YSV	Savannah	31	Tue	32	Wed
KCS	Charleston	32	Wed	33	Thu
F96	New York	34	Fri	-	-

Transit Times

Eastbound	> Balboa	> Manzanillo	> Miami	> Jacksonville	> Savannah	> Charleston	> New York
Chiwan >	24	25	29	30	31	32	34
Hong Kong >	23	24	28	29	30	31	33
Kaohsiung >	22	23	27	28	29	30	32
Busan >	20	21	25	26	27	28	30
Kobe >	18	19	23	24	25	26	28
Tokyo >	17	18	22	23	24	25	27

图 2-1　国际航线及港口

采用同样的方法可以了解其他航线及其沿途挂靠的各港口。

二、船公司及船期表搜索

船公司及船期表也应到相应的网站上进行搜索。常用的、信息比较丰富的网站有锦程物流网(www. jctrans. com)、易舱网(www. yicang. com)、货运中国网(www. cargoinchina. com)及其他相关查询平台。进入网站后,有"船公司"或其他相关链接,点击进入了解国际各大船公司的服务;或者直接到相关船公司的网站进行查询,表 2-8 中列出了国内外一些主要船公司的信息,可供不时之需。

表 2－8　船公司信息表

公司 LOGO	公司名称	公司网址	简　称
	中远集装箱运输有限公司 COSCO CONTAINER LINES CO. ,LTD.	www. cosco. com	中远集运 COSCO
	中海集装箱运输股份有限公司 CHINA SHIPPING CONTAINER LINES CO. ,LTD.	www. cscl. com. cn	中海集运 CSCL
	中外运集装箱运输有限公司 SINOTRANS CONTAINER LINES CO. ,LTD.	www. sinolines. com	中外运集运 SINOLINES
	马士基航运公司 MAERSK LINE	www. maerskline. com	马士基 MAERSK
	地中海航运有限公司 MEDITERRANEAN SHIPPING COMPANY S. A.	www. mscgva. ch	地中海 MSC
	达飞海运集团 CMA CGM GROUP	www. cma-cgm. com	达飞 CMA CGM
	长荣海运股份有限公司 EVERGREEN MARINE CORP. LTD	www. evergreen-marine. com	长荣 EMC
	韩进海运株式会社 HANJIN SHIPPING CO. ,LTD.	www. hanjin. com	韩进 HANJIN
	东方海外货柜航运有限公司 ORIENT OVERSEAS CONTAINER LINE LTD.	www. oocl. com	东方海外 OOCL
	美国总统轮船有限公司 AMERICAN PRESIDENT LINES LIMITED	www. apl. com	美国总统 APL
	商船三井有限公司 MITSUI O. S. K. LINES CO. ,LTD	www. molpower. com	商船三井 MOL
	日本邮船株式会社 NIPPON YUSEN KAISHA	www. nykline. com	日本邮船 NYK
	赫伯罗特海运有限公司 HAPAG-LLOYD CONTAINER LINE GMBH	www. hapag-lloyd. de/en	赫伯罗特 HPL
	川崎汽船株式会社 KAWASAKI KISEN KAISHA LTD	www. kline. co. jp/en	川崎汽船 KLINE
	汉堡南美航运公司 HAMBURG SUDAMERIKANISCHE DAMPFSCHIFFFAHRTS GESELLSCHAFT KG	www. hamburgsud. com	汉堡南美 HAM-SUD

对船期表的搜索可以按起止港、停靠港、船名或船公司等多种关键词进行查询。下面以货运中国网为例，介绍以起止港口为关键词在公共信息平台上进行查询的方法。

现拟查从中国连云港到马来西亚巴生港的船期，如图 2－2 所示，在相应的选择项中进行选择，船公司项如果不输入，即认为是搜索所有船公司在此航线上的船期。

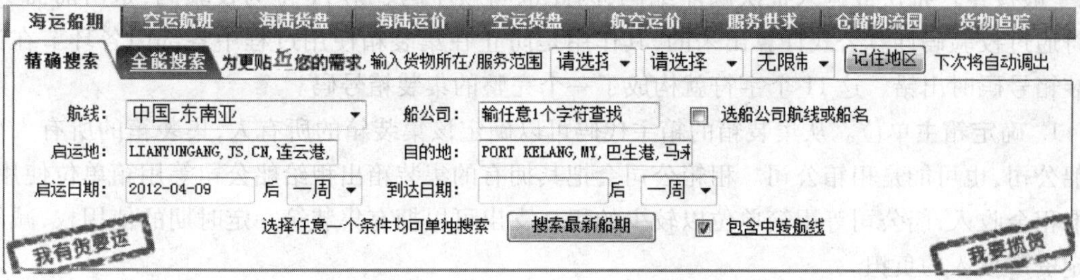

图 2－2　货运中国网船期搜索页

选择完毕后点击“搜索最新船期”。如果需要中转，可先点击“包含中转航线”前的方框，然后点击“搜索最新船期”，结果如图 2－3 所示。

船公司 Carrier	船名/航次 Vessel/Voyage	航线 Lane	启运地/装船港 Origin/Load Port	目的地/卸船港 Dest./Unload Port	启-达日期 ETD-ETA	天 Day	挂港
WANHAI 万海航运	WAN HAI 216 S243	中国-东南亚 [转]	LIANYUNGANG 连云港 QINGDAO	PORT KELANG 巴生港	04/10(二) 04/23(一)	13	运价 查看
WANHAI 万海航运	WAN HAI 216 S243	中国-东南亚 [转]	LIANYUNGANG 连云港 QINGDAO	PORT KELANG 巴生港	04/10(二) 05/12(六)	32	运价 查看
ZIM 以星轮船	NINOS 126	中国-东南亚	LIANYUNGANG 连云港 SHANGHAI	PORT KELANG 巴生港	04/14(六) 05/02(三)	18	运价 查看

图 2－3　货运中国网船期搜索结果

注：船期表中的 ETD 和 ETA 分别是 Estimate Time of Departure（预计离港日期）和 Estimate Time of Arrival（预计到达日期）。

不同船公司船期表的表达形式可能不同，但不管如何表达，其内容基本都包含船名、航次、装货港、卸货港、沿途挂靠的各港口及各港口的预计离港时间和预计到港时间等。

三、集装箱信息搜索

集装箱运输是现代国际及国内货物运输的主要组织方式。货物装载于标准化的 20 英尺或 40 英尺的集装箱中进行运输，可以陆海联运、驼背运输（公铁联运），实现门到门的运输。因此，对集装箱货物的跟踪也就显得非常必要与重要。现在大多数船公司都在其网站提供按照集装箱号码跟踪集装箱货物的查询功能。

深圳某物流公司的小薛在 2012 年 3 月 12 日想查询他负责的某货主委托的号码为 UESU2150060 的集装箱是否已经顺利装船了，他将如何查询呢？

当然，他要清楚这个集装箱的箱主单位，集装箱号码是由 11 个字符组成的识别符号，从左到右分别是第 1～3 位为箱主代码，由三个字母组成，表明这个集装箱是某个船公司或租箱公司所有，箱主代码由代码使用者向国际集装箱局申请注册，登记使用。第 4 位为集装箱设备代码，由一个字母组成，U 表示这个设备是集装箱。第 5～10 位为 6 位数字，是箱主单位对此集装箱的编号，一般按生产批次或购入批次顺序编码，因此也叫顺序码。第 11 位为校验码，是由前面 10 个字符通过校验码计算公式计算出来的，其作用是防止在集装箱使用过程中各部门各环节在记录集装箱号码时出错。这 11 个字符就构成了一个完整的集装箱号码。

1. 确定箱主单位。从集装箱的箱主代码可以确定该集装箱的所有人，集装箱的所有人可能是船公司，也可能是租箱公司。租箱公司会把其拥有的集装箱出租给船公司等用箱单位使用，以赚取租金收入，船公司等用箱单位以较少的租金支出可以拥有集装箱一定时期的使用权，减轻其固定资产投入的负担。

箱主代码的使用均需在国际集装箱局注册登记，因此在国际集装箱局网站（www. bic-code. org）上能查询到箱主单位。如上述的集装箱的箱主代码"UES"在国际集装箱局网站的"BIC CODE"栏的"Registered Codes"子页查询的结果如下：

（1）在子页的"CODE"（箱主代码）关键词框输入要查询的箱主代码"UES"，点击右下方的"Send"按钮查询（见图 2 – 4）。

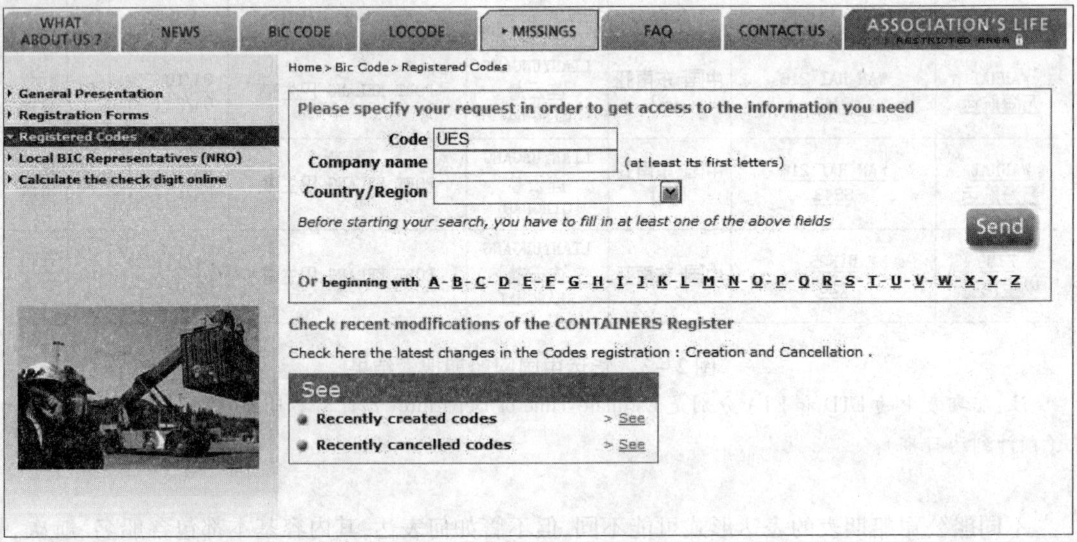

图 2 – 4　BIC 网箱主代码查询

（2）查询结果显示，该箱为位于德国汉堡的 UES INTERMODAL AG 公司所有（见图 2 – 5）。

图 2 – 5　UES 箱主查询结果

(3)点击上述查询结果栏最右一栏“Details”(详情)中的“See”,可获得箱主单位的通信地址、电话、网址等详细信息(见图 2-6)。

如果查询到箱主为船公司,那么在上述详情中提供的箱主网址就可以查询到具体集装箱的下落了。如果是租箱公司,那么还要到上述详情中提供的箱主网址去查询具体集装箱被哪家船公司租用,然后再到相应船公司网站去跟踪此集装箱的下落。

图 2-6　UES 箱主的详细信息

2. 确定用箱单位:

本例中的集装箱箱主单位 UES INTERMODAL AG 就是家租箱公司,因此打开其网站主页(www. ues-ag. com),如图 2-7 所示。

这是个德文网页,不过集装箱信息(Container lnformationen)栏是其六个功能模块之一,在右下方还是能看出来的,点击进去,在集装箱搜索框(Containersuche)中输入“UESU2150060”,结果(Ausgabe)是“Keine Daten gefunden für Array”(在数据库中未发现数据)。但也无需失望,搜索框下方还有“Weitere Informationen erhalten Sie auch unter www. ueshk. com und www. cronos. com”(也可在 www. ueshk. com 和 www. cronos. com 两个网上获得更多信息)(见图 2-8),因此继续跟踪,先打开第一个网站 www. ueshk. com,在其集装箱跟踪(Container Inquiries)栏查询结果如图 2-9 所示。

图 2－7　UES 箱主网站主菜单

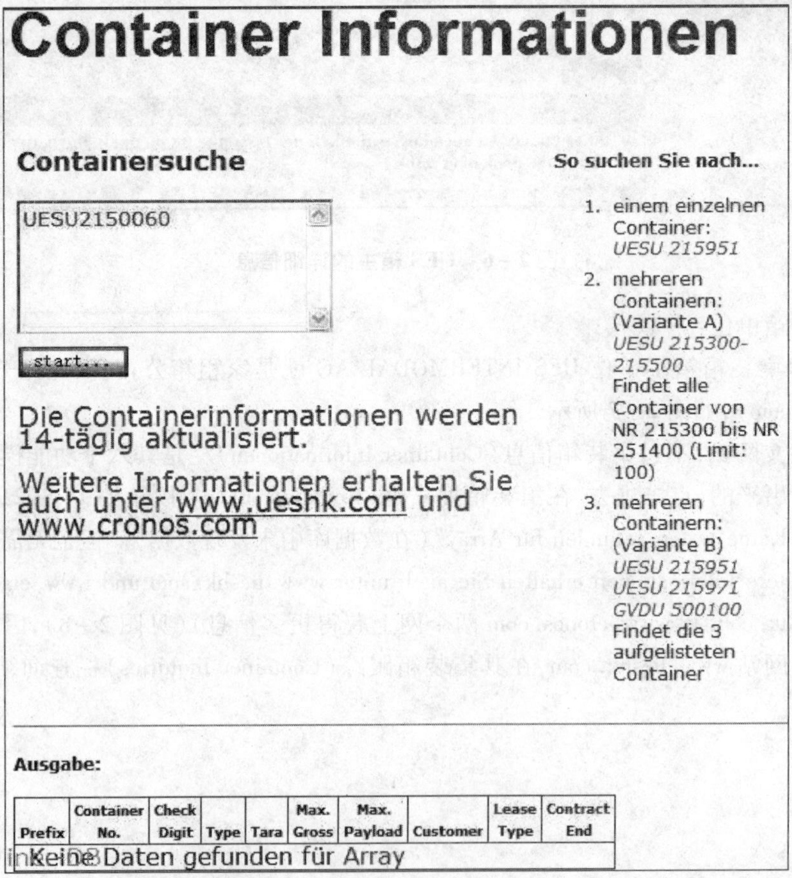

Container Informationen

Containersuche

UESU2150060

start...

Die Containerinformationen werden 14-tägig aktualisiert.

Weitere Informationen erhalten Sie auch unter www.ueshk.com und www.cronos.com

So suchen Sie nach...

1. einem einzelnen Container: *UESU 215951*
2. mehreren Containern: (Variante A) *UESU 215300-215500* Findet alle Container von NR 215300 bis NR 251400 (Limit: 100)
3. mehreren Containern: (Variante B) *UESU 215951* *UESU 215971* *GVDU 500100* Findet die 3 aufgelisteten Container

Ausgabe:

Prefix	Container No.	Check Digit	Type	Tara	Max. Gross	Max. Payload	Customer	Lease Type	Contract End

Keine Daten gefunden für Array

图 2－8　UES 箱主网站（www.ues-ag.com）查询 UESU2150060 集装箱的结果

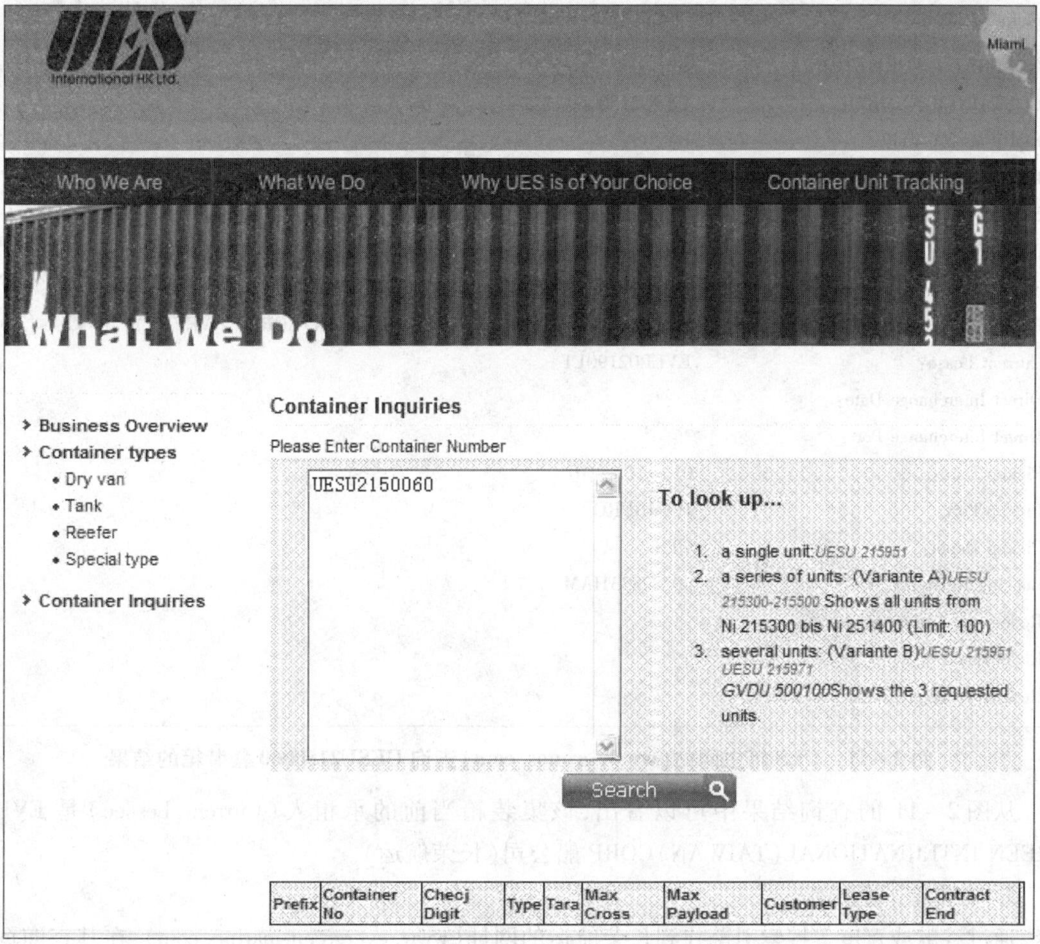

图 2－9　UES 箱主网站(www. ueshk. com)查询 UESU2150060 集装箱的结果

在网站 www. ueshk. com 也没有查到具体的结果，那么再去它的另外一个网站(www. cronos. com)看看，在其集装箱搜索栏(Container Search)输入“UESU2150060”(见图 2－10)，结果如图 2－11 所示。

图 2－10　UES 箱主网站(www. cronos. com)的集装箱跟踪查询框

Container Lookup

GENERAL INFORMATION	
CONTAINER NUMBER	UESU2150060
EQUIPMENT TYPE	DV20S
DESCRIPTION	Dry Van 20’ Standard
SUB-TYPE	20ft Standard 30 ton
ON/OFF HIRE DETAILS	
STATUS	Container is on-hire
Current Lessee：	EVERGREEN INTERNATIONAL(TAIWAN)CORP-(TWEVER)
Current Lease：	EVER02190LT
Direct Interchange Date：	
Direct Interchange Port：	
Pickup Date：	01 – APR – 10
Pickup Port：	HAMBURG
Pickup Depot：	UES
Booking Reference No：	00282833HAM
Redelivery Authorization No：	
Redelivery Depot：	
Redeliver Port：	

图 2 – 11　UES 箱主网站(www.cronos.com)查询 UESU2150060 集装箱的结果

从图 2 – 11 的查询结果中可以看出，该集装箱当前的承租人(Current Lessee)是 EVERGREEN INTERNATIONAL(TAIWAN)CORP 船公司(长荣航运)。

3. 集装箱下落跟踪

通过谷歌或百度等搜索引擎找到长荣航运的网址(www.evergreen-marine.com)，在其查询页按集装箱号码查询到箱号为 UESU2150060 的集装箱当前(2012 – 03 – 12)的状态如图 2 – 12 所示。

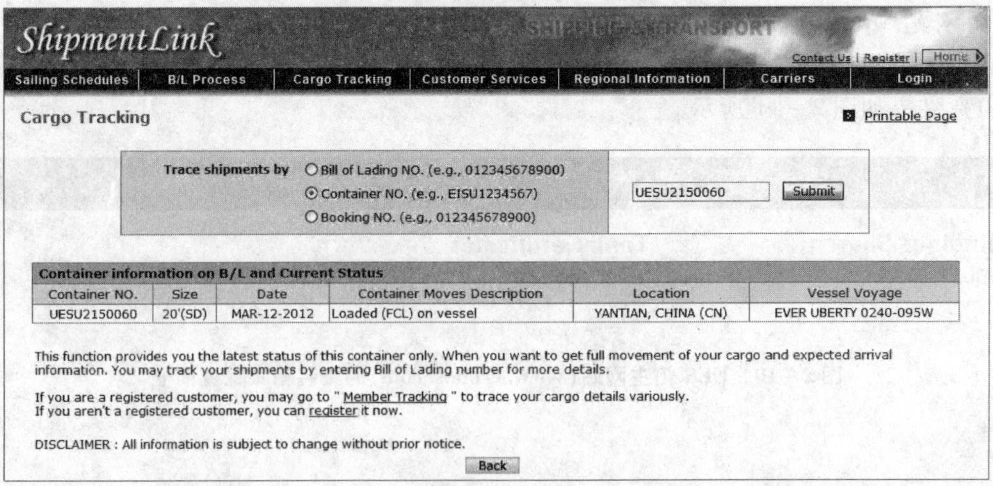

图 2 – 12　箱号为 UESU2150060 的集装箱在船公司网站的跟踪结果

上述信息表示：箱号为 UESU2150060 的集装箱是 20 英尺的标准箱，2012 年 3 月 12 日已整箱在船，装运港为中国盐田，船名及航次是 EVER UBERTY 0240－095W。

当然，国内外的一些大港口也有其自己的公共信息查询系统，如果知道该集装箱是从深圳盐田港装船的，我们也可以通过盐田港的公共信息查询网（www. yesinfo. com. cn）查到其下落。图 2－13 即本例集装箱在 2012 年 3 月 12 日在盐田港公共信息查询网查询的结果。这种查询方法相对于在船公司网站查询到的信息有时更具体，如集装箱在船上的位置也能体现；但也有其局限性，不是所有的港口都提供公共信息查询功能，如果不知道该集装箱是从哪个港口装船的，也是无法查询的。

因此，掌握并利用船公司网站的公开信息查询、跟踪集装箱货物的动态是国际货物运输学习的一项基本技能。有兴趣的读者可以自己动手查询一下本例中的集装箱现在又是在何处？

集装箱公众查询详细信息

订舱号：	149200429549	集装箱号：	UESU2150060
箱主：	EMS	集装箱性质：	出口重柜（XF）
尺寸' 类型：	20'GP(22/10)	街车入闸时间：	2012-03-10 18:20
到达码头时间：	2012-03-10 18:31	街车出闸时间：	2012-03-10 18:31
海关放行：	是	放行时间：	2012-03-11 11:16
航次：	EGLT/EVEUBE/095W	进/出口：	出口
船舶名称：	EVER UBERTY	封条号：	EMCFJH0250
卸货港：	ASHDOD,Israel(ILASH)	危险品：	N/A
温度：	N/A	危重：	N/A
危险品内容：	N/A	特别处理：	N/A
过长：	0	过宽：	0
过高：	0	集装箱状态:	已装船
车牌号：	黄GDBK9741	船上位置：	29H-03-12
扣留状态：	N/A	最近一次收到海关放行条时间：	2012-03-11 12:05（普通放行）
备注：	N/A		

注：本页面信息为集装箱的当前状态 此查询适用于船公司文件上标有"YICT(盐田国际)"字样的交/提柜。

图 2－13　箱号为 UESU2150060 的集装箱在装运港公共信息平台的跟踪结果

操作 2　国际海运进出口操作流程

一、杂货班轮进出口操作流程

（一）杂货班轮出口操作流程

就班轮公司而言，杂货的出运工作包括揽货、订舱、确认订舱、报检、报关、装船及签发提单、卸船、交货等内容。

1. 揽货（Canvassion）。揽货是从事班轮运输经营的船公司从货主那里争取到需要运输服务的货物的行为，该行为是以船舶在载重量和舱容能得到充分利用的条件下，获取最优的经营效益为目的。班轮公司的产品是以船舶舱位为载体的运输服务，只有揽到货源才能将其运输服务及与运输相关的服务也销售出去，否则将失去利润来源。所以，揽货是班轮公司所有业务的开端，也称为市场销售。

班轮公司的揽货组织可分为四种结构：地区型结构、航线型结构、货种型结构及货主型结构。

目前使用比较多的为航线型结构，即班轮公司根据自己所经营的产品航线分配销售人员，如根据美洲航线、欧地航线、亚洲航线等来分配销售人员，每一个销售人员主要负责指定航线的揽货任务。

班轮公司的揽货方法通常是通过自己的营业机构或代理人与货主建立业务关系；通过与货运代理或无船承运人签订运输服务合同或揽货协议；通过本公司的网站宣传自己的服务产品；通过报纸、杂志刊登船期表，如《中国远洋航务周刊》(China Shipping Bulletin)、《航运交易公报》(Shipping Exchange Bulletin)及《中国航务周刊》(China Shipping Gazette)等都定期刊登船期表。托运人可根据货物运输的需要，从运输服务质量、船期及运价等方面综合考虑后，选择合适的班轮公司进行货物托运。

2. 订舱与确认订舱。发货人根据贸易合同条款的规定，在货物托运之前一定的时间内，向船公司或其代理，或经营运输的其他人(无船承运人)申请订舱。

订舱(Booking)是托运人(Shipper)向承运人(Carrier)发出货物运输服务需求申请的行为；承运人对托运人的申请给予承诺的行为即为确认订舱(Confirm Booking)，船公司在订舱联单上加注船名、航次及提单号，并加盖船公司或其代理的印章以示确认订舱，只有加盖船公司或其代理的印章才能用于出口报关。订舱联单主要包含托运单(Booking Note, B/N)、装货单(Shipping Order, S/O)和收货单(Mate Receipt, M/R)。因为订舱联单中的装货单联是报关所必需的单证之一，所以又称为"关单"，也称"下货纸"。

承运人在确认订舱时，还必须以托运人的需求和自己所能提供的服务为依据，不仅要考虑各票货物的性质、包装和每件货物的重量及尺码等因素，还要考虑到各港口的所有规定和对所运货物的限制。因为不同种类的货物对运输和保管有不同的要求，各港口的操作规定也有所不同，装卸能力也有不同，对一些危险品货物的运输限制也有不同。

托运人向承运人发出的货物运输申请可视为"合同要约"，承运人一旦对托运人的申请给予承诺，则货物运输合同订立。但在实务中，可能会因为某航次爆舱，所托运的货物不能按原来确认订舱时的承诺进行装船，而被调到下一个航次，此时，承运人并不会因为没有履约而给予赔偿，这是由国际航运市场特征所决定的。

实务中，订舱业务与国际贸易术语有一定的联系。如以 CIF 或 CFR 价格条件成交的贸易合同，则由出口商安排并办理货物运输业务；但如果是以 FOB 价格条件成交的贸易合同，则由进口商安排并办理货物运输业务，此种情况下的订舱业务通常是进口商在卸货港办理，所以也称为卸货港订舱(Homing Booking)，卸货港订舱的货物也称为"指定货"(Buyer's Nominated Cargo)。

3. 报检报关。散杂货在确定订舱后及货物集港前即可报检报关。报关所需的主要资料有：报关单、通关单(如法定检验商品)、订舱联单、销售合同、装箱单、商业发票、出口收汇核销单等必需的单据，有时可能还会要原产地证明、进出口许可证等证明文件。

4. 货物集港。托运人根据订舱单上的船期，并按船公司的要求及时将货物送到船公司指定的码头堆场。托运人可以自己安排拖车送货进港，也可以委托货运代理来完成。通常货运代理与拖车行有较密切的业务联系，信息较多，操作也较为方便。拖货进港时，拖车司机要与码头堆场代托运人进行单货交接。

5. 装船。货物装船前必须要对所托运的货物进行报关，经过海关的放行才能装船。报关通过后，海关会在装货单上加盖海关的放行章，然后装货单将被转交到装货港码头，码头的装货公司见到盖有放行章的装货单时，即准备将该批货物装到指定的船舶上，此时的装货单就成为货物装船指令，也称“放行条”。

6. 签发提单。

(1)签发提单的依据。提单是指用以证明海上货物运输合同和货物已经由承运人接收或者装船，以及承运人保证据以交付货物的单证。收货人凭提单向货运目的地的承运人或其代理人提货，提单须经承运人或船长或其代理人签字后方能生效。提单是依据合同条款或信用证相关条款的规定及大副收据签发的。

Ⅰ. 信用证中常见的提单条款。合同或信用证中的提单条款一般包括收货人、被通知人、清洁已装船批注及运费支付条款等内容，如下面这个条款是信用证中最常见的提单条款：

COMPLETE SET OF CLEAN SHIPPED ON BOARD OCEAN BILLS OF LADING(COMPRISING NOT LESS THAN THREE ORIGINALS AND THREE NON NEGOTIABLE) DRAWN OR ENDORSED TO THE ORDER OF AL-ARPA BANK LTD. BANGLADESH SHOWING FREIGHT PREPAID NOTIFY OPENER AND US. [全套清洁已装船海运提单(至少包含三份正本及三份不可流通的副本)，收货人抬头做成或背书成凭孟加拉 AL-ARPA 银行有限公司指示，显示运费预付，通知开证申请人及开证行。]

Ⅱ. 大副收据。货物全部装船后，大副对理货员据理货作业单汇总批注的收货单进行单货核对，签字确认，即为大副收据(MATE RECEIPT, M/R)。如果单货一致，则大副签发的收据为清洁大副收据，否则，如果有货损或货差等异常情况发生，大副则在大副收据上做批注，此批注为不良批注，在签发提单时会将此不良批注转到提单批注，即构成不清洁提单。

(2)提单签发人。根据 UCP600 ARTICLE 20，提单的签发人可以是承运人或其代理、船长或其代理。

A bill of lading, however named, must appear to: indicate the name of the carrier and be signed by:

- the carrier or a named agent for or on behalf of the carrier, or
- the master or a named agent for or on behalf of the master.

Ⅰ. 承运人或其代理签发提单。承运人作为海上货物运输合同当事人的一方并承担货物运输责任，有权签发提单。承运人也可委托他人以本人名义签发提单。

Ⅱ. 船长或其代理签发提单。各国有关海上货物运输的法律都规定船长是承运人的法定代理人，因此不必经过承运人的授权，船长就有权签发提单，而且与承运人本人签发的提单具有同样的法律效力。船长也可授权其代理以船长的名义签发提单。

(3)清洁已装船提单的特征。清洁已装船提单上应有：

Ⅰ. 表明已装船的“ON BOARD”或“SHIPPED”等字样；

Ⅱ. 表明提单签发的日期与地点“DATE AND PLACE OF ISSUE”字样；

Ⅲ. 在“SIGNED ON BEHALF OF THE CARRIER”处有表明签发人的签字或盖章；

Ⅳ. 无不良批注。如果信用证上有“CLEAN B/L”的要求，提单绝对不能有不良批注。

(4)在签发提单时须注意：

Ⅰ. 提单的已装船日期应与提单上所列货物实际装船完毕的日期相符。实务中签发提单常在船舶开航后进行，所以提单的签发日会比实际装船日期迟 1 ~ 2 天，但必须以已装船批注来标明实际的装船日期。

Ⅱ. 提单上的批注必须与大副收据上的批注一致,因为提单签发的凭证是大副收据,提单上的批注来源于大副收据。如果大副收据上有不良批注而在签署提单时却没有转到提单上,船公司将面临被索赔的风险。实务中,有时船公司会依照托运人的要求,凭托运人提供的保函给托运人签清洁提单,这种做法属于欺骗行为。

(二)杂货班轮进口操作流程

杂货班轮进口运输操作流程主要包括:接收单据、换取提货单、报检报关、提取货物。

1. 收货人或其代理应根据装货港口发送的已装船信息及时到银行赎单,整理货物进口提货所需单证;

2. 在接到船公司发来的到货通知后,应在规定的时限内持正本提单到船公司换取提货单(DELIVERY ORDER,D/O);

3. 在换取提货单后,须在规定的时限内做进口报关。进口报关所需的单据有:进口报关单、入境货物通关单(如需要)、提货单、合同、发票、装箱单等必需的单证;如果是进口食品,还需要检验检疫局出具的卫生处理报告。海关审核、查验后即在提货单上盖章放行。

4. 收货人或其代理持有海关进口放行章的提货单到船公司指定的码头堆场或场站提货。

(三)杂货班轮货运单证流转

杂货班轮货运进出口操作及主要单证流程,如图 2-14 所示。

1. 托运人向装货港船代(也可直接向船公司或其营业所)提出货物装运申请,递交托运单,填写装货联单(Shipping Order,S/O);

2. 船公司同意承运后,其代理人指定船名,核对装货单与托运单上的内容无误后,签发装货单,将留底联留下后退还给托运人,要求托运人将货物及时送达指定的码头仓库。

3. 托运人持装货单及有关单证向海关办理货物出口报关、验货放行手续,海关在装货单上加盖放行章后,货物准予装船出口;

4. 装货港船舶代理根据留底联编制装货清单(Loading List,L/L),送至船舶及理货公司、装卸公司;

5. 大副根据装货清单编制货物积载计划(Stowage Plan,S/P)交给代理分送理货、装卸公司等按计划装船;

6. 托运人将经海关放行的货物送至指定的码头仓库准备装船;

7. 货物装船后,理货员将装货单交给大副,大副核实无误后留下装货单并签发收货单;

8. 理货员将大副签发的收货单转交给托运人;

9. 托运人持收货单到装货港船代处付清运费(预付运费情况下),换取正本已装船提单;

10. 装货港船代审核无误后,留下收货单,签发正本提单给托运人;

11. 托运人持正本提单及有关单证到银行交单或直接寄进口商办理结汇手续;

12. 货物装船完毕后,装货港船代编制出口载货清单(Manifest,M/F),送船长签字后向海关办理船舶出口手续,并将载货清单交船随带,船舶启航;

13. 装货港船舶代理根据提单副本(或大副收据)编制出口载货运费清单,连同提单副本、大副收据递交船公司结算代收运费,并将卸货港所需要的单证寄交卸货港船代;

14. 卸货港船舶代理接到船舶抵港预报后,通知收货人船舶到港日期,做好提货准备;

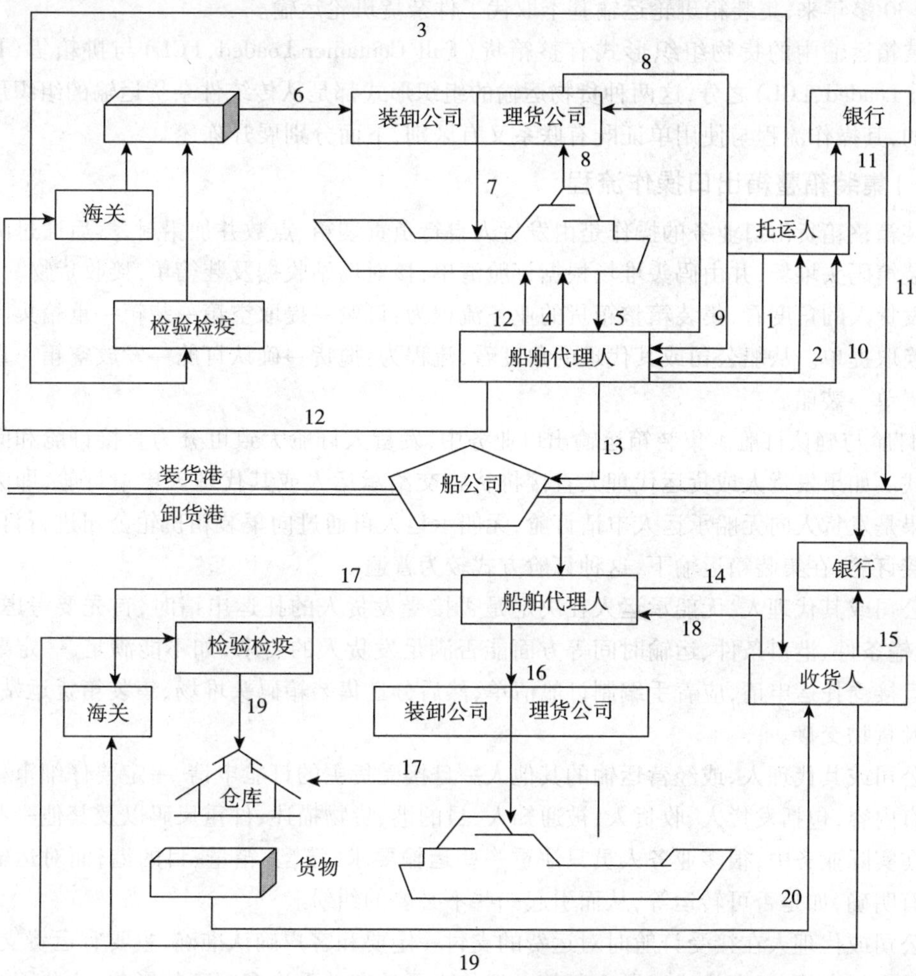

图2-14　杂货班轮进出口业务及单证流程图

15. 收货人到开证银行付清货款，赎回提单（信用证或托收支付方式）；

16. 卸货港船舶代理根据装货港船代寄来的货运单证，编制进口载货清单及有关船舶进口报关和卸货所需的单证，约定装卸公司、理货公司、联系安排泊位，做好接船及卸货准备；

17. 船舶抵港后，卸货港船代办理船舶进口手续，船舶靠泊后即开始卸货；

18. 收货人持正本提单向卸货港船舶代理办理提货手续，付清应付费用后，换取代理人签发的提货单；

19. 收货人持提货单及进口报检报关所需单证办理货物进口报检报关手续；

20. 收货人持盖有海关放行章的提货单到码头仓库或船边提取货物。

二、集装箱班轮运输流程

集装箱运输（Containers Transportation）是将货物装入大型货箱进行运输的一种现代化运输方式。这种方式扩大了运输单元，容易组织标准化的货物装卸、交接和联运，从而提高了装卸效率，减轻了劳动强度，提高了货物运输质量，加速了车船的周转，使之具有件杂货运输无法相比的优越性，近30多年来，集装箱班轮运输基本取代了件杂货班轮运输。

集装箱运输中的货物组织形式有整箱货（Full Container Loaded，FCL）与拼箱货（Less than Container Loaded，LCL）之分，这两种货物运输的组织形式都是从传统件杂货运输的组织形式中发展起来的，其操作流程与使用单证既有联系又有区别，下面分别展开陈述。

（一）集装箱整箱出口操作流程

集装箱整箱货出口业务的操作是由发货人自行负责装箱、点数并加铅封，然后通过陆地运输运至集装箱码头堆场，并由码头堆场根据订舱清单，核对场站收据及装箱单，接收货物。

从发货人的角度看，集装箱整箱货的业务流程为：订舱→提取空箱→装箱→重箱集港→报检报关→换取提单。从船公司或其代理的角度看，流程为：揽货→确认订舱→发放空箱→重箱集港→签发提单→装船。

1. 订舱与确认订舱。集装箱运输出口业务中，发货人订舱大致可分为直接订舱和间接订舱两种方式。如果发货人或货运代理人直接将货物交给承运人或其代理人申请订舱，即为直接订舱。如果是发货人向无船承运人申请订舱，无船承运人再通过向集装箱班轮公司进行订舱运输，即为间接订舱，在集装箱运输下，这种订舱方式较为普遍。

船公司或其代理人、无船承运人在决定是否接受发货人的托运申请时，首先要考虑其航线、船舶、运输条件、港口条件、运输时间等方面能否满足发货人的要求，如不能满足，一定要及时通知。一旦接受托运申请，应着手编制订舱清单，然后分送集装箱码头堆场、集装箱货运站，据以办理空箱及货物交接。

船公司或其代理人，或经营运输的其他人一旦接受货主的订舱申请，一定要仔细审核订舱单上的所有内容，包括发货人、收货人、被通知人、目的港、货物描述、件重尺码以及其他一些运输要求。但在实际业务中，很多业务人员只注重一些运输要求、箱型、箱量、目的港，而对运输中某些事项没有明确，如是否可转运等，从而引起一些不必要的纠纷。

船公司或代理人在接受订舱时对运费的支付一定要和客户确认准确，主要有运费支付地、支付方以及支付方式、运费构成以及金额等。运价水平的变动受许多因素的影响，这些因素主要包括运输成本、航运市场结构、承运的货物、航线以及港口状况等。但班轮运价在一定时期内相对稳定，针对有些特殊情况采用加收"附加费"的办法。

对货主所托运的货物，要根据委托列明的货物情况进行订舱，如20英尺集装箱通常限重21.5吨，容积为25立方米。因为港口装卸设备、运输设施的局限，以及装卸港所在国家交通管理部门的要求，许多港口对货物重量的限制比较严格，因此在接受货主的订舱配载时对这些要有所考虑。

2. 发放（提取）空箱。在集装箱运输实务中，集装箱一般掌握在船公司手中，并存放于各集装箱码头。在整箱货运输下，由发货人到集装箱码头堆场提取空箱。在由发货人到集装箱码头堆场提取空箱时，发货人与集装箱码头应对空箱办理交接，并填制集装箱设备交接单。空箱的发放与交接过程如图2-15所示。

提取集装箱时应注意对集装箱进行选择和检查，以确保运输的安全，检查内容包括：

（1）外部检查。指对集装箱外部进行六面查看，检查外部是否有损坏、变形、破口等异常情况，如有，即做出修理部位标志。

（2）内部检查。指对集装箱的内部进行六面察看，检查是否漏水、漏光、有无污点、水迹等。

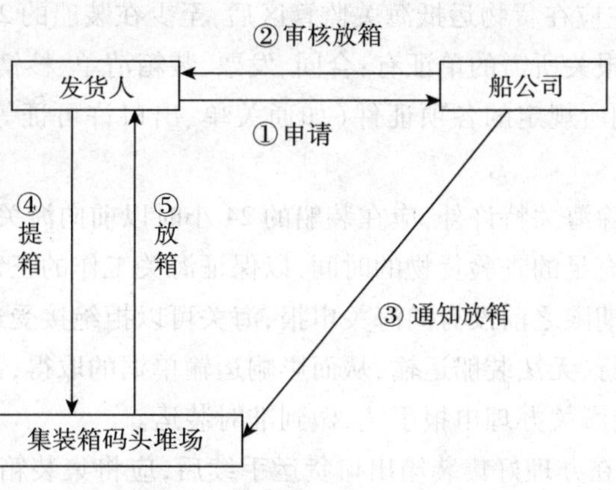

图2－15　空箱发放流程图

(3)箱门检查。主要检查箱门是否完好、箱门四周是否水密,门锁是否完整,箱门能否270°开启。

(4)清洁检查。指对箱内有无残留物、污染、异味、水湿等情况进行检查。如不符合要求,应予以清扫,甚至更换。

(5)附属件检查。主要是指对货物的加固环节状态进行检查。如板架式集装箱的支柱状态,平板集装箱、敞棚集装箱上部延伸用加强结构的状态等,都必须进行检查。

对于装运特殊货物,如危险货物、冷藏货物等的集装箱,在检查时除满足正常运输条件外,还要考虑到所装运货物的特殊性质,应特别加以注意。

实务中,用于国际海运的集装箱应具备以下条件:①集装箱应符合ISO标准;②四柱、六面、八角完好无损;③集装箱各焊接部位牢固;④集装箱内部清洁、干燥、无异味、无尘;⑤不漏光、不漏水;⑥具有合格的检验证书。

3. 重箱集港。出运货物装箱后必须在本航次的截港期前运送到船公司指定的堆场,等待海关放行后装船。

4. 出口报检、报关。发货人在办理托运手续后,货物装箱完毕,准备交付船公司运输之前,负责对出口货物向出入境检验检疫机构和海关申请报检和报关。集装箱运输条件下,发货人应将出口货物和集装箱箱体一起向海关申报。

我国进出口货物的通关模式为"先报检,后报关"。对列入《出入境检验检疫机构实施检验检疫的进出口商品目录》范围内的进出口货物(包括转关运输货物),海关一律凭货物报关地出入境检验检疫局签发的"入境货物通关单"或"出境货物通关单"验放。

(1)出口报检。货主应在报关之日前三天备齐所需单证,向出入境检验检疫局申报。出口报检应提供的单证有:商业发票、合同、报检单、厂检单、装箱单及检验检疫局可能要求的其他单证各一份。

出口货物到美国、澳大利亚、加拿大、欧盟等国家,外包装为木制的需做熏蒸或热处理。所需的单证有:装箱单、发票、合同、报检委托书(自理无须提供)。如熏蒸产品是木制品,还需提供厂检单。

做熏蒸或热处理的产品,货主应在报关前两天,将货物运抵指定的堆场或港区进行熏蒸(熏蒸时间需至少24小时)。

(2)出口报关。货主应在货物运抵海关监管区后,至少在装船的24小时之前,备齐海关所需单证向海关申报。出口报关所需的单证有:合同、发票、装箱清单、核销单、报关单、船公司装货单等各一份,以及海关税则所规定的各项证件(如通关单、出口许可证等)。有出口手册需提供手册报关。

发货人或其代理人除海关特许外,应在装船的24小时以前向海关申报。做出这样的规定是为了在装船前给海关以充足的查验货物的时间,以保证海关工作的正常进行。

如果在这一规定的期限之前没有向海关申报,海关可以拒绝接受通关申报。倘若如此,出口货物就得不到海关的放行,无法装船运输,从而影响运输单据的取得,甚至导致延迟装运、违反合同。因此,应该及早地向海关办理申报手续,做到准时装运。

5. 换取提单。货主在办理好集装箱出口货运手续后,应将集装箱货物送至集装箱班轮公司指定的集装箱码头,集装箱班轮公司委托集装箱码头办理集装箱及集装箱货物的交接手续。集装箱码头堆场在验收货箱后,即在场站收据上签收,并将签署的场站收据交还给发货人,发货人据以向集装箱承运人换取提单。但此时货物并没有上船,所以船公司一般不给签发已装船提单,只给签发收妥待运提单,即该提单上没有已装船"ON BOARD"或"SHIPPED"字样,也没有装船完毕日期。如果签发已装船提单,船公司将承担较大风险。

6. 装船。集装箱码头堆场或集装箱装卸作业区根据接收待装的集装箱情况,制订出装船计划,等船舶靠泊后即行装船。出口货物装船是依据加盖有海关放行章的装货单(即放行条)进行的,如果没有取得放行条或已经取得放行条但没有及时交送到码头装货现场,货物都不能正常装船。

7. 船公司签单。实务中,船公司通常是在船舶离港后第二天开始,依据托运人的运费支付凭证(运费预付情况下)和大副收据签发已装船提单(如果船公司的单证系统信息出来得比较快,也有可能在船舶离港后的当天即签发)。如果托运人在货物装船前已换取到收妥待运提单也应在货物装船后将其转换为已装船提单。

签发提单也有一定时限,超过时限才前去签单的,船公司会收取一定的滞签费。不同船公司的签单时限及滞签费的收取标准也不相同。

(二)集装箱拼箱业务操作流程

1. 拼箱人及拼箱条件。拼箱业务是把不同客户所托运的尺码或重量达不到整箱要求的小批量货物,按同一卸货港、同类或性质相近的原则集中起来,拼成一个整箱,即为集拼(Consolidation,简称Consol)。承办拼箱业务者称为Consolidator。目前在我国从事拼箱业务的国际货运代理被称为无船承运人(Non-Vessel of Common Carrier,NVOCC)。

承办集装箱拼箱业务的无船承运人必须具备以下条件:①具有集装箱货运站、装箱设施和装箱能力;②与国外卸货港有拆箱分运能力的货运企业有代理关系;③经批准有权从事拼箱业务并有权签发自己的子提单(House B/L)。

2. 拼箱方式。按拼箱方式的不同,拼箱业务可分为:①直拼,即将同类、同一流向和目的港的若干票货物拼装在一个集装箱里;②混拼,即将同类但目的港不同的若干票货物拼装在一个集装箱里,这种操作在实务中极为罕见,操作风险也很大;③转拼,即一些无拼箱能力的货代企业将揽到的货转给有拼箱能力并能签发自己提单的无船承运人,再由无船承运人安排拼箱。这种拼箱业务在货运代理行业通常又称为"吃同行"。

3. 无船承运人拼箱业务操作流程。无船承运人拼箱业务操作可按图2-16所示进行。

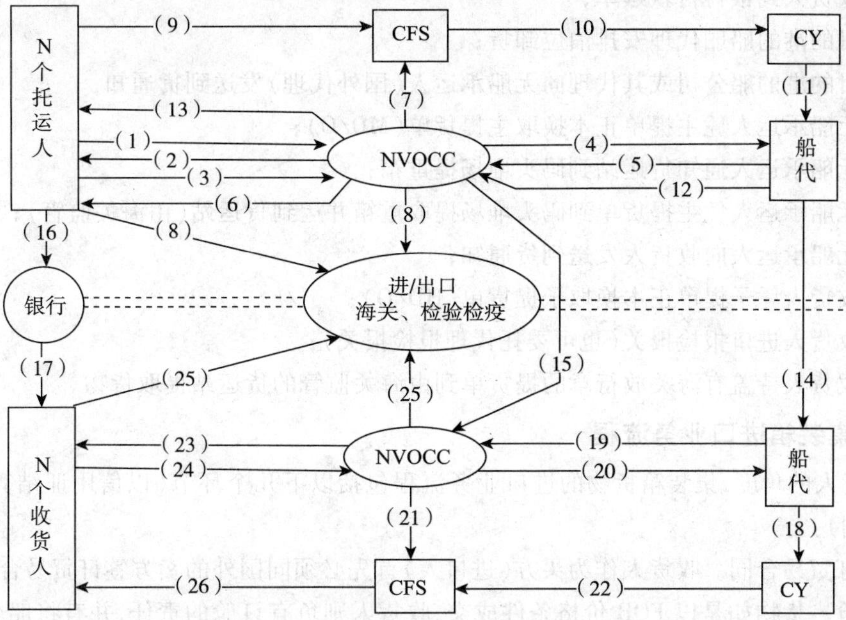

图2-16　无船承运人拼箱业务操作流程

无船承运人拼箱业务操作流程注解:

(1)托运人向无船承运人询价;

(2)无船承运人向托运人报价;

(3)托运人向无船承运人递交托运单;

(4)无船承运人向船公司订舱;

(5)船公司给予配舱;

(6)无船承运人向托运人发送接货通知信息;

(7)无船承运人向其货运站发送装箱通知;

(8)出口报检报关(托运人可自行报检报关,也可委托无船承运人代理报检报关);

(9)托运人将货物送到无船承运人的货运站并取得由无船承运人签发的子场站收据(HD/R);

(10)无船承运人货运站将多票货物按拼箱原则拼装成整箱,将整箱送到码头堆场,取得船公司签发的主场站收据(MD/R);

(11)码头根据无船承运人递交的已盖有"海关放行章"的装货单进行装船作业;

(12)整箱货已装船后,无船承运人持主场站收据(MD/R)到船公司或其代理处清算本业务所发生的所有费用后,船公司或其代理给无船承运人签发正本提单;

(13)托运人持子场站收据(HD/R)到无船承运人处清算本业务所发生的所有费用后,无船承运人向托运人签发无船承运人提单(HB/L,又称子提单);

(14)装货港的船公司或其代理将主提单副本及舱单等寄给卸货港的船公司或其代理;

(15)无船承运人将本票货的所有子提单副本及主提单正本寄给其目的港的代理;

(16)托运人向银行交单或向进口商寄单办理货款结算手续；

(17)收货人到银行付款赎单；

(18)目的港的船舶代理安排泊位卸货；

(19)目的港的船公司或其代理向无船承运人(国外代理)发送到货通知；

(20)无船承运人凭主提单正本换取主提货单(MD/O)；

(21)无船承运人通知货运站到码头堆场提重箱；

(22)无船承运人凭主提货单到码头堆场提取重箱并运到货运站(由海关监管)；

(23)无船承运人向收货人发送到货通知；

(24)收货人凭子提单正本换取子提货单(HD/O)；

(25)收货人进口报检报关(也可委托代理报检报关)；

(26)收货人持盖有海关放行章的提货单到由海关监管的货运站提取货物。

(三)集装箱进口业务流程

从收货人的角度,集装箱货物的进口业务流程包括以下几个环节(以信用证结算的 FOB 贸易术语为例)：

1. 签订贸易合同。收货人作为买方(进口人)首先必须同国外的卖方签订贸易合同。

2. 订舱。货物如是以 FOB 价格条件成交,收货人则负有订舱的责任,并有将船名、航次、装船期通知发货人的义务。

3. 提出开证申请。如果是信用证结算合同,收货人必须在贸易合同规定的时间内向其所在地银行提出开证申请,并按合同的内容填写开证申请书。根据集装箱运输的特点,一般都应在信用证提单要求中注明集装箱号及铅封号,明确是否必须签发已装船提单。

4. 投保。进口货物如以 FOB 或 CFR 价格条件成交,收货人出于自身的风险考虑,需自行投保货物运输险并支付保险费用。只要运输开始,即货物实际装上船舶,其货名、数量、保险金额一经确定,即应正式投保,通常情况下,这种保险都是预约保险,收货人据其买卖合同与保险公司签订预约保险合同,并把预约保单号码告知发货人,发货人在实际装船后向保险公司发出装船通知(代投保声明书),则该批货物在装船日起即按预约保险合同规定的保险范围生效。

5. 取得装船单据。收货人要取得全套装船单据,必须向银行支付货款,赎回装船单据,或向银行开立信托收据借出装船单据。收货人在得到单据后,应仔细审核提单所记载的事项和提单背书的连贯性。

6. 换取提货单。收货人在提货前,应将提单交还给船公司或其代理人,据以换取提货单。如果是 FOB 条件下的收货人租船订舱,则须缴清运费才能换单。

7. 报检报关。如果是法检商品,须向检验检疫局报检,取得入境货物通关单,再据以报关。报关后,凭盖海关放行章的提货单提货。

8. 提取货物。通常,整箱货应在集装箱码头堆场提取,而拼箱货则在货运站提取。必须注意,整箱货物应连同集装箱一起取出,同时还应办理集装箱的设备交接。

收货人在凭提货单到集装箱码头或集装箱货运站提取货物时,在签收交货记录时要特别谨慎。因为,收货人一旦签收了交货记录,即表明收货人已收到货物,船公司的责任即宣告结束,收货人的责任随即开始。

知识链接 2-5

收货人签收交货记录时的注意事项

1. 如果是凭货代提单换取提货单,则到无船承运人代理处办理提货手续,而不是直接到船公司处提货。

2. 接收整箱货时,应仔细检查集装箱外表状况,以及箱号、关封号是否与单证记载相符,如有异常,则会同有关方做好记录。

3. 接收拼箱货时,应检查货物的外包装、商标、数量等是否与单证记载相符,如有异议,或货物已发生货损,则应做好货损报告,并交有关方签字。

4. 因为交货记录的签收即表明责任已发生转移,所以未提取货物或货物未全部提取完毕时,收货人不能签收交货记录。

5. 提货时,如发现有箱损或货损而又无法确定责任方或损害区段,收货人不能将货提走,以避免无法提出索赔。

9. 索赔。提取货物时,如发现有关货物灭失、损坏,收货人应及时向有关方提出索赔。国际海运索赔实务操作详见本书学习模块六的相关内容。

操作3 国际海运进出口单证

国际海运进出口业务中,会涉及很多运输单据,这些单据的使用是为了方便运输过程的管理,明确各方权责关系,提高运输效率。目前,国际海运中,集装箱运输量占整个国际海运量的80%以上,所以本操作单元主要介绍集装箱进出口单证及其缮制。

自1990年开始,我国就进行集装箱多式联运工业性试验,简称“集装箱工试”。该项工业性试验虽已结束,但其中的三大单证的原理一直使用至今。三大单证是:出口“场站收据”联单、进口“交货记录”联单及“集装箱设备交接单”联单。

除了这三大单证之外,国际海运进出口业务中还有其他一些极其重要的单据,如提单、装箱单、载货清单、特殊货物单证等。

一、场站收据联单

场站收据(Dock's Receipt, D/R)是国际集装箱运输专用出口货运单证,它是由承运人或其代理人签发的证明已收到托运货物并对货物开始负有责任的凭证。场站收据一般是在托运人口头或书面订舱,与船公司或船代达成货物运输的协议,船代确认订舱后由船代交托运人或其代理填制,在承运人委托的码头堆场、货运站或内陆货运站收到整箱货或拼箱货后签发生效,托运人或其代理人可凭场站收据向船代换取已装船或待装船提单,并根据业务所需送交相关部门,以取得货物舱位、出口报关放行、准予装船等。场站收据联单内容如表2-9所示。

表 2 -9　场站收据联单

Shipper(发货人)	D/R No.(编号):	
Consignee(收货人)	集装箱货物托运单 货主留底	第一联
Notify party(通知人)		
Pre-carriage by(前程运输)　Place of receipt(收货地点)		
Ocean Vessel(船名)　Voy. No.(航次)　Port of Loading(装货港)		
Port of Discharge(卸货港)　Place of Delivery(交货地点)	Final Destination(目的地)	

Container No.(集装箱号)	Seal No.(铅封号) Marks & Nos(标记和号码)	No. of Containers or Packages(箱数或件数)	Kind of Packages & Description of Goods(包装种类与货名)	Gross Weight 毛重(公斤)	Measurement 尺码(立方米)
Total No. of Containers or Packages (IN WORDS) 集装箱数或件数合计(大写)					

Freight & Charges(运费与附加费)	Revenue Tons(运费吨)	Rate(运费率)	Per(每)	Prepaid(运费预付)	Collect(到付)

Ex. Rate:(兑换率)	Prepaid at(预付地点)	Payable at(到付地点)	Place of issue(签发地点)
	Total Prepaid(预付总额)	No. of Original B/L(正本提单份数)	货值金额

Service Type on Receiving □ - CY, □ - CFS, □ - DOOR	Service Type on Delivery □ - CY, □ - CFS, □ - DOOR	Reefer Temperature Required(冷藏温度)	℉	℃

Type of Goods(种类)	□ Ordinary(普通)　□ Reefer(冷藏)　□ Dangerous(危险品)　□ Auto(裸装车辆) □ Liquid(液体)　□ Live Animal(活动物)　□ Bulk(散货)　□ ____	危险品	Class: Property: IMDG Code Page: UN No.

发货人或代理:	名称地址:	联系人:	电话:
可否转船:	可否分批:	装期:　备注	装箱场站名称
有效期:	制单日期:		
海运费由____________支付 如预付运费托收承付,请核准银行账号			

1. 场站收据的作用。与传统件杂货运输使用的托运单证比较,场站收据是一份综合性单证,它把货物托运单(订舱单)、装货单(关单)、大副收据、理货单、配舱回单、运费通知等单证汇成一份,这对于提高集装箱货物托运效率和流转速度有很大意义。

一般认为场站收据的功能作用有:

(1)船公司或船代确认订舱并在场站收据上加盖有报关资格的单证章后,将场站收据交给托运人或其代理人,意味着运输合同开始执行;

(2)是出口货物报关的凭证之一;

(3)是承运人已收到托运货物并对货物开始负有责任的证明;

(4)是换取海运提单或联运提单的凭证;

(5)是船公司、港口组织装卸、理货、配载的资料;

(6)是运费结算的依据;

(7)如信用证中有规定,可作为向银行结汇的单证,但其不是物权凭证。

2. 场站收据的构成。场站收据是集装箱运输中的重要出口单证,其组成格式在不同的港口、场站使用的也有所不同,表 2-10 以十联单的格式来说明场站收据的组成情况。

表 2-10　场站收据的构成

序号	名称	颜色	用途
1	集装箱货物托运单——货方留底	白色	托运人留存备查
2	集装箱货物托运单——船代留底	白色	编制装船清单、积载图、预制提单
3	货代留底	白色	费用核算
4	运费通知	白色	运费收取通知
5	装货单——场站收据副本	白色	报关并作为装货指示
	附页:缴纳出口货物港杂费申请书	白色	港方计算港杂费
6	大副联——场站收据副本	粉红色	报关,船上留存备查
7	场站收据	淡黄色	报关,航公司或船代凭以签发提单
8	外理留底	白色	缮制货物流向单
9	配舱回单(1)	白色	货代缮制提单等
10	配舱回单(2)	白色	根据回单批注修改提单

3. 场站收据的流转。在集装箱货物出口托运过程中,场站收据要在多个机构和部门之间流转。流转过程中涉及的人有托运人、承运人、海关、堆场、理货公司、船长或大副等。现以十联单格式为例说明场站收据的流转过程及程序。

(1)发货人或代理填制场站收据一式十联,留下第 1 联托运人留底联(BOOKING NOTE, B/N),将其余 9 联送承运人订舱。

(2)承运人接收场站收据第 2~10 联,经编号后自留第 2 联船代留底联、第 3 联运费计收联(1)、第 4 联运费计收联(2),并在第 5 联(装货单 Shipping Order, S/O)上盖章确认订舱,然后将第 5~10 联退回发货人。

托运人负责将箱号、铅封号、件数等填入第 5~7 联。承运人确认订舱签单时,应将场站收据打上编号，在第5联装货单上盖章签单时，应仔细核对托运人所填项目是否完整，如有问题应及时联系托运人。

(3)托运人在截关期前将第5~10联送海关报关，海关核对无误后在第5联装货单上盖章放行。出口货物一般要求在装箱前24小时向海关申报，海关在场站收据上加盖放行章后方可装箱；在海关盖章放行前装箱或先进入堆场的集装箱，必须经海关同意并在装船前24小时将海关盖章的场站收据送交收货的场站业务员。

(4)海关在第5联装货单盖章放行后，自留第9联，将其余联(第5~8联、第10联)退还给托运人。

(5)托运人负责将货物在截港期前连同第5~8联、第10联在规定时间一并送堆场或货运站。

(6)堆场或货运站在接收货物时进行单、货核对。核对无误后，在第7联场站收据上填入实收箱数、进场完毕日期并加盖场站章，交给托运人。堆场或货运站自留装货单联。

堆场业务员必须在装船前将场站收据第6联大副联分批送外轮理货人员，最后一批不得迟于开装前4小时。外轮理货在港区的理货员收齐港区场站业务员送来的场站收据大副联后，在装船时将装船集装箱与单据核对无误后交大副。

(7)托运人凭场站签收的场站收据去承运人处换取提单。此时货物并没有上船，所以换取的提单为收妥待运提单，签发此类提单时船公司一般要求托运人出具保函。此类提单一般不能用于银行结汇。

(8)货物装船时，堆场将第6、8、10联送外轮理货公司，外轮理货公司于货物实际装船后在第8联(外理联)签收并自留。

(9)等集装箱全部装上船舶，外轮理货公司将第6联大副联和第10联空白联交船方留存。大副对已上船货物进行单、货核对无误后，签发大副收据。如果单、货核对有误，如有货物与单上的记载不相符或外表状况不良等情况发生，大副则在大副收据上加批注，此类批注通常为不良批注，托运人持有此类批注的大副收据时，换取的提单即为不清洁提单。

(10)货物装船后，大副收据已转交到船公司，并将大副收据上的信息录入船公司的单证系统。船舶离港后，船公司单证中心会与托运人确认提单信息。CFR、CIF条件下，托运人付清主运费及装运港发生的费用后即可取得已装船正本提单。

4. 场站收据的填写。场站收据联单中，核心联为5、6、7联，分别是装货单联(S/O)、大副收据联(M/R)和场站收据联(D/R)，托运人在得到船公司的确认订舱后即可填写打印出这三联单，打印时三联单同时被打印出来，所以三联的内容是一样的。现以第5联装货单联为例说明如何填写。

(1)D/R No.(编号)。此栏是由船公司在确认订舱时给定的编号，此编号一般就是该票货物的提单号。此编号必须正确填写，以便船公司进行业务操作和管理。

(2)Shipper(发货人)。填写合同的卖方或其代理人的详细名称和地址。

(3)Consignee(收货人)。信用证项下，此栏根据信用证的要求填写。如果信用证要求记名提单，应填写信用证规定的记名收货人的详细名称、地址、电话及传真等；如果信用证要求指示提单，则此栏应按信用证规定填写“TO ORDER”或“TO ORDER OF ×××”。托收或汇付项下的装运，此栏收货人宜填“TO ORDER”。

(4)Notify Party(通知人)。被通知人是收货人与承运人间的联系人。在托收与汇付合同下,一般填合同中的买方名称与地址;在信用证项下,按信用证规定的被通知方的名称与地址填写。

(5)Pre-Carriage by(前程运输)。填写第一程运输的运输工具名称及航次。此栏一般在多式联运或货交承运人贸易术语时使用(FCA、CPT 或 CIP),如果没有前程运输则不用填写。

(6)Place of Receipt(收货地点)。此栏与上面第5栏配合,只有在货交承运人的情况下填写货交承运人的地点。如果是信用证项下,这一栏的填写要符合 Swift 信用证 44A 栏的要求。

(7)Port of Loading(装货港)。此栏填写货物实际装船的港口,当货物被转运时填写第二程船的港口;同时此栏的港口名称应与 OCEAN VESSEL 一栏的船名挂靠港口一致。如果是信用证项下的装运,此栏的填写应符合 Swift 信用证中 44E 栏的港口规定。托收或汇付合同则应满足买卖合同中装运港的规定。

(8)Place of Discharge(卸货港)。此栏填写货物卸船的港口名称。如果是信用证项下的装运,此栏的填写应符合 Swift 信用证中 44F 栏的港口规定。托收或汇付合同则应满足买卖合同中卸货港的规定。

(9)Place of Delivery(交货地)。此栏一般在多式联运时填写,表示承运人最终交货的地点。如果是信用证项下的装运,此栏的填写应符合 Swift 信用证中 44B 栏的地点规定。

(10)Container/Seal No.(集装箱号码)。填写装载货物的集装箱号码及对应的铅封号码。如果一票有多个集装箱,则分别填写,填写时集装箱号码必须与所用铅封的铅封号码一致。铅封是船公司确认订舱后,向托运人配箱时一同配备的,一箱一铅封。

(11)Marks & Nos.(标志和序号)。此栏填写托运人提供的货物识别标志和编号。

(12)No. of Containers or Packages(集装箱数量或件数)。在整箱货运输中,此栏通常填写集装箱的数量和型号;在拼箱货运输中,此栏填写货物件数。如果信用证有要求,可在"Description of Goods"栏中加注托运人提供的件数,但应在"Description of Goods"栏中加注"STC"或"SLCS"或"SLAC"等字样,这是对承运人对实际装货内容不知的保护。

例如:一个内装6箱机械的20英尺干货箱可被表示为1×20' DRC,在"Description of Goods"栏中加注"STC 6 CASES MACHINERY"。

(13)Description of Goods(货物描述)。此栏填写与货物相关的情况,如内容过多,空间不够,可以添加附件,在这种情况下应注明"QUANTITY AND DESCRIPTION OF GOODS AS PER ATTACHED SCHEDULE"。

(14)Gross Weight Kgs(总重)。此栏填写装入集装箱内货物的毛重,以千克作单位。

(15)Measurement(体积)。此栏填写装入集装箱内货物的总体积,以立方米作单位。

(16)Total No. of Packages or Containers(in words)(大写的集装箱总数或件数总数)。整箱货运业务中,此栏用单词填写收到集装箱的总数;拼箱货运业务中,此栏用单词填写收到货物的件数。

(17)Freight & Charges(运费和其他费用)。此栏填写运费预付或到付。

(18)Place of Issue(签发地点)。通常与装货港的填写一致。

(19)No. of Original B(s)/L(正本提单的数量)。此栏填写根据信用证或合同要求签发的正本提单的数量,通常为三份。

(20) Service Type on Receiving/Delivery(货物的交接方式)。集装箱运输时填写,如 DOOR/DOOR、DOOR/CY、CY/CY、CY/DOOR 等。

(21) Reefer Temperature Required(冷藏温度)。对冷藏货物的运输,托运人应填写在运输和仓储过程中所需的温度。

(22) Type of Goods(货物种类)。此栏如果没有特别要求一般不填。

(23)危险品应正确如实填报其类别、性能及其在《国际海运危规》的页码和联合国编号。

知识链接 2-6

托运人填制场站收据时的注意事项

1. "场站收据"各栏目由托运人用电脑或打字机填制以求清晰。托运人应正确完整地填写并核对场站收据的各项目,尤其是各栏目的内容必须清晰、如实填写。

2. 场站收据的收货方式和交货方式应根据运输条款如实填写,同一单内不得出现两种收货方式或交货方式。

3. 冷藏货出运应正确填报冷藏温度。

4. 危险品出运应正确填报类别、性能、《国际海运危规》页数和联合国编号(UNNO),如《国际海运危规》规定主标以外还有副标,在性能项目栏用"主标/副标"方式填报。

5. 第2、3、4联和第8、9、10联右下角空白栏供托运人备注用。

6. 托运人对场站收据的内容进行变更时,必须及时通知此前已办好货物出运手续的各有关方,并在24小时内出具书面通知,办理变更手续。

二、集装箱设备交接单

集装箱设备交接单(Equipment Interchange Receipt, EIR),简称设备交接单(Equipment Receipt, E/R),是集装箱所有人(管箱人)或其代理人(一般是码头)签发给用箱人的用以进行集装箱及其他设备的发放、收受等移交手续,并证明移交时箱体状况的书面凭据。

集装箱设备交接单分进场设备交接单(IN)和出场设备交接单(OUT),两种交接单都是一式三联:管箱单位(船公司或其代理)留底联、码头或堆场联、用箱人或运箱人联。

(一)集装箱设备交接单的发放及用途

集装箱货物出口业务中,船公司确认订舱后,根据货物的种类和数量进行配箱,并发放设备交接单,一个集装箱一套设备交接单,同时签发一份空箱放箱令(Empty Container Release)。用箱人或运箱人凭船公司签发的空箱放箱令到集装箱所有人指定的堆场提取空箱,提取空箱时,填写设备交接单出场联,装箱后再将装有货物的重箱送到船公司指定的码头堆场,重箱进场时填写设备交接单进场联。

集装箱货物进口业务中,用箱人或运箱人到卸货港码头堆场提取装有货物的重箱,重箱出场时填写设备交接单的出场联,拆箱卸货后再将空箱交还到船公司指定的堆场,空箱进场时填写设备交接单的进场联。

由此可见,设备交接单兼有发放集装箱的凭证功能,它既是一种交接凭证,又是一种发放凭证。所以，集装箱设备交接单对集装箱的箱务管理起着重要作用。

（二）集装箱设备交接单的流转

在进出口运输业务中，凡是涉及集装箱等设备的交接作业时，必须缮制相应的设备交接单。在使用中，要求必须做到“一箱一单、箱单相符、箱单同行”的原则。用箱人、运箱人要凭设备交接单进出港区场站，到设备交接单指定的提箱地点提箱，并在规定的地点还箱。与此同时，用箱人还必须在规定的时间、地点将集装箱和机械设备如同交付时状态一样地还给管箱人或其代理人，对集装箱的超期使用或租用，用箱人应支付超期使用费；对使用或租用期间发生的任何集装箱及设备的灭失或损坏，用箱人应承担赔偿责任。集装箱设备交接单的填制内容基本相同，均由箱管单位填制后，交拖箱人（一般是集卡司机）。设备交接手续均在集装箱码头堆场大门口办理。集装箱设备交接单的流转过程如图 2－17 所示。

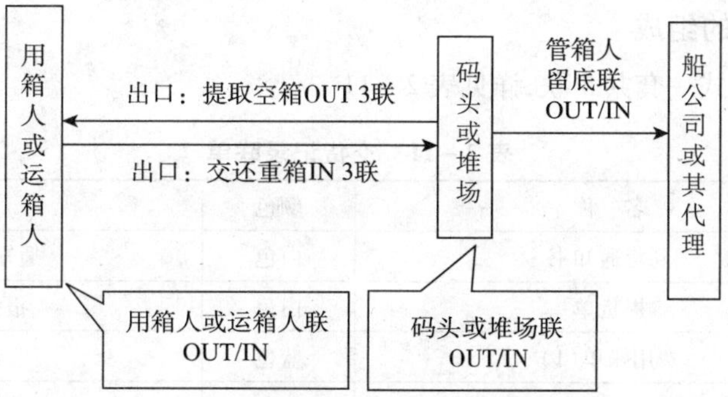

图 2－17　集装箱设备交接单的流转过程

1. 集装箱出场时，码头检查口（闸口）业务员与用箱人（一般是集卡司机）应共同审核以下几项内容：用箱人名称和地址、所提集装箱的箱号、规格、出场日期、出场目的等。

审核完毕后，双方在设备交接单上签字，第 1、2 联由堆场留存（第 1 联由港方转交给船方），第 3 联由提箱人留存。

2. 集装箱进场时，集卡司机持设备交接单，将集装箱从装箱地运至集装箱码头堆场。闸口业务员和集卡司机需要仔细审核下列事项：还箱的时间和地点，还箱人的名称和地址，出口船舶的船名和航次，进场目的等。

集装箱交接时，双方对集装箱都要进行目测检查，检查箱体状况是否与设备交接单上的记录相符，如果不相符，用箱人应承担相应责任。

（三）集装箱设备交接单的填写

集装箱设备交接单的填写内容：

（1）箱管单位的填写内容：进（出）场设备交接单中的用箱人/运箱人，返回/收箱地点、船名/航次、尺寸/类型、营运人、免费期限、进（出）场目的/状态。

（2）用箱人/运箱人的填写内容：运载工具牌号、进场设备交接单中的来自地点、集装箱号、封志号、货重、危险品类别。

（3）码头（场、站）经办人的填写内容：进（出）场日期、检查记录、出场设备交接单中的提箱地点、集装箱号。

集装箱设备交接单一经签发不得擅自更改。如需更改,必须到船舶代理人处办理更正手续(船公司的集装箱一般委托船舶代理进行箱管),并于集装箱设备交接单更正处盖上船舶代理箱管更正章。

三、交货记录联单

(一)交货记录的用途

交货记录(Delivery Record)是集装箱运输承运人把货物交付给收货人或其代理人时,双方共同签署的证明货物已经交付及货物交付时情况的单证;同时,它也证明承运人对货物的责任已告终止。交货记录是国际集装箱进口货运业务中的主要单证,在集装箱班轮运输中普遍采用"交货记录"联单以代替件杂货运输中使用的"提货单"(小提单),但实际应用中交货记录或提货单所起的作用及其对不同当事人的责任划分不尽相同。

(二)交货记录的组成

标准交货记录格式一套共5联,详见表2-11。

表2-11　交货记录联单

联号	名　称	颜色	用　途
第1联	到货通知书	白色	通知收货人提货
第2联	提货单	白色	报关提货凭证
第3联	费用账单(1)	蓝色	计算费用
第4联	费用账单(2)	红色	费用收取通知
第5联	交货记录	白色	货物实际交付记录

(三)交货记录的流转程序

1. 船舶抵达卸货港前,船公司或其代理人根据装船港船代传送的舱单或提单副本制作交货记录一式五联,并向收货人或其代理人发出到货通知书(交货记录第1联)。

2. 收货人或其代理人在收到第1联(到货通知书)后,凭海运正本提单(背书)和到货通知书到船舶代理人处换第2联(提货单)和第4联(费用账单)、第5联(交货记录),提货单经船代盖章方为有效。

3. 船公司或其代理在第2联(提货单)上盖章签发,并把第2联(提货单)、第3联和第4联(费用账单)、第5联(交货记录)退交收货人或其代理,自留第1联(到货通知)。

4. 收货人或其代理人凭提货单、费用账单、交货记录共4联,随同进口货物报关单等报关资料在海关规定的期限内向海关申报,办理进口清关手续。

5. 海关核准后在提货单上规定栏目内盖放行章,并将提货单、费用账单、交货记录共4联退回收货人或其代理。收货人或其代理人还要办理其他有关手续的,应办妥手续,取得有关单位盖章放行。如果该票货物为食品,或非食品的木质品,或用于货物的衬垫为木质品,还需进行卫生处理,卫生处理报告出来后,由检验检疫局在提货单上加盖检验检疫专用章。

6. 收货人或其代理人凭承运人、代理人、海关盖章的提货单和交货记录去堆场或货运站提货,场站或港区凭"提货单"联核算有关费用,填制"费用账单"一式二联,结算费用。将第3联

“费用账单”(蓝色)联留存场站、港区制单部门,第4联“费用账单”(红色)联作为向收货人收取费用的凭证,凭以结清场站费用。

7. 堆场或货运站验单放货。收货人或其代理人凭港区或场站已盖章的“交货记录”联到港区仓库或场站仓库、堆场提取货物。提货完毕后,场站或港区会同收货人或其代理人共同签收第5联(交货记录),以示确认提取的货物无误,并把经双方签署的第5联(交货记录)送至船公司或其代理处,场站或港区留存第2联(提货单)、第4联(费用账单)归档备查。

提货时若有货损,须做货损交货记录并经双方签署确认。凡交货时发生货物、集装箱状况与提货单据不一致的情况,按理赔程序处理。

收货人或其代理如果无正本提单,只凭保函换取提货单的,在30天内应向船公司或其代理办理销保手续(凭正本提单换取保函)。逾期不办产生不良后果的,船公司或其代理有权向海事法院提起诉讼。

四、提单与电放

海运提单是用以证明海上货物运输合同和货物已经由承运人接收或者装船,以及承运人保证据以交付货物的单证。所以,提单在国际海运业务中的作用极其重要。

(一)提单的缮制

由于集装箱运输是当今国际海运的主要运输方式,所以这里仅介绍集装箱提单的缮制。提单的缮制内容应符合买卖合同、信用证的规定,并与场站收据和货物相一致。

缮制海运提单时应依据场站收据上的信息进行填写,所以提单上的一些栏目与场站收据上的完全一样。如 Shipper(托运人)、Consignee(收货人)、Notify Party(被通知人)、Pre-Carriage by(前程运输)、Place of Receipt(接货地)、Ocean Vessel & Voyage(海运船)、Port of Loading(装货港)、Place of Discharge(卸货港)、Place of Delivery(交货地)、Container/Seal No.(集装箱号码/铅封号)、Marks & Nos.(标志和序号)、No. of Containers or Packages(集装箱数量或件数)、Description of Goods(货物描述)、Gross Weight Kgs(总重)、Measurement(体积)、Total No. of Packages or Containers(in words)(大写的集装箱总数或件数总数)、Place of Issue(签发地点)、Freight & Charges(运费和其他费用)、No. of Original B(s)/L(正本提单的数量)等。

除上述各栏目外,提单中还有一些有别于场站收据的栏目是必须在货物装船后才能填写的。

1. Prepaid at(预付地点)。此栏填写提单缮制和运费支付地点(仅在运费预付情况下填写)。

2. Payable at(付费地点)。此栏填写到付运费付费地点。

3. Total Prepaid(总计预付)。此栏填入以国际结算货币为单位的所有预付运费和所有按当地货币支付的其他预付费用。如果是运费预付提单,船公司或其代理在签发提单时还要确认托运人是否已经支付完本票货物的所有运费才给签发已装船正本提单。

4. Laden on Board the Vessel(已装船批注)。填船名、航次及实际装船日期并签署。实务中,有些船公司的提单无此栏,均以印戳方式加注于提单上。

5. Place and Date of Issue(签发地点和日期)。此栏填写提单缮制和签发的地点和日期,地点通常是提单项下货物的装货港,多式联运时为接货地点。

6. Signed for the Carrier(代表承运人签署)。此栏为签署提单者的盖章签字处。有权签署提单的人将在下文中详述。

7. 正确填写 B/No.(提单编号)。提单编号位于提单右上角,此编号由船公司根据电脑制单的要求而制定。

(二)提单业务

1. 提单的签发。内容包括提单的签发人、签发地点与日期、签发的份数及签发依据。

(1)提单的签发人。我国《海商法》第 72 条明确规定:"货物由承运人接收或者装船后,应托运人的要求,承运人应当签发提单。提单可以由承运人授权的人签发。提单由载货船舶的船长签发的,视为代表承运人签发。"

可见,提单的签发人包括承运人、承运人的代理人和船长。各国有关海上货物运输的法律都规定,船长是承运人的当然代理人,不需经承运人的特别授权便可签发提单。但如提单由承运人的代理人签发,则代理人必须经承运人的合法授权委托。未经授权,代理人是无权签发提单的。UCP600 第 20 条规定,提单也可以由船长的代理人签署。

签发提单时必须表明签发人的身份。

(2)提单签发的地点和日期。提单签发的地点应是货物的装船港或接收地(特殊情况下也可能是装船港或接收地之外的第三地)。已装船提单签发的日期一般是货物实际装船完毕的日期,并且与大副签署的收货单签发的日期相一致。收妥待运提单的签发日期是场站收据上注明的接收货物的日期,实际的装船日期须在货物装船后另做批注。

在国际贸易实践中,实际装船日期非常重要。因为只有将货物装船后,才能辨别所装货物外表状况是否良好,件数是否与申报数字相符;同时由于货物的装运期限是买卖双方事先约定的,而且信用证也规定了货物的装船期限,把实际的装船日期看作货物已装船完毕的日期,也就是卖方向买方的交货日期。货物装船日期一旦超过规定时间,就可能遇到买方在目的港拒收货物并请求赔偿损失和银行拒付货款的问题。

(3)提单的份数。从功能上来看,提单有正本和副本之分。副本提单只用于日常业务,不具有法律效力。正本提单是一式若干份,以防提单的遗失、被窃或迟延到达或在传递过程中发生意外事故造成灭失。各国海商法和航运习惯都允许签发数份正本提单,并且各份正本提单都具有同等效力。

由于正本提单是一种物权凭证,可以流通和转让,因此,承运人为防止出现利用多份正本提单进行损害提单当事人利益的非法活动,一是要求收货人凭承运人签发的全套正本提单在目的港提货,二是所有正本是在提单上注有"承运人或其代理人已签署本提单一式×份,其中一份经完成提货手续后,其余各份失效"等内容。提单之所以有上述规定,主要是为了:①使提单的合法受让人了解全套正本提单的份数,防止流失在外引起纠纷,保护提单持有人的合法利益;②使接受提单结汇的银行了解结汇的提单是否齐全(信用证规定以全套正本提单向银行办理结汇);③使在变更卸货港交付货物的船公司或其代理了解用以提货的提单是否齐全(变更卸货港的情况下,船公司或其代理均凭全套正本提单交付货物)。

副本提单的份数视需要而定。虽然它不能据以提货,但却是装运港、中转港及目的港的代理人和载货船舶不可缺少的货运文件,可以对舱单的内容和项目作补充。

(4)提单签发的依据。根据大副签署的收货单(场站收据),在与提单记载的各项内容核对无误后才能签发提单。如果收货单(场站收据)上有批注,则提单签发人就应如实转批在提单上。如果该批注为不良批注，此提单则为不清洁提单。

2. 提单的更正与补发。实务中会有多种因素致使提单的更正与补发。

(1)提单的更正。提单更正可能发生在提单签发之前，也可能发生在提单签发之后。

Ⅰ. 提单签发前的更正。提单通常是在托运人办妥托运手续后，货物装船前，在缮制有关货运单证的同时缮制的。在货物装船后，这种事先缮制的提单有下列原因需要更正：事先缮制的提单与实际装载情况不符；货物装船后，发现托运人申报材料有误；信用证要求的条件有所变更；由于其他原因，托运人提出更正提单内容的要求。

在上述情况下，承运人或代理人通常都会同意托运人提出的更正要求。

Ⅱ. 提单签署后的更正。在提单签署后，托运人提出提单更正的要求，承运人或其代理人要考虑各方面的关系后，在不妨碍其他提单利害关系人利益，不影响承运人的交货条件的前提下，征得有关方面同意，给予更改。因更改提单内容而引起的损失和费用，则应由提出更改要求的托运人负担。如果提出提单更改时船舶已开航，应立即电告船长作相应的更改。

(2)提单的补发。如果提单遗失，托运人要求补发，应分别视不同情况予以处理。

Ⅰ. 正本提单结汇后，在寄送途中遗失。这情况一旦发生，收货人可在目的港凭副本提单和具有信用的银行出具保证书提取货物，并依照一定的法定程序声明提单作废，而无须另行补发提单。

Ⅱ. 提单在结汇前遗失。这时应由托运人提供书面担保，经承运人或其代理人同意后补签新提单并另行编号。同时要把有关情况转告承运人在目的港的代理人，并声明原提单作废，以免发生意外纠纷。

3. 提单的背书(Endorsement)。提单是物权凭证，在其项下记载的货物实际凭单交付前是可以转让的。指示性提单需背书才可以转让。

背书就是票据的持有人转让票据时在票据背面签名或书写文句的手续。按照背书的方法区分，背书分为记名背书、指示背书和空白背书(不记名背书)三种。

(1)记名背书。记名背书也称完全背书，是背书人(转让人)在提单背面写明被背书人(受让人)的姓名，并由背书人签名的背书形式。比如提单持有人 ABC 公司现将提单背书转让给 DEF 公司，在提单背面书写以下内容：

Delivery to DEF Co.

ABC Co. (盖章)

背书时间×××

(2)指示背书。指示背书是背书人在提单背面写明“凭指示”或“凭某某指示”字样，并不写明特定受让人，由背书人签名的背书形式。如提单持有人 ABC 公司在提单背面可写成：

Delivery to order of DEF Co.

ABC Co. (盖章)

背书时间×××

(3)空白背书。空白背书是指在提单背书中不记载任何受让人，只由背书人签名的背书形式。如提单持有人 ABC 公司在提单背面可写成：

ABC Co. (盖章)

背书时间×××

指示提单只要经过背书都可以转让,如果所签发的提单是凭托运人指示提单,则应以托运人为第一背书人;如果是记名指示提单,或选择指示提单,则第一背书人应是提单中指名的指示人,即“凭某某指示”或“某某或凭指示”中的“某某”应为第一背书人。

完全背书业务中,必须连续背书才能连续转让;空白背书业务中,则不需要连续背书即可转让。

(三)电放业务

1. 电放提单的缮制。电放提单中的内容与正本提单中所需填写的大致一样,但稍有不同。电放提单必须做成记名抬头;电放提单的格式没有正本提单要求的严格,如船公司可以只用本公司的提单样本而不填写签发人并表明签发人的身份。船公司在填写完货运相关信息后,在提单正面加盖电放印章“Telex Release”或“Surrendered”(见附表2-4电放提单样本)。

2. 电放提单的签发。电放提单的签发应具备如下条件:①托运人提出电放申请;②托运人出具电放保函(见附表2-5电放保函样本);③承运人收回所有已签发的正本提单(如果已签发);④结清该票货物的运费。

3. 电放提单的放货。在目的港,两种不同印章的电放提单的提货凭证要求不同。加盖有“Surrendered”字样的“电放提单”,由托运人指定的收货人凭身份证明提货,而加盖有“Telex Release”字样的“电放提单”,则是由收货人凭“电放提单”传真件提货。

4. 提单的缴还。收货人在目的港是凭正本提单换取提货单以提取货物,承运人向收货人发放提货单时应收回一份或整套正本提单,并在提单上做作废批注以示注销。提单的缴还和注销表明承运人已完成交货义务,运输合同即告完成,提单项下的债权债务也已解除。

五、其他单证业务

(一)装货港的其他单证

1. 装箱单(Container Load Plan,简称CLP;或Unit Packing List,简称UPL)。装箱单是详细记载每一个集装箱内所装货物名称、数量、尺码、重量、标志和箱内货物积载情况的单据,对于特殊货物还应加注特定要求,比如对冷藏货物要注明对箱内温度的要求等。每个载货集装箱都要制作这样的单据,它是根据已装进集装箱内的货物制作的。不论是由发货人自己装箱,还是由集装箱货运站负责装箱,负责装箱的人都要制作装箱单。集装箱装箱单是详细记载每一个集装箱内所装货物的详细情况的唯一单据,所以在以集装箱为单位进行运输时,这是一张极其重要的单据。它是集装箱运输的辅助货物舱单,其用途很广,其主要作用体现在以下七个方面:

(1)作为发货人、集装箱货运站与集装箱码头堆场之间货物的交接单证;

(2)作为向船方通知集装箱内所装货物的明细表;

(3)单据上所记载的货物与集装箱的总重量是计算船舶吃水差、稳性的基本数据来源;

(4)在装箱地向海关申报货物出口的单据,也是集装箱船舶进出口报关时向海关提交的载货清单的补充资料;

(5)是集装箱装、卸货港编制装、卸船计划的依据;

(6)在卸箱地作为办理集装箱保税运输手续和货运站安排拆箱、理货作业的重要单证;

(7)当发生货损时,是处理索赔事故的原始单据之一。

目前各港口使用的集装箱装箱单大同小异,每个集装箱一份,一般是一式五联,其中码头、船代、承运人各一联,发货人、装箱人两联。由装箱人(仓库或供货工厂)或集装箱货运站(Container Freight Station,CFS)于装箱时缮制。

发货人或货运站将货物装箱,缮制装箱单一式五联后,连同装箱货物一起送至集装箱堆场。集装箱堆场的业务人员在五联单上签收后,留下码头联、船代联和承运人联,将发货人、装箱人联退还给送交集装箱的发货人或集装箱货运站,发货人或集装箱货运站除自留一份备查外,将另一份寄交给收货人或卸箱港的集装箱货运站,供拆箱时使用。留下的三联装箱单,除集装箱堆场自留码头联,据此编制集装箱装船舱位配置计划外,还须将船代联及承运人联分送船舶代理人和船公司,据此缮制积载计划、缮制提单和处理货运事故等参考。

集装箱装箱单记载事项必须与场站收据和报关单据上的相应事项保持一致,否则会引发不良后果。例如:装货港错打与场站收据不符,港区有可能不予配装,造成退关;也有可能配舱错位,以致到达卸货港时无法从错置的舱架上把集装箱卸下;又如装箱单重量或尺码与报关单或发票不符,船公司按装箱单重量或尺码缮制提单、舱单,出口单位结汇时发生"单单不一致",不能结汇,这种情况,屡见不鲜,主要原因在于发货人托运时未向仓库或工厂取得正确数据,以致数字歧异。对此,发货人应加以注意。所装货物如品种不同必须按照集装箱前部(Front)到箱门(Door)的先后顺序填写。

2. 载货清单(Manifest,M/F)。载货清单又称"舱单",是在货物装船完毕后,根据大副收据或提单副本编制的一份按卸货港顺序、逐票列明全船实际载运货物的汇总清单。载货清单是国际航运实践中一份非常重要的通用单证。它是船舶办理进出境报关手续时必备的单据;也是海关对进出口船舶所载货物进出国境进行监督管理的单证,如果船载货物在载货清单上没有列明,海关有权依据海关法的规定进行处理;它还是港方及理货单位安排卸货的单证之一。

在我国,载货清单还是出口企业在办理货物出口后,申请退税,海关据以办理出口退税手续的单证之一。因此,在船舶装货完毕离港前,船方应由船长签字确认若干份载货清单,并留下数份随船同行,以备中途挂港或到达卸货港时办理进境报关手续时使用。

如果在载货清单上增加运费项目,则可制成载货运费清单(Freight Manifest,F/M)。

3. 货物积载图(Stowage Plan)。货物积载图是出口货物在货物装船前,必须就货物装船顺序、货物在船上的装载位置等情况做出一个详细的计划,以指导有关方面安排泊位、货物出舱、下驳、搬运等工作。该计划是一个以图表的形式来表示,即用图表形式表示货物在船舱内的装载情况,绘制的图表分别称为货物配载图或计划积载图(Cargo Plan)和实际积载图或货物积载图(Stowage Plan);也有人不加区别地将货物配载图或货物积载图混在一起使用,并称之为"船图"。

在货物装船之前,大副根据装货清单上记载的货物资料制定货物积载计划。但是,在实际装船过程中,往往会因为各种客观原因,使装货工作无法完全按照计划进行。例如,原计划的货载变动;货物未能按时集港而使装船计划改变,造成记载顺序与原计划不同等情况。这样,就造成货物实际在舱内的积载位置与原来的计划不一致。当然,在装船过程中,对原计划的改动原则上都应征得船长或大副的同意。当每一票货物装船后,应重新标出货物在舱内的实际装载位置,最后绘制成一份"货物积载图"。

4. 危险品清单(Dangerous Cargo List, DCL)。危险品清单是集装箱内装危险货物的汇总清单。危险货物的托运人在托运危险货物时,必须根据有关危险货物运输和保管的法规事先向船公司或其代理人提交危险品清单。托运人在将危险品货物运至堆场或货运站时,必须提交危险品清单,由堆场管理人员汇总交船方。此外,所有危险品货物都必须粘贴规定的危险品标志,内装危险货物的集装箱也必须按规定粘贴特制的危险品标志。

凡船舶载运危险货物,都必须另行单独编制危险货物的清单,专门列出船舶所载运全部危险货物的明细表,其记载的内容除装货清单、载货清单所应记载的内容外,特别增加了危险货物的性能和装船位置两项。船舶装运危险货物时,船方应向有关部门(海事局)申请派员监督装卸。在装货港装船完毕后由监装部门签发"危险货物安全装载书",这也是船舶载运危险货物时必备的单证之一。

5. 冷藏集装箱清单(Reefer Container List, RCL)。冷藏集装箱清单是装载冷冻货物或冷藏货物的冷藏集装箱的汇总清单。托运人在托运冷冻或冷藏货物时,应要求承运人在运输和保管过程中,将冷藏集装箱的箱内温度控制在一定的范围内,并且要求承运人在运输和保管货物方面承担高于普通货物的责任。托运人向承运人和集装箱堆场提供的冷藏集装箱清单上,必须逐箱列明货物的名称和指定的温度范围等各项内容,交集装箱堆场由堆场业务人员汇总交船方。

(二)卸货港的其他单据

在目的港交付货物时,除交货记录联单外,还可能有过驳清单、溢短单、残损单等。

1. 货物过驳清单(Boat Note)。货物过驳清单是驳船卸货时证明货物交接的单据,它是根据卸货时的理货单编制的。其内容包括:驳船名、货名、标识号码、包装、件数、舱单号、卸货日期等。由装卸公司、驳船经营人等收取货物的一方与船方共同签字确认。

2. 货物溢短单(Over - Landed & Short - Landed Cargo List)。货物溢短单(见表 2 - 12)是指一批货物在目的港卸货时,所卸货物与提单或其他单据记载数字不符,发生溢卸或短缺的书面证明。该单据由理货员编制,经船方或大副及有关方(收货人、仓库)共同签字确认。如果船方对溢短单内所记载的溢短内容有异议,则可以在溢短单上作适当的批注,也可以委托理货公司再次理货或复查。

3. 货物残损单(Broken & Damaged Cargo List)。货物残损单(见表 2 - 13)是指卸货时,理货人员根据卸货过程中发现的货物破损、水渍、渗漏、霉烂、生锈、弯曲等情况记录编制的,表明货物残损情况的单据,货物残损单须经船方签认。

货物溢短单及残损单是收货人向船公司或保险人提出索赔的原始资料和凭证。

表 2－12　货物溢短单

货物溢短单　　No.________

Over－Landed & Short－Landed Cargo List

船名:________　国　籍:________　开工日期:____年____月____日

S. S. /M. V.　Nationality　Tally Commenced on:________

停泊地点:________　制单日期:____年____月____日

Berthed at:________　Date of List :________

溢卸货物 Over-Landed Cargo					短卸货物 Short-Landed Cargo				
提单或舱单号 B/L or M/F. No	标志 Marks	货名 Desc.	件数 P'kgs	包装 Packing	提单或舱单号 B/L or Mft. No.	标志 Marks	货名 Desc.	件数 P'kgs	包装 Packing
件数小计 P'kges Total					件数小计 P'kges Total				

收货人/代理人:________　理货组长:________　船长/大副:________

Receiver/Agent:　Chief Tallyman:　Master/Chief Officer:

表 2－13　货物残损单

货物残损单　　No.________

Broken & Damaged Cargo List

船名:________　国 籍:________　开工日期:____年____月____日

S. S. /M. V. ________　Nationality ________　Tally Commenced on:________

停泊地点:________　制单日期:____年____月____日

Berthed at:________　Date of List :________

提单或舱单号 B/L or M/F. No.	标志 Marks	货名 Description	件数 P'kgs	包装 Packing	残损情况 Broken and/or Damage Condition

操作 4　国际海运运费核算

一、班轮运价与运费

(一) 班轮运价

运价是指承运单位承运货物而付出的运输劳动的价格。班轮运价通常以运价本的形式公布。运价本也称费率本或运价表,是班轮公司承运货物时向托运人据以收取运费的费率表的汇总,主要由条款与规定、商品分类、基本费率和附加费率四部分组成。

班轮公司制定运价时除考虑成本和利润外,还要考虑货物价值、商品特性、运量大小、港口装卸效率,航程的远近、航运市场的供求变化及同行业的竞争程度。

根据运价表的制定人不同,运价表可分为班轮公会运价表、班轮公司自定的运价表、双边运价表、货主运价表及协议运价表。其中班轮公司运价是一种垄断性质的运价。

根据运价表的结构不同,它又可分为等级运价表和单项费率运价表。

实务中,等级运价表使用最多。该表前部列有常用商品等级表,不同商品对应不同等级,每一等级有一基本费率,一般分为二十个等级,一级运费率最低,二十级运费率最高。等级表中列有各航线上的计收标准,其后还列有该航线上的附加费。

班轮费率表中还有起码运费的规定,即每张提单的最低运费,根据不同地区、是否转船等情况决定。

(二)班轮运费

1. 运费结构。班轮运费包括基本运费和附加费两部分,前者是指货物从装运港到卸货港所应收取的基本运费,它是构成全程运费的主要部分;后者是指对一些需要特殊处理的货物,或者突然事件的发生或客观情况变化等原因而需另外加收的费用。实务中,有时船公司为了竞争的需要,收取的基本运费很低,甚至是负的,但船公司却收取各种名目的附加费,以弥补其收取的低基本运费的利润损失。

国际海运中,常见的附加费有:

(1)燃油附加费(Bunker Adjustment Factor,BAF):实践中还称其为 Fuel Adjustment Factor(FAF)。在燃油价格突然上涨时加收,以补偿因燃油价格上升而造成的运输成本的增加。

(2)货币贬值附加费(Currency Adjustment Factor,CAF):货币贬值时,船方按运费的一定百分比加收的费用,以弥补兑换过程中的汇兑损失。

(3)转船附加费(Transhipment Surcharge):凡运往非基本港的货物,需转船运往目的港,船方因此而收取的附加费,其中包括转船费和二程运费。

(4)直航附加费(Direct Additional):当运往非基本港的货物达到一定的货量,船公司可安排直航该港而不转船时所加收的附加费。

(5)超重、超长附加费(Heavy Lift or Long Length Additional,HLA 或 LLA):当单件货物的毛重或长度或体积超过或达到运价本规定的数值时加收的附加费(实务中,散杂件货长度超过 9 米可能会收 LLA,单件货物重量超过 5 吨要收 HLA)。实务中,如果一件货物即超长又超重,船公司一般只收取两者中较高者,除非承托双方有特殊约定。

(6)港口附加费(Port Surcharge):有些港口由于设备条件差或装卸效率低,以及其他原因,船公司加收的附加费。

(7)港口拥挤附加费(Port Congestion Surcharge):有些港口由于拥挤,因船舶停泊时间增加而加收的附加费。

(8)选港附加费(Optional Surcharge):货主托运时尚不能确定具体卸货港,要求在预先提出的两个或两个以上港口中选择一港卸货,船方因此而加收的附加费。

（9）变更卸货港附加费（Alternational of Destination Charge）货主要求改变货物原来规定的港口，在有关当局（如海关）准许而船方又同意的情况下所加收的附加费。

（10）绕航附加费（Deviation Surcharge）：由于正常航道受阻不能通行，船舶必须绕道才能将货物运至目的港时，船方所加收的附加费。

（11）战争附加费（War Risk，WAS）：对战争或有战争威胁国家和地区的港口所加收的临时费用，标准不尽相同。可能包含在运费中，也可能单列出来，一般随海运费支付。

（12）旺季附加费（Peak Season Surcharge，PSS）：在出口货物运输旺季，船公司加收旺季附加费，以期削减货主上货，缓解货运压力。

（13）集装箱不平衡附加费（Container Imbalance Charge，CIC）：集装箱运输业务中，船公司向货主加收的一种附加费。

（14）前往美国各港口的航线上有舱单费（American Manifest System，AMS）；前往北美东采用全水运（All Water）方式经过巴拿马运河时有巴拿马运河费（Panama Channel Surcharge，PCS）。

（15）前往或经过欧盟各国港口的航线上有入境简要申报费（Entry Summary Declaration，ENS），该费用从 2011 年 1 月 1 日起开始征收。

除以上附加费外，还有一般性涨价费用（General Rate Increase，GRI），这种费用属于季节性运费普调，不计算在附加费之类，通常列入海运费成本，随海运费一起支付。

附加费通常是在基本运费的基础上加收一定百分比，或是按每运费吨加收一个绝对数。

2. 计费标准。基本运费按班轮运价表规定的计收标准计收。在班轮运价表中，根据不同的商品，班轮运费的计算标准通常采用以下几种：

（1）按货物毛重，运价表内用“W”表示，重量单位为公吨（M/T）。

（2）按货物体积（尺码吨计收），运价表中用“M”表示，尺码单位为立方米（M^3），计算运费时 1 立方米作为 1 尺码吨。

上述计费的重量吨和尺码吨统称为运费吨，又称计费吨（Freight Ton，FT）。

（3）按重量吨或尺码吨较高者作为计费吨，运价表中以“W/M”表示。

（4）按货物价格计收，又称为从价运费。运价表内用“ad. val”表示。从价运费一般按货物的 FOB 价的一定百分比收取。

（5）在货物重量、尺码或价值三者中选择最高的一种计收，运价表中用“W/M or ad. val”表示。

（6）按货物重量或尺码最高者，再加上从价运费计收。运价表中以“W/M plus ad. val”表示。

（7）按每件货物作为一个计费单位收费，如活牲畜按“每头”（per head），车辆按“每辆”（per unit）收费。

（8）临时议定价格，即由货主和船公司临时协商议定。

3. 计费公式：$F = Fb + \sum S$。

公式中，F 表示运费总额，Fb 表示基本运费，$\sum S$ 表示各项附加费的总和。基本运费是所运货物数量（重量或体积）与规定的基本费率的乘积。常见的附加费为基本运费的一定百分比，也有的收取某一绝对数。

4. 计算步骤。班轮运费的具体计算步骤为：

（1）根据货物的英文名称，从货物分级表中查出有关货物的计算等级及其计算标准；

(2)从航线费率表中查出有关货物的基本费率;

(3)将各项附加费率加总,所得总和就是有关货物的单位运费;

(4)再用单位运费乘以计费吨,即得该批货物的运费总额。

如果是从价运费,则按规定的百分率乘 FOB 货值即可。

知识链接 2-7

计算运费时的注意事项

1. 根据一般费率表规定:不同等级的商品如混装在一个包装内(集装箱除外),则全部货物按其中收费高的商品计收运费。

2. 同一种货物因包装不同而计费标准不同,但托运时如未申明具体包装形式,则全部货物均要按运价高的包装计收运费。

3. 同一提单内有两种以上不同计价标准的货物,托运时如未分列货名和数量,计价标准和运价全部要按高者计算。

4. 对无商业价值的样品,凡体积不超过 0.2 立方米,重量不超过 50 公斤的,可向船公司申请免费运送。

(三)集装箱班轮运费

集装箱海运的费用构成和计算方法与散杂货运输方式有所不同,它包括发生在装运港的内陆运输费、拼箱服务费、堆场服务费、海运运费、集装箱及其设备使用费等。

集装箱运价可分为两大类:一是按散杂货运费计算;二是按每个集装箱为计费单元,该费率即通常所说的包箱价。包箱费率有三种:

1. 均一包箱费率(Freight for All Kinds,FAK),对每一集装箱内所装货物不分货类级别、不分重量等级,只按箱型统一规定的费率计算。采用此类费率时,货物仅分为普通货物、半危险货物、危险货物和冷藏货物四大类。不同类别的货物、不同箱型的集装箱费率不同。

2. 等级包箱费率(Freight for Class,FCS),此种费率是按不同货物种类和等级制定的包箱费率。运用此种费率时,一般将货物分为普通货物、非危险化学品、半危险货物、危险货物和冷藏货物等几大类。其中,普通货物与件杂货一样分为 1~20 级,各船公司在其运价本中按货物种类、级别和箱型规定包箱费率。但集装箱货的费率级差远小于件杂货费率级差。

3. 等级标准包箱费率(Freight for Class and Basis,FCB),此种费率是按不同货物的类别、等级(CLASS)及计算标准(BASIS)制定的包箱费率。采用此种费率时,即使是装有同种货物的整箱货,当用重量吨或体积吨为计算单位时,其包箱费率也可能是不同的。这是 FCB 与 FCS 的主要区别。

目前,由于国际航运市场的竞争加剧,国际油价的不断波动,导致国际集装箱的包箱费率也在不断变化,通常体现在船公司或其代理公司公布的集装箱运价表中都有一定的有效期,不同时期,同一船公司在同一航线上运同类货物的运价可能有较大的差距。

船公司公布其运价时,通常是对具体航线上、按不同箱型公布,除基本运费外,还可能有附加费。实务中,集装箱运费的附加费通常是附加一个绝对数。也有的船公司把所有的附加费与基本运费加总,直接公布一个 ALL IN 价,即全包价,如图 2-18 所示。

上海到汉堡HAMBURG海运费　　20'　40'　40HQ

附加费：ENS $25　　船期：1.2.3.5.7

有效期：2012-03-31　　航程：27

备注：

1400/2700/2800

宁波到洛杉矶LOS ANGELES CA海运费　　20'　40'　40HQ

附加费：AMS$25　　船期：6/2

有效期：2012-04-01　　航程：11

备注：Direct

1550/1975/2025

大连到卡拉奇KARACHI海运费　　20'　40'　40HQ

附加费：ALL IN　　船期：1

有效期：2012-04-15　　航程：27

备注：K

900/1450/1450

图 2－18　某公司的集装箱全包运价

4. 最低运费和最高运费。传统的班轮运输的班轮运费有最低运费的规定，这主要是因为船公司为了保证营运收入不低于成本，即每一单票的运费不得低于一定数额，又称起码运费。出于同样的考虑，经营集装箱运输的船公司，不论是整箱运输业务还是拼箱运输业务，都制定有最低收费标准。当然，船公司也有最高运费的规定。最高运费是集装箱运输所特有的，此种运费仅适用于轻泡货物，计费重量为尺码吨。实务中，大多数船公司都规定集装箱箱容的 85% 为最高运费吨。当集装箱所装货物的体积超过这一标准时，超出部分不作运费计算。船公司规定最高运费的目的是鼓励货主改进货物的积载技术，最大限度地利用箱容，从而吸引更多的整箱托运的货物。

二、班轮运费计算实例

例 1：某公司出口 2 000 箱文具到科威特，每箱毛重 45KG，体积 0.06CBM，货物由青岛装中外运轮船运往科威特港，试计算应付船公司运费。

解：查运价本得知，文具属于 9 级货物，计收标准为 W/M，科威特所属波斯湾航线，青岛至科威特基本费率为 89 美元/FT，直航附加费为 6 美元/FT。

因为每箱的实际毛重 0.045MT 小于尺码吨 0.06CBM，所以该批货为轻泡货物，取尺码吨为计费重量。

该批货的运费 OF＝0.06×2 000×(89＋6)＝11 400(USD)

注：FT 为运费吨 Freight Ton 之意；OF 为海洋运费，Ocean Freight 之意，下文同。

例 2：海口某外贸公司向中远集运托运一批文具，运到吉大港，该票货物体积为 22CBM，毛重 17.5MT，需从深圳转船，基本运费率为 USD85/FT，转船附加费为 USD5/FT，计费标准为 W/M。试计算：

(1)外贸公司应向中远集运支付多少运费？

(2)如果改用集装箱运输，海运费的基本费率为 USD950/TEU，燃油附加费为 20%，货币贬值附加费为10%，外贸公司应向中远集运支付多少运费？

(3)若不考虑杂货运输和集装箱运输的其他费用，从节省海运费的角度考虑，托运人应采用哪种托运方式？

解：

(1)因为该票货物的体积大于实际毛重，所以计费吨为22FT，运费为：

OF = (85 + 5) × 22 = 1 980(USD)

(2)因为该票货物的毛重和体积均小于1个20英尺普通箱的载重标准和内容积，所以只选用一个20英尺的普通箱，运费为：

OF = 950 × (1 + 20%) × (1 + 10%) = 1 254(USD)

(3)在不考虑其他费用的情况下，采用集装箱运输的运费小于散杂货运输的运费，所以采用集装箱运输比较经济。

操作5　租船业务操作

一、租船运输流程

国际租船市场上，租船交易通常不是由船舶所有人和承租人亲自到场直接洽谈，而是通过租船经纪人代为办理并签约完成。租船经纪人都非常熟悉租船市场行情，精通租船业务，并且有丰富的租船知识和经验，在整个租船交易过程中起着桥梁和中间人的作用，对顺利完成租船交易起着十分重要的作用。由租船经纪人参与的租船流程如下：

1. 租船询价，又称询盘，是承租人根据自己对货物运输的需要或对船舶的特殊要求，通过租船经纪人在租船市场上寻求租用合适船舶。

2. 租船报价，又称发盘，当船舶所有人从船舶经纪人那里得到承租人的询价后，经过成本估算或者比较其他的询价条件，根据自己所能提供的船舶情况，通过租船经纪人向承租人提出自己的运费率或租金率。

经纪人在转述船舶所有人的发盘前应通过直接或间接手段了解该发盘是否属实，还有哪些内容有待核实，以防该发盘为虚盘或因对货盘细节“一问三不知”而影响自身的信誉。

出租人通常在预计本航次结束15天前寻找下一航次的货载，在发盘前，出租人首先应对收到的若干询盘分别进行航次估算，然后再结合市场供求状况、货物种类、航线、港口、受载期、承租人资信及船舶检验、维修、船员调换等情况，确定与哪一家承租人洽谈发盘的基本内容。

实务中，船舶出租人通常要运用保本运费率法对某个承租人的询盘进行成本收益估算，具体步骤如下：

(1)确定航行天数；

(2)确定在港停泊天数；

(3)计算船舶港口费支出；

(4)计算船舶燃料费用支出；

(5)计算船舶固定费用支出；

(6)计算基本保本运费总额；

(7)对基本保本运费总额进行修正。

知识链接 2－8

租船中的实盘与虚盘

虚盘,又称条件发盘,是发盘方在发盘中对其内容附带某些"保留条件",所列各项条件仅供双方进行协商,即使另一方表示接受这个发盘,双方的合同仍无法成立。

相对于虚盘而言,即是实盘。在一笔租船交易中,经过多次还价与反还价,如果双方对租船合同条款的意见一致,一方可以以报实盘的方式要求对方做出是否成交的决定。报实盘时,要列举租船合同中的必要条款,将双方已经同意的条款和尚未最后确定的条件在实盘中加以确定。同时还要在实盘中规定有效期限,要求对方答复是否接受实盘,并在规定的有效期限内做出答复。若在有效期限内未做出答复,所报实盘即告失效。同样,在有效期内,报实盘的一方对报出的实盘是不能撤销或修改的,也不能同时向其他方(第三方)报实盘。

3. 租船还价,又称还盘。在条件报价的情况下,承租人与船舶所有人之间对报价条件中不能接受的条件提出修改或增删的内容,或提出自己的条件。

还价意味着询价人对报价人报价的拒绝和新的报价开始。因此,船东对租船人的还价可能全部接受,也可能部分接受,对不同意部分提出再还价或新报价。这种对还价条件做出答复或再次做出新的报价称为反还价(Recount Offer)或称反还盘。

4. 接受订租,又称受盘,是一方当事人对实盘所列条件在有效期内明确表示承诺。至此,租船合同即告成立。原则上,接受订租是租船程序的最后阶段。接受订租后,一项租船洽商即告结束。

5. 订租确认书。接受订租是租船程序的最后阶段,一项租船业务即告成交。通常的做法是当事人之间还要签署一份"订租确认书"(Fixture Note)。"订租确认书"无统一格式,但其内容应详细列出船舶所有人和承租人在洽谈过程中双方承诺的主要条款。订租确认书经当事人双方签署后,各保存一份备查。

6. 签订租船合同。双方签订的租船确认书实质上是一份供双方履行的简式租船合同。签订租船确认书后,船东按照已达成的协议编制正式的租船合同,通过租船经纪人送交承租人审核。如果承租人对合同条款没有异议就签字。

二、租船合同

船公司在经营不定期船时,每一笔交易均需和租方单独订立合同。为了各自的利益,在订立合同时,必然要对租船合同的条款逐项推敲。这样势必造成旷日持久的谈判,不利于迅速成交。为了简化签订租船合同的手续,加快签约的进程和节省因签订租船合同而发生的费用,也为了能通过在合同中列入一些对自己有利的条款,以维护自己一方的利益,在国际航运市场上,一些航运垄断集团、大的船公司或货主垄断组织,先后编制了供租船双方选用,作为洽商合同条款基础的租船合同范本。租船合同范本中罗列了事先拟就的主要条款。

(一)租船合同条款

1. 条件条款(Condition Clause)。条件条款是合同中的重要组成部分。如合同中的船名、船旗等项目。履行合同有赖于这种事实与条件的真实性。如一方违反条款,另一方就有权拒绝履行合同,并可要求赔偿。

2. 保证条款(Warranty Clause)。指合同中次要的、非本质性的条款。与条件条款相对而言,它是当事人做出的非根本性质的承诺与保证。保证条款在合同中的地位较为次要,对合同能否继续履行不起决定性作用。例如,定期租船合同中的船舶所有人对船舶航速和耗油量的保证,违反了此合同条款,承租人不能据此拒绝履行合同,而只能提出损害赔偿,除非破坏了合同的商业目的。

3. 默示条款(Implied Clause)。该条款是指一般在法律上或实践上已属于不需声明之事,当事人在订合同时并未列入。与此相对应的是明示条款(Express Clause)。

(二)租船合同范本

租船合同范本又称租约范本,目前租船市场上使用的租船合同范本都有现成的格式。

1. 标准航次租约格式。

(1)标准杂货航次租约合同(Uniform General Charter),简称"金康"(Gencon)。该合同格式由波罗的海国际航运协会的前身波罗的海北海船东公会于1922年制定。经由伦敦航运公会采用,以后又在1939年、1950年、1966年、1976年、1994年做过修改,目前大多采用1976年或1994年版本。

(2)古巴食糖租船合同(Cuba Sugar Charter Party)。

(3)太平洋沿岸谷物租船合同(Pacific Coast Grain Charter Party)。

(4)油轮租船合同(Tanker Voyage Charter Party)。

(5)中国国际商会于2000年制定了航次租船合同确认书(2000年标准格式)。

2. 标准期租约格式。

(1)波罗的海国际航运协会的统一标准期租船合同(Uniform Time Charter Party)。1909年由波罗的海国际航运协会制定,并由英国航运公会承认的标准定期租船合同。自1909年制定以来,这一格式经过几次修改,现行使用的是1950年修订的格式。

(2)纽约土产交易所的定期租船合同(New York Produce Ex - Change Time Charter Party)。1913年由美国土产交易所制定,并由美国政府批准使用的格式,现使用1946年修订的格式。

(3)中国对外贸易运输总公司所属的中国租船公司,根据多年的租船业务工作经验和实际租船的需要,结合国际惯例,于1980年制定了中国租船公司定期租船合同,简称"Sinotime 1980"。

(三)航次租船合同的主要条款

1. 合同当事人。租船合同的当事人是指对租船合同的履行承担责任的人,即船舶出租人(一般都是船舶所有人,也可能是船舶经营者)和承租人。一般在合同开头就需列明船舶所有人和租船人的名称、办公地址等信息。

出租人和承租人必须按照他们之间所签订的合同履行义务,即使转租亦如此。

签订租船合同的当事人必须具有订约能力。例如,法人的办事处和驻外营业部门不具有法人资格,在这种情况下,他们必须取得具有主体资格的上级公司的授权。否则,合同的权利义务就应该由具有主体资格的上级公司享有或承担。在签订合同时,应该注意当事人是否具有订约能力,以免带来不必要的麻烦。

2. 船舶概况。在租船合同中,船舶概况信息是通过附表的形式给出的,船舶概况信息有助于承租人了解船舶的一些基本信息,比如船名、船籍、载重量、载箱量、总吨、净吨等。在期租船运输方式下,指挥、调度和管理船舶由承租人负责,因此,船舶所有人有义务向承租人提供符合合同要求的船舶。

3. 船舶位置(Vessel's Present Position)。船舶位置是指签订合同时船舶所处的位置或者状态,由船东提供。船舶位置为承租人判断船舶能否按期抵达预定的装货港提供信息;同时承租人根据船舶位置或状态的说明,需要在船舶到港前做好装货准备,因此,必须在航次租船合同中准确地记载船舶的位置。

如果船东所提供的船舶位置不准确,不论是故意行为还是过失,都构成船东违约。对此,承租人有权解除合同并要求船东赔偿由此造成的损失。

4. 预备航次(Preliminary Voyage)。预备航次是指为完成航次租船合同约定的货物运输,船舶前往装货港准备装货的航次,一般为空驶航次。

航次租船运输合同在预备航次阶段就开始执行了,合同中关于船舶所有人权利和义务的规定,同样适用于预备航次。一方面,在预备航次中船舶所有人有权享有合同项下的免责等权利性条款。另一方面,船舶所有人有义务将船舶驶往装货港或船舶所能安全抵达并始终保持浮泊的邻近地点,并规定船舶应以合理的速度尽快完成预备航次,指示船长将船舶开往租船合同指定或承租人选择的装货港。对于船舶所有人的"尽速派遣船舶"义务,除非合同中另有明确规定或属于船舶所有人免责的范围,例如,船舶在开往装货港的预备航次途中发生碰撞,或因驾驶疏忽造成船舶搁浅等,否则,因船舶所有人没有尽速派遣船舶,如为节省燃油指示船长减速航行,致使船舶发生延误而不能在租船合同规定的时间抵达装货港,该船舶所有人则被认为是违反了合同中承诺的保证性义务。据此,承租人有权提出损失赔偿。

5. 装卸港口。航次租船运输中,装卸港口及装卸港口的安全通常由承租人负责。

(1)装卸港口或地点的约定。目前约定装卸港的方法有以下几种:

Ⅰ. 明确指定具体的装货港和卸货港。在合同中,只记载装货港和卸货港的港口名称,而没有确定该港的具体泊位。

Ⅱ. 规定某个特定的装卸泊位或地点。在租船合同中,除指定港名外,还要指明港内的装卸泊位或地点。这是承租人为了装卸方便而在租船合同中做出的规定。

Ⅲ. 由承租人选择装货港和卸货港。在合同中注明两个或两个以上装货港,或卸货港名,或某个区域,承租人在其范围内选择其中的一个或两个。对卸货港的选择,必须在船东签发提单之前或者抵达第一个被选港之前若干小时内进行,否则,因为承租人未及时"宣港(Declaration of Port)"而给出租人造成的延误损失,承租人应负责赔偿。

此外,当卸货港是两个或两个以上时,承租人应将准备在第一卸货港卸下的货物情况准确告知船长,否则,出租人为保持船舶在适航平衡状态下驶往第二卸货港,而支付的倒舱、起卸和重装货物的费用,由承租人偿付。不论承租人是否已将上述情况告知船长,为使船舶处于适航平衡而花费的时间均计入卸货时间。

(2)安全港口和安全泊位。为了保证船舶进出港口和在港内装卸作业的安全,承租人所指定的港口或泊位都必须是能使船舶安全进出,并进行装卸货物的"安全港(Safe Ports)"和"安全泊位(Safe Berth)"。

知识链接 2 –9

安全港口与安全泊位

安全港及安全泊位是指一个港口及泊位能使船舶在抵达、进港、在港停泊和离港的整个相关期内,在未出现某些非常事件的情况下,不会处于运用了良好的航海技术和船艺仍不能避免的危险中。

具体地说,"安全港"和"安全泊位"可从以下几方面理解:

(1)自然条件方面的安全,指该港口应具有能够使船舶避免恶劣气候等自然现象导致的危险的必要设施。

(2)港口设施方面的安全,指港口应能提供夜间照明、拖轮、引航员以及必要的锚地和掉头区域等。

(3)航海方面的安全,指港口应设置能使船舶安全进出港口所需要的导航灯标等,港口的航道水深及桥梁的高度等都应符合安全航行的要求。

(4)装卸货物方面的安全,指能保证船舶在港装卸作业期间,使船舶始终处于安全浮泊状态。

(5)政治局势方面的安全,指港口没有战争或战争危险,或暴动或骚乱等危及船舶安全的政治因素。

(3)附近港口条款(the Near Clause)。如果船舶不能抵达合同约定的安全港口或安全泊位,可以驶往附近的安全港口。附近港口条款的内容是船舶必须开往某港或所能安全抵达的附近地点。

该条款包括两方面的含义:当原定港口变得不安全时,承租人应当指定或重新指定临近的港口;若承租人不指定或不重新指定时,出租人有权将货物卸于这种邻近地点。当港口不安全仅仅是因为暂时的障碍造成时,船东不能依此条款将货物卸掉,必须等待至障碍消除,当然以合理等待时间为准。

6. 受载期(Laydays)与解约日(Canceling Date)。受载期和解约日由船东在报盘时提出,并由承租人接受。

(1)受载期是船舶在合同规定的日期内到达约定的装货港,并做好装货准备的期限。船舶在这一段时间内的任意一天到达装货港并做好装货准备都是租约允许的。

(2)解约日是船舶到达合同规定的装货港,并做好装货准备的最后一天。如果受载期规定为"某月某日至某月某日",则解约日往往就是这段时间的最后一天;如果受载期是规定具体的某一天,则解约日通常会订在这一天之后 10 天至 20 天中的某一天。船舶没有在解约日到来之前到达合同约定的装货港的,承租人有权解除合同。

该条款赋予承租人的权利是直到解约日这一天来临时,才可以解除合同。这一权利的行使承租人不得提早。即使看起来船舶似乎无法在解约日之前抵达装货港,承租人因此解除合同,但若船长命令全速前进,在解约日之前或当天赶到了装货港并做好装货准备,这样,承租人之前解除合同的行为都是无效的。

(3)询问条款。如船舶已经不可能在解约日之前或当天抵达装货港,船舶所有人也必须依然将船舶继续开往装货港。在驶往装货港期间,船舶所有人可以询问承租人是否还要租用该船,承租人一般应在规定的时间内做出明确答复,这就是通常所说的询问条款。当承租人收到船长关于船舶不能如期到达装货港,并询问是否解约或同意新的解约日的通知后,应在一定时间内做出是否解除合同的答复,否则视承租人放弃解除合同的权利。

我国《海商法》第97条规定:"船舶所有人在约定的受载期限内,未能提供船舶的,承租人有权解除合同。但是,船舶所有人将船舶延误情况和船舶预期抵达装货港的日期通知承租人,承租人应在自收到通知时起48小时内,将是否解除合同的决定通知船舶所有人"。

知识链接 2-10

租船合同中询问条款的弊端

询问条款有效地保护了船舶所有人。但在实践中,如何防止船舶所有人滥用该条款所赋予的权利仍是一个难题。首先,它允许船舶所有人在任何时候,只要估计有延误,就可以提出询问。这样,如果船舶所有人发现有更好的租约,而自己也不想保留这份租约,他可以提前提出询问,并夸大延误时间,从而误导承租人解除合同,而这时承租人的损失也并不会太大;而且,船舶所有人提出该询问之后,承租人必须在48小时内做出回答,否则会被自动地当作另有一新修改过的新的解约日,即船舶所有人提出的新的估计可装货日期再加上7天,而且48小时对承租人而言,要做出决定往往较短,他根本来不及去寻找是否有替代船舶,能否在买卖合同中做出修改等,而且这48小时并非是指工作时间,船舶所有人如在星期五下班后发出询问,在星期一承租人上班时,规定的48小时已过,而解约日被自动地修改了,从而这一艘船舶对承租人已经毫无用处。但另一方面,船舶所有人提出询问条款,要求其严格按照条款规定,在通知中说明:船舶无法在指定的解约日抵达装货港;新的估计可装日期是×日;请承租人宣告是否取消租约,或者商订另一个新的解约日。如未按这一要求发出通知,将会被视为并非该条款下的询问,而会被视为一般的通知,承租人无义务予以回答。而且,询问只能进行一次,修改后又发生了新的情况带来解约日又要迟延,船舶所有人也不能作第二次询问,承租人取消租约的权利就如同租约中没有订明询问条款。

7. 货物。租船合同中对货物的种类及数量会做出相应的规定。

(1)货物种类。货物种类与运费率、舱容或吨位的利用以及船舶的适航能力等密切相关。在租船合同中记载的特定货物被称为"契约货物(Contractual Cargo)"。而其他任何货物均为"非契约货物(Non - Contractual Cargo)"。船舶抵达装货港后,承租人只能提供"契约货物",而不能提供"非契约货物",否则,船长有权拒绝装船。

我国《海商法》规定:"承租人应当提供约定的货物;经出租人同意,可以更换货物。但是,更换的货物对出租人不利的,出租人有权拒绝或者解除合同。因未提供约定的货物致使出租人遭受损失的,承租人应当负赔偿责任。"

(2)货物数量。航次租船合同中如果规定了货物装载数量,那么承租人应提供约定的货物数量,船舶也必须装载约定货物数量。对船舶所有人来说,装载约定数量有一定难度,因此,航次租船合同中一般规定的货物数量为一个约数。如“货物多少吨,正负一定百分比(more or less ×%)”,或者规定“至多××吨,至少××吨”。对这两种情况,船长应进行“宣载”,即根据本航次所需要的物料、油、水等因素,由船长在到达装货港前通知承租人可以装载的货物数量。

如果承租人不能提供合同约定的数量,造成船舶部分亏舱,船舶所有人不能因此解除合同,但有权要求承租人承担亏舱损失赔偿,支付相应的亏舱费(Dead Freight)。

8. 装卸费用分担。航次租船合同中需要明确装卸费用、平舱费用、垫舱物料以及通过运河而需要减载产生的相关费用等费用的分担。如果合同中没有明确某项费用由谁承担,则默认为由船舶所有人负担。常见的约定方法有:

(1)班轮条款(Liner Terms),又称泊位条款(Berth Terms),与“船边交接货物条款(Free Alongside Ship,FAS)”含义相同。责任和费用划分以船舷为界,船舶所有人负担货物的装卸费用。

(2)舱内收货条款(Free In,FI),简称为FI条款。这一条款下,船舶所有人不负担装货的装货费用,该费用由承租人负担。如果合同中没有约定卸货港的卸货费用由谁负责,通常由船舶所有人承担,所以,FI条款可用“FILO(Free In,Liner Out)”条款替代。

(3)舱内交货条款(Free Out,FO),简称FO条款。这一条款下,船舶所有人不负担卸货费用,该费用由承租人负责。如果合同中没有约定装货港的装货费用由谁负责,通常是由船舶所有人承担,所以,FO条款可用“LIFO(Liner In,Free Out)”条款替代。

(4)舱内收交货条款(Free In and Out,FIO),简称FIO条款。这一条款下,船舶所有人不负担装、卸货费用,装卸费均用由承租人负担。

(5)舱内收交货及理舱、平舱条款(Free In and Out,Stowed and Trimmed,FIOST)。这一条款下,船舶所有人不负担装卸费、平舱费和理舱费等,这些费用全部由承租人负担。在装运重大件货物时,绑扎所需的绑扎材料费用也应由承租人负担,为明确起见,在合同中注明“FIOST,Lashed”。

9. 运费(Freight)。航次租船的运费通常按所装运货物的数量计收,此时需在租船合同中标明运费率(Rate of Freight)。但在承租人实力较强时,租约中也可能会规定按照卸货数量计收,甚至按照装货数量、卸货数量从小计收。

此外还可以按包干运费(Lump - Sum Freight)的形式支付运费。

运费的支付按支付时间可分为预付和到付两种。

预付运费的预付时间有:装货完毕时支付、签发提单时支付、装货完毕后若干天内支付等。运费到付时,也有三种情况:船舶到达卸货港时支付、卸货完毕时支付、交付货物后支付等。

航次租船合同中,除要订明运费的支付方式外,还要明确支付的币种、方法以及受益人和银行账户。

10. 装卸时间(Lay Time)。装卸时间条款是航次租船合同特有的条款。该条款的核心内容是确定允许用于装卸货物的时间及装卸货物时间的计算方法。

根据《1980年租船合同装卸时间定义》(Chart Party Lay Time Definitions 1980),装卸时间是指“合同当事人双方约定的船舶所有人使船舶并且保证船舶适于装卸货物,无须在运费之外支付附加费的时间”。

(1)装卸时间的规定方法。航次租船合同中的装卸时间通常有以下几种规定方法:

Ⅰ. 不规定具体的装卸日数。如果航次租船合同中未规定装卸时间，则为一种不固定的装卸时间(Unfixed Lay Time)。

不规定具体装卸日数的条款通常可规定为按装、卸港口习惯尽快装卸(Customary Quick Dispatch，CQD)或以船舶能够收货或交货的速度(as fast as the vessel can receive/deliver)进行装卸。根据这类条款，船舶所有人不会向承租人收取任何滞期费，除非承租人在装卸过程中有过失并因该过失导致了船期的延误。同样，承租人也不得向船舶所有人要求任何速遣费。这种不规定装卸时间的条款对承租人有利，而不利于船舶所有人。

Ⅱ. 规定平均每天应装/卸货物的效率。如合同中规定：500MT/WWD Workable Hatch，即船上每个工作舱口每个晴天工作日可装卸500公吨。如果该船有4个可工作舱口，则其装卸效率为2000吨/晴天工作日可工作舱口。

Ⅲ. 规定具体的装卸时间，这种条款又称为固定装卸时间(Fixed Lay Time)。如合同规定："可用装货时间和卸货时间分别为3WWDSHEXEIU[①]"，即明确了装卸时间分别为3个晴天工作日。

(2)装卸时间条款中"日"的含义。航次租船合同中，装卸时间往往用天数来表示。实务中，天数的表述有多种方法，不同表述方法有不同的含义。

Ⅰ. 日(Day)或连续日(Running Day or Consecutive Day)。此为最基本的对天数的表示方法，即每一天，连续经过、中间不存在中断，包括所有的日子，如周六、周日和节假日等。

Ⅱ. 日历日(Calendar Day)。这种表述方法，与"日"较为相似，但日历日以子夜为准，一旦过了子夜，就算为另一个日历日，即使不足也按照一天来处理，如第一天晚上23:58到第二天凌晨00:02，即使只有短短的几分钟，也被视为两个日历日。

Ⅲ. 工作日(Working Day)。工作日是指在港口当地，按照港口当地的习惯，如果进行装卸作业，则计入工作日。休息日、节假日则依据港口习惯及合同规定决定是否计入工作日。

Ⅳ. 24小时工作日(Working Day of 24 Hours)。其含义为累计满24个小时的工作时间为一个24小时工作日。如港口习惯实行8小时工作制，则三个工作日计为一个24小时工作日。

Ⅴ. 24小时连续工作日(Working Day of 24 Consecutive Hours)。此时装卸时间是被连续计算的，其含义与工作日基本相同。

Ⅵ. 晴天工作日(Weather Working Day，WWD)。含义是工作日或部分工作日中，不受天气影响，可以用来装货或卸货作业的时间。

Ⅶ. 24小时晴天工作日(Weather Working Day 24 Hours)。含义为不考虑港口规定的工作时间为多少小时，以累计港口晴天工作24小时作为一个晴天工作日。

Ⅷ. 24小时连续晴天工作日(Weather Working Day of 24 Consecutive Hours)。指除去周日、节假日、天气不良影响作业的工作日或工作小时后，其余所有的时间连续计算满24小时为一日的表示方法。与晴天工作日的差别是在24小时连续晴天工作日的条件下，对任何时间当中发生的坏天气，不论是否发生在作业时间，均要进行实扣实销；而在晴天工作日中，如果坏天气不是发生在工作时间，那么不得进行扣减，但如果发生在工作时间，那么需要按照工作时间与24小时的比

① WWDSHEXEIU：weather working days，Sunday，holidays excepted，even if used. 晴天工作日，星期天和节假日除外，即使已使用也除外。

例进行扣减。如果港口当地规定一天24小时均为工作时间,那么晴天工作日与24小时连续晴天工作日的含义相同。

合同中,常见的装卸时间术语有:WWDSHEXUU①,WWDSATPMSHEX②,WWDSSHEX③。

(3)装卸时间的计算方法。航次租船合同中常见的装卸时间计算方法主要有四种,分别是分开计算、平均计算、可调剂计算及时间共用法。无论哪种计算方法,均与装卸时间的起算时刻有关。实务中,通常是在有效递交准备就绪通知书后的某一时刻开始。

知识链接2-11

航次租船业务中装卸时间的起算条件

航次租船业务中,装卸时间的起算应满足三个条件:船舶在受载期内抵达租约中规定的装卸港口或泊位;船舶已经做好装货或卸货准备;船长有效递交装卸准备就绪通知书(Notice of Readiness,NOR)。

1. 航次租船合同中,约定需抵达泊位的,船舶必须抵达泊位,才能起算装卸时间。此时港口拥挤的风险由船舶所有人承担,所以在约定需抵达泊位时,往往还会附加"无论靠泊与否(Whether in Berth or Not,WIBON)"。此时如果船舶已经到港,由于没有空闲泊位,而使本船无法靠泊,便可以起算装卸时间;但是如果泊位空闲,由于天气不好等其他原因使船舶不能靠泊,便不能起算装卸时间。

2. 船舶到港靠泊后,应做好装货或卸货的准备,如打开货舱盖、船舶提供的各种装卸工具和附属设备随时处于可供使用状态等。

3. 在船舶抵达指定地点并做好各项装卸货准备后,船长便可以向承租人递交装卸准备就绪通知书。通常在航次租船合同中都有规定,递交装卸准备就绪通知书应当在承租人的办公时间内递交,并规定递交装卸准备就绪通知书之后经过一定时间才起算装卸时间。从递交NOR到起算装卸时间的一段时间为通知时间(Notice Time)。

Ⅰ. 分开计算。这种算法要求分别列出装货港的装货时间表和卸货港的卸货时间表,然后分别计算装货港的装货时间和卸货港的卸货时间,两个时间互不影响,也无联系。如果租船合同中没有明确做出其他的装卸时间的计算规定,一般以装货港、卸货港分别计算为原则。

Ⅱ. 平均计算。这种算法是将分开计算方法下所得的装货港与卸货港的装货时间和卸货时间相抵扣或相加,之后计算滞期费或速遣费。

Ⅲ. 可调剂计算。这种算法是指,如果装货港的允许装货时间有剩余,将该剩余时间用于卸

① WWDSHEXUU:weather working days,Sunday,holidays excepted,unless used. 晴天工作日,星期天和节假日除外,除非已使用。

② WWDSATPMSHEX:weather working days,Saturday PM,Sundays,holidays excepted. 晴天工作日,星期六下午、星期天和节假日除外。

③ WWDSSHEX:weather working days,Saturday,Sundays,holidays excepted. 晴天工作日,星期六、星期天和节假日除外。

货港的卸货之用，从而增加了卸货港的允许卸货时间；同理，如果装货港的装货时间不够用，可将用于卸货港的卸货时间调到装货港来用，这将减少卸货港的允许卸货时间。

按照这种约定，如果装货港速遣，则卸货港的可用时间会增加，增加的可用时间即等于装货港的速遣时间；如果装货港滞期，则卸货港的可用时间会减少，可用时间减少的部分即等于装货港的滞期时间。

使用该方法时，应该为装卸港单独规定可用装货时间和可用卸货时间，并单独编制装卸时间表，而且只有在卸货港卸货完毕后，才能计算出装卸两港统算的速遣或滞期时间，从而计算出调剂后的速遣费或滞期费。

Ⅳ. 时间共用计算。这种计算方法表明，装货港和卸货港的装、卸时间将列在一起计算，装卸两个港口使用一个装卸时间事实记录表，最后将实际装货时间和卸货时间之和与可用的总装卸时间相比，从而判断是滞期还是速遣。如果装卸两个港口的实用总时间没有超过装卸两个港口规定的总装卸时间，即不算滞期。

如果在装货港已将为装卸两个港口规定的总装卸时间用完，即在装货港已经进入滞期，按照“一旦滞期，永远滞期（Once on Demurrage，Always on Demurrage）”的原则，当船舶到达卸货港后，将立即起算滞期时间。此时，承租人将不再享有“通知时间”的权利。这是共用时间计算法与可调剂计算法的区别。如果在装货港没有进入滞期状态，这种计算法的结果与可调剂计算法的结果相同。

知识链接 2－12

几种装卸时间计算方法的比较

在 FIO 装卸费用条款下，四种装卸时间计算方法对承租人和船舶所有人的利益有所不同，通过理论分析和实践证明，可得到下面的结论：

1. 当滞期费率与速遣费率相同时，平均计算与分开计算的结果相同，承租人与船东的利益均等。

2. 当滞期费率大于速遣费率时，相对于分开计算法，平均计算法更有利于承租人。

3. 无论滞期费率小于还是大于速遣费率，可调剂计算法都将对承租人有利，因为可调剂计算法通常能够“激活”一些“一旦滞期，永远滞期”的时间。

（资料来源：王明严．航次租船合同中装卸时间条款的选择解析．市场论坛，2012(3)．）

11. 滞期费（Demurrage）。滞期费是指由于非船方责任引起的，承租人未在合同规定的时间内完成货物的装卸，按合同规定的滞期费率向船舶所有人支付的经济损失赔偿金。滞期费率通常在租船合同中约定为每天××金额。

实务中，只要合同规定的允许装货或卸货时间已经用完，但没有完成货物的装或卸，船舶就处于滞期状态（On Demurrage）。一旦船舶处于滞期状态，计算滞期费时，原本合同规定的可除外的时间（星期天、节假日）就不再减去，即所谓的“一旦滞期，永远滞期”的说法。

12. 速遣费（Dispatch Money）。速遣费是指承租人在合同规定的装卸时间之前完成货物的装卸作业，货物装卸所用的时间比合同规定的时间少，由船舶所有人向承租人按合同规定的费率支付的奖励款项。通常速遣费率为滞期费的一半,或相等。

实务中,速遣费的支付有两种情况:一种是按“节省的全部时间(All Time Saved)”支付,这种情况下,承租人完成货物装卸后所节省的所有时间都能获得速遣费,其中可能包含的合同规定的除外时间(星期天、节假日)也不扣除;另一种则是“按节省的全部工作时间(All Working Time Saved)”计算,这种情况下,承租人完成货物装卸后所节省的时间并不一定都能获得速遣费,其中所包含的合同规定的除外时间(星期天、节假日)必须扣除,余下的节省时间才能获得速遣费。

(四)定期租船合同条款

1. 船舶规范。船舶所有人所描述的船舶规范是定期租船合同的重要组成部分,对承租人而言,要比航次租船合同更加重视;船舶规范的内容与航次租船合同中的相类似。

2. 货物。定期租约中一般不规定具体货名,承租人有权装运“法律许可的任何货物”。

3. 租期。租期单位可按几年、几个月或几天来表示。可规定上下限,如“5 到 10 个月”,或规定为“半年,有 30 天的伸缩”。通常,单程期租不规定租期,有多少天就算多少天。

4. 交船。交船是船东把船舶交给承租人使用。交船的定法有多种,关键是什么时间、在什么地方交船。交船时要具备下列条件:装货已准备就绪、货舱清扫干净、船上设备和文件符合规定、船上存油量符合租约的规定及船舶适航等。

5. 租金,指承租人为使用船舶而付出的租金。一般规定,整船每天按若干金额计算。通常租金预付半月或 1 个月。承租人按时付租金的责任是绝对的,在下列情况下,船舶所有人有权撤船:在租金到期之日租金没有付到位;承租人支付的租金金额少于应付金额。

6. 停租。在租期内,由于船舶所有人责任发生事故,致使承租人不能使用船舶而造成损失时,承租人有权停付租金,已付租金应在下次付租金时按损失扣除。

7. 还船。在租船合同期满时,承租人将船舶按交船时相似的完好状态在指定的地点还给船舶所有人。还船的定法比交船简单,通常规定在指定港还船。

还船时,船舶应具备与交船时同样的良好状态和条件。同时,船上存油也必须符合租船合同的规定。

8. 转租。在租期内,租船人根据需要,有权把船舶转租给另一承租人。但原承租人与船舶所有人间的权利与义务仍按原租船合同履行。原承租人在转租合同中即成为船东,相对于船舶所有人来说,此船东为二船东。

三、滞期费与速遣费计算实例

某船于 7 月 7 日(周四)上午 9 点抵达装货港,并于 11 点 40 分递交 N/R(Notice of Readiness),7 月 7 日 14 点开始装货,直至 7 月 10 日 22 点装货完毕,其中 7 月 9 日零点至 10 点因下雨停工。该船于 7 月 19 日(周二)中午 13 点抵达卸货港,并于 16 点 40 分递交 N/R,7 月 20 日 8 点开始卸货,至 7 月 26 日 16 点卸货完毕,其间于 22 日 10 点至 14 点间下雨停工,7 月 25 日 13 点至 17 点因港口卸货机械故障停工。合同规定“可用装货时间和卸货时间分别为 3WWDSHEXEIU,滞期费费率每天 4 000 美元,速遣费费率为 2 000 美元。上午递交的 N/R,下午 14 点起算装卸时间,下午递交 N/R,次日 8 点起算装卸时间”。

本例中,装货时间和卸货时间术语为 3WWDSHEXEIU,现在根据合同规定来论证四种不同的装卸时间计算方法下所应支付的滞期费或速遣费问题。根据装货港装货时间表和卸货港的卸货时间表，分别统计装货港所用的装货时间和卸货所用的卸货时间，详见下表：

	装货港				卸货港						
日期	周四	周五	周六	周日	周三	周四	周五	周六	周日	周一	周二
时间	10h	24h	14h	22h	16h	24h	20h	24h	24h	20h	16h

对装卸时间记录表统计可知，在装卸时间分开计算情况下，装货港共用时70小时，但因装卸术语中规定周日除外(SHEXEIU)，所以有24小时的速遣时间；卸货港共用144小时，在卸货港的卸货时限到周六中午12:00，滞期72小时。

(1)当装卸时间条款中关于装卸时间计算方法规定为分别计算时，承租人在装货港有24小时的速遣，但这24小时的速遣时间有22小时是利用周日除外时间来赚取的，按惯例只能得到2小时的速遣费666.67美元；而在卸货港，按照“一旦滞期，永远滞期”的原则，将有72小时的滞期时间，承租人需要支付给船东12 000美元的滞期费。

(2)当装卸时间条款中关于装卸时间的计算方法规定为时间共用或可调剂时，因为承租人在装货港有24小时的速遣时间，所以承租人在卸货港可用于卸货的时间将有96小时，进入滞期状态的时刻为7月25日(周一)早上12:00，这样其滞期时间将只有24小时，承租人只需向船东支付4 000美元的滞期费。

(3)当装卸时间条款中关于装卸时间的计算方法规定为平均算法时，承租人在卸货港的3天滞期时间将被其在装货港1天的速遣时间抵消，剩下2天的滞期时间，所以，承租人需向船东支付8 000美元的滞期费。

因为在装卸时间条款中关于装卸时间的计算方法规定为时间共用或可调剂两种统算方法下，当在装货港没有进入滞期状态时，其统算结果是一样的，但当在装货港就进入滞期状态时，可调剂术语条件下，承租人在卸货港还能享受到“准备就绪通知”的权利，而在时间共用术语条件下却不能享有此权利。

案例研讨与教学互动

1. 本教学模块的导入案例中，小许在接到货主的托单后，根据自己手头上所掌握的信息资源设计了两套运输方案供货主选择。

方案一：选择美国总统船公司，船名为：APL SEATTLE，航次为：056，船期是2011年7月28日，航程12天，海运价ALL IN价：650USD/TEU，1 250USD/FEU，港口杂费共计1 200元人民币，拖车费750元人民币/TEU，报关费200元/每票，单证费150元/票。

方案二：选择万海航运，船名为：WANHAI235，航次为：S217，船期是2011年7月30日，航程16天，海运价ALL IN价：620USD/TEU，1 200USD/FEU，港口杂费共计1 200元人民币，拖车费750元人民币/TEU，报关费200元/每票，单证费150元/票。

注：签发电放提单当天，人民币对美元汇率为1美元兑换6.293人民币。

卖方货主根据贸易合同上的交货要求，考虑到可能存在的意外而导致迟于装船期限交货的风险，最终选择了方案一。

2. 小许在货主确定运输方式后,按货主的要求办理货物的出运事宜,货物于7月28日20:30装船完毕。

3. 2011年7月29日上午,小许将卖方货主出具的电放保函交给船公司,并与船公司进行了本票货物总运输费用的结算。船公司签发了电放提单。

4. 2011年7月29日下午,小许与卖方货主对本票货物的总运输费用及代理费用进行了结算。之后小许将船公司签发的电放提单转交给货主。

思考与练习

一、选择题

1. 我国A公司与国外B公司签订一份CIF出口合同,以信用证方式支付。国外银行开来的信用证中规定:“最晚装运期为5月31日,信用证有效期为6月2日。”A公司备货出运,于5月25日取得正本已装船清洁提单,A公司应不迟于(　　)向银行提交相关单据。

A. 5月25日　　B. 5月31日　　C. 6月1日　　D. 6月2日

2. 在国际海上货物运输中使用指示提单,且提单中收货人(Consignee)一栏记载为:“TO ORDER”的情况下,当该提单背书转让时,应当由(　　)首先背书。

A. 承运人　　B. 托运人　　C. 收货人　　D. 通知人

3. 在国际海上集装箱货物运输实务中,集装箱货物交接的方式可以分为门到门、门到场、门到站、场到门、场到场、场到站、站到门、站到场和站到站等。海运集拼经营人通常采用的交接方式是(　　)。

A. 门到门　　B. 场到场　　C. 站到站　　D. 门到场

4. 国际海运集装箱按用途不同可以分成不同类型的集装箱,如果货主托运的单件货物高度较高(超过2.5米),应选择(　　)类型集装箱。

A. GP箱　　B. OT箱　　C. RF箱　　D. TK箱

5. 根据航次租船合同的规定,在船舶装卸时间届满后,开始起算(　　)。

A. 速遣时间　　B. 滞期时间　　C. 船舶受载期　　D. 宣载期

6. 迈阿密港(MIAMI,FL,USA)是国际海上集装箱货物运输中(　　)上的港口。

A. 远东—北美西海岸航线　　B. 远东—澳新航线

C. 远东—北美东海岸航线　　D. 远东—欧洲、地中海航线

7. 在国际海上集装箱货物运输中,承运人签发的海运提单通常不会显示(　　)。

A. 船名　　B. 装船日期　　C. 运费已预付　　D. 到达目的港日期

8. 航次租船合同下,(　　)是指分别计算装货时间和卸货时间,用一个作业中节省的时间抵消另一个作业中超用的时间。

A. 可调剂使用装卸时间　　B. 装卸时间平均计算

C. 装卸时间的分别计算　　D. 装卸时间共用

9. 航次租船方式下,货物装卸费由船舶出租人还是承租人承担取决于合同的具体规定。下列(　　)术语表明船舶承租人不承担货物装船费用,但负责货物的卸船费用。

A. FI,FILO　　B. FIO,FIOST

C. FO,LIFO　　　　　　　　　　　　D. LINER TEAM,GROSS TERM

10. 航次租船合同中的“解约日”通常是指(　　)。

A. 出租人有权解除合同的日期

B. 承租人有权解除合同的日期

C. 出租人实际解除合同的日期

D. 承租人实际解除合同的日期

二、计算题

1. 某托运人向船公司托运一批机械设备,共装5个20英尺集装箱(TEU),从深圳运到悉尼。已知从深圳港到悉尼港的基本费率为USD2000/20'(TEU),附加费BAF为USD700/TEU,EBS为USD200/TEU,PSS为USD300/TEU,CAF为USD200/TEU。试计算:

(1)托运人应支付多少运费?

(2)如果该出口商要求船公司代理人报“ALL IN RATE”,那么船公司代理人应报多少?

2. 某托运人向OOCL托运一件货物,从青岛港海运到鹿特丹港,该票货物毛重为9800KGS,外形尺寸为10.2M×2.0M×1.8M。该票货物按W/M计收运费,基本运费率为USD75/FT。燃油附加费为USD10/FT,货币贬值附加费为10%。超重(超出基准部分)附加费率为USD100/MT,超长(超出基准部分)附加费率为USD150/M。试计算:

(1)托运人应向承运人支付多少运费?

(2)如果改用集装箱托运,托运人应向承运人支付多少运费?(假设OOCL在该航线上当时的运价表如下表所示)

启运港	目的港	船公司	类型	参考运价 20′	40′	40′HQ	45′
QINGDAO 青岛	ROTTERDAM 鹿特丹	KAIKA	整箱	1400	2550	2650	–
QINGDAO 青岛	ROTTERDAM 鹿特丹	COSCON 中远集运	整箱	1450	2800	2900	–
QINGDAO 青岛	ROTTERDAM 鹿特丹	ANST	整箱	1400	2650	2750	–
QINGDAO 青岛	VALENCIA 巴伦西亚	KLINE 川崎汽船	整箱	1450	2550	2650	–
QINGDAO 青岛	ZEEBRUGGE 泽布吕赫	ANL 澳国航运	整箱	1400	2650	2750	–
备注:EBS 15%							

三、实务操作

1. 写出签发电放提单的业务流程。

2. 根据本模块导入实例中的资料及案例研讨资料填写电放提单。

附表 2－1　集装箱提单实例

APL　　**BILL OF LADING**

SHIPPER (Principal or Seller licensee and full address)

BOOKING NUMBER: 068183364

B/L NUMBER: APLU 068183364　　PAGE 1 OF 3

EXPORT REFERENCES

CONSIGNEE (Name and Full Address) (Non-Negotiable Unless Consigned to Order) (Unless provided otherwise, a consignment "To Order" means To Order of Shipper)

TO THE ORDER OF:
MY BANK LTD KARACHI PAKISTAN
FORM "E" NO: MYB 3110155
DATED: 12-03-2010

FORWARDING AGENT (References) (F.M.C. No.): INTERGLOBE LOGISTICS

POINT AND COUNTRY OF ORIGIN OF GOODS: PAKISTAN　　2

NOTIFY PARTY: CHINA

ALSO NOTIFY (Name and Full Address) /DOMESTIC ROUTING/ EXPORT INSTRUCTIONS/PIER - TERMINAL/ONWARD ROUTING FROM POINT OF DESTINATION

INITIAL CARRIAGE (MODE)*

PLACE OF RECEIPT*: KARACHI

EXPORT CARRIER (Vessel, voyage & flag): APL GUANGZHOU 035E

PORT OF LOADING: KARACHI

PORT OF DISCHARGE: DALIAN, CHINA

PLACE OF DELIVERY*: DALIAN, CHINA

NET WT:

Excess Valuation Please refer to Clause 7 (ii) on Reverse Side

PARTICULARS FURNISHED BY SHIPPER

Payment by Cheque must be made in the order of APL Co. Pte Ltd

MKS. & NOS./CONTAINER NOS.	NO. OF PKGS	DESCRIPTION OF PACKAGES AND GOODS	GROSS WEIGHT	MEASUREMENT
N/M BULK IN CONTAINER	SC 00722314/I 49	49 X D20' CONTAINERS SAID TO CONTAIN: VAN AA)LV00000.01.00 49X20' FCL CONTAINERS MILL SCALE GROSS WEIGHT:1365.480 MTONS FREIGHT PREPAID SLAC CY/CY	1365480.000 KG	980.000 M3

***CTR NBR**	****SEAL NBR****	T/S	HT	MODE	QUANT/TYPE	WEIGHT	MSMT
APZU302156-2	000350	D20	86	CY/ CY	1BLK	27990.00KG	20.000M3
APZU304276-0	000207	D20	86	CY/ CY	1BLK	27995.00KG	20.000M3
APZU306325-4	000212	D20	86	CY/ CY	1BLK	27995.00KG	20.000M3
APZU309158-0	000244	D20	86	CY/ CY	1BLK	27995.00KG	20.000M3
APZU343438-1	000242	D20	86	CY/ CY	1BLK	27995.00KG	20.000M3
APZU345083-9	000335	D20	86	CY/ CY	1BLK	27980.00KG	20.000M3
APZU353264-4	000329	D20	86	CY/ CY	1BLK	27995.00KG	20.000M3
APZU353520-0	000302	D20	86	CY/ CY	1BLK	27980.00KG	20.000M3
APZU359030-0	000236	D20	86	CY/ CY	1BLK	27995.00KG	20.000M3
APZU360081-5	000204	D20	86	CY/ CY	1BLK	27995.00KG	20.000M3
APZU375353-7	000304	D20	86	CY/ CY	1BLK	27970.00KG	20.000M3
APZU375715-2	000230	D20	86	CY/ CY	1BLK	27995.00KG	20.000M3

CONTINUED ON FOLLOWING PAGE ** FREIGHT PREPAID **

ORIGINAL

B/L TO BE RELEASED AT: KARACHI

OCEAN FREIGHT PAYABLE AT: KARACHI

FREIGHT RATES CHARGES, WEIGHTS AND/OR MEASUREMENTS (SUBJECT TO CORRECTION)	PREPAID U.S. $	COLLECT U.S. $	Local Currency

AMERICAN PRESIDENT LINES, LTD
AS AGENTS FOR CARRIER

Date and
Place Issued

1Y3	035		TOTAL PREPAID		
Vessel	Voyage	Office	TOTAL COLLECT		

FCC	FORWARDER	SHIPPER	CONSIGNEE	LD. PORT	DIS. PORT	DEST.	NOTIFY	CSC	B/L NUMBER
									APLU 068183364

* APPLICABLE ONLY WHEN USED AS MULTI MODAL BILL OF LADING

附表 2－2　交货记录联单——费用账单联

费用账单(一)

港区、场、站　　　　No.：

收货人	名称			收货人开户 银行与账号	
	地址				
船名		航次	起运港	目的港	
提单号		交付条款		到付海运费	
卸货地点		到达日期	进库场日期	第一程运输	
标记与集装箱	货名	集装箱数	件数	重量(KGS)	体积(CBM)

费用名称	计费吨	单价	金额	计费吨	单价	金额		
港务费							收货人章	
港建费								
堆存费							收款单位财务章	
装卸费							港区、场、站受理章	
其他							核算章	复核章
合计							开单日期	

附表 2－3　交货记录联单——提货单联

连云港中海集装箱运输有限公司
LIAN YUN GANG CHINA SHIPPING CONTAINER LINES CO. LTD.
提货单
DILIVERY ORDER　　No.

致：________港区、场、站
收货人：____________________
下列货物已办妥手续，运费结清，准予交付收货人。

船名	航次	起运港	目的港
提单号	交付条款	到付海运费	
卸货地点	到达日期	进库场日期	第一程运输

标记与集装箱号	货名	集装箱数	件数	重量（KGS）	体积（CBM）

请核对放货。

连云港中海集装箱运输有限公司
年　月　日

凡属法定检验、检疫的进口商品，必须向有关监督机构申报。

收货人章 1	海关章 2	3	4
5	6	7	8

附表 2－4　电放提单实例

SITC SITC CONTAINER LINES CO.,LTD.

B/L No.
SITGLYKB001354

BILL OF LADING

RECEIVED for shipment in external apparent good order and condition,unless otherwise indicated.The total number of packages or units stuffed in the container, the description of the goods and the weights shown in this Bill of Lading are furnished by the Merchants and the containers are already sealed by the Merchants,and which the carrier has no reasonable means of checking and is not a part of this Bill of Lading contract.The carrier has issued the number of Bills of Lading stated below, all of this tenor and date, one of the original Bills of Lading must be surrendered and endorsed or signed against the delivery of the goods or the delivery order and whereupon any other original Bills of Lading shall be void.

NOTE:Notwithstanding any customs or privileges to the contrary,the Merchant's attention is drawn to the fact that the Merchant,in accepting this Bill of Lading, expressly agrees to be bound by all the stipulations, exceptions, limitations, liberties,terms and conditions attached hereto or stated herein,whether written, printed, stamped or otherwise incorporated on the front and/or reverse side hereof as well as the provisions of the Carrier's published Tariff,Rules,Regulations and Schedules,without exceptions,as fully as if they were all signed by such Merchant,and the carrier's undertaking to carry the goods is made on the basis of the merchant's acceptance and agreements as aforesaid.

This Bill of Lading is governed by the laws of the People's Republic of China. Any claims and disputes arising under or in connection with this Bill of Lading Shall be determined by Shanghai Maritime Court or Qingdao Maritime Court at the exclusion of the Courts of any other country.

The printed terms and conditions appearing on the face and reverse side of this Bill of Lading are available at www.sitc.com.cn in SITC s published tariffs

1.Shipper
ABC CO. LTD.

2.Consignee
DEF CO. LTD.
OSAKA EKIMAE DAIICHI BLDE 12F-50
TEL: 066-995-2612

3.Notify Party(It is agreed that no responsibility shall attach to the Carrier or his agent for failure to notify)
SAME AS CONSIGNEE

4.*Precarriage by (Applicable only when this document is used as a Combined Transport Bill of Lading)	5.*Place of Receipt: LIANYUNGANG, CHINA (Applicable only when this document is used as a Combined Transport Bill of Lading)
6.Vessel/Voy No: SITC TIANJIN 1118E	7.Port of Loading: LIANYUNGANG, CHINA
8.Port of Discharge: KOBE, JAPAN	9.*Place of Delivery: KOBE, JAPAN (Applicable only when this document is used as a Combined Transport Bill of Lading)

PARTICULARS FURNISHED BY THE MERCHANT

Container No./Seal No. Marks and Numbers	Number and Kind of packages: description of goods	Gross Weight Kgs	Measurement
N/M CAIU6246825/SITL028153/40HC TEMU2112598/SITL028159/20GP	1X40HC1X20GP 1678PACKAGES WOODEN PRODUCTS WEDGE LINER PP SHEET SHIPPER'S LOAD COUNT AND SEAL CY-CY	29000KGS	74.500CBM

COPY

Above particulars declared by shipper.Carrier is not responsible.(see clause 12)

10.Total No.of Containers Or Packages(in words): SAY ONE THOUSAND SIX HUNDRED AND SEVENTY-EIGHT PACKAGES ONLY.

11.Freight & Charges	Rate	Unit	Prepaid	Collect
FREIGHT PREPAID BAF YAS EBS COLLECT				

SURRENDERED
SITC CONTAINER LINES (SHANGHAI) CO., LTD. LIANYUNGANG BRANCH
DATE: 02 MAY 2011

Prepaid at	Payable at	Number of Original B(s)/L: THREE
Place of issue and Date: LIANYUNGANG, CHINA		12.Declared Value/Charge

NISSIN CORPORATION, KOBE BRANCH
ADD: NO. 101, EDIMACHI, CHUO-KU, KOBE, JAPAN
TEL: 078-392-55[illegible] FAX: 078-392-5523

LADEN ON BOARD THE VESSEL
DATE　　BY.

AS AGENT FOR THE CARRIER.
SITC CONTAINER LINES CO., LTD.

SITC STANDARD FORM 2005

附表 2-5　电放保函样式

INDEMNITY AND GUARANTEE FOR TELEX RELEASE

（电放保函）

TO：×××船务及其代理

M. V.（船名）：＿＿＿＿＿＿VOY.（航次）：＿＿＿＿＿＿

B/L.（提单号）：＿＿＿＿＿＿POL/POD（装货港/卸货港）：＿＿＿＿＿＿

Container/Seal No.（集装箱号及铅封号）：＿＿＿＿＿＿＿＿＿＿＿＿＿＿＿＿＿＿＿＿

For the above goods shipped by you, please arrange for telex release against our request and the Consignee is as follow（上述货物请根据我们的要求办理电放保函，收货人如下）：

＿＿

And we undertake and guarantee that（我们承担和保证）：

1. To indemnify you and hold you harmless in respect of any liability, loss or damages of whatsoever nature which you may sustain by reason of delivering the goods to consignee in with our request.（向贵公司保证，对于根据我们的要求向收货人交货时，贵公司可能承受的无论何种性质的灭失或损害及任何赔偿责任，贵公司概不负责。）
2. To pay you on demand the amount of any loss or damages which the master and/or agents of the vessel or any other servants or agents whatsoever may incur as a result of delivering the goods as aforesaid.（由于如上述般的交货，船长或船的代理人或贵方或用其他任何成员代理人可能承受的任何灭失或损坏的条款，一经贵公司提出即向贵公司交付。）
3. In the event of any proceeding being commended against you or any of your servants or agents in the connection with the delivery of the goods as aforesaid, to provide you of them from time to time on demand with suicient funds to defend the same.（一旦有关题述事由向贵公司或贵公司的雇员或代理人提出诉讼，一经提出及时向贵公司的雇员提供足够的诉讼辩护费。）
4. In the vessel or any other vessel or property belong to you should be arrested or detained or the arrest or detention thereof should threatened by reason of aforesaid request to provide on the release of such vessel or property and indemnity you in respect of any loss, damage, of expenses caused by such arrest of detention whether or not the same may be justified.（如果班轮或属于贵公司的其他任何船舶或财产出于题述事由被扣押或拘留，或受到这种扣押或拘留的威胁，为预防这种扣押或拘留或为这种船舶或财产或可能需要的保释金或其他担保金，一经贵公司提出，即予以提供，并且由于这种扣押或拘留，所造成的任何灭失损害或费用，保证向贵公司赔偿，不管这种扣押或拘留是否被证明为合法的。）
5. This indemnity shall be construed in accordance with Chinese law.（本保函请根据中国法律来解释）

Signature of Authorised signatory & company chop

（负责人签名 & 公司签章）

附表2－6 集装箱货物托运单之货主留底联

Shipper（发货人）	D / R No（编号）
Consignee（收货人）	**集装箱货物托运单** **货主留底** 第一联
Notify Party（通知人）	驳回订舱 82[illegible]773
Pre-carriage by（前程运输） Place of Receipt（收货地点）	
Ocean Vessel（船名） Voy. No.（航次） Port of Loading（装货港）	
Port of Discharge（卸货港） Place of Delivery（交货地点）	Final Destination for the Merchant' s Reference（目的地）

Particulars Furnished by Merchants（托运人提供详细情况）

Container NO.（集装箱号）	Seal No.（封志号） Marks& Nos.（标记与号码）	No. of containers or P'kgs（箱数或件数）	Kind of packages; Description of Goods（包装种类与货名）	Gross Weight 毛重（公斤）	Measurement 尺码（立方米）
TOTAL NUMBER OF CONTAINERS OR PACKAGES（IN WORDS）集装箱数或件数合计（大写）					

FREIGHT & CHARGES（运费与附加费）	Revenue Tons（运费吨）	Rate（运费率）	Per（每）	Prepaid（运费预付）	Collect（到付）

Ex. Rate:（兑换率）	Prepaid at（预付地点）	Payable at（到付地点）	Place of Issue（签发地点）
	Total Prepaid（预付总额）	No. of original B(s)/L（正本提单份数）	

Service Type on Receiving ☐-CY, ☐-CFS, ☐-DOOR	Service Type on Delivery ☐-CY, ☐-CFS, ☐-DOOR	Reefer Temperature Required（冷藏温度） °F ℃
TYPE OF GOODS（种类）	Ordinary,（普通）☐ Reefer,（冷藏）☐ Dangerous,（危险品）☐ Auto.（裸装车辆）☐ Liquid,（液体）☐ Live Animal,（活动物）☐ Bulk（散货）☐ ☐	危险品 Class: Property: IMDG Code Page: UN No.

可否转船：	可否分批	
装　期：	效　期：	
金　额：		
制单日期：		

附表 2－7　集装箱运输十联单之装货单联

Shipper（发货人）

D / R No（编号）

Consignee（收货人）

装　货　单

场站收据副本

第五联

Notify Party（通知人）

Received by the Carrier the Total number of containers or other Packages or units stated below to be transported subject to the tems and conditions of the Carrier's regular form of Bill of Lading (for Combined Transport or port to port Shipment) Which shall be deemed to be incorporated herein

Date（日期）

代班轮部订舱

场站章

Pre-carriage by（前程运输）Place of Receipt（收货地点）

Ocean Vessel（船名）Voy. No.（航次）Port of Loading（装货港）

Port of Discharge（卸货港）Place of Delivery（交货地点）Final Destination for the Merchant's Reference（目的地）

Particulars Furnished by Merchants（托运人提供详细情况）

Container NO（集装箱号）	Seal No.（封志号）Marks & Nos.（标记与号码）	No. of containers or P'kgs（箱数或件数）	Kind of packages; Description of Goods（包装种类与货名）	Gross Weight 毛重（公斤）	Measurement 尺码（立方米）
TOTAL NUMBER OF CONTAINERS OR PACKAGES (IN WORDS) 集装箱数或件数合计（大写）					

Container No.（箱号）	Seal No.（封志号）	Pkgs.（件数）	Container No.（箱号）	Seal No.（封志号）	Pkgs.（件数）

Received（实收）	By Terminal clerk（场站员签字）

FREIGHT & CHARGES	Prepaid at（预付地点）	Payable at（到付地点）	Place of Issue（签发地点）
	Total Prepaid（预付总额）	No. of original B(s)/L（正本提单份数）	BOOKING（订舱确认）APPROVED BY

Service Type on Receiving		Service Type on Delivery	Reefer Temperature Required（冷藏温度）	°F	℃
□-CY，□-CFS，□-DOOR		□-CY，□-CFS，□-DOOR			
TYPE OF GOODS（种类）	□ Ordinary,（普通）□ Reefer,（冷藏）□ Dangerous,（危险品）□ Auto.（裸装车辆） □ Liquid,（液体）□ Live Animal,（活动物）□ Bulk（散货）□ ______		危险品	Class: Property: IMDG Code Page: UN No.	

附表 2－8　集装箱运输十联单之大副联

Shipper（发货人）	D/R No（编号）
Consignee（收货人）	场站收据副本 大副联 COPY OF DOCK RECEIPT （FOR CHIEF OFFICER）
Notify Party（通知人）	Received by the Carrier the Total number of containers or other Packages or units stated below to be transported subject to the tems and conditions of the Carrier' s regular form of Bill of Lading（for Combined Transport or port to port Shipment）Whicn shall be deemed to be incorporated herein Date（日期）
Pre-carriage by（前程运输）Place of Receipt（收货地点）	
Ocean Vessel（船名）Voy. No.（航次）Port of Loading（装货港）	场站章
Port of Discharge（卸货港）Place of Delivery（交货地点）	Final Destination for the Merchant' s Reference（目的地）

第六联

Particulars Furnished by Merchants（托运人提供详细情况）

Container NO（集装箱号）	Seal No.（封志号）Marks& Nos.（标记与号码）	No.of containers or P'kgs（箱数或件数）	Kind of packages; Description of Goods（包装种类与货名）	Gross Weight 毛重（公斤）	Measurement 尺码（立方米）
TOTAL NUMBER OF CONTAINERS OR PACKAGES（IN WORDS）集装箱数或件数合计（大写）					

Container No.（箱号）　Seal No.（封志号）　Pkgs.（件数）　Container No.（箱号）　Seal No.（封志号）　Pkgs.（件数）

Received（实收）	By Terminal clerk（场站员签字）

FREIGHT & CHARGES	Prepaid at（预付地点）	Payable at（到付地点）	Place of Issue（签发地点）
	Total Prepaid（预付总额）	No. of original B(s)/L（正本提单份数）	BOOKING（订舱确认）APPROVED BY

Service Type on Receiving	Service Type on Delivery	Reefer Temperature Required（冷藏温度）	°F	℃
□-CY，□-CFS，□-DOOR	□-CY，□-CFS，□-DOOR			

TYPE OF GOODS（种类）	Ordinary，（普通）□ Reefer，（冷藏）□ Dangerous，（危险品）□ Auto，（裸装车辆）□ Liquid，（液体）□ Live Animal，（活动物）□ Bulk（散货）□ □	危险品	Class: Property: IMDG Code Page: UN No.

附表 2－9 集装箱运输十联单之场站收据联

Shipper（发货人）

D / R No（编号）

场站收据

DOCK RECEIPT

第七联

Consignee（收货人）

Received by the Carrier the Total number of containers or other Packages or units stated below to be transported subject to the tems and conditions of the Carrier's regular form of Bill of Lading (for Combined Transport or port to port Shipment) Which shall be deemed to be incorporated herein
Date（日期）

Notify Party（通知人）

Pre-carriage by（前程运输） Place of Receipt（收货地点）

Ocean Vessel（船名） Voy. No.（航次） Port of Loading（装货港）

场站章

Port of Discharge（卸货港） Place of Delivery（交货地点）

Final Destination for the Merchant's Reference（目的地）

Particulars Furnished by Merchants（托运人提供详细情况）

Container NO（集装箱号）	Seal No.（封志号） Marks& Nos.（标记与号码）	No.of containers or P'kgs（箱数或件数）	Kind of packages; Description of Goods（包装种类与货名）	Gross Weight 毛重（公斤）	Measurement 尺码（立方米）

TOTAL NUMBER OF CONTAINERS OR PACKAGES(IN WORDS) 集装箱数或件数合计（大写）

Container No.（箱号） Seal No.（封志号） Pkgs.（件数） Container No.（箱号） Seal No.（封志号） Pkgs.（件数）

Received（实收） By Terminal clerk（场站员签字）

FREIGHT & CHARGES	Prepaid at（预付地点）	Payable at（到付地点）	Place of Issue（签发地点）
	Total Prepaid（预付总额）	No. of original B(s)/L（正本提单份数）	BOOKING（订舱确认） APPROVED BY

Service Type on Receiving ☐-CY, ☐-CFS, ☐-DOOR	Service Type on Delivery ☐-CY, ☐-CFS, ☐-DOOR	Reefer Temperature Required（冷藏温度）	°F	℃
TYPE OF GOODS（种类）	Ordinary,（普通）☐ Reefer,（冷藏）☐ Dangerous,（危险品）☐ Auto.（裸装车辆）☐ Liquid,（液体）☐ Live Animal,（活动物）☐ Bulk（散货）☐	危险品	Class: Property: IMDG Code Page: UN No.	

附表 2－10　集装箱设备交接单之出场联

中海集装箱运输股份有限公司
CHINA SHIPPING CONTAINER LINES CO., LTD.

集装箱发放／设备交接单
EQUIPMENT INTERCHANGE RECEIPT

新锦疆 70C
OUT 出 场

放单日期：2011-05-10

No. 172-4

用箱人／运箱人 (CONTAINER USER/HAULIER)	货主填写栏（如有涂改，请盖章确认）／重量（仅指货重，不包括柜重）（公斤） WRITTEN BY SHIPPER (STAMPED BY SEAL IF REVISED) / WEIGHT (ONLY FOR CARGO) (Kg)	
货代_骏辉	新东方码头	
提箱地点 (PLACE OF DELIVERY)	发往地点 (DELIVERED TO)	返回／收箱地点 (PLACE OF RETURN)
新东方码头		

船名／航次 (VESSEL / VOYAGE NO.)	集装箱号 (CONTAINER NO.)	尺寸／类型 (SIZE / TYPE)	营运人 (CNTR. OPTR.)
XIN FOU ZHOU 0056E		40GP	CSCW

提单号 (B/L NO.)	铅封号 (SEAL NO.)	免费期限 (FREE TIME PERIOD)	运载工具牌号 (TRUCK, WAGON, BARGE NO.)
YGBUE000086			

出场目的／状态 (PPS OF GATE-OUT/STATUS)	进场目的／状态 (PPS OF GATE-IN/STATUS)	出场日期 (TIME-OUT)
	自2011-05-10至2011-05-16	月　日　时

出场检查记录 (INSPECTION AT THE TIME OF INTERCHANGE)

空箱装箱　　重箱装船

普通集装箱 (GP CONTAINER)	冷藏集装箱 (RF CONTAINER)	特种集装箱 (SPECIAL CONTAINER)	发电机 (GEN SET)
☐ 正常 (SOUND) ☐ 异常 (DEFECTIVE)	☐ 正常 (SOUND) ☐ 异常 (DEFECTIVE)	☐ 正常 (SOUND) ☐ 异常 (DEFECTIVE)	☐ 正常 (SOUND) ☐ 异常 (DEFECTIVE)

损坏记录及代号 (DAMAGE & CODE)　BR 破损 (BROKEN)　D 凹损 (DENT)　M 丢失 (MISSING)　DR 污箱 (DIRTY)　DL 危标 (DG LABEL)

左侧 (LEFT SIDE)　右侧 (RIGHT SIDE)　前部 (FRONT)　集装箱内部 (CONTAINER INSIDE)

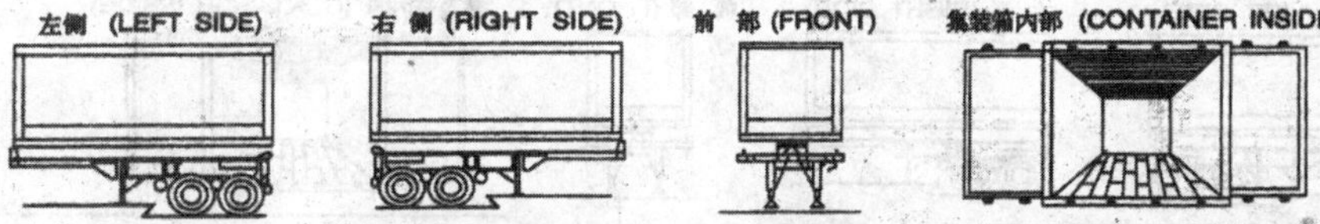

顶部 (TOP)　底部 (FLOOR BASE)　箱门 (REAR)

如有异状，请注明程度及尺寸 (REMARK).

(1) 船务公司留底

除列明者外，集装箱及集装箱设备交接时完好无损，铅封完整无误。
THE CONTAINER/ASSOCIATED EQUIPMENT INTERCHANGED IN SOUND CONDITION AND SEAL INTACT UNLESS OTHERWISE STATED.

用箱人／运箱人签署
(CONTAINER USER/HAULIER'S SIGNATURE)

码头／堆场值班员签署
(TERMINAL/DEPOT CLERK'S SIGNATURE)

附表 2－11　集装箱设备交接单之进场联

中海集装箱运输股份有限公司
CHINA SHIPPING CONTAINER LINES CO., LTD.

委托号: C6234175

IN 进场

集装箱发放/设备交接单
EQUIPMENT INTERCHANGE RECEIPT

放单日期：2011-05-10

No. 172-4

用箱人/运箱人 (CONTAINER USER/HAULIER)	货主填写栏（如有涂改，请盖章确认）/ 重量（仅指货重，不包括柜重）(公斤) WRITTEN BY SHIPPER (STAMPED BY SEAL IF REVISED) / WEIGHT (ONLY FOR CARGO) (Kg)		
货代_骏辉	新东方码头		
提箱地点 (PLACE OF DELIVERY)	来自地点 (WHERE FROM)	返回/收箱地点 (PLACE OF RETURN)	
船名/航次 (VESSEL/VOYAGE NO.) 新东方码头	集装箱号 (CONTAINER NO.)	尺寸/类型 (SIZE/TYPE)	营运人 (CNTR. OPTR.)
提单号 (B/L NO.) XIN OU ZHOU 0056E	铅封号 (SEAL NO.)	免费期限 (FREE TIME PERIOD)	运载工具牌号 (TRUCK, WAGON, BARGE NO.) 40GP CSCW
出场目的/状态 (PPS OF GATE-OUT/STATUS) YSBUE000086	进场目的/状态 (PPS OF GATE-IN/STATUS) 自2011-05-10至2011-05-16	进场日期 (TIME-IN) 月 日 时	

进场检查记录 (INSPECTION AT THE TIME OF INTERCHANGE)

空箱装箱 普通集装箱 (GP CONTAINER)	重箱装船 冷藏集装箱 (RF CONTAINER)	特种集装箱 (SPECIAL CONTAINER)	发电机 (GEN SET)
□ 正常 (SOUND) □ 异常 (DEFECTIVE)	□ 正常 (SOUND) □ 异常 (DEFECTIVE)	□ 正常 (SOUND) □ 异常 (DEFECTIVE)	□ 正常 (SOUND) □ 异常 (DEFECTIVE)

损坏记录及代号 (DAMAGE & CODE)　BR 破损 (BROKEN)　D 凹损 (DENT)　M 丢失 (MISSING)　DR 污箱 (DIRTY)　DL 危标 (DG LABEL)

左侧 (LEFT SIDE)　右侧 (RIGHT SIDE)　前部 (FRONT)　集装箱内部 (CONTAINER INSIDE)

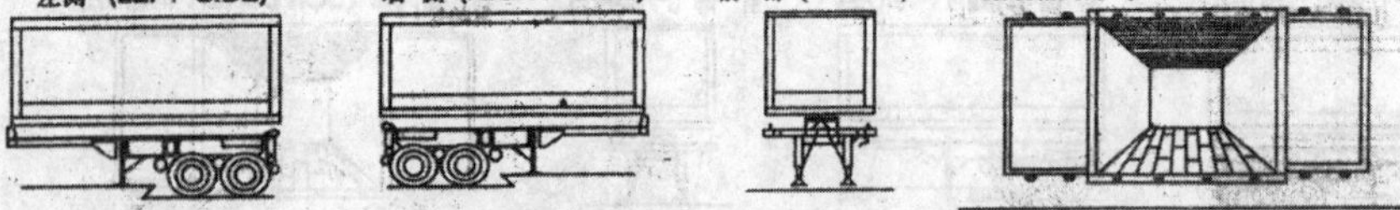

顶部 (TOP)　底部 (FLOOR BASE)　箱门 (REAR)

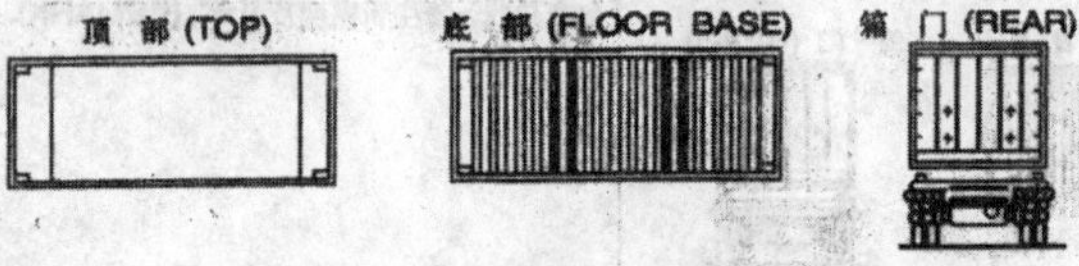

如有异状，请注明程度及尺寸 (REMARK).

除列明者外，集装箱及集装箱设备交接时完好无损，铅封完整无误。
THE CONTAINER/ASSOCIATED EQUIPMENT INTERCHANGED IN SOUND CONDITION AND SEAL INTACT UNLESS OTHERWISE STATED.

用箱人/运箱人签署 (CONTAINER USER/HAULIER'S SIGNATURE)　　码头/堆场值班员签署 (TERMINAL/DEPOT CLERK'S SIGNATURE)

(1) 船务公司留底

学习模块三　国际航空货物运输

【学习目标】　通过本模块的学习,使学生了解国际航空运输组织、国际航空货物运输公约、国际航空货物运输的经营方式、国际航空快递,以及国际空运航线、机场及相关代码;熟练掌握国际航空货物运输操作流程、国际航空货物运输单据的缮制,以及国际航空货物运输的运费核算。

【实例导入】　2012 年 1 月 15 日,海南中电公司(以下简称海中公司)委托中外运空运发展有限公司海南分公司(以下简称中空公司)办理货物出运业务。已知:商品名称为燃气轮机叶片;毛重为 2 950KG;件数为 5PKGS,木箱包装,包装规格为 95 CM × 88 CM × 98 CM/2PCS,58 CM × 46 CM × 54 CM/1PC,145 CM × 119 CM × 98 CM/1PC,115 CM × 119 CM × 98 CM/1PC,总计 4.81CBM;DAP 柏林,始发站海口,运费预付,中空公司市场部小龙接到此托单后即安排运输事宜。

思考:

1. 小龙应如何安排出运方式?
2. 如何设计航线既方便运输又能为客户节省运费?
3. 如何填制运输单据?
4. 如何计收运费?
5. 要完成上述任务,需要哪些航空货物运输基础知识?

学习任务一　基础知识单元

基础 1　国际航空货运组织简介

在我国,国际航空货物运输是仅次于国际海洋运输的另一种运输方式。从事国际货物运输行业的从业人员必须要了解世界性国际航空货物运输组织。本单元主要介绍与国际航空货物运输有关的国际航空运输组织。

1. 国际民用航空组织(International Civil Aviation Organization,ICAO)。国际民用航空组织是由各国政府组成的国际航空运输机构,是联合国的一个专门机构,其最高权力机构是成员国大会,总部设在加拿大的蒙特利尔,有190个成员国①(2010年)。其职责包括:发展航空导航的规则和技术;预测和规划国际航空运输的发展以保证航空安全和有序发展。

国际民用航空组织前身是根据1919年巴黎公约成立的空中航行国际委员会(ICAN),由于第二次世界大战之后航空业的快速发展,产生了一系列的政治上和技术上的问题需要一个国际组织来协调。因此,在美国政府的邀请下,52个国家于1944年11月1日至12月7日参加了在芝加哥召开的国际会议,签订了《国际民用航空公约》(通称《芝加哥公约》)。1947年4月4日,《芝加哥公约》正式生效,国际民用航空组织也因此正式成立。同年5月13日,国际民用航空组织正式成为联合国的一个专门机构。1947年12月31日,"空中航行国际委员会"终止,并将其资产转移给"国际民用航空组织"。

国际民用航空组织的宗旨和目的主要有以下几点:

(1)保证全世界国际民用航空安全地、有秩序地发展;

(2)鼓励为和平用途的航空器的设计和操作艺术;

(3)鼓励国际民用航空应用的航路、机场和航行设施;

(4)满足世界人民对安全、正常、有效和经济的航空运输的需要;防止因不合理的竞争而造成经济上的浪费;

(5)保证缔约国的权利充分受到尊重,每一缔约国均有经营国际空运的公平机会;

(6)避免缔约各国之间的差别待遇;

(7)促进国际航空器的飞行安全;

(8)促进各国和平交换空中通过权。

中国是《国际民用航空公约》创始缔约国之一,1946年成为正式成员。1971年11月,国际民用航空组织通过决议,承认中华人民共和国为中国唯一合法代表。1974年2月,我国政府正式恢复参加该组织,并于当年当选为二类理事国后一直连任。2004年第35届大会上,我国当选为一类理事国并连任至今。

2. 国际航空运输协会(International Air Transport Association,IATA)。国际航空运输协会是一个由各国航空公司组成的非政府的联合组织,其会员必须是持有国际民用航空组织的成员国颁发的定期航班运输许可证的航空公司。它的前身是六家航空公司参加的国际航空交通协会,处理航空公司之间的业务以及航空公司与其他方面的关系问题。1944年成立,并在1945年12月被给予法人地位。协会总部设在蒙特利尔,在全球7个地区设有办事处:该协会的目的是调解有关商业飞行上的一些法律问题,简化和加速国际航线的客货运输,促进国际航空运输的安全和世界范围内航空运输事业的发展。该协会的会员分为正式会员和准会员两类。申请加入国际航空运输协会的航空公司如果想成为正式会员,必须符合两个条件:①批准其申请的政府是有资格成为国际民用航空组织成员的国家政府;②在两个或两

① http://mil.news.sina.com.cn/s/2010-10-19/0933615081.html

个以上国家间从事航空服务。其他航空公司可以申请成为准会员。目前,全球共有300多家航空公司加入该协会,中国大陆共有13家航空公司成为国际航空运输协会会员航空公司。

国际航空运输协会的基本职能包括:国际航空运输规则的统一,业务代理,空运企业间的财务结算,技术上合作,参与机场活动,协调国际航空客货运价,航空法律工作,帮助发展中国家航空公司培训高级和专门人员。

国际航空运输协会的宗旨是:为了世界人民的利益,促进安全、正常和经济的航空运输,扶植航空交通,并研究与此有关的问题;为直接或间接从事国际航空运输工作的各空运企业提供合作的途径;与国际民用航空组织及其他国际组织协力合作。凡是国际民用航空组织成员国的任何空运企业,经其政府许可都可以成为该协会会员。从事国际飞行的空运企业为正式会员,只经营国内航班业务的为准会员。

国际航空运输协会的活动分为三种:①同业活动——代表会员进行会外活动,向有权威的国际组织和国家当局申述意见,以维护会员的利益;②协调活动——监督世界性的销售代表系统,建立经营标准和程序,协调国际航空运价;③行业服务活动——承办出版物、财务金融、市场调研、会议、培训等服务项目。通过上述活动,统一国际航空运输的规则和承运条件,办理业务代理及空运企业间的财务结算,协调运价和班期时刻,促进技术合作,参与机场活动,进行人员培训等。

国际航空运输协会制定有多边联运协议(MITA),其主要职能是为会员航空公司进行旅客、行李、货物的接收、中转、更改航程及其他相关程序提供统一的标准,会员航空公司间可互相销售而不必再签双边联运协议。这一协议使会员公司相互接受运输凭证,使用标准的国际航空运输协会客票和货单,将世界各航空公司各自独立的航线,结合成为有机的全球性航空运输网络,促进了国际航空运输的发展。

3. 国际航空电信协会(Society International De Telecommunication Aero-nautiques,SITA)。国际航空电信协会是联合国民航组织认可的一个非营利性的组织,是航空运输业世界领先的电信和信息技术解决方案的集成供应商,专门承担国际航空公司通信和信息服务的合资性组织,1949年由11家欧洲航空公司的代表在比利时的布鲁塞尔创立。SITA适应航空运输的快速发展,其发展策略由原来的网络提供者转变为一个整体方案的提供者,未来将为航空业提供因特网和公司内网之间综合服务。其目标是:带动全球航空业使用信息技术的能力,提高全球航空公司的竞争能力。

中国民航于1980年5月加入SITA,此后SITA在我国设立办事处,中国现有会员已达11家,且SITA货运系统已在国航和中国货运航空公司使用,但该系统在货运收益方面的功能较弱、操作太复杂、无法共享、稳定性较差、成本高。

4. 国际货运代理协会联合会(The International Federation of Freight Forwarders Association,FIATA)。国际货运代理协会联合会是世界国际货运代理的行业组织,是世界范围内运输领域最大的非政府、非营利性组织,具有广泛的国际影响,成立于1926年,总部设在瑞士苏黎世。

国际货运代理协会联合会的宗旨是保障和提高国际货运代理在全球的利益。其工作目标是:团结全世界的货运代理行业;以顾问或专家身份参加国际性组织,处理运输业务,代表、促进和保护运输业的利益;通过发布信息,分发出版物等方式,使贸易界、工业界和公众熟悉货运代理人提供的服务;提高制定和推广统一货运代理单据、标准交易条件,改进和提高货运代理的服务质量,协助货运代理人进行职业培训,处理责任保险问题,提供电子商务工具。

国际货运代理协会联合会的最高权力机构是会员代表大会,下设主席团。主席团对外代表FIATA,对内负责FIATA的管理。国际货运代理协会联合会设有航空货运委员会、海关事务委员会、多式联运委员会、危险货物咨询委员会、信息技术咨询委员会、法律事务咨询委员会、公共关系咨询委员会、职业培训咨询委员会等常设委员会。其中航空货运委员会是唯一的永久性机构。另外,FIATA下设十个技术委员会,其中之一为航空学会,它的主要任务是促进和维护货运代理在航空货运方面的利益以及协调世界范围内各国货运代理协会的活动。

知识链接3-1

国际航空货运的发展

航空货物运输最先于20世纪初在法国出现。"二战"后,大批军用飞机转入民用航空运输。随着国际贸易的迅速发展,航空运输作为国际贸易运输的一种方式被越来越广泛地采用,在国际贸易运输中所占的比重越来越大。

根据国际民用航空组织统计,从1962年到1973年,国际航空货运量平均每年增长17%,20世纪70年代以来,航空运输仍然快速地发展,货运量从1985年的430亿吨公里增加到2000年的1 250亿吨公里,年平均增长率为7.5%。货运量增长最快的地区是亚洲到北美、欧洲的出口航线。

(资料来源:http://news.carnoc.com/cache/list/typelist_11_1.html,2011-12-20.)

基础2　国际航空货运特点及经营方式

一、航空货物运输特点

航空货运虽然起步较晚,但发展异常迅速,特别是受到现代化企业管理者的青睐,原因之一就在于它具有许多其他运输方式所不能比拟的优越性。概括起来,航空货物运输的主要特征有:

1. 运送速度快。从航空业诞生之日起,航空运输就以快速而著称。到目前为止,飞机仍然是最快捷的交通工具,常见的喷气式飞机的经济巡航速度大都在每小时850~900公里。快捷的交通工具大大缩短了货物在途时间,对那些易腐烂、变质的鲜活商品,时效性、季节性强的报刊、节令性商品,抢险、救急品的运输,这一特点显得尤为突出。可以说,快速加上全球密集的航空运输网络使我们从前可望而不可即的鲜活商品开辟出了远距离市场,使消费者享受到更多的利益。运送速度快、在途时间短,也使货物在途风险降低,因此许多贵重物品、精密仪器也往往采用航空运输的形式。当今国际市场竞争激烈,航空运输所提供的快速服务也使得供货商可以对国外瞬息万变的市场行情即刻做出反应,迅速推出适销产品占领市场,从而获得较好的经济效益。

2. 不受地面条件影响,深入内陆地区。航空运输利用天空这一自然通道,不受地理条件的限制。对地面条件恶劣、交通不便的内陆地区非常合适,有利于当地资源的出口,能促进当地经济的发展。

3. 安全、准确。与其他运输方式相比,航空运输的安全性较高,从2004年11月22日到2010年8月23日,我国航空运输连续安全飞行2 102天,2 150万小时,创造了我国民航有史以来最长的安全周期记录。2011年全球航空业的事故率从2010年的每百万航班0.61起降至每百万航班0.37起,达到创纪录的低点。航空公司的运输管理制度也比较完善,货物的破损率较低,如果采用空运集装箱的方式运送货物,则更为安全。

4. 节约包装、保险、利息等费用。由于采用航空运输方式,货物在途时间短,周转速度快,企业存货可以相应的减少。这一方面有利于资金的回收,利息支出的减少;另一方面,企业仓储费用也可以降低。又由于航空货物运输安全、准确,货损、货差少,保险费用较低。与其他运输方式相比,航空运输的包装简单,包装成本减少。这些都构成企业隐性成本的下降,收益的增加。

当然,航空运输也有自己的局限性,主要表现在其运输费用较其他运输方式更高,不适合低价值货物;航空运载工具——飞机的舱容有限,对大件货物或大批量货物的运输有一定的限制;飞机飞行安全容易受恶劣气候影响,等等。

新视窗3-1

国际航空货运发展动态

国际航空运输协会(IATA)最新预测显示,未来几年中国航空市场将出现迅猛增长。国际航空货运量将新增1 250万吨,从2009年的2 600万吨增至2010年的3 800万吨。2010年经济衰退后,国际航空出现强势反弹,业界一致认为,2011~2014年国际航空货运年复合增长率预计将稳定在5%。这一数字略低于同期6%的世界贸易增长预期。经历了经济衰退期,海运抢占市场份额的可能性加大后,国际航空货运的前景不容乐观。

预测还指出,到2014年,中国将成为全球第五大国际航空货运市场,规模达380万吨。

(资料来源:文雪梅.中国航空市场增长迅猛.中华工商时报,2011-02-25.)

二、航空货运经营方式

国际航空货运的经营方式主要有班机货物运输和包机货物运输。但随着国际空运业的发展,又独立出集中托运和航空快递两种新的国际航空货运经营方式。

1. 班机货物运输(Scheduled Airline)。班机货物运输是指在固定的航线上定期开航的、有固定始发站和到达站的货机运输方式。在货物数量较大较集中且比较稳定的航线上可以使用全货机(All Cargo Carrier),否则可以使用客货混合班机(Combination Carrier)。

由于班机运输有固定的航线,固定的始发、经停及目的港站,固定的航期,并在一定时间内有相对固定的收费标准,对进出口商来讲,可以在贸易合同签署之前预期货物的起运和到达时间,核算运费成本,合同的履行也较有保障,因此成为多数贸易商的首选航空货运形式。特别是近年来货运业竞争的加剧,航空公司为体现航空货运的快速、准确的特点,不断加强航班的准班率(航班按时到达的比率),强调快捷的地面服务,在吸引传统的鲜活、易腐货物、贵重货物、急需货物的基础上,又提出为企业特别是跨国企业提供后勤服务的观点,正努力成为跨国公司分拨产品、半成品的得力助手。

班机运输通常采用客货混合机型,航班以客运服务为主,货物舱位有限,不能满足大批量货物及时出运的要求,往往只能分批运输。另外,不同季节同一航线客运量的变化也会直接影响货物装载的数量,使得班机运输在货物运输方面存在很大的局限性。

2. 货物包机运输(Chartered Carrier)。包机运输是指航空公司按照约定的条件和费率,将整架飞机租给一个或若干包机人,从一个或几个航空站装运货物运至指定目的站的空运方式。分为整机包机和部分包机两种形式,部分包机业务中,航空公司通常采取固定包舱和非固定包舱。包机运输适合于大宗货物运输,费率低于班机运输。

包机运输可以解决班机运输舱位不足的矛盾;包机运输不用中转,这样既可以节省时间,还可以减少货损、货差或货物灭失;在空运旺季,包机运输能缓解航班紧张状况;包机运输尤其给鲜活易腐货物(如海鲜、活动物、鲜花等)的运输带来更多方便。

3. 集中托运(Consolidation)。集中托运是指托运人(实际业务中通常是货运代理)将若干单独发运的货物组成整批货物后再向航空公司托运,采用一份航空总运单集中发运到同一目的站,由集中托运人在目的地指定的代理收货,再根据集中托运人签发的航空分运单分拨给每一个实际收货人的运输方式。

集中托运能够节省运费、提高服务质量、加速资金周转。但集中托运的出运时间不好确定,对一些鲜活易腐以及急需货物不宜采用这种运输方式;一些特殊货物也不宜采用集中托运方式,如贵重物品、危险品、外交信函及可享受优惠运价的货物。

4. 国际航空快递(International Air Express)。国际航空快递是指具有独立法人资格的企业(通常是航空快递企业)利用航空运输,将进出境的货物或物品从发件人(Consignor)所在地通过自身或其代理网络、并按照向发件人承诺的时间运达收件人的一种快速运输方式。这种运输方式尤其适合当今国际商务中的一些轻、小且时效性较强的商品,如商务文件、资料、银行单证、合同等,这类物品通常也被称为“快件文件”。快递业务中,除“快件文件”外,还有“快件包裹”,这类包裹通常是一些贸易成交的小型样品或急需用的返修零配件等。

与其他运输方式相比,航空货物运输虽是目前最为快捷的运输方式,但一般的航空运输多是利用客机的腹舱载货,载货量有限,且由于飞机续航能力有限,洲际航空货运都需要经过多次中转运输,因此对一些限时送达的货样或客户急需的配件货物还是显得力不从心,多有延误,有时在中转过程中还会弄丢货物或对货样造成损坏。航空快递业顺应了时代发展的需求,其运送速度快,在运送途中的时间短,降低了货物的在途风险,所以许多贵重物品、精密仪器等通常也采用航空快递形式进行运输。

基础3　民用航空货运飞机及集装器简介

一、民用航空运输飞机简介

(一)按机身的宽窄,民用航空运输飞机可以分为宽体飞机和窄体飞机

1. 窄体飞机(Narrow - Body Aircraft)。窄体飞机的机身宽约三米,旅客座位之间有一条走

廊，这类飞机往往只在其下货舱装运散货。

常见的窄体飞机有以下几种：

- Airbus Industries　A318，A319，A320①，A321
- Boeing　B707，B717，B727，B737，B757
- McDonnell Douglas　DC-8，DC-9，MD-80series，MD90

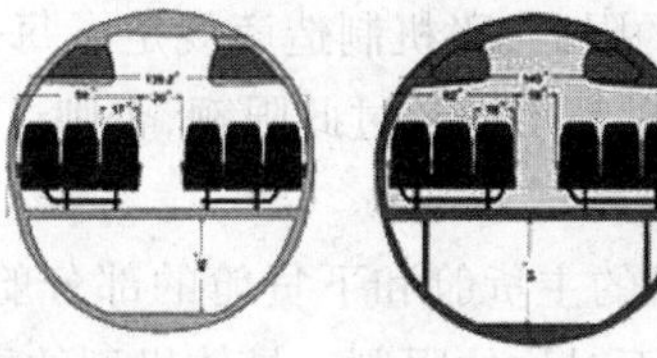

图 3-1　窄体飞机机舱示意图

2. 宽体飞机（Wide-Body Aircraft）。宽体飞机的机身较宽，客舱内有两条走廊，三排座椅，机身宽一般在 4.72 米以上，这类飞机可以装运集装箱货物和散货。

常见的宽体飞机有以下几种：

- Airbus Industries　A300-B，A310，A330，A340，A380，A350
- Boeing　B747，B767，B777
- Lockheed　L1011 Tristar
- McDonnell Douglas　DC-10，MD-11

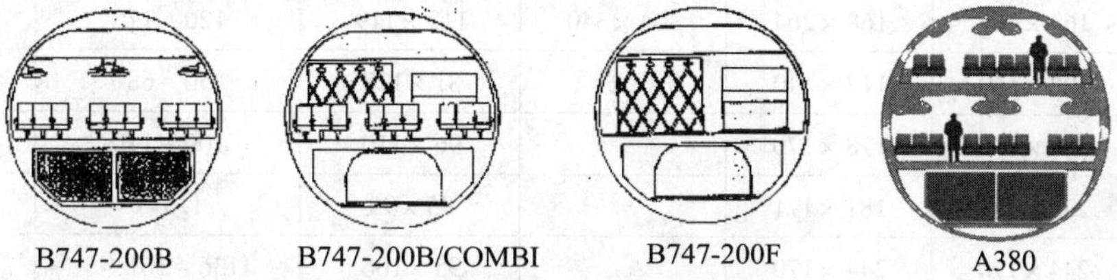

图 3-2　宽体飞机机舱示意图

3. 飞机舱位结构。一般飞机主要分为两种舱位：主舱（Main Deck）、下舱（Lower Deck），但波音 747 分为三种舱位：上舱（Upper Deck）、主舱、下舱。

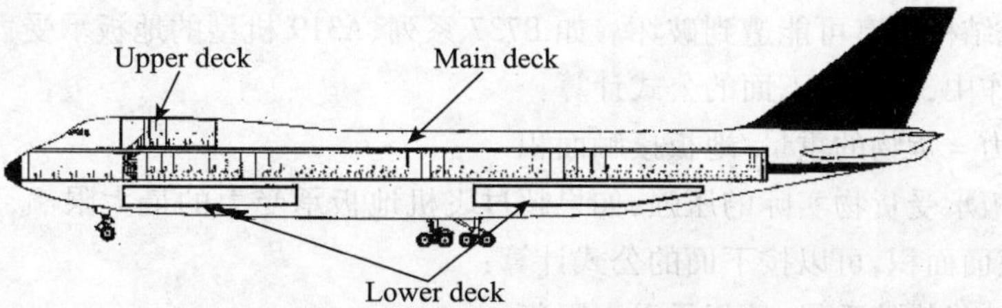

图 3-3　波音 747 全货机舱位结构

---

① A320 飞行有一种特制的集装器，高 117CM，宽体飞机集装器一般高 163CM。

(二)按飞机的用途来分,民用航空运输飞机可划分为三种

1. 全货机。全货机的主舱及下舱全部用来载货。

2. 全客机。全客机只在下舱载货。

3. 客货混用机。客货混用机的主舱前部用于载客,主舱的后部及下舱用于载货。

(三)飞机的装载限制

1. 重量限制。由于飞机结构的限制,飞机制造商规定了每一货舱可装载货物的最大重量限额。任何情况下,所装载的货物重量都不得超过此限额,否则,飞机的结构就有可能遭到破坏,影响飞行安全。

飞机装载重量的限制有对飞机的主货舱和下货舱的部分舱位的装载量限制、累积装载量限制、联合装载量限制及两侧装载量不对称的限制。具体机型的重量限制详见表3-1。

2. 容积限制。货舱内可利用的空间有限,这也成为运输货物的限制条件之一。轻泡货物能占满货舱内的所有空间而无法达到重量限额,相反,高密度货物(业内称为重货)的重量能达到限额而货舱内仍会剩余很多空间无法利用。所以,通过采用混运装载,即将轻泡货物与重货混装,这样的装载方式比较经济。具体机型的容积限制详见表3-1。

3. 舱门限制。由于货物只能通过舱门装入货舱内,货物的尺寸就必然会受到舱门的限制。具体机型的舱门尺寸限制详见表3-1。

表3-1 不同机型货舱舱门尺寸、货舱总容积及货物载量表

机型	前舱门(cm)	后舱门(cm)	主舱门(cm)	散舱门(cm)	货舱总容积(cbm)	货物载量(ton)
B737系列	86×122	89×122			30-40	2-3
B747系列	168×264	168×264	304×340	112×119	120-175	60-120
B757系列	108×140	112×140		81×122	50-68	5-7
B767系列	340×170	178×170		96×110	100-110	15
A300系列	270×178	181×171		95×95	115.7	13.76
A330系列	244×170	244×170		95×106	136-161.4	13.76
A340系列	244×170	244×170		95×63	136-161.4	13.76

注:①B737系列机型属于窄体机,无散舱,不接托盘货,货物单件毛重不能超过80KGS;
②B757系列机型限制不接托盘货。

4. 地板承受力。飞机货舱内每一平方米的地板可承受一定的重量,如果超过它的承受能力,地板和飞机结构很有可能遭到破坏。如B737系列、A319机型的地板承受力为732KG/M^2。

在实际操作中,可以按下面的公式计算:

地板承受力=货物的重量/地板接触面积

计算出地板承受货物实际的压强,如果超过飞机地板承受力的最大限额,应使用2~5cm厚的垫板,加大底面面积,可以按下面的公式计算:

垫板面积=货物的重量/地板承受力限额。

二、航空货运集装器简介

在航空货物运输初期,货物都是以散件形式运输,当大型宽体飞机投入运营后,为解决大批

量货物装载和卸载麻烦的问题，开始使用集装箱、集装板及集装棚等集装设备进行集装运输。集装运输是将一定数量的单位货物装入集装器作为运输单元进行运输。集装运输的优势有：减少货物装运的时间，减少地面等待时间，提高工作效率；减少货损、货差等差错事故，提高运输质量；节省货物的包装材料和费用；有利于组织联合运输和门到门服务。

按是否注册来分类，集装器分为注册和非注册两种，按集装器种类可划分为：集装箱、集装板和集装箱棚三种。

1. 集装箱。集装箱是一个独立的箱体，能直接与飞机上的装载和固定系统结合，无须任何附属设备。

（1）空运集装箱的分类。空运集装箱一般分为空陆水联运集装箱、主货舱集装箱、下货舱集装箱及一些特殊集装箱，如保温箱，马厩、牛栏等运载活体动物箱及运载汽车的运输设备等（见图3－4）。空陆水联运集装箱有20英尺和40英尺两种，高和宽均为8英尺，此种集装箱只能装在全货机或客机的主货舱；主货舱集装箱的高度在163CM以上，只能装在全货机或客机主舱；下货舱集装箱的高度在163CM以下，只能装在宽体机的下舱。

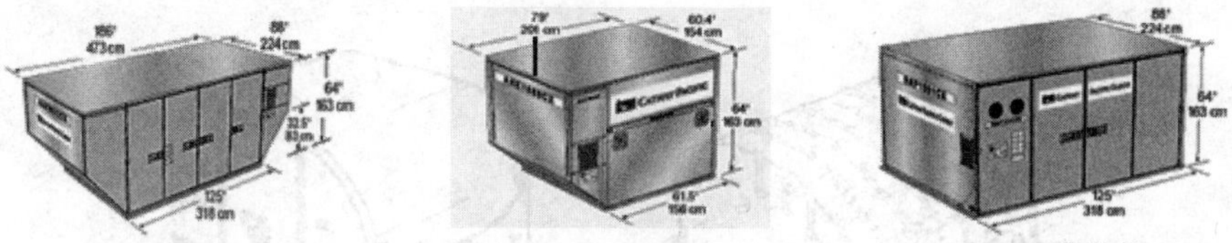

AAU集装箱　　AKE集装箱　　RLP集装箱

图3－4　常用航空货运集装箱

（2）集装箱代号的组成。在集装箱的面板和四周会标有一定的代号，如AKE24307CA、AKH02126AF等，用以表示集装器的类型、尺寸、外形、与机型的适配、是否注册等。

Ⅰ. 前三位为字母，其表示的含义分别为：

第一位字母代表集装器的类型。

A：注册飞机集装箱；　B：非注册飞机集装箱；　R：保温的注册飞机集装箱；

M：保温的非注册的飞机集装箱；　F：非注册的飞机集装板；　P：注册的飞机集装板；

N：注册的飞机集装板网套；　G：非注册的集装板网套；　U：非结构的集装棚；

V：汽车运输设备；　H：马厩；　X、Y、Z仅供航空公司内部使用。

第二位字母代表集装器底板尺寸（单位：CM）。

A：224×318　B：224×274　E：224×135　C：224×606

K：153×156　L：153×318　M：244×318

第三位字母代表集装器的外形及与飞机的适配性，即集装器的外形是否适合某种机型货舱的锁定系统。

A：适用于B747F上舱集装箱；

E：适用于B747、A310、DC10、L1011的下货舱无叉眼装置的半型集装箱；

N：适用于B747、A310、DC10、L1011的下货舱有叉眼装置的半型集装箱；

P：适用于B747combi上舱、B747、A310、DC10、L1011下舱的集装板。

Ⅱ. 中间4或5位数字为序号；

Ⅲ. 最后两位字母表明集装器的所有人或注册人，通常用航空公司的两字代码来表示。

2. 集装板和网套。集装板（见图 3-5）是一个具有标准尺寸的、由平整底面和中间夹层的硬铝合金制成的夹板，四边带有卡锁轨或网带卡锁眼。网套用来把货物固定在集装板上，它是靠专门的卡锁装置来固定的。

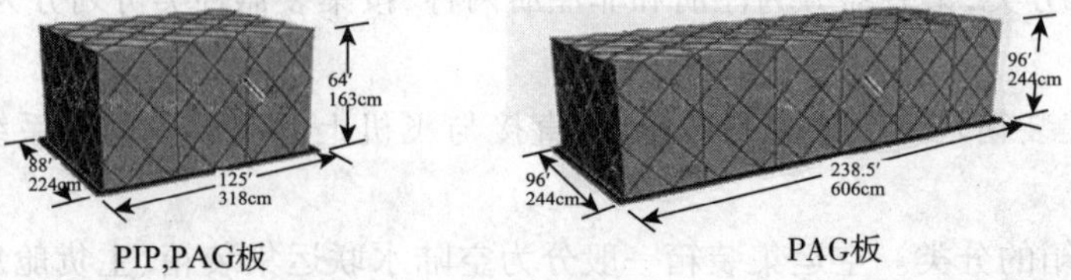

图 3-5　常用航空货运集装板

3. 集装棚。集装棚（见图 3-6）有结构性和非结构性两种。结构性是指带有固定在底板上的外壳的集装器，它形成一个完整的箱体，不需要网套固定。非结构性是指带棚罩，罩在货物与网套之间。

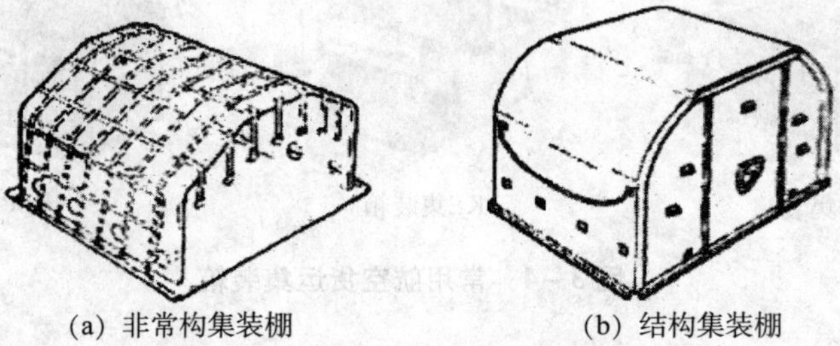

图 3-6　常用航空货运集装棚

基础 4　国际航空货运地理及时差

一、国际航空货运区划

为便于世界各国航空公司的合作和业务联系，又考虑到世界不同地区社会经济与贸易状况的差异，国际航空运输协会（IATA）在制定运价规章的过程中，将全球划分为三个航空运输业务区：ARETC1、ARETC2 和 ARETC3，简称为 TC1 区、TC2 区和 TC3 区①（如图 3-7 所示）。

① TC：Traffic Conference Area.

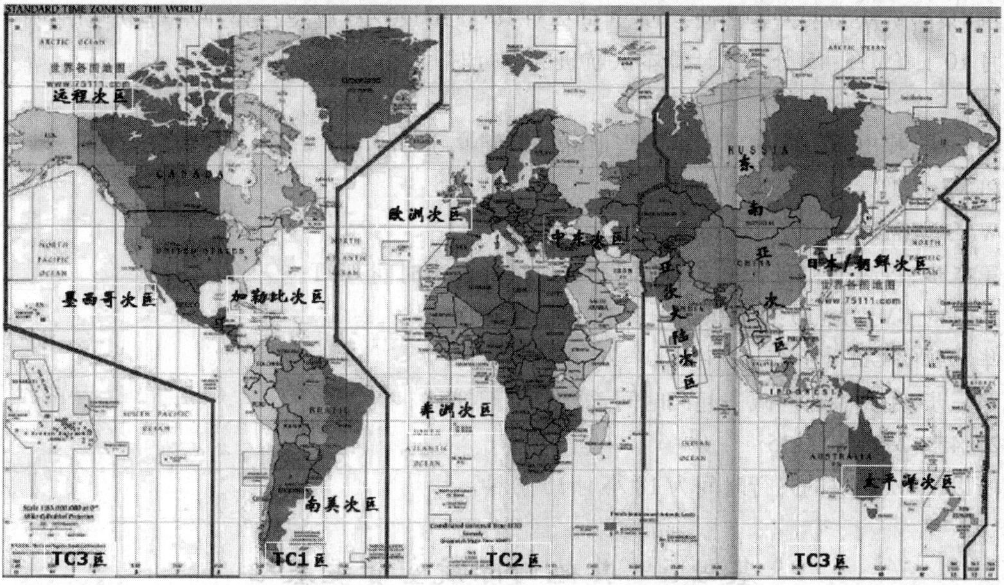

图 3－7　国际航协三大分区图

1. TC1 区的区域范围:TC1 区东临 TC2 区、西接 TC3 区,北起格陵兰岛,南至南极洲,主要包括北美洲、拉丁美洲及附近岛屿和海洋。它又分为四个次区:加勒比次区、墨西哥次区、远程次区及南美洲次区。

2. TC2 区的区域范围。该区东临 TC3 区、西接 TC1 区,北起北冰洋诸岛,南至南极洲,包括欧洲、非洲、中东及附近岛屿。它又分为三个次区:欧洲次区、非洲次区及中东次区。

3. TC3 区的区域范围。该区东临 TC1 区,西接 TC2,北起北冰洋,南至南极洲,包括亚洲(除中东包括的亚洲部分国家)、大洋洲及太平洋岛屿的广大地区。它又分为四个次区:南亚次大陆次区、东南亚次区、西南太平洋次区和日本/朝鲜次区。

二、国际航空货运时差计算

由于地球自转造成了经度不同的地区时刻不同,当飞机跨越经度时,会产生时刻上的不统一,所以,时差换算对于更好地安排国际航班尤为重要。

1. 世界标准时间。1884 年的国际经度会议上确定了以平太阳时为基础的标准时刻度,平太阳时即是日常用的手表时间。标准时刻规定,按经度线把地球表面划分为 24 个标准时区,本初子午线所在的时区为零时区,也称中时区,中时区的区时被称为世界标准时(Greenwich Mean Time,GMT)。

2. 法定时间。法定时间通常是根据法定时区确定的标准时间,该时间是目前世界各国实际使用的标准时,如北京时间是我国的标准时间。

3. 飞行时间的计算。飞行时间的计算分为以下几个步骤:

(1)从 International Time Calculator 中找出始发站和目的站的当地标准时间;

(2)将起飞的当地时间和到达的当地时间都换算成世界标准时间 GMT;

(3)用到达时间减去起飞时间即得到飞行时间。

例:某航班从北京去华盛顿,当地时间2月10日AM10:30起飞,到达目的地机场时为当地时间2月10日PM15:45分。试计算本次航班的飞行时间。

解:

第一步,找出始发站和目的站的当地标准时间①,分别为:

PEK = CMT + 0800(Standard Time)

WAS = GMT – 0500(Standard Time)

第二步,将起飞和到达的当地时间换算成世界标准时间GMT。

北京的GMT为:10:30 – 0800 = 2:30

华盛顿的GMT为:15:45 + 0500 = 20:45

第三步,用到达时间减去起飞时间,即为飞行时间。

20:45 – 2:30 = 18:15

所以,本次航班的飞行时间为18小时15分钟。

基础5　其他国际航空货运基础

一、国际航空货物运输代码

为方便国际航空运输单据的缮制,提高业务操作速度,国际航空运输协会IATA统一规定了国家两字代码、城市两字或三字代码、机场三字代码及航空公司的两字代码。所以,了解并掌握一些国际航空货物运输的代码至关重要。

1. 国家代码见表3–2。

表3–2　部分国家两字代码

英文全称	中文全称	两字代码
The People's Republic of China	中国	CN
Japan	日本	JP
Korea	韩国	KR
Singapore	新加坡	SG
Australia	澳大利亚	AU
Republic of India	印度	IN
United States of America	美国	US
Canada	加拿大	CA
The United Mexican States	墨西哥	MX
United Kingdom	英国	GB
France	法国	FR
Germany	德国	DE
Republic of South Africa	南非	ZA
the Russian Federation	俄罗斯	RU

① 当地法定标准时间与世界标准时间的关系为:东半球国家的法定时间是在世界标准时间GMT上加上该国所在的时区数,西半球国家的法定时间是在世界标准时间GMT上减去该国所在的时区数。

2. 城市三字代码见表3－3。

表3－3　部分城市三字代码

国家名(英文)	国家代码	城市代码	城市名(英文)	城市名(中文)
China	CN	CAN	Guangzhou	广州
		HKG	Hong Kong	中国香港
		PEK	Beijing	北京
		SHA	Shanghai	上海
		SZX	Shenzhen	深圳
		TAO	Qingdao	青岛
		TSN	Tianjin	天津
Japan	JP	OSA	Osaka	大阪
		TYO	Tokyo	东京
Korea	KR	PUS	Pusan	釜山
Thailand	TH	BKK	Bangkok	曼谷
Singapore	SG	SIN	Singapore	新加坡
India	IN	BOM	Mumbai	孟买
		CCU	Kolkata	加尔各答
United Arab Emirates	AE	DXB	Dubai	迪拜
Russia	RU	MOW	Moscow	莫斯科
Germany	DE	FRA	Frankfurt	法兰克福
		HAM	Hamburg	汉堡
United Kingdom	GB	LON	London	伦敦
France	FR	PAR	Paris	巴黎
Netherlands	NL	AMS	Amsterdam	阿姆斯特丹
		RTM	Rotterdam	鹿特丹
Spain	ES	MAD	Madrid	马德里
South Africa	ZA	DUR	Durban	德班
Australia	AU	MEL	Melbourne	墨尔本
		SYD	Sydney	悉尼
U. S. A.	US	LAX	Los Angeles, CA	洛杉矶
		NYC	New York, NY	纽约
		OAK	Oakland, CA	奥克兰
		SEA	Seattle, WA	西雅图
Canada	CA	YUL	Montreal, PQ	蒙特利尔
		YVR	Vancouver, BC	温哥华

3. 机场三字代码见表3－4。

表 3-4　部分机场三字代码

机场英文全称	中文全称	三字代码	所在国家
Capital International Airport	首都国际机场	PEK	中国
Shanghai Pudong International Airport	上海浦东国际机场	PVG	
Guangzhou Baiyun International Airport	广州白云国际机场	CAN	
Narita	成田机场	NRT	日本
Kansai International	大阪关西国际机场	KIX	
Dulles International	杜勒斯国际机场	IAD	美国
O'Hare International	奥黑尔国际机场	ORD	
Heathrow	希斯罗国际机场	LHR	英国
Charles de Gaulle	戴高乐机场	CDG	法国
Frankfort International Airport	法兰克福机场	FRA	德国

4. 航空公司两字代码见表 3-5。

表 3-5　部分航空公司代码

航空公司英文全称	中文全称	三字代码	两字代码	数字代码
Air China Limited	中国国际航空公司	CCA	CA	999
China Southern Airlines	中国南方航空公司	CSN	CZ	784
China Eastern Airlines	中国东方航空公司	CES	MU	781
Dragon Air	港龙航空公司	KDA	KA	043
Korean Air	大韩航空公司	AKA	KE	180
Japan Airlines	日本航空公司	JAL	JL	131
Singapore Airlines	新加坡航空公司	SIA	SQ	618
Thai Airways International	泰国国际航空公司	THA	TG	217
Air Canadian	加拿大航空公司	ACA	AC	014
United Airlines	美国联合航空公司	UAL	UA	016
Northwest Airlines	西北航空公司	NWA	NW	012
British Airways	英国航空公司	BAW	BA	125
Royal Dutch Airlines	荷兰皇家航空公司	KLM	KL	074
Lufthansa German Airlines	德国汉莎航空公司	DLH	LH	020
Air France	法国航空公司	AFR	AF	057
Swiss Air	瑞士航空公司	SWR	SR	085
Qantas Airways	澳洲航空公司	QFA	QF	081
Air Macau	澳门航空公司	AMU	NX	675

5. 空运常用操作代码。操作代码主要是用来提示操作人员在运输过程应注意货物的性质，及应采取相应的操作方法（见表 3-6）。

表 3－6　部分航空货物运输操作代码

操作代码	英文全称	中文全称
AOG	AIRCRAFT ON GROUND	急等修理的飞机零件
AVI	LIVE ANIMALS	活动物
BIG	OUTSIZED	超大货物
CAO	CARGO AIRCRAFT ONLY	限装货机
DIP	DIPLOMATIC MAIL	外交信袋
EAT	FOODSTUFFS	食品
FIL	UNDEVELOPED/UNEXPOSED FILM	未冲洗/未曝光的胶卷
FRO	FROZEN GOODS	冷冻货物
HUM	HUMAN REMAINS IN COFFIN	尸体
ICE	DRY ICE SHIPMENT	干冰冷藏货物
LHO	LIVING HUMAN ORGANS/BLOOD	人体器官/血浆
NWP	NEWSPAPERS, MAGAZINES	报纸，杂志
OBX	OBNOXIOUS CARGO	有强烈异味的货物
OHG	OVERHANG ITEM	拴挂货物
PEF	FLOWERS	鲜花
PEM	MEAT	肉
PER	PERISHABLE CARGO	鲜活易腐货物
PES	FISH/SEAFOOD	鱼/海鲜
VAL	VALUABLE CARGO	贵重物品
WET	SHIPMENTS OF WET MATERIAL NOT PACKED IN WATERTIGHT CONTAINERS	湿潮货物
HEA	HEAVY CARGO, 150KGS AND OVER PER PIECE	单件 150KG 以上的货物

6. 常用的危险品代码。危险品货物运输的操作最复杂、难度最大，在这类货物的外包装上都会标注上特定的操作代码（见表 3－7）。

表 3－7　部分危险品代码

危险品代码	英文全称	中文全称
RCL	Cryogenic Liquid	低温液体
RCM	Corrosive Material	腐蚀性物品
RCX	Explosives 1.3C	爆炸物 1.3C 类
RFL	Flammable Liquid	易燃液体
ROP	Organic Peroxide	有机过氧化物
RPG	Toxic Gas	有毒气体
RRW	Radioactive Materials, Category I-white	一级放射物品，1 类白色包装

7. 常用的操作缩写见表3－8。

表3－8　常见的操作缩写

缩写代码	英文全称	中文全称
AWB	AIR WAYBILL	航空货运单
CASS	CARGO ACCOUNT SETTLEMENT SYSTEM	货运账目清算系统
CC	CHARGES COLLECT	运费到付
CCA	CARGO CHARGES CORRECTION ADVICE	货物运费更改通知
LAR	LIVE ANIMALS REGULATIONS	活动物规则
NVD	NO VALUE DECLARED	无声明价值
PP	CHARGES PREPAID	运费预付
SLI	SHIPPER'S LETTER OF INSTRUCTION	空运托运书
ULD	UNIT LOAD DEVICE	集装器
HWB	HOUSE AIR WAYBILL	航空分运单
MWB	MASTER AIR WAYBILL	航空主运单

二、国际航权

航权，又称航空权（Traffic rights），是指国际航空运输中的过境权利和运输业务权利，也称国际航空运输的业务或空中自由权（Freedoms of the air），是世界航空业通过国际民用航空组织制定的一种国家性质的航空运输权利。其法律根据是1944年的《国际航班过境协定》（通称《两大自由协定》）和《国际航空运输协定》（通称《五大自由协定》）的规定。

航权包括领空飞越权、技术经停权、目的地下客权、目的地上客权、中间点权或延远权、桥梁权、完全第三国运输权、国内运输权和非连续的国内载运权九大航权。

知识链接3－2

航权开放之九大航权

第一航权：领空飞越权。在不着陆的情况下，本国航机可以在协议国领空上飞过，前往其他国家目的地。例如：北京—旧金山，中途飞越日本领空，那就要和日本签订领空飞越权，获取第一航权，否则只能绕道飞行，增加燃料消耗和飞行时间。

第二航权：技术经停权。本国航机可以因技术需要（如添加燃料、飞机故障或气象原因备降）在协议国降落、经停，但不得作任何业务性工作，如上下客、货、邮。例如：北京—纽约，如果由于某飞机机型的原因，不能直接飞抵，中间需要在日本降落并加油，但不允许在该机场上下旅客和货物。此时就要和日本签订技术经停权。

第三航权：目的地下客权。本国航机可以在协议国境内卸下乘客、邮件或货物。例如：北京—东京，如获得第三航权，中国民航飞机承运的旅客、货物可在东京进港，但只能空机返回。

第四航权：目的地上客权。本国航机可以在协议国境内载运乘客，邮件或货物返回。

例如：北京—东京，如获得第四航权，中国民航飞机能载运旅客、邮件或货物搭乘原机返回北京。

第五航权：中间点权或延远权。可以先在第三国的地点作为中转站上下客货，第五航权需要和两个或两个以上的国家进行谈判。例如：新加坡—厦门—芝加哥，新加坡航空获得第五航权，可以在新加坡—芝加哥航线上在厦门经停，上下客货。

第六航权：桥梁权。本国航机可以用两条航线的名义，接载甲国和乙国乘客及货物往返，但途中必须经过本国。例如：伦敦—汉城—东京，大韩航空将源自英国的旅客运经汉城后再运到东京。

第七航权：完全第三国运输权。本国航机可以在境外接载乘客和货物，而不用返回本国。即本国航机在甲、乙两个国家间接载乘客和运载货物。例如：伦敦—巴黎，由德国汉莎航空公司承运。

第八航权：国内运输权。本国航机可以在协议国国境内两个不同的地方接载乘客、货物往返，但航机以本国为终点站。

第九航权：非连续的国内载运权。本国航机可以到协议国做国内航线运营，但航机不需要以本国为起点站。

（资料来源：http://news. sina. com. cn/，2010－01－05.）

三、与航空货运有关的国际公约

与国际航空运输有关的公约主要是指1929年在华沙签订的《统一国际航空运输某些规则的条约》，及由其一系列修订文件所形成的公约和法律。该条约共有八个文件，总称《华沙体系》。它是国际航空运输法中调整航空承运人、旅客、托运人和收货人之间所涉及消费者人身与财产损害赔偿等民商事法律关系的责任体系。《华沙体系》的八个文件分别为：①1929年的《华沙公约》；②1955年的《海牙协定书》；③1961年的《瓜达拉哈拉公约》；④1971年的《危地马拉议定书》；⑤1975年的《蒙特利尔第一号附加议定书》；⑥1975年的《蒙特利尔第二号附加议定书》；⑦1975年的《蒙特利尔第三号附加议定书》；⑧1975年的《蒙特利尔第四号附加议定书》。

这八个有关航空货物运输的法律规则中，《华沙公约》是最基本的，其各项议定书都是对《华沙公约》的修改和补充。

1999年5月28日于蒙特利尔再次签订《统一国际航空运输某些规则的公约》，简称1999年蒙特利尔公约。

学习任务二　实务操作单元

操作1　国际航空货运相关信息搜索

本模块的实例导入中，小龙在接到托运书后，首先应知道从我国到德国有没有直达航线，那么，应如何安排航线更为合理？选择航线在国际航空货物运输中非常重要，如果航线选择不合理,可能会延误交货期,也有可能使运费增加。只有拟定了运输航线,拟定了可选择的航空公司,才能向货主报出运输方案和合理的运价供其选择。所以,小龙在学习了前面的基础知识的基础上,还要动态地跟踪市场,了解市场行情,这一技能即是当今职场人士所应具备的信息搜索及信息整合能力,本单元即是要培养学生这一方面的技能。

一、在线搜索国际主要航线与机场

从事国际货物运输的人员必须要做到“心中一张图,脑中一片网”,要全面了解国际航线及机场的动态情况。

根据实例导入的业务要求,在线搜索本票货应走哪条航线,经过哪些空港。

除完成上述搜索任务外,每位同学应至少整理出 10 条国际主要航线及对应的机场,并了解各航线的主要特点。

搜索国际主要航线的方法有很多,可以到具体的航空公司货运主页上搜索,也可以到公共物流网上搜索。图 3 – 8 就是一个即时的航班信息,从中即可找出众多航线和机场。

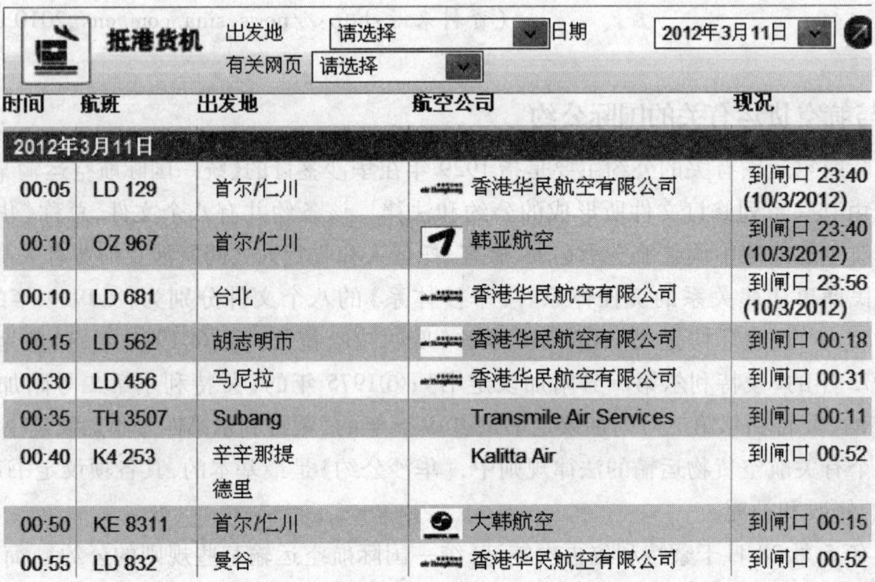

时间	航班	出发地	航空公司	现况
2012年3月11日				
00:05	LD 129	首尔/仁川	香港华民航空有限公司	到闸口 23:40 (10/3/2012)
00:10	OZ 967	首尔/仁川	韩亚航空	到闸口 23:40 (10/3/2012)
00:10	LD 681	台北	香港华民航空有限公司	到闸口 23:56 (10/3/2012)
00:15	LD 562	胡志明市	香港华民航空有限公司	到闸口 00:18
00:30	LD 456	马尼拉	香港华民航空有限公司	到闸口 00:31
00:35	TH 3507	Subang	Transmile Air Services	到闸口 00:11
00:40	K4 253	辛辛那提德里	Kalitta Air	到闸口 00:52
00:50	KE 8311	首尔/仁川	大韩航空	到闸口 00:15
00:55	LD 832	曼谷	香港华民航空有限公司	到闸口 00:52

图 3 – 8　国际货运抵港航班信息

二、在线搜索国际主要航空公司

根据实例导入的业务要求,在线搜索国内外有哪些航空公司运营上面拟定的航线。

除完成上述搜索任务外,每位同学应至少整理出 10 家国内外主要的经营国际货物航空运输业务的航空公司,并了解它们的经营特点及其产品的竞争优势。

搜索结果可参考图 3 – 9。通过此网页即可了解该航空公司的服务产品及其优势服务。

信息搜索可参考的网站:

1. 锦程物流网,http://www.jctrans.com/
2. 易舱网,http://www.yicang.com/

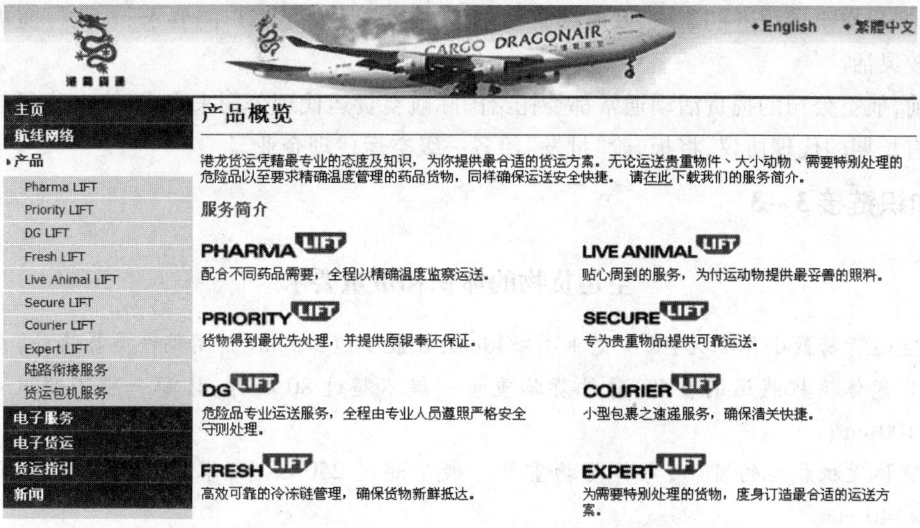

图 3－9　国际货运航空公司信息搜索示例

操作 2　国际航空货运进出口操作流程

一、空运出口操作流程

从承运人的角度看，国际航空货物出口运输操作流程主要包括以下几个环节（见图 3－10）：揽货→订舱→提板、箱→打板、装箱→接单→接货→标记贴签→过磅入仓→出口报检报关→货物发运→签单→费用结算→航班信息跟踪。

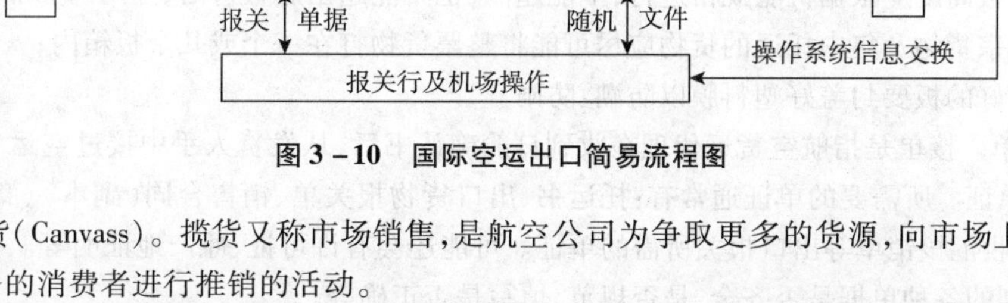

图 3－10　国际空运出口简易流程图

1. 揽货（Canvass）。揽货又称市场销售，是航空公司为争取更多的货源，向市场上需要运输及相关服务的消费者进行推销的活动。

揽货是航空公司生产活动的首要环节，揽货人员能否及时揽到充足的货源，直接影响到空运服务的顺利进行，甚至关系到空运企业经营的成败，所以揽货人员应与广大客户建立长期的业务关系，力求稳定货源，以保持货运量和市场份额；揽货需要与客户直接接触，通过与客户接触洽谈，了解客户对空运服务的需求，及时调整营销策略以尽量满足客户的要求。所以，揽货方式一般都比较灵活。

目前，航空公司的揽货活动通常都委托给国际航空货运代理公司来完成，航空公司与空运代理签订有长期的代理协议，将板、舱“批发”给各一级空运代理企业。

知识链接 3－3

空运货物的体积和重量要求

1. 空运货物最小体积为：长＋宽＋高≥40cm，且最小边≥5cm（新闻稿件类货除外）；

2. 非宽体飞机载运的货物，每件货物重量一般不超过 80 公斤，体积一般不超过 40 cm×60 cm×100 cm；

3. 宽体飞机载运的货物，每件货物重量一般不超过 250 公斤，体积一般不超过 100 cm×100 cm×140 cm。

超过以上重量和体积的货物，承运人可依据机型及出发地和目的地机场的装卸设备条件，确定可收运货物的最大重量和体积。

（资料来源：http://wuliu. sz. bendibao. com，2009－09－11.）

2. 订舱（Booking）与确认订舱（Confirm Booking）。订舱是发货人向航空公司提出货物运输申请并递交托运申请书（托运单）的行为。航空公司根据自身的情况考虑是否能够接受托运申请，如果接受托运申请，航空公司便会向托运人发送订舱确认书，并通知托运人备单、备货。

3. 提板、箱。航空公司在回复订舱确认书时，将根据货物数量、尺码、性质及形状配备集装箱或集装板，并出具“航空集装箱、板”凭证。托运人持此凭证向航空公司箱板管理部门领取与订舱货量相应的板、箱，并办理相应的交接手续，提板、箱时应注意不能提错板、箱的型号，因为不同型号的板、箱对应不同的机型及飞机的舱位。

4. 打板、装箱。打板、装箱可以在空运代理自己的仓库或场地进行，也可以在航空公司指定的场地进行。打板、装箱时应注意以下几点：

（1）尺寸较大的物件打在板上，尺寸较小的则装在箱内，而且板上或箱内的货必须是轻的小的在上，重的大的在下；

（2）打板高度应根据机舱规格进行，不能超高，也不能超出底板边沿，并用网套加固；

（3）大宗货物及集中托运的货物应尽可能将整票货物打在一个或几个板箱内；

（4）打好的板要封盖好塑料膜以防潮、防雨。

5. 接单。接单是指航空货运代理在收到订舱确认书后，从发货人手中接过空运货物出口所需的所有单证。所需要的单证通常有：托运书、出口货物报关单、销售合同（副本）、商业发票、装箱单、出口收汇核销单等出口报关所需的单证。可能还会有许可证、原产地证明等。接单后要审核所接收到的各种单据是否齐全、是否规范、填写是否正确等。

知识链接 3－4

特种货物空运操作注意事项

1. 凡对人体、动植物有害的菌种、带菌培养基等微生物制品，非经民航总局特殊批准不得承运；凡经人工制造、提炼，进行无菌处理的疫苗、菌苗、抗菌素、血清等生物制品，如托运人提供无菌、无毒证明可按普通货物承运；微生物及有害生物制品的仓储、运输应当远离食品。

2. 植物和植物产品运输须凭托运人所在地县级（含）以上的植物检疫部门出具的有效“植物检疫证书”。

3. 骨灰应当装在封闭的塑料袋或其他密封容器内，外加木盒，最外层用布包装。

4. 灵柩托运时，托运人应凭医院出具的死亡证明及有关部门出具的准运证明，并事先与承运人联系约定；尸体要经过防腐处理，并在防腐期限以内，无传染性；尸体以铁质棺材或木质棺材为内包装，外加铁皮箱，棺内敷设木炭等吸附材料，棺材应无漏缝，确保气味及液体不致外溢；在办理托运时，托运人须提供殡葬部门出具的入殓证明。

5. 动物运输必须符合国家有关规定，并出具当地县级（含）以上检疫部门的免疫注射证明和检疫证明书；托运属于国家保护的动物，还需出具有关部门的准运证明。托运人应事先与承运人联系并定妥舱位。办理托运手续时，须填写活体动物运输托运申明书。需专门护理和喂养或者批量大的动物，应当派人押运。动物的包装，既要便于装卸又需适合动物特性和空运的要求，底部应有防止粪便外溢的措施，保证通风。动物的外包装上应当标明照料和运输的注意事项。

6. 托运人托运鲜活易腐物品时，应当提供最长允许运输时限和运输注意事项，订妥舱位，按约定时间送机场办理托运手续。政府规定需要进行检疫的鲜活易腐物品，应当出具有关部门的检疫证明。包装要适合鲜活易腐物品的特性，不致污染、损坏飞机和其他货物。

7. 贵重物品应用坚固的包装箱包装，外加“#”字形铁箍，接缝处必须有封志。

（资料来源：http://www.shanghai56.com/，2011－11－10.）

6. 接货。接货是指空运代理把所要出口的货物从发货人手中接收过来并送到机场地面代理。接货与接单通常是同时进行，接货时代理必须根据装箱单和发票核对货物数量、品名、唛头是否正确，是否与空运单一致，货物的外包装是否符合空运要求，外包装有无残损。上述所检查中的任一项存在问题或疑点均应及时与发货人联系，以便做好妥善处理，如果每一项均符合要求，机场代理即可与发货人办理货物交接手续。

7. 标记贴签。空运代理接到货物可直接送到机场货站，之后空运代理将制作主标签和分标签贴在货物的外包装上。

（1）标记中的信息包括托运人、收货人的姓名、地址、联系电话、合同号及运输过程中的一些操作注意事项等。

（2）标签又可分为识别标签、操作标签及特种货物标签。

Ⅰ. 识别标签上详细表明了本票货物运输的一般信息（见图 3－11），包括货运单号、件数、重量、始发站、目的站、经停站。一般货物用贴签，特殊货物通常用挂签。

根据国际航空运输协会 606 号决议《条形码标签》，目前，国际航空货运可使用条形码标签，见图 3－12 及图 3－13。条形码标签中所具备的信息有：航空货运单号码、目的站、主条形码、本批运输货物的总件数。图 3－12 为航空公司条形码标签，图 3－13 为空运代理条形码标签。空运代理条形码标签上有两个条形码。

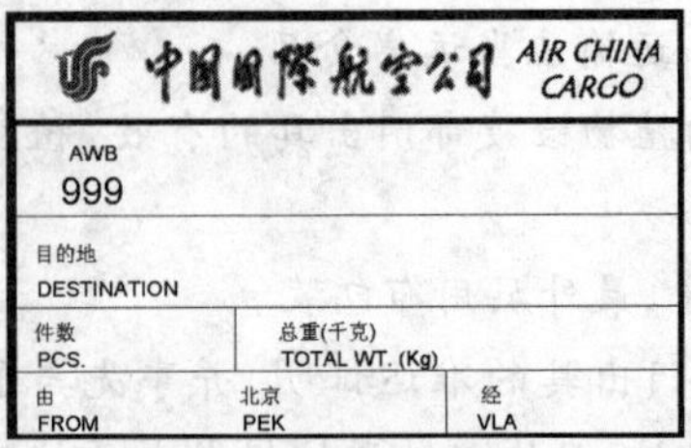

图 3－11 航空货运标签

图 3－12 航空公司条形码标签

图 3－13 空运代理条形码标签

Ⅱ. 操作标签是货物运输及仓储过程中需注意事项的一些标志（见图 3－14）。

图 3－14 空运操作标签

Ⅲ. 特种货物标签是说明特种性质的种类识别标志（见图 3－15），常见的有活动物标签、危险品标签和鲜活易腐物品标签。

图 3－15 危险品货物标签

8. 过磅打单。将贴好标签的货物交由货站过安全检查，过磅、丈量货物尺寸，折算货物体积重量，货站将整单货物的实际毛重和折算的体积重量录入“可收运书”，加盖“安检章”“可收运章”并签名确认后即可将货物存入仓库。但对一些危险性及超大超重货物，货站将要求航空公司代表进行审核，并签字说明后方可入仓。

空运代理根据货站的“可收运书”将全部货物数据输入航空公司的货运单系统并打印出货运单，以供报关用。

9. 报检、报关。报检应在货物没有交到机场货站前进行，在出口货物到达机场货站后，托运人应及时办理出口报关手续,以免发生仓储费用。报关可由托运人自行申报。也可委托代理申报。报关员应首先对货物出口所需单证进行审核,包括报关单、报关委托书(自理报关不需要)、通关单(法检货物)、空运单、合同、发票、装箱单、出口收汇核销单等,审核报关单是否加盖有报关专用章、单据是否齐全、各单据上的数据信息是否正确且一致。各项准备妥当后向海关申报。

10. 发运签单。航空公司的地面代理接到加盖有海关放行章的货运单后,审核所使用的运价是否正确、货物性质是否适合航空运输,审核无误后签发空运单,然后将随机单证(包括空运单、发票、装箱单等)、货物一并交给航空公司,由航空公司安排装机运输。

11. 费用结算。在出口货运操作中,如果运费预付,费用结算是承运人与托运人的结算;如果是运费到付,费用结算则是承运人与收货人的结算。费用主要包括空运费、地面运输费、打板装箱费及其他各种服务费用。

12. 航班信息跟踪。单、货交给航空公司后,航空公司可能会因各种原因而未能按预定的时间将货物运出,或未能按预定的时间抵达目的地,所以托运人应对航班做实时跟踪,掌握航班信息,以便及时采取应对措施。同时,航班信息跟踪也为货物中转和目的地接货等业务提供信息支持,以便更好地掌握货物动态。目前,航班信息跟踪是国际航空货运企业提高企业服务质量、增强企业竞争力的手段。航班信息跟踪的方式有很多,可以电话、电子邮件或直接在航空公司网站上使用空运单号直接进行信息跟踪(举例如图 3-16 所示)。

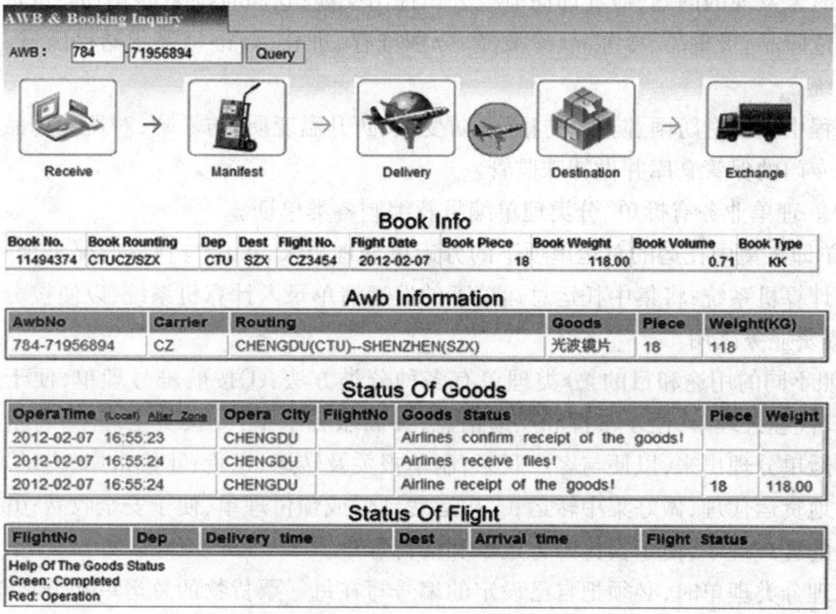
AWB & Booking Inquiry

AWB: 784 -71956894 Query

Receive → Manifest → Delivery → Destination → Exchange

Book Info

Book No.	Book Rounting	Dep	Dest	Flight No.	Flight Date	Book Piece	Book Weight	Book Volume	Book Type
11494374	CTUCZ/SZX	CTU	SZX	CZ3454	2012-02-07	18	118.00	0.71	KK

Awb Information

AwbNo	Carrier	Routing	Goods	Piece	Weight(KG)
784-71956894	CZ	CHENGDU(CTU)--SHENZHEN(SZX)	光波镜片	18	118

Status Of Goods

OperaTime (Local) Alter Zone	Opera City	FlightNo	Goods Status	Piece	Weight
2012-02-07 16:55:23	CHENGDU		Airlines confirm receipt of the goods!		
2012-02-07 16:55:24	CHENGDU		Airlines receive files!		
2012-02-07 16:55:24	CHENGDU		Airline receipt of the goods!	18	118.00

Status Of Flight

FlightNo	Dep	Delivery time	Dest	Arrival time	Flight Status

Help Of The Goods Status
Green: Completed
Red: Operation

图 3-16　空运货物信息跟踪

二、空运进口操作流程

航空货物进口运输业务流程包括:货物信息预报→接单接货→理货仓储→理单→发送到货通知→制单→报检报关→费用结算→发货→送货或转运等环节。

1. 货物信息预报。在国外出发港发货前,国外空运代理就要把空运单、航班、件数、重量、品名、实际收货人及其地址、联系电话等内容发送给目的地代理。

2. 单货交接。空运货物入境时，空运单及与本票货物相关的其他单据也随机到达，运输工具及货物都在海关监管之下。货物卸下后存入航空公司或机场的监管仓库，然后将进口货物的舱单信息录入系统并传送给海关留存，以备报关用。舱单信息包括总运单号、收货人、始发站、目的站、件数、重量、货物品名、航班号等。同时，根据运单上的收货人地址寄发提货通知。交接时，应做到单、单核对，即交接清单与总运单核对；单、货核对，即交接清单与货物核对。单货交接时常见的问题及处理方式如表3－9所示。

表3－9　单、货交接核对问题处理方式

总运单	清　单	货　物	处理方式
有	无	无	总运单退回
有	无	有	清单上加总运单号
无	有	有	总运单后补
无	有	无	清单上划去
有	有	无	总运单退回
无	无	有	货物退回

3. 理货与仓储。理货时应逐一核对每票货物的件数，再次检查货物有无破损情况，如果确有交接单货时未发现的问题，应立即向航空公司提出交涉；仓储时按大货、小货、重货、轻货、单票货、混载货、危险品、贵重品、冷冻品、冷藏品、分别堆存、进仓，登记每票货储存区号，并输入电脑仓储管理系统。

仓储过程中应注意防雨、防潮、防重压、防变形、防升温变质、防暴晒；对贵重物品和危险品都应单独设置专门的保管仓库并做特殊监管。

4. 理单。理单业务有拆单、分类理单编号及编制各类单证。

(1)拆单即将集中托运的总运单项下的分运单分理出来，审核与到货情况是否一致，并编制成清单录入计算机系统；将集中托运总运单下的发运清单录入计算机系统，以便按分运单分别报检、报关及提货业务之用。

(2)按照不同的用途和目的，分类理单有多种分类方法：①按航班号理单，便于区分进口方向；②按进口代理人理单，便于掌握和反馈信息，提高服务水平；③按货主理单，将货量稳定且较大的货主的运单分理出来，以便与客户联系，制单报关及转运、送货；④按口岸、内地或区域理单，便于联系内地货运代理，做好集中转运；⑤按运费到付或预付理单，便于安全收费；⑥按寄发运单和自取运单的客户理单，便于安排邮寄运单和接待客户。

空运代理分类理单时，必须把自己设定的编号写在每一票货物的总运单和分运单上，以便公司内部操作及客户查询。

5. 到货通知。货物到港后，承运人或其代理应及时、准确地发出到货通知。

(1)及时是要求尽早、尽快、尽妥，以减少仓储费、避免滞报金。①尽早，即要求货物到港后的第一个工作日内应设法通知货主；②尽快，即要求电话或传真通知客户，需要传递的单证应尽可能用快递，以缩短单据的传递时间；③尽妥，即要求保证在一周内以电函或信函的形式第三次通知货主，并将收货人尚未提货的情况告知发货人或其代理；两个月时，第四次以电函或信函的形式通知货主尚未提货的情况；三个月时，第五次以电函或信函的形式通知货主，货物将被上交海关,并由海关处理的情况,提醒货主及时采取补救措施。

(2)到货通知应准确地向货主提供以下内容:①总运单号、分运单号及空运代理的编号。②货物的件数、重量、体积、品名及发货人和发货地。③运单、发票上已编注的合同号、随机到达的已有单证及尚缺的报关所需单证。④运费到付额数及地面代理服务收费标准。⑤空运代理公司及仓库的地址、电话及联系人。⑥提示货主海关的有关规定:超过运输工具进境 14 天后报关将收取滞报金,超过三个月尚未报关的货物将上交海关处理。

6. 制单、报关。制单是依据空运单、发票及证明货物合法进口的有关批文,填制货物进口报关单。可由货主自理报关,也可代理报关。自理报关的货主应自制报关单并准备所有报关所需单证;代理报关需货主出具报关委托书,代理在收到报关委托书后进行制单报关。

进口报关大致分为初审、审单、征税、验放四个主要环节。

7. 收费、发货。办理完报检、报关等手续后,货主持盖有海关放行章、出入境检验检疫局放行章的进口提货单到所属监管仓库付费提货。

所付费用包括:到付运费及垫付佣金;单证、报关费;仓储费;装卸、铲车费;航空公司到港仓储费;海关预录入、检验检疫等代收代付费;关税及垫付佣金等。

8. 送货与转运。对进口货物清关后,货主不能前来自取货物的,需空运代理安排送货上门;对于内地货物,需安排转运业务。

办理转运业务有两种方式:一种是在办理完清关手续后转运;另一种是在进境地口岸不办理清关手续,而只办理转关及监管运输手续,之后在另一设有海关的内地口岸办理清关手续。但不管是哪一种,货物都一直处在海关的监管之下,转关运输亦称监管运输。

操作 3　国际航空货运运费核算

一、航空运价与运费

(一)航空运价

1. 运价(Rate)。又称费率,是指承运人对所运输的每一重量单位货物(千克或磅)(KG or LB)所收取的自始发地机场至目的地机场的航空费用。用以公布航空运价的货币为运输始发地货币,也就是说航空货物运价一般以运输始发地的本国货币公布。

2. 国际航空货运运价体系。国际航空货运运价按制定的途径划分,主要分为协议运价和国际航协运价。

(1)协议运价。协议运价是一种优惠运价,是航空公司与托运人签订协议,托运人保证每年向航空公司交运一定数量的货物,航空公司则向托运人提供一定量的运价折扣。

目前,航空公司使用的运价大多是协议运价。协议运价又包括长期协议、短期协议、包板(舱)、返还及自由售价,包板(舱)又分为软包板(舱)和死包板(舱),返还又分为销售量返还和销售额返还。

(2)国际航协运价是指 IATA 在 TACT(The Air Cargo Tariff)运价资料上公布的运价。国际航空货物运价使用 IATA 的运价手册(TACT RATES BOOK),结合并遵守国际航空货物运输规则(TACT RULES)共同使用。按照 IATA 货物运价公布的形式划分,国际货物运价可分为公布直达运价和非公布直达运价,如表3－10示。

表3－10　IATA运价体系

IATA运价	公布直达运价(Published Through Rates)	普通货物运价(General Cargo Rate,GCR)
		指定商品运价(Specific Commodity Rate,SCR)
		等级货物运价(Commodity Classification Rate,CCR)
		集装货物运价(Unit Consignment Rate,UCR)
	非公布直达运价(UN－Published Through Rates)	比例运价(Construction Rate,CR)
		分段相加运价(Combination of Sector Rate,CSR)

公布直达运价是承运人直接公布出从始发地机场到目的地机场的直达运价。当从始发地机场到目的地机场没有公布直达运价时,承运人可使用两段或几段运价的不同组合,即非直达运价的比例运价和分段相加运价。

Ⅰ. 比例运价。当从始发地到目的地无公布的直达运价时,可采用运价手册上公布的一种不能单独使用的附加数(Add－on amounts),与已知的公布的直达运价相加,构成非公布的直达运价。

使用比例运价时,普通货物的比例运价只能与普通货物运价相加,特种货物运价、集装设备的比例运价也只能与同类型的直达运价相加,不能混用。

Ⅱ. 分段相加运价。在两地间既没有直达运价也无法利用比例运价时,可以在始发地与目的地之间选择合适的计算点,分别找到始发地至该点、该点至目的地的运价,两段运价相加组成全程的最低运价。

无论是比例运价还是分段相加运价,中间计算点的选择,也就是不同航线的选择将直接关系到计算出来的两地之间的运价,因此承运人允许发货人在正确使用的前提下,以不同计算结果中最低值作为该货适用的航空运价。

3. 国际航协公布的直达运价的使用:

(1)除起码运费外,公布的直达运价都以公斤或磅为单位。

(2)公布直达运价采用重量分段对应运价和数量折扣原则。

(3)实务中,优先适用特种货物运价,其次是等级货物运价,最后是普通货物运价。

(4)承运货物的计费重量可以是货物的实际重量或者体积重量,以两者中较高者为准;如果某一运价要求有最低运量,而计费重量又达不到要求时,以最低运量为计费重量。

(5)如按特种货物运价或等级货物运价或普通货物运价计算的货物运费总额低于该航线上所规定的起码运费,按起码运费计收。

(6)公布直达运价仅指基本运费,不包含附加费。

(7)公布直达运价是一个机场至另一个机场的运价,只适用于单一方向。

(8)运价的货币单位以始发地当地货币单位为准,汇率以签发空运单时间为准。

实务中,各航空公司从竞争角度考虑,很少完全按照国际航协运价进行计费,但不能否定国际航协运价的实际价值,因为国际航协运价统一了国际空运价格的基准,是各航空公司运价的参照运价,尤其是运输特种货物时,航空公司大都采用国际航协标准运价。

(二)航空运费

1. 航空运费。航空运费是将一票货物自始发地机场运输到目的地机场所应收取的航空运输基本费用，不包括其他费用。航空运费主要由两个部分组成，即货物适用的运价与货物的计费重量，用公式可表示为：

航空运费＝适用的运价×计费重量

2. 航空货运的其他费用

（1）声明价值附加费（Valuation Charges）。与海运或铁路运输的承运人相似，航空承运人也要求将自己对货方的责任限制在一定的范围内，以降低经营风险。《华沙公约》对此已做出相关规定。

《华沙公约》中对由于承运人自身的疏忽或故意造成的货物的灭失、损坏或延迟规定了最高赔偿责任限额，这一金额一般被理解为每公斤20美元或每磅9.07英镑或其他等值货币。如果货物的价格超过了上述价值，即增加了承运人的责任，承运人要收取声明价值费。否则即使出现更多的损失，承运人对超出的部分也不承担赔偿责任。

实务中，货物的声明价值只对整件货物办理，不办理部分货物的声明价值。声明价值附加费依据货物的实际毛重进行收取，计算公式为：

声明价值费＝（货物价值－货物毛重×20美元/公斤）×声明价值费费率

声明价值费的费率通常为0.5%。大多数航空公司在规定声明价值费率的同时还要规定声明价值费的最低收费标准。如果根据上述公式计算出来的声明价值费低于航空公司的最低标准，则托运人要按照航空公司的最低标准缴纳声明价值费。不同航空公司的最低标准也不同。

（2）运单费（Document Charges）。该项费用即缮制空运单的工本费，在其他费用栏（OTHER CHARGES）中用“AW”表示。如果空运单是航空公司缮制，该项费用归航空公司所有，在其他费用栏则填写“AWC”；如果空运单是空运代理缮制，该项费用归空运代理所有，在其他费用栏则填写“AWA”。第三个字母“C”为“Carrier”，“A”为“Agent”。

（3）垫付款与垫付费（Disbursements and Disbursements Fees）：

Ⅰ. 垫付款仅适用于运费到付（Charges Collect）的货物地面运输费、清关处理费及货运单工本费，由最后一个承运人向提货人收取。在任何情况下，垫付款数额不能超过货运单上全部航空运费总额，但如若整票运费总额低于100美元，垫付款金额允许达到此标准。

此项费用需按不同其他费用的种类代号、费用归属代号（A或C）及费用金额一并填写在空运单的其他费用栏。如“CHA”表示代理人代办始发地清关业务，“SUA”表示代理人将货物运输到始发地机场的地面运输费。

Ⅱ. 垫付费是因垫付款的存在而发生的费用，代码为“DB”，该项费用归出票的航空公司所有，在空运单的其他费用栏中用“DBC”表示。垫付费为垫付款的10%，但每票货物的垫付费不得低于20美元或等值货币。

（4）危险品处理费（Charges for Shipments of Dangerous Goods－Handling）。国际航空货物运输中，对于危险品货物的运输，除收取危险品规则下的空运费外，还要收取相应的危险品收运手续费，以代码“RA”填写在其他费用栏。TACT RULES规定，该项费用归出票航空公司所有，在空运单的其他费用栏表示为“RAC”。

从中国到IATA业务一区、二区、三区的所有到达站，每票货物的危险品处理费的最低收费标准均为CNY400。

（5）运费到付货物手续费（Charges Collect Fee）。当空运费及其他费用为到付时，目的地的收货人除支付正常的空运费及其他费用外,还应支付运费到付货物手续费。该项费用由最后一个航空公司收取,并归其所有。

国际上不同国家的到付手续费收取标准不同。到达我国的运费到付货物手续费收取标准为空运费与声明价值附加费之和的2%,最低不低于CNY100。

(6)燃油附加费(Bunker Adjustment Factor)。燃油附加费是因国际燃油价格的变动而征收的,以弥补航空运输企业运输成本增加而造成的利润损失。大多数航线都有此项附加费,但标准不一,且在不断地调整。

新视窗3-2

国际空运燃油附加费调整

东航、上航自2011年9月10日(以出票日期为准)起,调整中国大陆与东南亚航线燃油附加费征收标准,燃油附加费均从此前的每段航程300元上调到400元人民币。中国云南与泰国之间燃油附加费由原来的每段航程260元人民币上调到400元人民币,其他国际和地区航线的燃油附加费维持现有征收标准。

除国内一些空运公司外,多家国外国际空运深圳空运公司也在近期上调燃油附加费。马来西亚航空深圳空运于2011年9月15日起(以出票日期为准)调整部分航段燃油附加费。其中,中国始发至马来西亚燃油附加费由每段航程39美元上调至65美元,而从马来西亚始发飞往中国台湾的燃油附加费也从每段航程47美元上调至75美元。

此外,马来西亚始发至日本、印度、韩国等地的燃油附加费均有不同程度的上调。

(资料来源:http://www.hlhkys.com/news/,2011-12-20.)

二、空运计费重量

计费重量是据以计算航空货物运输费用的重量,可能是货物的实际毛重或体积重量,也可能是运价表中的较高重量分界点的重量。

1. 实际毛重(Actual Gross Weight)是包括货物包装在内的重量。对于高密度货物(High Density Cargo),其实际毛重可能会作为计费重量。公式为:

总重量=单件包装的毛重×包装总件数。

2. 体积重量(Volume Weight)即根据国际航协的相关规定,将货物的体积按一定折算标准折算所得的重量,折算标准为每6 000立方厘米折合1千克或366立方英寸折合1千克。对低密度货物(Low Density Cargo),俗称轻泡货,其体积重量可能会作为计费重量。

货物体积重量的计算方法:测出货物的长、宽、高,以厘米做单位,小数部分四舍五入后求货物的总体积,则体积重量计算公式为:

$$\text{体积重量}=\frac{\text{长}\times\text{宽}\times\text{高 cm}^3}{6\ 000\text{cm}^3/\text{kg}}$$

3. 计费重量(Chargeable Weight)。在确定计费重量时,采用货物的实际毛重与体积重量比较,取两者中较高者作为本票货物运输的计费重量;但当使用运价表中较高重量分界点的较低运价计算的航空运费较低时,则较高重量分界点重量将作为该票货物的计费重量。

集中托运时,如果一批货物中即有轻泡货物也有重货,其计费重量则采用整批货物的总毛重或总体积重量,按两者之中较高者计算。

国际航协规定,国际货物的计费重量以0.5千克为最小计重单位,重量尾数不足0.5千克的,按0.5千克计算,0.5千克以上但不足1千克的,按1千克计算,如:115.002kg→115.5kg;115.501kg→116.0kg。

4. 最低运费(Minimum Charge)。国际航协规定,某条航线上自始发地机场到目的地机场航空运费的最低标准。当按公布运价表中的对应价格计算所得的运费低于运价表中的"M"运价时,则该票货物的运费为运价表的最低运费。

二、航空运费计算

(一)普通货物运价计算

普通货物运价是公布运价表中,除等级运价和指定商品运价以外的运价。

1. 计算步骤:

第一步,计算出航空货物的体积(Volume)及体积重量(Volume Weight)。

第二步,计算货物的总重量(Total Gross Weight)。

第三步,比较体积重量与总重量,取两者中较高者为计费重量(Chargeable Weight)。

第四步,根据公布运价表,找出适合计费重量的适用运价(Applicable Rate):①计费重量小于45千克时,适用运价为GCR N运价(GCR N运价表示重量在45千克以下的运价);②计费重量大于45千克时,适用运价为GCR Q45、GCR Q100、GCR Q300等与不同重量等级分界点相对应的运价(航空货运对于45千克以上的不同重量分界点的普通货物运价均用"Q"表示)。

第五步,计算航空运费(Weight Charge)。公式为:

$$航空运费 = 计费重量 \times 适用运价$$

第六步,若采用较高重量分界点的较低运价计算出的运费比第五步计算出的航空运费低,则取运费较低者。

第七步,比较第六步计算出的航空运费与最低运费M,取高者。

2. 例题详解:

例题1:以货物的实际毛重作为计费重量。

Routing:　Shanghai,Ching(SHA)
　　to Paris,France(PAR)

Commodity:　Tools

Gross Weight:　28.0KGS Each

Dimensions:　10 Boxes,40 CM×40 CM×40CM Each

公布运价如下:

SHANGHAI	CN	SHA
Y. RENMINBI	CNY	KGS
PARIS	FR	M 260.0
		N 35.65
		45 28.25

根据公布运价表给出的运价计算运费,并填写空运单运费计算栏。

解:Volume:40 CM×40 CM×40 CM×10 = 640 000 CM^3

Volume Weight:640 000 CM^3 ÷6 000 CM^3/KG = 106.67 KGS≈107.0KGS

Gross Weight:280.0KGS

Chargeable Weight:280.0KGS

Applicable Rate:GCR Q 28.25 CNY/KG

Weight Charge:28.25 CNY/KG×280.0KGS = CNY 7 910.00

航空货运单运费计算栏填制如下:

No. of Pieces RCP	Gross Weight	Kg Lb	Rate class	Rate class Commodity Item No.	Chargeable Weight	Rate/ Charge	Total	Nature and Quantity of Goods(Incl. Dim. and Vol.)
10	280.0	K	Q		280.0	28.25	7 910.00	TOOLS 40CM×40CM×40CM×10

例题 2:以体积重量作为计费重量。

Routing: Beijing,China(BJS)
to Amsterdam,Holland(AMS)

Commodity: Tools

Gross Weight: 38KGS Each

Dimensions: 10 Boxes,80 CM×70 CM×50CM Each

公布运价如下:

BEIJING	CN	BJS
Y. RENMINBI	CNY	KGS
AMSTERDAM	NL	M 260.0
		N 35.65
		45 28.25

根据公布运价表给出的运价计算运费,并填写空运单运费计算栏。

解:Volume:80 CM×70 CM×50CM×10 = 2 800 000 CM^3

Volume Weight:2 800 000 CM^3 ÷6 000 CM^3/KG = 466.67KGS≈467.0KGS

Gross Weight:380.0KGS

Chargeable Weight:467.0KGS

Applicable Rate:GCR Q 28.25 CNY/KG

Weight Charge:28.25 CNY/KG×467.0KGS=CNY13 192.75

航空货运单运费计算栏填制如下：

No. of Pieces RCP	Gross Weight	Kg Lb		Rate class Commodity Item No.	Chargeable Weight	Rate/ Charge	Total	Nature and Quantity of Goods(Incl. Dim. and Vol.)
10	380.0	K	Q		467.0	28.25	13 192.75	TOOLS 80CM×70CM×50CM

例题3：较高重量分界点重量作为计费重量。

Routing:　　Shanghai,China(SHA)
to Paris,France(PAR)

Commodity:　　Tools

Gross Weight:　　38.51KGS

Dimensions:　　100 CM×55 CM×30CM

公布运价如下：

SHANGHAI Y. RENMINBI	CN CNY		SHA KGS
PARIS	FR	M	320.0
		N	50.22
		45	41.53
		300	37.52

根据公布运价表给出的运价计算运费，并填写空运单运费计算栏。

解：

(1)按实际重量计算：

Volume:100 CM×55 CM×30CM=165 000 CM^3

Volume Weight:165 000 CM^3 ÷6 000 CM^3/KG=27.5KGS

Gross Weight:38.51KGS

Chargeable Weight:39.0 KGS

Applicable Rate:GCR N 50.22CNY/KG

Weight Charge:50.22 CNY/KG×39.0KGS=CNY1 958.58

(2)采用较高重量分界点的较低运价计算：

Chargeable Weight:45.0KGS

Applicable Rate:GCR Q45 41.53CNY/KG

Weight Charge:41.53 CNY/KG ×45.0 KGS = CNY 1 868.85

比较(1)与(2),取运费较低者,即 CNY 1 868.85。

航空货运单运费计算栏填制如下:

No. of Pieces RCP	Gross Weight	Kg Lb	Rate class		Chargeable Weight	Rate/ Charge	Total	Nature and Quantity of Goods (Incl. Dim. and Vol.)
				Commodity Item No.				
10	38.51	K	Q		45.0	41.53	1 868.85	TOOLS 100 CM ×55 CM ×30 CM

(二)指定商品运价计算

1. 指定商品货物的分组和编号。国际航协根据货物的性质及其特点等进行分类,共分为十大组。

0001 ~0999 食用动物和植物产品;

1000 ~1999 活动物和非食用动物及植物产品;

2000 ~2999 纺织品、纤维及其制品;

3000 ~3999 金属及其制品,但不包括机械、车辆和电器设备;

4000 ~4999 机械、车辆和电器设备;

5000 ~5999 非金属矿物质及其制品;

6000 ~6999 化工品及相关产品;

7000 ~7999 纸张、芦苇、橡胶和木材制品;

8000 ~8999 科学、精密仪器、器械及配件;

9000 ~9999 其他货物。

其中每一组又细分为10个小组,每个小组再细分,公布指定货物运价时只要指出本运价适用于哪一组货物就可以了。

2. 从我国出发的常见指定商品及其代码详见表3-11。

表3-11 常见指定商品及其代码

代码	种类
0008	新鲜水果、蔬菜
0300	可食用的鱼、海鲜、海产品
0600	肉、肉制品(包括家禽、野味和猎物)
1201	皮革及皮制品
1401	花木、幼苗、根茎、种子、植物和鲜花
2195	未进一步加工或制造的纱、线、纤维、布等纺织品
6001	化学制品、药品、药材

3. 指定商品运价的使用条件:①始发地至目的地之间有公布的指定商品运价;②托运人所

交运的货物,其品名与有关指定商品运价的货物品名相吻合;③货物的计费重量满足指定商品运价使用时的最低重量要求。

4. 计算步骤:

第一步,先查询运价表,如运输始发地至目的地之间有公布的指定商品运价,则考虑使用指定商品运价。

第二步,查找 TACT RATES BOOK 的品名表,找出与运输货物品名相对应的指定商品代号。

第三步,计算计费重量。此步骤与普通货物的计算步骤相同。

第四步,比较计费重量与指定商品运价的最低重量标准:

(1)如果货物的计费重量超过指定商品运价的最低重量标准,则优先使用指定商品运价作为适用运价。

(2)如果货物的计费重量没有达到指定商品运价的最低重量标准,则需要比较计算:①按普通货物计算,适用运价为 GCR N 或 GCR Q 的运价,航空运价 = 计费重量 × 适用运价;②按指定商品运价计算,适用运价为 SCR 的运价,航空运价 = 最低重量 × 适用运价;③比较前两者计算出的航空运费,取较低者;第五步,比较第四步计算出的航空运费与最低运费 M,取两者中较高者。

5. 航空货运单运费计算栏的填制。Commodity Item No.:填写指定商品代号,其各栏与普通货物的航空货运单运费计算栏的填制相同。

6. 例题详解。

例题:需比较的指定运价计算。

Routing:　Beijing, China(BJS) to Osaka, Japan(OSA)

Commodity:　Fresh Apples

Gross Weight:　4 Pieces, 68.3 KGS Each

Dimensions:　4 Pieces, 95 CM × 45 CM × 35CM Each

公布运价如下:

BEIJING	CN		BJS	
Y. RENMINBI	CNY		KGS	
OSAKA	JP		M	260.0
			N	36.51
			45	28.23
			300	26.50
		0008	300	18.50
		0300	500	20.25

根据公布运价表给出的运价计算运费,并填写空运单运费计算栏。

解:查 TACT RATES BOOKS 的品名表,特定商品代码"0008"所对应的货物名称为"FRUIT, VEGETABLES(FRESH)",本例品名"鲜苹果"符合指定商品代码"0008"中货物名。

Volume Weight: $95\ CM \times 45\ CM \times 35\ CM \times 4 \div 6000\ CM^3/KG = 99.75\ KGS \approx 100.0\ KGS$

Gross Weight: $68.3\ KGS \times 4 = 273.2\ KGS \approx 273.5\ KGS$

Chargeable Weight:273.5 KGS

(1)由于计费重量没有达到指定商品代码 0008 的最低重量 300KGS 的要求,因此只能先用普通运价计算:

Applicable Rate:GCR/Q45 28.23 CNY/KG

Weight Charge:28.23 CNY/KG×273.5KGS = CNY7720.91

(2)因为货物计费重量接近指定商品代码"0008"的最低重量 300KGS,所以可以按指定商品运价使用规则计算,然后进行比较:

Actual Gross Weight:273.2 KGS

Chargeable Weight:300.0 KG

Applicable Rate:SCR 0008/Q300 18.50 CNY/KG

Weight Charge:18.50 CNY/KG×300.0 KGS = CNY5550.00

比较(1)与(2),取运费较低者,所以 Weight Charge 为 CNY 5550.00。

航空货运单运费计算栏填制如下:

No. of Pieces RCP	Gross Weight	Kg Lb	Rate class		Chargeable Weight	Rate/ Charge	Total	Nature and Quantity of Goods (Incl. Dim. and Vol.)
				Commodity Item No.				
4	273.2	K	C	0008	300.0	18.50	5 550.00	FRESH APPLES 95CM×45CM×35CM×4

(三)等级商品运价

1. 等级货物运价的概念。等级货物运价(Class Rate or Commodity Classification Rates,CCR)是指在规定的业务区内或业务区之间运输少量的特定等级货物的运价。等级货物运价在国际航协的运价表中没有具体列明,而是以在 GCR N 运价基础上乘以一个百分比系数的形式构成,系数大于 100% 的,称为附加运价,系数小于 100% 的为附减运价。附加或不附加也不附减的等级货物运价用代码 S(Surcharged Commodity Classification Rates)表示,附减的等级货物运价用代码 R(Reduced Commodity Classification Rates)表示。

IATA 规定的等级货物包括:活动物、贵重货物、尸体、骨灰、汽车及书报杂志类货物和作为货物运输的行李等。

2. 等级货物运价的细分

(1)活动物运价。活动物运价详见活动物运价表,此运价表不适用于 ECAA(Europe Common Aviation Areas,欧洲共同航空区)国家之间。

表 3－12 活动物运价表——节选

IATA AREA(see Rule 1.2.2. Definitions of Areas)						
All Live Animals Except: Baby Poultry Less than 72 hours old	Within 1	Within 2	Within 3	Between 1 & 2	Between 2 & 3	Between 3 & 1
	175% of Normal GCR	175% of Normal GCR	150% of Normal GCR	175% of Normal GCR	150% of Normal GCR	150% of Normal GCR
Baby Poultry Less than 72 hours old	Normal GCR	Normal GCR	Normal GCR Except: 1 below	Normal GCR	Normal GCR Except: 1 below	Normal GCR Except: 1 below

Exception:①Within and from the South West Pacific sub－area:200% of the applicable GCR;

②活体动物的最低运费标准为 200% M(不包括 ECAA 国家之间)。

活动物运价表的几点解释:①运价系数的大小与活动物的年龄及运输航线所在的国际航协规定的航区有关。②“x% of Normal GCR”表示运价为 45KG 以下的普通运价 N 乘以 x%,即 x% N,如 175% of Normal GCR。此种运价的使用与货物的计费重量无关。③“Normal GCR”表示使用运价表中的 45KG 以下的普通货物运价 N。如果表中没有 45KG 重量级的运价,可选用 100KG 以下普通货物运价,同样,如果表中没有 100KG 重量级的运价,可选用大于 100KG 的最低重量级的运价。此种运价的使用与货物的计费重量无关。④“x% of the applicable GCR”表示在所适用的普通货物运价上乘以 x%,如 200% N、200% Q45KG、200% Q100KG 等。此种运价的使用与货物的计费重量有关。⑤如果始发地和目的地的等级运价百分比不相同,以始发地的百分比为准。⑥活体动物的容器、途中喂养所用器皿及食物的重量均包含在计费重量中。

(2)贵重货物运价。贵重货物的运价除在 IATA 的 1 区与 3 区间且经北或中太平洋(朝鲜半岛至美国本土各点除外),重量大于或等于 1 000KG 的贵重货物的运价为 150% N 运价以外,其余的均以 200% N 运价收取。

贵重货物的最低运价为公布运价表中 M 的 200%,且不低于 50 美元或等值货币。

(3)尸体与骨灰运价。除 IATA 2 区骨灰运输以 300% N 收取、棺柩运输以 200% N 收取外,其他各区内棺柩使用 N 运价(运价与计费重量无关),骨灰则按适用运价收取(运价与计费重量有关)。

IATA 2 区内的最低运费为 200% M,且不得低于 65 美元或等值货币;其他各区内的最低运费均按公布运价表中的 M 收取。

(4)书刊类运价。书刊类包括图书、期刊、报纸、杂志、盲哑人读物和专用设备等。

此类运价为附减运价。在 IATA 1 区内、1 区与 2 区之间的运输均以 67% N 的运价收取,其他各区内及区间的运输均以 50% N 的运价收取。使用此运价时,可以使用普通货物公布运价表的较高重量分界点的较低运价,两者比较,取较低者。

最低运费在各区内均以公布运价表中的 M 收取。

(5)作为货物运输的行李运价。此类运价为附减运价。除 1 区及 2 区与 3 区间的运输使用普通货物运价或指定商品运价外,其他各区及其之间的运输均按 50% N 标准计收。使用此运价时,可以使用普通货物公布运价表的较高重量分界点的较低运价,两者比较,取较低者。

最低运费在各区内均以公布运价表中的 M 收取。

3. 实例详解

例题1：活体动物运价计算。

Routing: Beijing. ,China(BJS)
to Atlanta,U. S. A. (ATL)

Commodity: Monkeys

Gross Weight: Total 3 Pieces,Each 55.3KGS

Dimensions: 3 Pieces,Each 98CM × 88CM × 44CM

公布运价如下：

BEIJING	CN		BJS
Y. RENMINBI	CNY		KGS
ATLANTA	US	M	420.0
		N	75.95
		45	58.68
		100	52.34
		300	47.26

根据公布运价表及活动物运价表3-12，计算空运费并填写空运单运费栏。

解：Volume：98CM × 88CM × 44CM × 3 = 1 138 368CM^3

Volume Weight：1 138 368CM^3 ÷ 6 000 CM^3/KG = 189.728KGS ≈ 190.0KGS

Gross Weight：55.3KGS × 3 = 165.9KGS ≈ 166.0KGS

Chargeable Weight：190.0KGS

因BEIJING属于TC3区，ATLANTA属于TC1区，本航行为TC3区到TC1区的运输，查活动物运价表知适用费率为150% N。

Applicable Rate：150% N = 150% × 75.95 CNY/KG = 113.93 CNY/KG

Weight charge：113.93CNY/KG × 190.0KGS = 21 646.70CNY

航空货运单运费计算栏填制如下：

No. of Pieces RCP	Gross Weight	Kg Lb		Rate class Commodity Item No.	Chargeable Weight	Rate/ Charge	Total	Nature and Quantity of Goods (Incl. Dim. and Vol.)
3	165.9	K	S	N 150	190.0	113.93	21 646.70	MONKEYS 98CM × 88CM × 44CM × 3

例题2：贵重货物运价计算。

Routing: Beijing,China(BJS)
to Chicago,U. S. A. (CHI)

Commodity: Gold Coin

Gross Weight: 4.2KGS

Dimensions: 45CM × 30CM × 20CM

公布运价如下：

BEIJING Y. RENMINBI	CN CNY	BJS KGS
CHICAGO	US	M 630.0
		N 69.43
		45 60.16
		100 53.19
		300 45.80

计算空运费并填写空运单运费栏。

解：Volume：$45CM \times 30CM \times 20CM = 27\ 000CM^3$

Volume Weight：$27\ 000CM^3 \div 6\ 000\ CM^3/KGS = 4.5KGS$

Gross Weight：4.2KGS

Chargeable Weight：4.5KGS

Applicable Rate：200% of the Normal GCR = 200% × 69.43CNY/KG = 138.86CNY/KG

Weight Charge：4.5 × 138.86 = CNY624.87

Minimum Charge：630.00

因为贵重货物的最低运价为公布运价表中 M 的 200%，所以此票货物的航空运费为：CNY1 260.00。

航空货运单运费计算栏填制如下：

No. of Pieces RCP	Gross Weight	Kg Lb	Rate class	Rate class: Commodity Item No.	Chargeable Weight	Rate/ Charge	Total	Nature and Quantity of Goods (Incl. Dim. and Vol.)
1	4.2	K	S	M200	4.5	1 260.00	1 260.00	Gold Coin 45cm × 30cm × 20cm

例题 3：书刊类运价计算。

Routing：　Beijing, China (BJS)
　　to London, U. K. (LON)

Commodity：　Periodicals

Gross Weight：　20 Pieces, 48.6KG Each

Dimensions：　20 Pieces, 70CM × 50CM × 40CM Each

公布运价如下：

BEIJING Y. RENMINBI	CN CNY		BJS KGS
LONDON	GB	M	320.0
		N	60.20
		45	45.22
		500	33.42
		1000	30.71

计算空运费并填写空运单运费栏。

解:(1)按查找的运价构成形式计算。

Volume:70CM×50CM×40CM×20=2 800 000CM^3

Volume Weight:2 800 000CM^3 ÷6 000CM^3/KGS=466.67KGS=467.0KGS

Gross Weight:48.6KG×20=972KGS

Chargeable Weight:972KGS

Applicable Rate:50% OF THE NORMAL GCR=50% ×60.20CNY/KG=30.10CNY/KG

Weight Charge:972KGS×30.10 CNY/KG=CNY29 257.20

(2)按下一个较高重量分界点1 000KG对应的较低运价计算。

Chargeable Weight:1 000.0kgs

Weight Charge:1 000×30.71=CNY30 710.00

比较(1)和(2),此票货物的航空运费为CNY29 257.20

航空货运单运费计算栏填制如下:

No. of Pieces RCP	Gross Weight	Kg Lb		Rate class / Commodity Item No.	Chargeable Weight	Rate/ Charge	Total	Nature and Quantity of Goods (Incl. Dim. and Vol.)
20	972.0	K	R	N 50	972.0	30.10	29 257.20	RERIODICALS 70cm×50cm×40cm×20

(四)集中托运货物运价

1. 集中托运的申报方式与计算规则

(1)总体申报。总体申报即将整票货中的多件不同种类的货物按一种货物一批申报。此种申报方式的计算重量为整批货的总毛重或总体积重量,运价采用适用的普通货物运价。

总体申报方式下的声明价值的办理只能按整票货物进行办理,航空公司不予以办理部分货物的声明价值或两种以上的声明价值。

(2)分别申报。分别申报即将整票货中的每一种类货物的品名、件数、重量和体积单独申报。此种申报方式下的费用计算按不同种类货物适用的运价及与其相应的计费重量分别计算,最后将每一类的运费加总,即为该批集中托运货物的航空运费。

2. 实例详解:

Routing: Shanghai,China(SHA) to Tokyo,Japan(TYO)

Commodity: Periodicals,and Toys and Peach(Fresh)

Gross Weight: 279.72KGS and 42.0KGS and 248.2KGS

Dimensions: 10 Pieces 90CM×60CM×35CM and 1 Piece 100CM×60CM×42CM and 6 Pieces 90CM×60CM×30CM

公布运价如下:

SHANGHAI	CN			SHA
Y. RENMINBI	CNY			KGS
TOKYO	JP		M	230.00
			N	38.58
			45	28.13
			300	25.50
		0008	300	18.80
		0300	500	20.16
		1093	100	18.43
		2195	500	18.80

解:(1)整批申报:

Total Volume:90CM×60CM×35CM×10+100CM×60CM×42CM+90CM×60CM×30CM×6
=3 114 000 CM^3

Total Volume Weight:3 114 000 CM^3 ÷6 000CM^3/KG=519.0 KGS

Total Gross Weight:279.72KG+42.0 KG+248.2KG=569.92 KGS

Chargeable Weight:570.0 KGS

Applicable Rate:GCR Q 25.50CNY/KG

Weight Charge:25.50CNY/KG×570.0 KGS=CNY14 535.00

(2)分别申报:

● PERIODICALS:

Volume Weight:90CM×60CM×35CM×10÷6 000CM^3/KG=315.0 KGS

Gross Weight:279.72 KGS

Chargeable Weight:315.0 KGS

Applicable Rate:50% of Normal GCR
50%×38.58 CNY/KG=19.29 CNY/KG

Weight Charge:19.29 CNY/KG×315.0 KGS=CNY6 076.35

● TOYS:

Volume Weight:100CM×60CM×42CM÷6 000CM^3/KG=42.0 KGS

Gross Weight:42.0 KGS

Chargeable Weight:42.0 KGS

Applicable Rate:GCR N 38.58 CNY/KG

Weight Charge:38.58 CNY/KG×42.0 KGS=CNY 1 620.36

较高重量点的较低运价:28.13CNY/KG×45.0 KGS=CNY1 265.85

● PEACH(FRESH):

Volume Weight:90CM×60CM×30CM×6÷6 000CM^3/KG=162.0 KGS

Gross Weight:248.2 KGS

Chargeable Weight:248.5 KS

Applicable Rate:GCR Q 28.13 CNY/KG

Weight Charge:28.13 CNY/KG × 248.5 KGS = CNY 6 990.31

查表知 FRESH PEACH 的代码为 0008,其实际毛重接近 300KG,所以用指定代码运价计算费用为:18.80 CNY/KG × 300.0 KGS = CNY 5 640.00

分别申报的总费用为:CNY6 076.35 + CNY 1 265.85 + CNY 5 640.00 = CNY 12 982.20

比较总体申报和分别申报的两种不同方式下的运费计算结果,取较低者——分别申报的运费 CNY 12 982.20 作为该批货物的航空运费。

航空货运单运费计算栏填制如下:

No. of Pieces RCP	Gross Weight	Kg Lb	Rate class		Chargeable Weight	Rate/ Charge	Total	Nature and Quantity of Goods (Incl. Dim. and Vol.)
				Commodity Item No.				
10	279.72		R	N 50	315.0	19.29	6 076.35	PERIODICALS 90cm × 60cm × 35cm × 10
1	42.0	K	Q		45.0	28.13	1 265.85	TOYS 100cm × 60cm × 42cm
6	248.2		C	0008	300.0	18.80	5 640.00	PEACH(FRESH) 90cm × 60cm × 30cm × 6
17	569.92						12 982.20	

操作4　国际航空货运进出口单证及其缮制

一、航空运单的性质和作用

航空运单(Airway Bill, AWB)是由承运货物的航空公司制定、由托运人(或以托运人的名义)按照航空公司的要求填制并由航空公司确认的,用以表明托运人和承运人之间所订立的运输契约。航空运单与海运提单不同,它不具备物权凭证的特性,不可转让,在空运单上都会有"Not Negotiable"字样。

航空运单的作用主要有:①承运人与托运人之间的运输合同证明;②承运人已接收货物的证明文件;③承运人据以核收运费的凭证及运费收据;④承运人内部业务的依据;⑤进出口货物办理清关手续的必需单证;⑥航空公司业务操作的依据,航空运单随货机同行,承运人会根据运单上的相关信息对货物做出相应的组织安排;⑦当承运人承办保险或托运人要求承运人代办保险时,航空运单也可以作为保险证明(载有保险条款的航空运单又被称为红色航空运单)。

二、航空货运单的种类

1. 按空运单有无出票人的标志可分为航空公司运单和中性运单。航空公司运单样式见附表 3-1,中性运单样式见附表 3-2。

2. 按空运单的出票人可分为总运单和分运单。

(1)主运单(Master Air Waybill, MAWB)。主运单由航空公司签发,每一票货物的出运都必须出具主运单。

(2)分运单(House Air Waybill,HAWB)。分运单是在集中托运业务(Consolidation)中,由空运代理人在办理货物出运时签发给发货人的运单。集中托运业务中的空运代理即体现为集中托运人(Consolidator)的身份。

在始发港站,航空运输公司向集中托运人签发航空运输的主运单(MAWB),集中托运人再向每一个托运人签发航空运输的分运单(HAWB);在目的地港站,航空公司凭主运单向分拨商(Break Bulk Agent)(集中托运人在目的地的代理或分支机构)交货,分拨商再凭分运单向每一个收货人交货。主运单和分运单的签发及流转如图 3－17 所示。

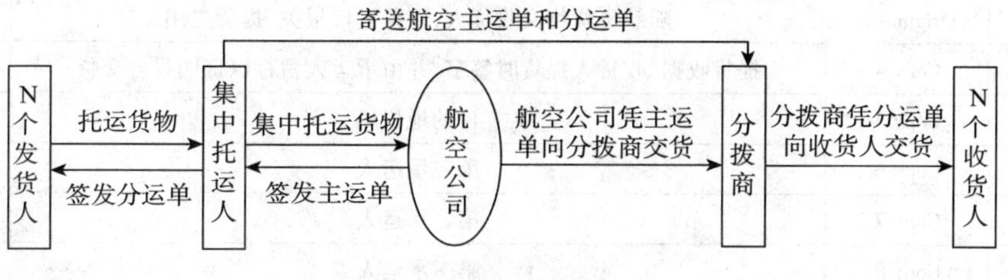

图 3－17　主运单和分运单的签发及流转

知识链接 3－5

集中托运业务中的两套空运单的区别

1. 分运单是发货人与集中托运人(空运代理人)之间的货物运输契约,合同的双方当事人分别是发货人和集中托运人;而主运单则是集中托运人与航空公司之间的货物运输契约,合同的双方当事人分别是集中托运人与航空公司。集中托运中,货主与航空公司之间没有直接的运输合同关系。

2. 主运单的托运人栏(Shipper)填写集中托运人,收货人栏(Consignee)填写分拨商,两者均是代理,都不是实际的货主;而分运单中的托运人栏和收货人栏分别是发货人和收货人,两者均是实际的货主。

三、航空运单的构成

我国国际航空货运单由一式十二联组成,包括三联正本、六联副本和三联额外副本。

航空货运单的每一份正本都印有背面条款,涉及航空货物运输的相关法律问题,如索赔、保险、运输更改等。航空货运单的构成如表 3－13 所示。

四、航空货运单的缮制

目前,各航空公司所使用的航空运单大多借鉴 IATA 所推荐的标准格式,虽有不同但差别并不大。下面仅就 IATA 的标准格式各栏目的填写予以介绍,样单见图 3－18。

1. 航空运单号码(The Air Waybill Number)。航空运单号码应清晰地填写在空运单的左上角、右上角及右下角(中性空运单应自行填制)。空运单号码一般采用 11 位数字表示,前三位数字是航空公司的三字代码(Airline Code Number)(1A),后八位中的前 7 位数字为该票货物的顺序编号(Serial Number),后八位中的第8位数字为检验号(1B),是顺序编号对7取模①的结果。

如:160－36877175,784－71956883,880－00677062。

表3－13 航空货运单的构成

序号	名称	分发对象及用途	颜色
1	Original 3	交托运人,作为承托双方运输合同及承运人收运货物的证明	浅蓝色
2	Copy 9	交代理人,供代理人留存	白色
3	Original 1	交出票航空公司,作为承托双方运输合同证明及运费结算凭证	浅绿色
4	Original 2	随航班货物交收货人,以备进口报关、提货之用	粉红色
5	Copy 4	提货收据,收货人提货时签字,并由承运人留存以证明妥善交货	浅黄色
6	Copy 5	目的地机场	白色
7	Copy 6	第三承运人	白色
8	Copy 7	第二承运人	白色
9	Copy 8	第一承运人	白色
10	Extra copy	供承运人使用	白色
11	Extra copy	供承运人使用	白色
12	Extra copy	供承运人使用	白色

2. 始发站机场(Airport of Departure)(1)。该栏填写始发站机场的IATA三字代码,如果始发地机场名称不明确,可填写机场所在城市的三字代码。

3. 货运单所属承运人的名称及地址(Issuing Carrier's Name and Address)(1C)。此处一般印有航空公司的标志、名称及地址,无须再填写(中性空运单需要打上承运人名称)。

4. 正本联说明(Reference to Originals)(1D)。此栏无须填写。

5. 契约条件(Reference to Conditions of Contract)(1E)。此栏一般情况下无需填写,除非承运人需要时才填写。

6. 托运人栏(Shipper)。此栏有两项内容:

(1)托运人姓名和地址(Shipper's Name and Address)(2),此项填写托运人的姓名、地址、国家或国家两字代码及托运人的电话、传真等联系方式。

(2)托运人账号(Shipper's Account Number)(3)。此项不需填写,除非承运人需要。

7. 收货人栏(Consignee)。此栏有两项内容:

(1)收货人姓名和地址(Consignee's Name and Address)(4)。填写收货人的姓名、地址、国家或国家两字代码及收货人的电话、传真等联系方式。此项必须明确填写具体的收货人姓名,而不得填写"TO ORDER"或"TO OREDER OF ×××"等,因为空运单上均有"NOT NEGOCIABLE"字样。

(2)收货人账号(Consignee's Account Number)(5)。此项仅供承运人使用,一般不须填写,除非最后的承运人需要。

① 顺序编号对7取模的意思是用顺序编号这个7位数字直接除以7,取其余数。

(1A) | (1) | (1B)　　　　　　　　　　　　　　　　　　　　(1A)　　　　(1B)

Shipper's Name and Address (2) | (3) Shipper's Account Number

Not Negotiable
Air Waybill (1C)
ISSUED BY

Copies 1,2 and 3 of this Air Waybill are originals and have the same validity. (1D)

Consignee's Name and Address (4) | (5) Consignee's Account Number

It is agreed that the goods described herein are accepted in apparent good order and condition (except as noted) for carriage SUBJECT TO THE CONDITIONS OF CONTRACCT ON THE REVERSE HEREOF. ALL GOODS MAY BE CARRIED BY ANY OTHER MEANS INCLUDING ROAD OR ANY OTHER CARRIER UNLESS SPECIFIC CONTRARY INSTRUCTIONS ARE GIVEN HEREON BY THE SHIPPER, AND SHIPPER AGREES THAT THE SHIPMENT MAY BE CARRIED VIA INTERMEDIATE STOPPING PLACES WHICH THE CARRIER DEEMS APPROPREATE. THE SHIPPER'S ATTENTION IS DRAWN TO THE NOTICE CONCERNING CARRIER'S LIMITATION OF LIABILITY. Shipper may increase such limitation of liability by declaring a higher value for carriage and paying a supplemental charge if require. (1E)

Issuing Carrier's Agent Name and City (6)

Accounting Information (10)

Agent's IATA Code (7) | Account No. (8)

Airport of Departure (Addr. Of First Carrier) and Requested Routing (9)

Reference Number (34A) | Optional Shipping Information (34B) | (34C)

TO (11A)	By First Carrier (11B)	Routing and Destination	to (11C)	by (11D)	to (11E)	by (11F)

Currency (12)	CHGS Code (13)	WT/VAL PPD (14A)	WT/VAL COL (14B)	OTHER PPD (15A)	OTHER COLL (15B)	Declared Value for carriage (16)	Declare Value for Customs (17)

Airport of Destination (18) | Flight/date (19A) | for Carriage Use Only | Flight/date (19B)

Amount of insurance (20) | INSURANCE-If carrier offers insurance and such insurance is required in accordance with the conditions thereof, indicate amount to be insured in figures in box marked "amount of insurance" (20A)

Handling Information (21)

(21A) SCI

No. of pieces RCP	Gross Weight	Kg Lb	Rate class Commodity Item No.	Chargeable weight	Rate Charge	Total	Nature and Quantity of Goods (incl. Dimensions or Volume)
(22A)	(22B)	(22C)	(22E) (22D) (22Z)	(22F)	(22G)	(22H)	(22I)
(22J)	(22K)					(22L)	

Prepaid	Weight charge	Collect
(24A)		(24B)
	Valuation Charge	
(25A)		(25B)
	Tax	
(26A)		(26B)
	Total Other Charges Due Agent	
(27A)		(27B)
	Total Other Charges Due Carrier	
(28A)		(28B)
(29A)		(29B)
Total Prepaid (30A)		Total Collect (30B)
Currency Conversion Rates (33A)		CC Charges in Dest. Currency (33B)
For Carrier's use only at Destination (33)		Charges at Destination (33C)

Other charges (23)

Shipper certify that the particulars on the face hereof are correct and that in so far as any part of the consignment contains dangerous goods, such part is properly described by name and is in proper condition for carriage by air according to the applicable dangerous goods Regulations.

(31)
Signature of shipper or his Agent

(32A)　　(32B)　　(32C)
Executed on (date)　　at (place)　　Signature of Issuing carrier or its Agent

Total Collect Charges (33D)

ORIGINAL 3 (FOR SHIPPER) A

图 3－18　国际航协标准格式空运单

8. 承运人代理栏(Issuing Carrier's Agent)。此栏有三项内容。

(1)名称和城市(Name and City)(6)。该项填写填制空运单、并向承运人收取佣金的承运人代理的国际航协代理人的名称和所在机场或城市。

根据货运代理机构管理规则,该佣金必须支付给目的站国家的一个国际航协代理人,则该国际航协代理人的名称和所在机场或城市必须填入此栏。

(2)国际航协代码(Agent's IATA Code)(7)。代理人在货账结算区(CASS[①] Areas),打印国际航协7位数字代码,后面加3位CASS地址代码和1位数字代码的检验位,如34-41234/5671;如果代理人不在货账结算区(Non-CASS Areas),只打印国际航协7位数字代码即可,如14-30288。

(3)账号(Account No.)(8)。此项一般不需填写,除非承运人需要。

9. 财务说明(Accounting Information)(10)。此栏填制财务说明事项。具体如下:

(1)以现金或支票支付运费时,应注明"现金(Cash)""支票(Check)"字样。

(2)以旅费证MCO(Miscellaneous Charges Order)支付运费时,只能用于作为货物运输的行李的运输,此栏应填MCO号码及应支付的金额,并填写"客票及行李票"号码、航班、日期等信息。但代理人不得接受托运人使用MCO作为付款方式。

(3)当货到达目的站无法交付给收货人而又必须退运时,应将原空运单号码填写在本栏内。

10. 运输路线(Routing)。此栏有四项内容。

(1)始发站机场及所要求的路线(Airport of Departure and Requested Routing)(9)。此项填写第一承运人所在机场或城市名称,与前面的始发站机场栏填写一致。

(2)运输路线和目的站(Routing and Destination)。此项可能涉及多个承运人。

• 至TO(11A)。此处填目的站机场或第一个转运点的IATA三字代码,如果该城市有多个机场,且不清楚机场名称,可填城市代码。

由第一段运输承运人by(First Carrier)(11B)。此处填第一段运输承运人的名称(全称或IATA两字代码均可)。

• 至TO(11C)。此处填目的站机场或第二个转运点的IATA三字代码,如果该城市有多个机场,且不清楚机场名称,可填城市代码。

由第二段运输承运人by(Second Carrier)(11D)。此处填第二段运输承运人的名称(全称或IATA两字代码均可)。

• 至TO(11E)。此处填目的站机场或第三个转运点的IATA三字代码,如果该城市有多个机场,且不清楚机场名称,可填城市代码。

由第三段运输承运人by(Third Carrier)(11F)。此处填第三段运输承运人的名称(全称或IATA两字代码均可)。

(3)目的站机场(Airport of Destination)(18)。填写最后承运人的目的地机场全称,如果该城市有多个机场,且不知道机场名称,可填写城市全称。

(4)航班/日期(Flight/Date)(19A)(19B)。此处仅供承运人使用。此栏一般不需填写,除非

① CASS:Cargo Accounts Settlement System,货物财务结算系统。

参加运输各有关承运人需要。如果是两航段或多航段运输，可将每一航段的航班/日期分列到此处。

11. 货币（Currency）（12）。此栏填写始发国的ISO（国际标准组织）的货币代号，通常是国家（地区）两字代码加上货币的英语首写字母，如CNY——CHINA YUAN，USD——UNITED STATES DOLLAR。除目的站“国家收费栏”内的款项外，空运单上所列的金额均按上述货币支付。

12. 运费代号（CHGS Code）（13）（仅供承运人使用）。此栏一般不需要填写，仅供电子传送空运单信息时使用。

13. 运费（Charges）。此项填写航空运费、声明价值附加费及其他费用支付方式。

WT/VAL航空运费和声明价值附加费预付和到付。两项费用必须全部预付或全部到付，不允许做部分预付或部分到付。如果是预付则在“预付”（14A）栏内打“×”，否则在“到付”（14B）栏内打“×”。

OTHER（Charges at Origin）在始发站的其他费用预付和到付。此栏填写在始发站发生的除声明价值附加费之外的其他费用，该项费用必须全部预付或全部到付，不允许做部分预付或部分到付。如果是预付则在“预付”（15A）栏内打“×”，否则在“到付”（15B）栏内打“×”。

14. 供运输用的声明价值（Declared Value for Carriage）（16）。此栏打印托运人对所托运货物声明的价值金额。如果托运人没有对所托运货物声明价值，此栏必须填写“NVD”字样，NVD——NO VALUE DECLARED，即没有声明价值。

15. 供海关用的声明价值（Declared Value for Customs）（17）。此栏填写货物及通关时所申报的商业价值金额。如果货物没有商业价值，此栏必须填写“NCV”字样。NCV——NO COMMERCIAL VALUE，即没有商业价值。

16. 保险金额（Amount of Insurance）（20）。如果承运人向托运人提供代办货物保险业务，此栏填写投保的金额；如果承运人不提供此项服务或托运人不要求投保，此栏填写“NIL”或“×××”符号。（20A）项为保险说明，不需填写。

17. 储运注意事项（Handling Information）（21）。此栏填写货物在仓储和运输过程中所应注意的事项。

（1）对于危险货物，有两种情况。一种是需要附托运人的危险品申报单，则本栏内应填写“DANGEROUS GOODS AS PER ATTACHED SHIPPER'S DECLARATION”字样，对于要求装在货机上的危险货物，还应在加上“CARGO AIRCRAFT ONLY”字样。另一种是属于不要求附危险品申报单的危险货物，则应填写“SHIPPER'S DECLARATION NOT REQUIRED”字样。

（2）当一批货物中既有危险货物也有非危险货物时，应分别列明，危险货物必须列在第一项，并填写危险品的件数。此类货物不要求附危险品申报单，其中的危险货物不是放射性物质且数量有限。

（3）其他注意事项尽可能使用“货物交换电报程序”（CARGO - IMP）中的代号和简语，如：货物上的标志，号码以及包装方法；随货运单所附文件的名称，如“SHIPPER'S CERTIFICATION FOR LIVE ANIMALS”（托运人的动物证明书）、“PACKING LIST”（装箱单）、“INVOICE”（发票）等；除收货人外，另请通知人（不同于收货人）的姓名、地址、国家，以及电话、电传或传真号码；货物所需要的特殊处理规定；海关规定等。

18. 航空运价细目(Consignment Rating Details)(22A)至(22L)。

一票货物中如含有两种或两种以上不同运价类别计费的货物,应分别填写,每填写一项另起一行,如果含有危险品,则该危险品应列在第一项。

(1)件数/运价组合点(No. of Pieces/Rcp)(22A)。此栏填写货物的件数。如果所使用的货物运价种类不同,应分别填写,并将总件数填写在(22J)栏内;如果使用非公布直达运价计算运费时,在件数的下面还应填写运价组合点城市的IATA三字代号。

(2)毛重(Gross Weight)(22B)。货物实际毛重(以千克为单位时可保留至小数后一位),并与件数相对应。如果分别填写,应将总毛重填写在(22K)栏内。

(3)重量单位(kg/lb)(22C)。此栏中,以千克为单位时填写"K",以磅为单位时填写"L"。

(4)运价等级(Rate Class)(22D)。填写所采用的货物运价种类代码,通常有以下十种:

M——最低运费 Minimum Charge;

N——45公斤以下(或100公斤以下)普通运价 Normal Rate;

Q——45公斤以上普通运价 Quantity Rate;

C——指定商品运价 Specific Commodity Rate;

R——等级货物附减运价 Class Rate Reduction;

S——等级货物附加运价 Class Rate Surcharge;

U——集装化设备基本运费货运价 Unit Load Device Basic Charge or Rate;

E——集装化设备附加运价 Unit Load Device Additional Rate;

X——Unit Load Device Additional Information 集装化设备附加说明;

Y——Unit Load Device Discount 集装化设备折扣。

(5)商品品名编号(Commodity Item No.)(22E)。此栏应根据所采用的货物运价种类填写,并与(22D)栏对应。

- 使用指定商品运价时,填写指定商品品名代号,对应于(22D)中的代码C。
- 使用等级货物运价时,此栏填写附加或附减运价的比例。附减运价:如所适用费率为N运价的50%,则填写为N50,对应于(22D)中的代码R。附加运价:如所适用的费率为N运价的150%,则填写为N150,对应于(22D)中的代码S。
- 如果是集装货物,填写集装货物运价等级。

(6)计费重量(Chargeable Weight)(22F)。填写与运价相对应的货物计费重量。

如果是集装货物则填写:

- 与运价代号"U"对应的适合集装箱货物基本运费的运价点重量;
- 与运价代号"E"对应的超过使用基本运费的重量;
- 与运价代号"X"对应的集装器空重。

(7)运价/运费(Rate/Charge)(22G)。此栏填写与(22D)对应的运价。

- 当使用最低运费时,填写与运价代码"M"对应的最低运费;
- 当使用非最低运费的普通运价时,填写与运价代码"N""Q"相应的运价;
- 当使用等级运价时,填写与运价代码"S"或"R"对应的附加或附减后的运价;
- 当使用指定商品运价时,填写与运价代码"C"相应的运价;

● 当使用集装运价时，则填写与运价代码“U”对应的集装货物的基本运费或与运价代号“E”对应的超过基本运费有集装货物运价。

（8）总计（Total）（22H）。此栏填写计费重量与适用运价相乘后的运费金额。如果是最低运费或集装货物基本运费时，本栏与“运价/运费”栏金额相同；如果是分别填写，将航空运费总额填写在（22L）栏内。

（9）货物品名和数量（Nature and Quantity of Goods）（22I）。本栏应按要求填写，尽可能地简明清晰。填写货物的品名（用英文大写字母），不得填写表示货物类别的统称；当一票货物中含有危险货物时，应分别填写，而且应将危险货物列在第一项；如果是集合货物，本栏应填写“Consolidation as Attached List”（集装托运货物，按所附的每一票据办理）；填写货物的外包装尺寸或体积，用“长×宽×高”表示，以厘米作单位；可填写货物的产地国。

（10）总件数（No. of Pieces）（22J）。此栏填写（22A）中各组货物的件数之和。

（11）总毛重（Gross Weight）（22K）。此栏填写（22B）中各组货物的毛重之和。

（12）总计（Total）（22L）。此栏填写（22H）中各组货物的运费之和。

（13）（22Z）此栏一般不需填写。如果承运人要求，可填写有关服务代号。

19. 其他费用（Other Charges）（23）。此栏一般填写在始发站发生的其他费用。填写“其他费用”金额时，应冠以代码。在代码与所收金额之间须加字母“C”或“A”以表明此费用为谁收，“C”表示该费用为承运人所收取，“A”表示该费用为代理人收取。

如：INA 2580 为代理人收取的代办保险服务费 2 580 元；

DBC 45.00 为承运人收取的代垫付款手续费 45.00 元；

空运单中常见的其他费用代码：

AC（Animal Container）——动物容器租费

AS（Assembly Service Fee）——集中货物服务费

AT（Attendant）——押运员服务费

AW（Air Waybill）——货运单费

BR（Bank Release）——银行放单费

CD（Clearance and Handling - Destination）——目的站清关操作费

CH（Clearance and Handling）——始发站办理海关手续和处理费

DB（Disbursement fee）——代垫付款手续费

DF（Distribution Service）——分发服务费

FC（Charges Collect Fee）——运费到付手续费

GT（Government Tax）——政府税

HR（Human Remains）——尸体，骨灰附加税

IN（Insurance Premium）——代办保险服务费

LA（Live Animals）——动物处理费

MA（Miscellaneous - Due Agent）——代理人收取的杂项费

MC（Miscellaneous - Due Carrier）——承运人收取的杂项费

MY（Fuel Surcharge）——燃油附加费

PK（Packaging）——包装服务费

PU(Pick - up)——货物提取费

RA(Dangerous Goods Surcharge)——危险品处理费

SD(Surface Charge Destination)——目的站地面运输费

SI(Stop in Transit)——中途停运费

SO(Storage - Origin)——始发站保管费

SR(Surface Charge - origin)——始发站地面运费

SU(Storage - destination)——目的站仓储费

TR(Transit)——过境费

TX(Taxes)——捐税

UH(ULD Handing)——集装设备操作费

20. 预付(Prepaid)或到付(Collect)。此栏中的左侧费用预付,右侧费用到付。

(1)运费(Weight Charge)。填写货物计费重量计得的货物运费。与(22H)或(22L)中的金额一致。全部预付的填写在(24A)栏中,全部到付的填写在(24B)栏中。

(2)声明价值附加费(Valuation Charge)。如果托运人提出货物运输声明价值,此栏则应填写声明价值附加费。

声明价值附加费的计算公式:(声明价值 - 实际毛重 × 最高赔偿额) × 0.5%

全部预付的填写在(25A)栏中,全部到付的填写在(25B)栏中。

(3)税款(Tax)。此栏填写适用的税款。全部预付的填写在(26A)栏中,全部到付的填写在(26B)栏中。

(4)其他费用总额(Total Other Charges):

- 由代理人收取的其他费用总额(Total Charges Due Agent),填写由代理人收取的其他费用总额。全部预付的填写在(27A)栏中,全部到付的填写在(27B)栏中。
- 由承运人收取的其他费用总额(Total Charge Due Carrier),填写由承运人收取的其他费用总额。全部预付的填写在(28A)栏中,全部到付的填写在(28B)栏中。

(5)无名称阴影栏目(29A)和(29B)。一般不需填写,除非承运人需要。

(6)总计(Total)。(30A)中填写(24A)、(25A)、(26A)、(27A)及(28A)等栏目中有关预付款项之和,(30B)中填写(24B)、(25B)、(26B)、(27B)及(28B)等栏目中有关到付款项之和。

21. 托运人签字栏(Signature of Shipper or His Agent)(31)。此栏填写托运人的名称,且托运人应在本栏目中签字或盖章。

22. 承运人填写栏(Carrier's Execution Box)。

(1)填开日期(Executed on Date)(32A)。按日—月—年的顺序填写货运单的填开日期,月份可用缩写,如:12 JAN 2012。

(2)填开地点(At Place)(32B)。此栏填写机场或城市的全称或缩写。

(3)填开货运单的承运人或其代理签字(Signature of Issuing Carrier or It's Agent)(32)。填开货运单的承运人或其代理人在此栏中签字。

23. 仅供承运人在目的站使用(For Carrier's Use Only at Destination)(33)。此栏一般不需填写。

24. 用目的国家货币付费。仅供承运人使用。(30A)至(33D)。

(1)货币兑换比价(Currency Conversion Rate)(33A)。此栏填写目的站国家货币代码和汇率。

(2)用目的站国家货币付费(CC Charges in Destination Currency)(33B)。用(33A)中的汇率乘以(30B)中所列的到付总额,即折算成目的站国家货币的金额,填写在此栏中。

(3)目的站的费用(Charges at Destination)(33C)。最后承运人将目的站发生的费用金额,包括利息等填写在此栏中(以目的站国家的货币为单位)。

(4)到付费用总额(Total Collect Charges)。填写(33B)与(33C)内的费用金额之和。

操作5　国际航空快递业务

一、国际航空快递流程

(一)国际航空快递出口操作流程

1. 达成合作,注册账户。国际航空快递公司的业务员通过营销与潜在客户达成书面协议或潜在客户在国际航空快递公司网站主动注册账户成为公司客户,快递公司在其信息管理系统中给客户分配客户编号,双方就服务项目、收费标准、费用结算方式达成一致。

2. 客户下单发件。客户需要发件时,可能是直接通过快递公司的服务电话,也可能是使用其账户信息登陆国际航空快递公司网站进行发件委托,不管以何种方式进行,该委托都会传送到国际航空快递公司的调度中心。

3. 调度。国际航空快递公司调度中心在收到客户的取件委托后,核对其客户编号、地址、联系方式等,然后通过快捷方式联系到客户服务区域派送员上门取件。

4. 上门取件。派送员接到取件指令后,选择合理线路,以最短时间到达客户所在地,验视客户欲发运的物品,指导其对快递物品进行包装(包装后称重与丈量)及填写快递运单和相关单证(如发票、装箱单等),并在快递单“取件人”栏签字确认,将发件人联留给客户,快递运单其他联、相关单证及包装好的快件一同收走。

5. 操作中心分拣。出口快件通过派送员上门取件或客户送到营业点交寄后就被送到国际航空快递公司的操作中心,由操作人员再次审核快递运单上的内容,检查物品是否符合航空货运要求。操作人员根据出口件的目的地、航班等,对快件进行分拣,将客户随货发票取出一份,与快递运单一同交给报关员进行出口报关。

6. 数据录入。数据录入人员将每一票出口快件的详细信息(发件人、收件人、品名、数量、申报金额、目的地等)录入快递公司的信息管理系统,这些信息将会被进口国的快递公司报关员下载用于进口报关,也是运费结算的依据,信息的准确与否还会直接影响该快件能否被及时顺利派送。

7. 出口报关。现行《中华人民共和国海关对进出境快件监管办法》将进出境快件分为文件类、个人物品类和货物类三类。

(1)文件类报关时,快递公司向海关提交中华人民共和国海关进出境快件 KJ1 报关单、总运单(副本)和海关需要的其他单证集中申报;

(2)个人物品类报关时,快递公司向海关提交《中华人民共和国海关进出境快件个人物品申报单》、每一进出境快件的分运单、进境快件收件人或出境快件发件人身份证件影印件和海关需要的其他单证。

(3)货物类进出境快件是上述两种进出境快件之外的其他进出境快件。出境件按照海关对出口货物通关的规定办理,提交《中华人民共和国海关出口货物报关单》、运单、发票及其他需要的单证(广告品、样品除外)。

8. 单货交接。快递公司操作员将加盖海关放行章的航空货运单及其他随机文件(如发票、装箱单等)与航空集装器内出口快件一同向航空公司或机场的货运站进行单货交接。各航空公司对出口货物的交接时间都有严格规定,一般须在飞机离港前的两三个小时内交接完毕。

9. 预报。始发站快递公司将出口快件的航班信息通知目的站国外快递分公司或其代理。

10. 费用结算。快递公司财务人员从信息管理系统中将不同客户的账单打印出来,认真核对无误后开具运费发票,随快递运单结算联(财务联),在协议规定的时间内,由派送员送给客户,客户在核对无误后,在协议规定的时间内将运费支付给快递公司。

(二)国际航空快递进口操作流程

1. 国外预报。国外始发地快递公司或代理事先通过传真、电子邮件或公司内部信息管理系统等方式将有关进口快件的信息通知目的站的快递公司或代理,预报进口快件的航空货运单号、航班号、件数、重量等。目的站快递公司或代理接到信息后安排货物的接收、海关申报等准备工作。

2. EDI 申报。快递公司接到预报后,将信息(航空货运单号、分运单号、航班号、件数、重量、品名、申报价值等)通过 EDI 系统向海关申报。海关审核后,返回一个包含每票快件状态(放行、查验、正式申报)的回执。通过海关放行的快件才能提货、派送,对于需要查验、正式申报的快件则要进行查验、入库等后续操作。

3. 提货。快递公司根据预报的信息安排车辆、人员至航空公司或机场的货运站提取快件。提件人员需与航空公司或机场货运站的工作人员现场核对航空货运单、清点件数、检查外包装,确认无误后,办理签收交接手续。

4. 操作中心分拣。从机场提件至快递公司操作中心(仓库)后,对所有进入操作中心的快件进行电子扫描。根据 EDI 申报回执将已放行的快件与需要查验、正式申报的快件分别存放,需要查验、正式申报的快件应存入海关监管仓。已放行的快件则需要根据所派送区域的不同再分拣,之后打印清单交派送部门派送。

5. 联系收件人。对于需要正式申报的快件,需要通知收件人提供相关的文件并确认有关税费的缴付。客服人员从信息管理系统或快件单上查找收件人联系方式,与收件人取得联系,通知收件人其进口快件的申报情况,要求收件人应准备和提供申报所需要的文件、证明和涉及的税费。

6. 正式申报。在取得收件人所提供的文件、证明等完整报关资料后,向海关正式申报,海关审校后盖章放行。

7. 放行出库。仓管人员依据放行信息从仓库提取已放行的快件,交派送部门派送。

8. 派送。派送部门根据派送区域及线路,安排分区派送员上门派件。派送员需与收件人当面验收,并由收件人在快件运单上签字确认。派送员将经收件人签字确认的快件运单返回，客服人员将上述信息（签收日期和时间、签收人的姓名或印章以及其他信息）录入公司信息管理系统，必要时要对快运单进行扫描图像录入并存档，以供发件人、始发站及客服人员查询。

二、航空快递单据

（一）快递运单

快递运单是快递公司为寄件人准备的、用于记录快件原始收寄信息及服务约定的单据，由寄件人或其代理人填写并签发，是快递公司与寄件人之间的寄送合同，其内容对双方均具有约束力。

我国国家标准规定国际快递运单中的信息内容应为中英文对照文字，其正面信息内容可分为用户填写区、业务处理区、条码区、服务信息区和自由设置区五部分。

1. 用户填写区的内容由寄件人填写，包括寄件人信息、收件人信息、快件信息及确认信息等。

2. 业务处理区由快递组织业务人员填写，包括重量、体积重量、包装、费用、付款方式、取件人员信息等内容。

3. 条码区用于快件条码标识的印刷和打印，设置在快递运单的右上角，位置大小宜为10cm×3cm。条码标识作为快件的唯一标识，用于快件的内部处理、查询等。

4. 服务信息区包括快递服务组织的相关信息，主要有快递服务组织的标识、服务类别、服务信息、提示信息等。

5. 自由设置区由快递服务组织根据各自业务需求设置，包括个性化信息及其他信息。

快递运单的信息内容布局，各快递公司可根据业务需求自行设置。

国际快递运单一般由以下五联组成：寄件人存根、快递公司收件存根、海关存根、快递公司派件存根、收件人存根。根据业务需要，各快递公司的运单联数可有增减。

（1）寄件人存根联。快递业务员将该联运单交给寄件人留存，它是收取寄付费用的依据，也是寄件人查询快件状态的依据，快递公司的服务协议一般印在本联背面。

（2）快递公司收件存根联。快递业务员成功收取客户寄递的快件后，将该联运单取下交给收寄处理点的操作员。操作员将该联运单内容录入快递公司的信息管理系统，以便客户通过网络查询快件状态。存根联是快递公司收寄快件的记账凭证，是营业收入的原始凭证，是快递业务员收件票数统计的依据，也是客户信息录入系统的信息源。

（3）快递公司派件存根联。该联运单随快件同行，在快件到达目的地派送成功后，快递业务员将其取下交给收寄处理点的操作人员。该联运单是签收客户核收快件的依据，也是快件派送企业统计派送票数和派送营业收入的统计依据。

（4）收件人存根联。该联运单随快件同行，在快件到达目的地派送成功后，快递业务员将其取下交给签收快件的客户留存。该联运单是客户签收快件的证明和快递企业收取到付费用的依据，同时也是快件出现问题时客户投诉和向快递公司索赔的依据。

（5）海关存根联。国际快件须有供报关使用的运单联。

（6）其他运单联。快递公司根据业务需要设计用于其他用途的运单联，具体名称自定。

(二)国际航空快递运单的缮制

快递运单缮制是否规范、完整对保证快件准确快速地运达目的地十份重要。快递业务员应了解快递运单填写的要求与规范。各个快递公司都有各自的运单格式,有各自的填写规范与要求,此处以 UPS 的国际快递运单(见图 3 - 19,附表 3 - 3)为例做详解。

UPS 运单由运单跟踪号(UPS Waybill Tracking No.)及条码、七个有标号的区域及两个没有标号的区域组成。

1. SHIPPER(发件人信息)。此栏有五项内容:

(1) SHIPPER'S UPS ACCOUNT NO. 如果已注册成为 UPS 网站用户或已是 UPS 客户,则填 UPS 为发件人分配的账号,如 A46186。

图 3 - 19　UPS 全球速快服务运单实例

(2)SHIPPER'S IDENTIFICATION NO. FOR CUSTOMS PURPOSES(V. A. T. , NO. , ETC)供海关识别的发件人身份信息(如纳税号等),仅货物类快件提供。

(3)NAME OF SENDER 发件人名,填私人发件人名或公司,发件时填发件联系人。

(4)TELEPHONE NO. 发件方联络人的联系电话,最好为移动电话。

(5)COMPANY NAME AND ADDRESS 发件人公司和地址(包括邮政编码及国家或地区)。

2. RECEIVER(收件人信息)。此栏有五项内容:

(1)RECEIVER'S ACCOUNT NO. 收件人账号,含义与发件人账号一样,一般发件时不需要填写,除非是由收件方付款。

(2) RECEIVER'S IDENTIFICATION NO. FOR CUSTOMS PURPOSES (E. I. N. , V. A. T. IMPORTER'S NO. , R. F. C. NO. , ETC)供海关识别的收件人身份信息(如雇主识别号码、进口商的纳税号、参考号等),仅货品类快件提供。

(3)NAME OF CONTACT PERSON 收件方联系人名。

(4)TELEPHONE NO. 收件方的联络电话。

(5)COMPANY NAME AND ADDRESS 收件人公司和地址(包括邮政编码及国家或地区)。

3. PAYMENT OF CHARGES(费用结算选项)。国际快件运送中可能涉及的费用包括运费及进口关税等。

(1)BILL SHIPPING CHARGES TO(运费支付)。可由发件人(SHIPPER)或收件人(RECEIVER)支付,也可以由收发件人以外的第三方(THIRD PARTY)支付。发件人在选择的付款方式前的方框中打上"×"即可。结算的工具还可以在信用卡(CREDIT CARD)、支票(CHEQUE)、现金(CASH)中三选一,如果选择第三方付款,须在"THIRD PARTY COMPANY NAME"处填写第三方公司名称,在"ENTER UPS ACCOUNT NO. (THIRD PARTY) OR MAJOR CREDIT CARD NO."处填上第三方公司在 UPS 的账号或信用卡主卡号码,并在"THIRD PARTY COUNTRY OR EXPIRATION DATE"对应填上第三方所在国家或信用卡的到期日。

(2)BILL DUTIES AND TAXES TO(DUTIABLE SHIPMENTS ONLY)(关税/税款支付)。该栏目的填写与运费支付的填写方法相同。

4. SERVICE LEVEL(服务类型)。UPS 在全球提供 4 种运送服务,分别为:

(1)EXPRESS PLUS,UPS 全球特快加急服务。选择这项服务,UPS 保证在早晨 8:00 或者 8:30前将货件送达美国主要城市,在早晨 8:30 前将货件送达加拿大,在早晨 9:00 前送达亚洲主要城市、美国其他 4 000 多个城市和欧洲的主要商业中心。此服务享有准时送达保证。

(2)EXPRESS,UPS 全球特快服务。选择这项服务,UPS 保证在早上 10:30 或者中午 12:00 之前将货件送达美国国内大部分地区,加拿大、欧洲和亚洲各主要城市,以及美洲特定区域。此服务享有准时送达保证。

(3)EXPRESS SAVER,UPS 全球速快服务。作为 UPS 全球限时快递的一项经济实惠型的服务,UPS 全球速快保证货件在工作日结束之前送达。该服务涵盖范围遍及全球 220 多个国家和地区,有准时送达保证,是当前 UPS 用户使用最多的类型。

(4)EXPEDITED,UPS 全球快捷服务。对于不是非常紧急的重要货件,使用者可以选择 UPS 全球快捷。这一递送服务将为使用者提供门到门递送与清关服务。货件在亚洲境内递送或从亚太地区送至欧洲、南北美洲的主要商业中心,最快仅需 3 个工作日。

用户只能在这四种运送方式中选择一种,在类型名称后面的方框里打个大“×”,值得注意的是,UPS 不是每个目的国都提供全部四种服务,每种服务的收费也是不一样的,用户在选择服务时要事先了解清楚(详细的服务类型与收费标准在 UPS 的官网上可以查询)。

5. SHIPMENT INFORMATION(装运资料)。

(1)NO. OF PACKAGES IN SHIPMENT:包裹件数。

(2)TOTAL ACTUAL WEIGHT OF SHIPMENT:包裹实际重量(合计)。填写连包装在内的实际称量的全部包裹的重量,须注明单位是千克(kg)还是磅(lb)。

(3)TOTAL DIMENSIONAL WEIGHT OF SHIPMENT:包裹体积重量(合计)。如果是轻泡货(货物的体积重量大于实际重量),每个包裹按照长宽高的乘值(cm^3)除以 5000 算出体积重量,以英寸计量的地区,除数为 305,以磅计量的国家或地区,除数为 139。目前,国际四大快递公司(UPS、DHL、FedEx、TNT)都是以这个数字来计算体积重量,即一立方米的轻泡货的计费重量为 200 千克,这与航空运输中除数为 6 000,一立方米的轻泡货按 167 千克计费是有所不同的,但是我国的快递公司还是按 6 000 cm^3/kg 计量,顺丰速递非空运的轻泡货是按 12 000 cm^3/kg 计算的。此栏重货不填,如为轻泡货,实际重量及体积重量两栏均要填写。

(4)ZONE:所属区域。填 UPS 运费分区中目的地国家或地区的分区号。

(5)包装方式。根据快件的实际包装,在对应的包装方式前的方框里打上“×”。

(6)DESCRIPTION OF GOODS(货物描述)。描述交寄快件内容物的名称及数量。

(7)INDICATE IF DOCUMENTS ONLY,如交寄物仅为无商业价值的单据,在此栏方框中打“×”。

(8)DECLARE VALUE FOR CARRIAGE ONLY(SPECIFY CURRENCY):供运送时使用的声明价值(注明币别)。一般不填,如果填写,快递公司会收声明价值附加费。

(9)DECLARE VALUE OF SHIPMENT FOR CUSTOMS ONLY:托运物的申报价值(注明币别),供报关时使用。

(10)REFERENCE NO. 1 & REFERENCE NO. 2:货件参考编号 1 及货件参考编码 2。与托运货件相关的编号,如合同号或其他编号等,可填收发件人的 UPS 账号。

(11)SPECIAL OFFER CODE:特殊优惠编码。享受 UPS 特殊优惠的托运物代码(如果适用)。

6. COUNTRY OF ORIGIN(MANUFACTURE)OF GOODS:托运物原产国(制造国)。如果所寄之物为中国原产或完全在中国生产,此栏一般注明“MADE IN CHINA”或“CHINA”字样。

7. DATE OF SHIPMENT/SHIPPER'S SIGNATURE(交寄日期/寄件人签名)。此区域由 UPS 的取件员在“RECEIVED FOR UPS BY”处签字确认,左上方按月日年的顺序填写取件日期,右下角注明具体取件日期与时间,“SHIPPER'S SIGNATURE”处由发件人签名确认。

8. UPS 运单上还有两处没有标号的内容。

(1)SPECIAL INSTRUCTIONS(特殊说明)。此处可以填写包裹尺码,也可以填写特殊要求,如 SATURDAY DELIEVERY(周六派送)等。

(2)SHIPPING CHARGES(运费)。此栏由 UPS 工作人员填写。TRANSPORTATION 为主运费,即按服务类型、投递区域的运价及计费重量算出来的运费;DECLARED VALUE 为声明价值附加费;OTHER 为其他费用,包括关税及税金、包装费、保险费和燃油附加费等。TOTAL CHARGES

为以上各项总计的运费。

(三)快递业务信息跟踪

对于快递业务的信息跟踪,目前大多数国内外快递公司都在其官网提供凭快递运单号跟踪查询快件下落的功能。如 UPS,使用运单跟踪号就可以在其官网上跟踪该运单项下货物的下落,如使用图 3－19 中的运单号 1Z 9F41E20492292124 在 UPS 中国的官网上进行包裹跟踪,会看到包裹已在 2012 年 1 月 20 日送达,签收人为 LIU XIAO YAN,包裹重量为 32.00kg。如图 3－20 所示。

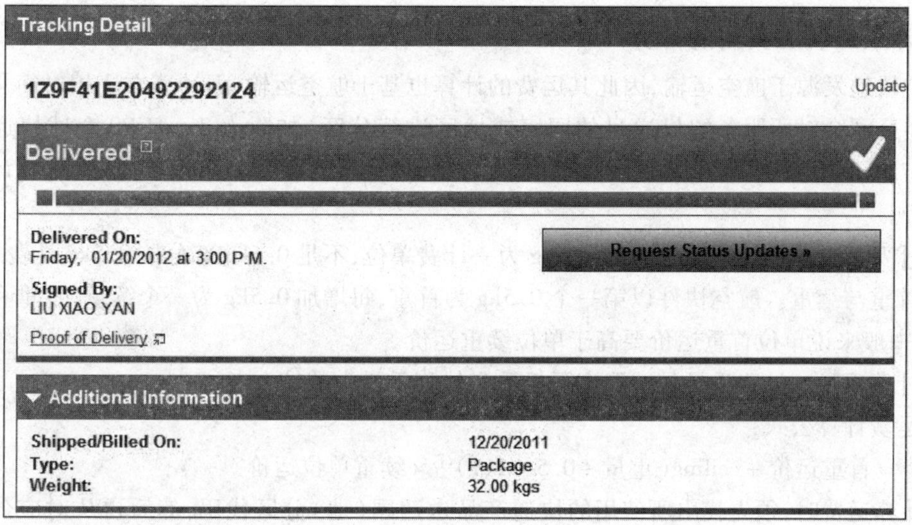

图 3－20　快递业务信息跟踪

三、航空快递费用计算

(一)航空快递费用的构成

航空快递费用是指航空快递企业向其服务对象(快件托运人或收件人)收取的运送服务费用和其他额外费用的总和。一般包括:

1. 运费。运费是航空快递费用中最主要的组成部分,综合反映了航空快递公司向客户提供的运送服务的价值,包括所运送的快递品的重量、体积、运送距离等。

2. 声明价值附加费。声明价值也叫申报价值,俗称保价。航空快递品重量小,价值高,航空快件的发件人基于安全考虑,选择支付一定的费用对其所托运的快递品进行价值声明,在发生快递品损坏、丢失的情况下,可以得到事先约定好的赔偿,避免了在赔偿过程中双方认识上的不同带来的纠纷。一般来说,快递包裹可以声明价值,文件类快件不可以声明价值或者限制声明价值。

3. 保险费。快递公司对其无法控制的事件造成的快递品的遗失、损坏或者延误不负责任,此类风险由发件人自己承担,因此发件人可以通过向保险公司投保的方式来转移此类风险,这样会产生保险费,快递公司一般不提供代理保险,如需投保,需由发件人自行联系保险公司或其代理人办理。

4. 关税和其他税费。一般来说，快递企业代理快递品托运人办理清关手续，代为缴纳关税和其他税费。通常可能发生的关税及税费会向发件人、收件人或第三方收取。快递企业会于完成清关前联络收件人，以对偿还代垫金额进行安排。如果快递企业代付款人垫付关税及其他税费，快递企业会按固定价格或垫款总额的一定比例向付款人收取附加费。

5. 燃油附加费。燃油成本是航空运输成本中的最主要部分，近年来国际油品市场价格节节高升，航空快递企业无法承受燃油上涨的压力，在运费之外大多另收燃油附加费。

6. 其他费用。包括包装费和其他不确定费用，如免费投递次数之外的再次投递或变更投递地址等的收费。

（二）航空快递费用的计算

航空快递发源于航空运输，因此其运费的计算也基于航空运输，但计算方法相对简化。一般航空快递公司会对所服务的投递目的国家或地区进行分区（如附表 3－4UPS 全球快递世界分区），制定出不同分区的首重运价及每续重单位的具体运价，按照一定计算方法就可以计算出总快递运费。

1. 计费重量单位。航空快递以 0.5kg 为一计费单位，不足 0.5kg 部分按 0.5kg 计费。

2. 首重与续重。航空快件以第一个 0.5kg 为首重，每增加 0.5kg 为一个续重，首重和续重运价不等，一般来说单位首重运价要高于单位续重运价。

3. 计费重量。计费重量是选取实际毛重和体积重量中的较大者。

4. 运费计算公式：

运费＝首重运价＋ceiling（重量÷0.5－1，1）① ×续重单位运价

在计算运费时，须先找出所使用的快递产品送达国（地）分区代码，然后再从对应分区代码中找到对应重量的首重运价及续重单位运价，再利用上述公式计算。为了方便操作人员操作，很多快递企业公布的运价表中已经直接算出对应重量的运费，操作人员只需按分区表找到对应重量的运费即可，无须另算运费，但须注意的是，重量超过一定限额之后，在计算运费时就不再分首重和续重，而是以计费重量直接乘以对应的单位运价，并且一般还适用重量分界点运价优惠（如附表 3－5、附表 3－6，UPS 2012 年的全球速快产品运费表）。

5. 声明价值附加费。航空运输中，航空公司对客户声明每公斤货物价值超过 20 美元者要另收声明价值附加费，计算公式在前面航空运费计算中已给出。一般航空快递企业在计算声明价值附加费时并不按此公式，而是通过规定一个声明价值附加费费率，用声明价值金额乘以这个费率得出应收声明价值附加费，这个费率各公司规定不一样，一般在 0.5% 左右，并且各快递公司对声明价值都会有限额。

6. 航空快递总运费。航空快递总运费为运费、燃油附加费、声明价值附加费、保险费、包装费及其他可能收取的费用的总和。

有时快递公司因促销原因或是大客户（优质客户），在运费计收时会有一定折扣优惠，一般是对主运费与燃油附加费打折。

---

① ceiling（N，1）函数为不小于 N 的最小整数，如 N 值为 9 时，函数值为 9，N 值为 9.01 时，函数值为 10。

案例研讨与教学互动

1. 本教学模块的实例导入中，小龙在接到货主的托单后，根据自己手头上所掌握的信息资源设计了两套运输方案供货主选择。

方案一：由海南航空公司负责运输，从海口到北京，再从北京直飞到法兰克福，再由卡车转运到柏林。预计为4－5天运送到目的地，航空运输总费用预算为25.20元/千克（含燃油附加费0.55元/千克，承运人收取的杂费0.35元/千克，不包含承运人收取的运单费150元/票）。由法兰克福到柏林的卡车航班运费为0.1欧元/千克。航班日期为2012年1月18日由海口到北京，2012年1月19日由北京到法兰克福。

方案二：用卡车运到深圳（因由海口飞往香港地区的各航空公司的机型均较小，不适货），经深圳过港，再从香港直飞法兰克福，由港龙航空公司负责航空运输，再由卡车转运到柏林。预计9～10天运送到目的地，航空运输总费用预算为21.50元/千克。（含燃油附加费0.50元/千克，承运人收取的杂费0.40元/千克，不包含承运人收取的运费150元/票及ENS费50元/票）。由海口卡车运到深圳的运费为0.25元/千克，由法兰克福到柏林的卡车航班运费为0.1欧元/千克。航班日期为2012年1月23日由香港到法兰克福。

注：签发空运单当天人民币对欧元汇率为7.9857。

托运人根据贸易合同的交货期限，考虑到可能存在的意外而导致延迟交货的风险，最终货主选择了方案一。

2. 小龙根据托运人的选择，向海南航空公司订舱。航班日期为2012年1月18日14:20由海口到北京，航班号为：HU7281，2012年1月20日09:35由北京到法兰克福，航班号为：HU7957。

3. 2012年1月18日与海南航空公司进行了运费结算，取得由海南航空公司签发的航空运单。

本票货物的总航空运费为：25.20元/千克×2 950千克＝74 340.00元

卡车运费为：0.1欧元/千克×2 950千克×7.9857＝2 355.78元

总费用为：74 340.00元＋2 355.78元＋150.00元＋50.00元＝76 895.78元

4. 2012年1月19日与托运人对本票货物航空运输的费用进行了结算，并将空运单转交给托运人。

5. 本票货物空运的填写如下：

880	HAK	0067 7065	880- 0067 7065

Shipper's Name and Address	Shipper's Account Number	Not Negotiable Air Waybill ISSUED BY — 海南航空股份有限公司 HAINAN AIRLINES CO., LTD. HAINAN CHINA
ZHONGDIAN CO. LTD HAINAN BRANCH NO. 26 HAIXIU ROAD HAIKOU CITY 570206. HAINAN P.R. CHINA TEL: 0898 -65395006 FAX: 0898 -65395007		Copies 1, 2 and 3 of this Air Waybill are originals and have the same validity.
Consignee's Name and Address	Consignee's Account Number	It is agreed that the goods described herein are accepted for carriage in apparent good order and condition (except as noted) and SUBJECT TO THE CONDITIONS OF CONTRACT ON THE REVERSE HERE OF. ALL GOODS MAY BE CARRIED BY AND OTHER MEANS INCLUDING ROAD OR ANY OTHER CARRIER UNLESS SPECIFIC CONTRARY INSTRUCTIONS I ARE GIVEN HEREON BY THE SHIPPER. THE SHIPPER'S ATTENTION IS DRAWN TO THE NOTICE CONCERNING CARRIER'S LIMITATION OF LIABILITY Shipper may increase such limitation of liability by declaring a higher value for carriage and paying a supplemental charge if required.
BOLIN INPORT & EXPORT CO. LTD SEK ZOLIAGENIGER CNBH CARGO CITY 578D 80569 FRABJFYRT MAIN -FLLGHAFEN TEL: 069 900 76980		
Issuing Carrier's Agent Name and City		Accounting Information
Agent's IATA Code	Account No.	FREIGHT PREPAID
Airport of Departure (Addr. of First Carrier) and Requested Routing HAIKOU (HAK – PEK – FRA)		

To	By First Carrier (Routing and Destination)	to	by	to	by	Currency	CHGS Code	WT/VAL PPD	WT/VAL COLL	Other PPD	Other COLL	Declared Value for Carriage	Declared Value for Customs
PEK	HU	FRA	HU			C.N.Y		PPD		PPD		NVD	NCV

Airport of Destination	Flight/Date For carrier Use Only Flight/Date	Amount of Insurance	INSURANCE - If Carrier offers insurance, and such insurance is requested in accordance with the conditions thereof, indicate amount to be insured in figures in box marked "Amount of Insurance."
FRANKFURT	HU 7281, 18JAN HU7957, 20JAN	×××	

Handing Information

(For USA only) These commodities licensed by U.S. for ultimate destination .... Diversion contrary to U.S. law is prohibited

No of Pieces RCP	Gross Weight	Kg lb	Rate Class Commodity Item No.	Chargeable Weight	Rate / Charge	Total	Nature and Quantity of Goods (incl. Dimensions or Volume)
5	2949.6	K	Q	2950.0	25.20	74340.00	CONSOLIDATION AS PER ATTACHED CARGO MANIFEST (ROTATING BLADE) DIM: 95×88×98CM/2PCS 58×46×54CM/1PCS 145×119×98CM/1PCS 115×119×98CM/1PCS
5	2949.6					74340.00	VOL:4.81CBM

Prepaid	Weight Charge	Collect	Other Charges
74340.00			AWC: 150.00 ENS: 50.00 SDC: 2355.78
	Valuation Charge		
	Tax		
	Total other Charges Due Agent		Shipper certifies that the particulars on the face hereof are correct and that insofar as any part of the consignment contains dangerous goods, such part is properly described by name and is in proper condition for carriage by air according to the applicable Dangerous Goods Regulations.
	Total other Charges Due Carrier		
2555.78			.... Signature of Shipper or his Agent
Total Prepaid		Total Collect	
76895.78			17JAN2012 HAIKOU HAINAN AIRLINE CO.
Currency Conversion Rates		CC Charges in Dest. Currency	
			Executed on (date) at(place) Signature of Issuing Carrier or its Agent
For Carrier's Use only at Destination		Charges at Destination	Total Collect Charges — 880 0067 7065

思考与练习

一、选择题

1. 在国际航空货物运输中,SLI 的中文全称是(　　)。

A. 航空货运单　　B. 运输声明价值　　C. 空运托运书　　D. 运费支付

2. 国际航空货物的计费重量以(　　)为最小单位。

A. 0.3KG　　B. 0.5KG　　C. 0.8KG　　D. 1KG

3. 在国际航空货物运输中,如果托运人没有声明价值,在航空货运单"Declared Value for Carriage"栏中必须填写(　　)。

A. AWA　　B. AWC　　C. NVD　　D. NCV

4. 运输某国际航空等级货物所适用的运价是"150% of the Normal GCR",在填写航空货运单"Rate Class"一栏时,应填写(　　)。

A. R　　B. C　　C. M　　D. S

5. 国际航空货运单上"RAC"表示(　　)。

A. 货运单费　　B. 垫付费　　C. 危险品处理费　　D. 地面运输附加费

6. 根据《华沙公约》的规定,如果承运人没有将货物交付收货人,收货人有权自填开航空货运单之日起(　　)天内以书面形式向承运人提出异议。

A. 14　　B. 21　　C. 60　　D. 120

7. 在国际航空货物运输中,法国戴高乐国际机场的三字代码是(　　)。

A. LHR　　B. KIX　　C. NRT　　D. CDG

8. 在国际航空货物运输中,操作代码 PER 的中文全称是(　　)。

A. 拴挂货物　　B. 鲜活易腐货物　　C. 贵重物品　　D. 仅限货机

9. 在国际航空货物运输中,注册的集装板的识别代号以字母(　　)打头。

A. J　　B. A　　C. F　　D. P

10. 下列关于航空货运单上"Amount of Insurance"一栏的说法正确的是(　　)。

A. 如果承运人提供代办货物保险业务,此栏填写投保金额

B. 如果承运人不提供代办货物保险业务,此栏空白

C. 如果托运人不要求投保时,此栏空白

D. 此栏填写货物的供海关用声明价值

二、计算题

1. Routing:　Beijing, China(BJS)
　　to New York, U. S. A.

Commodity:　Sheep

Gross Weight:　270.0 KGS

Dimensions:　240CM × 120CM × 60CM

公布运价如下:

BEIJING	CN		BJS
Y. RENMINBI	CNY		KGS
NEW YORK	US	M	420.00
		N	64.46
		45	46.34
		100	45.19
		300	41.86

注:经查,此时运价构成为 150% of the Normal GCR.

试计算该票货物的航空运费。

2. Routing: Beijing, China
to Amsterdam, Holland (AMS)

Commodity: Clothes

Gross Weight: Total 37.1KGS

Dimensions: 82CM × 48CM × 32CM

公布运价如下:

BEIJING	CN		BJS
Y. RENMINBI	CNY		KGS
AMSTERDAM	NL	M	320.00
		N	50.22
		45	41.53
		300	37.52

3. Routing: Beijing, China (BJS)
to Osaka, Japan (OSA)

Commodity: Fresh Apples

Gross Weight: 4 Pieces, 50.3 KGS Each

Dimensions: 4 Pieces, 95CM × 45CM × 35CM Each

公布运价如下:

BEIJING	CN			BJS
Y. RENMINBI	CNY			KGS
OSAKA	FR		M	260.0
			N	36.51
			45	28.10
			300	26.50
		0008	300	19.20
		0300	500	20.25

附表 3－2　中性航空运单

Shipper's Name and Address | Shipper's Account Number

Not Negotiable

Air Waybill
Issued by

Copies 1, 2 and 3 of this Air Waybill are originals and have the same validity.

Consignee's Name and Address | Consignee's Account Number

It is agreed that the goods described herein are accepted for carriage in apparent good order and condition (except as noted) and SUBJECT TO THE CONDITIONS OF CONTRACT ON THE REVERSE HERE OF. ALL GOODS MAY BE CARRIED BY AND OTHER MEANS INCLUDING ROAD OR ANY OTHER CARRIER UNLESS SPECIFIC CONTRARY INSTRUCTIONS I ARE GIVEN HEREON BY THE SHIPPER. THE SHIPPER'S ATTENTION IS DRAWN TO THE NOTICE CONCERNING CARRIER'S LIMITATION OF LIABILITY. Shipper may increase such limitation of liability by declaring a higher value for carriage and paying a supplemental charge if required.

Issuing Carrier's Agent Name and City

Accounting Information

Agent's IATA Code | Account No.

Airport of Departure (Addr. of First Carrier) and Requested Routing

To	By First Carrier Routing and Destination	to	by	to	by	Currency	CHGS Code	WT/VAL PPD	WT/VAL COLL	Other PPD	Other COLL	Declared Value for Carriage	Declared Value for Customs

Airport of Destination | Flight/Date | For Carrier Use Only | Flight/Date | Amount of Insurance

INSURANCE- If Carrier offers insurance, and such insurance is requested in accordance with the conditions thereof, indicate amount to be insured in figures in box marked "Amount of Insurance."

Handing Information

(For USA only) These commodities licensed by U.S. for ultimate destination ……………………………….Diversion contrary to U.S. law is prohibited

No of Pieces RCP	Gross Weight	Kg lb	Rate Class / Commodity Item No.	Chargeable Weight	Rate / Charge	Total	Nature and Quantity of Goods (incl. Dimensions or Volume)

Prepaid | Weight Charge | Collect

Other Charges

Valuation Charge

Tax

Total other Charges Due Agent

Shipper certifies that the particulars on the face hereof are correct and that insofar as any part of the consignment contains dangerous goods, such part is properly described by name and is in proper condition for carriage by air according to the applicable Dangerous Goods Regulations.

Total other Charges Due Carrier

…………………………………………………………………………………………
Signature of Shipper or his Agent

Total Prepaid | Total Collect

Currency Conversion Rates | CC Charges in Dest. Currency

…………………………………………………………………………………………
Executed on (date) | at(place) | Signature of Issuing Carrier or its Agent

For Carrier's Use only at Destination | Charges at Destination | Total Collect Charges

附表 3－3　UPS 运单

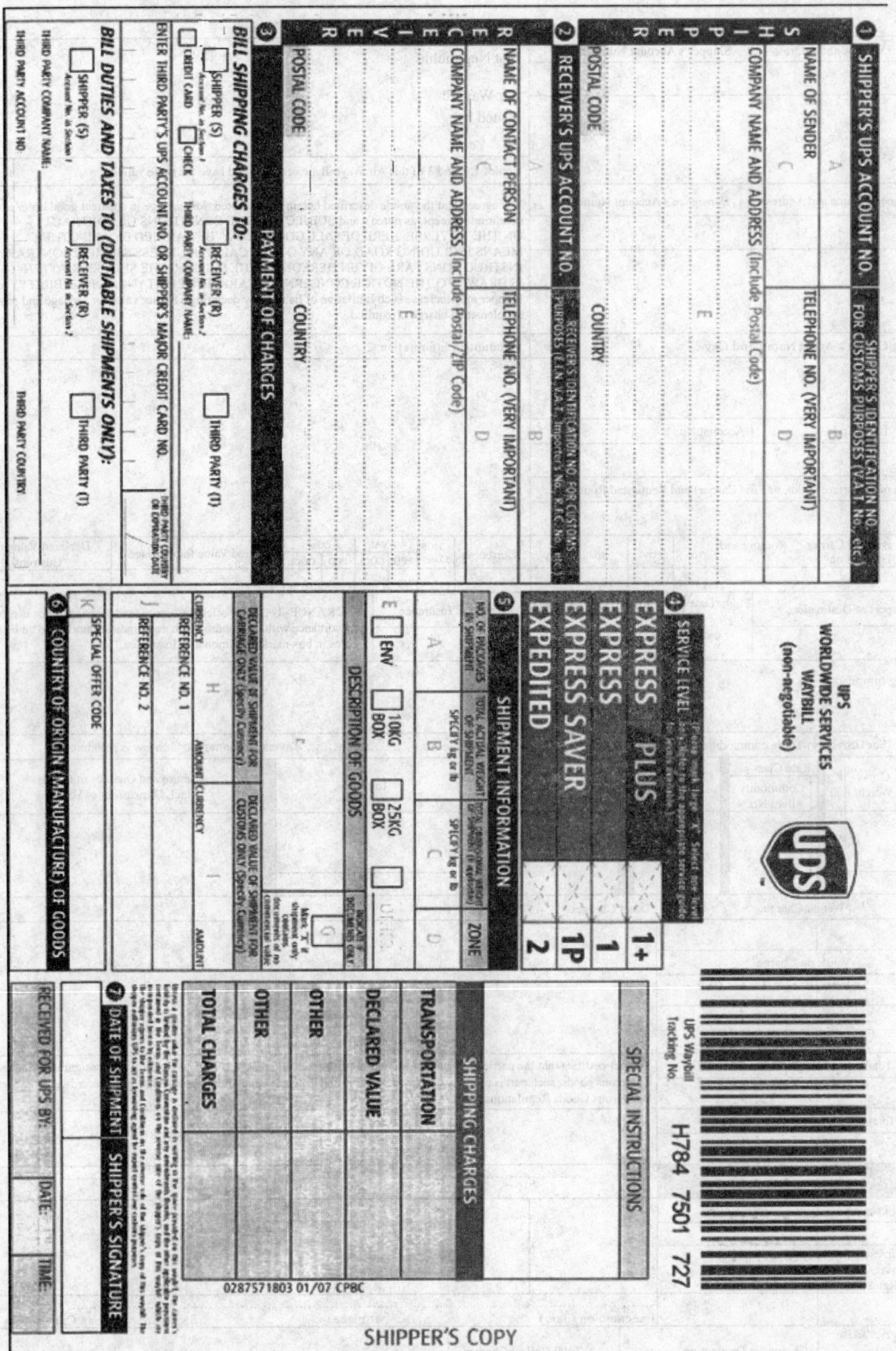

UPS WORLDWIDE SERVICES WAYBILL (non-negotiable)

UPS Waybill Tracking No. H784 7501 727

① SHIPPER'S UPS ACCOUNT NO. A | SHIPPER'S IDENTIFICATION NO. FOR CUSTOMS PURPOSES (V.A.T. No., etc.) B

SHIPPER

NAME OF SENDER C | TELEPHONE NO. (VERY IMPORTANT) D

COMPANY NAME AND ADDRESS (Include Postal Code) E

POSTAL CODE | COUNTRY

② RECEIVER'S UPS ACCOUNT NO. A | RECEIVER'S IDENTIFICATION NO. FOR CUSTOMS PURPOSES (E.I.N., V.A.T., Importer's No., R.F.C. No., etc.) B

RECEIVER

NAME OF CONTACT PERSON C | TELEPHONE NO. (VERY IMPORTANT) D

COMPANY NAME AND ADDRESS (Include Postal/ZIP Code) E

POSTAL CODE | COUNTRY

③ PAYMENT OF CHARGES

BILL SHIPPING CHARGES TO: SHIPPER (S) Account No. in Section 1 | RECEIVER (R) Account No. in Section 2 | THIRD PARTY (T)

CREDIT CARD | CHECK | THIRD PARTY COMPANY NAME:

ENTER THIRD PARTY'S UPS ACCOUNT NO. OR SHIPPER'S MAJOR CREDIT CARD NO. | THIRD PARTY COUNTRY OR EXPIRATION DATE

BILL DUTIES AND TAXES TO (DUTIABLE SHIPMENTS ONLY): SHIPPER (S) Account No. in Section 1 | RECEIVER (R) Account No. in Section 2 | THIRD PARTY (T)

THIRD PARTY COMPANY NAME:

THIRD PARTY ACCOUNT NO | THIRD PARTY COUNTRY

④ SERVICE LEVEL (Please mark large "X". Select one level only. Refer to the appropriate service guide for levels available.)

EXPRESS PLUS	1+
EXPRESS	1
EXPRESS SAVER	1P
EXPEDITED	2

⑤ SHIPMENT INFORMATION

NO. OF PACKAGES IN SHIPMENT	TOTAL ACTUAL WEIGHT OF SHIPMENT SPECIFY kg or lb	TOTAL DIMENSIONAL WEIGHT OF SHIPMENT (if applicable) SPECIFY kg or lb	ZONE
A	B	C	D

E　ENV　10KG BOX　25KG BOX　OTHER

DESCRIPTION OF GOODS F | INDICATE IF DOCUMENTS ONLY G Mark "X" if shipment only contains documents of no commercial value

DECLARED VALUE OF SHIPMENT FOR CARRIAGE ONLY (Specify Currency) H CURRENCY AMOUNT | DECLARED VALUE OF SHIPMENT FOR CUSTOMS ONLY (Specify Currency) I CURRENCY AMOUNT

J REFERENCE NO. 1

REFERENCE NO. 2

K SPECIAL OFFER CODE

⑥ COUNTRY OF ORIGIN (MANUFACTURE) OF GOODS

SPECIAL INSTRUCTIONS

SHIPPING CHARGES

TRANSPORTATION	
DECLARED VALUE	
OTHER	
OTHER	
TOTAL CHARGES	

0287571803 01/07 CPBC

⑦ DATE OF SHIPMENT | SHIPPER'S SIGNATURE

RECEIVED FOR UPS BY: | DATE: | TIME:

SHIPPER'S COPY

附表 3－4　UPS2012 年的分区表＜节选＞

UPS 全球快递世界分区表(适用于除广东省和福建以外

Destination Countries/ Territories	目的地 国家/地区	出口区							
		全球特快加急	全球特快	全球速快	全球快捷	全球特快加急	全球特快	[illegible]	全球快捷
Afghanistan	阿富汗	–	–	9	–	9	9	[illegible]	–
Argentina *	阿根廷 *	–	8	8	8	8	8	[illegible]	8
Canada *	加拿大 *	6	6	6	6	6	6	[illegible]	6
France *	法国 *	7	7	7	7	7	7	[illegible]	7
Hong Kong	中国香港	1	1	1	1	1	1	[illegible]	1
Italy *	意大利 *	7	7	7	7	7	7	7	7
Japan *	日本 *	–	3	3	3	3	3	[illegible]	3
Korea	韩国	–	–	2	2	2	2	2	2
New Zealand *	新西兰 *	–	5	5	5	5	5	5	5
United Kingdom *	英国 *	7	7	7	7	7	7	7	7
United States *	美国 *	6	6	6	6	6	6	6	6
Vietnam *	越南 *	–	–	4	4	4	4	4	4

* 此地可能包含偏远地区附加费或超出偏远地区范围附加费。

附表 3－5　UPS2012 年的全球速快产品运费表＜出口＞

出口—UPS Worldwide Express Saver(UPS 全球速快)

UPS 文件封和文件

货件重量(公斤)	地区 1	地区 2	地区 3	地区 4	地区 5	地区 6	地区 7	地区 8	地区 9
UPS 文件封	112	149	149	151	223	248	261	267	447
0.5	112	149	149	151	223	248	261	267	447
1.0	149	206	206	208	293	337	359	369	583
1.5	187	261	261	263	360	426	458	470	721
2.0	224	316	316	319	429	515	557	571	856
2.5	262	371	371	374	498	604	657	671	992
3.0	314	431	436	446	581	686	763	805	1 151
3.5	365	491	500	517	664	781	869	938	1 309
4.0	412	540	565	586	746	875	974	1 072	1 467
4.5	461	588	630	656	829	964	1 080	1 205	1 626
5.0	509	638	694	725	911	1 050	1 186	1 338	1 784

非文件包裹

货件重量（公斤）		地区 2	地区 3	地区 4	地区 5	地区 6	地区 7	地区 8	地区 9
0.5	[illegible]	261	261	263	323	272	372	402	685
1.0	[illegible]4	317	317	320	392	361	471	501	819
1.5	261	37[illegible]	372	376	460	452	570	603	956
2.0	298	[illegible]8	428	431	529	541	668	704	1 092
2.5	336	[illegible]84	484	489	598	630	766	806	1 226
3.0	37[illegible]	540	540	544	666	720	866	905	1 364
3.5	[illegible]09	596	596	601	734	809	966	1 007	1 501
4.0	446	650	650	657	802	898	1 066	1 108	1 637
4.5	484	706	706	712	871	987	1 165	1 208	1 774
5.0	520	762	762	770	939	1 076	1 266	1 341	1 911
5.5	558	817	817	825	1 009	1 165	1 364	1 409	2 047
6.0	596	873	873	882	1 078	1 255	1 462	1 508	2 183
6.5	632	929	929	938	1 149	1 344	1 561	1 610	2 318
7.0	669	985	985	993	1 218	1 433	1 659	1 711	2 454
7.5	706	1 041	1 041	1 050	1 287	1 523	1 759	1 813	2 590
8.0	744	1 096	1 096	1 107	1 357	1 612	1 857	1 912	2 725
8.5	780	1 152	1 152	1 163	1 427	1 701	1 955	2 014	2 861
9.0	817	1 207	1 207	1 219	1 497	1 791	2 054	2 115	2 997
9.5	854	1 264	1 264	1 274	1 566	1 880	2 152	2 214	3 132
10.0	893	1 318	1 318	1 331	1 635	1 969	2 251	2 316	3 268
10.5	926	1 371	1 370	1 384	1 700	2 051	2 320	2 417	3 397
11.0	961	1 423	1 420	1 436	1 765	2 132	2 389	2 519	3 529
11.5	995	1 476	1 472	1 489	1 830	2 212	2 460	2 618	3 658
12.0	1 031	1 527	1 523	1 542	1 894	2 294	2 529	2 720	3 788
12.5	1 066	1 579	1 573	1 594	1 960	2 375	2 599	2 821	3 918
13.0	1 100	1 631	1 625	1 647	2 025	2 457	2 668	2 921	4 048
13.5	1 135	1 684	1 676	1 700	2 089	2 538	2 738	3 022	4 177
14.0	1 170	1 736	1 728	1 753	2 154	2 618	2 808	3 124	4 308
14.5	1 205	1 788	1 778	1 805	2 221	2 700	2 877	3 223	4 [illegible]37
15.0	1 240	1 840	1 829	1 858	2 285	2 781	2 947	3 325	[illegible]
15.5	1 274	1 892	1 880	1 911	2 350	2 862	3 017	[illegible]	[illegible]
16.0	1 309	1 945	1 931	1 964	2 415	2 944	3 08[illegible]	[illegible]	[illegible]
16.5	1 344	1 997	1 981	2 016	2 480	3 024	[illegible]	[illegible]	[illegible]

续表

货件重量（公斤）	地区 1	地区 2	地区 3	地区 4	地区 5	地区 6	地区 7	地区 8	地区 9
9.0	820	1 247	1 294	1 307	1 515	1 961	2 014	2 576	3 043
9.5	843	1 297	1 344	1 357	1 577	2 048	2 116	2 688	3 166
10.0	866	1 345	1 393	1 405	1 639	2 135	2 218	2 800	3 288
10.5	885	1 388	1 435	1 449	1 693	2 209	2 290	2 901	3 413
11.0	903	1 431	1 478	1 492	1 748	2 282	2 364	3 004	3 536
11.5	921	1 474	1 521	1 535	1 802	2 355	2 436	3 106	3 659
12.0	939	1 516	1 565	1 579	1 857	2 430	2 510	3 207	3 783
12.5	957	1 559	1 607	1 623	1 911	2 502	2 585	3 308	3 907
13.0	975	1 601	1 649	1 666	1 965	2 575	2 658	3 412	4 011
13.5	995	1 645	1 692	1 709	2 019	2 649	2 730	3 513	4 118
14.0	1 012	1 688	1 735	1 752	2 074	2 723	2 804	3 615	4 223
14.5	1 029	1 731	1 778	1 796	2 128	2 796	2 877	3 718	4 329
15.0	1 048	1 773	1 821	1 839	2 183	2 870	2 951	3 818	4 434
15.5	1 066	1 817	1 864	1 883	2 237	2 942	3 025	3 921	4 539
16.0	1 083	1 860	1 907	1 926	2 290	3 016	3 097	4 024	4 644
16.5	1 102	1 903	1 951	1 970	2 345	3 089	3 170	4 124	4 748
17.0	1 120	1 945	1 993	2 013	2 398	3 163	3 244	4 227	4 853
17.5	1 137	1 989	2 036	2 056	2 453	3 236	3 318	4 329	4 956
18.0	1 155	2 032	2 079	2 099	2 507	3 310	3 393	4 432	5 061
18.5	1 174	2 075	2 123	2 143	2 562	3 383	3 466	4 533	5 165
19.0	1 192	2 117	2 165	2 186	2 615	3 456	3 542	4 635	5 271
19.5	1 210	2 161	2 208	2 230	2 670	3 529	3 596	4 738	5 343
20.0	1 228	2 203	2 251	2 274	2 724	3 603	3 649	4 816	5 353

非文件包裹

货件重量（公斤）	地区 1	地区 2	地区 3	地区 4	地区 5	地区 6	地区 7	地区 8	地区 9
适用于重量超过 20 公斤的货件（每公斤运费－逆差重量 * 除外）									
21－44	60	109	112	113	134	177	178	226	252
45－70	44	93	94	95	118	157	168	203	229
71－99	39	88	89	90	114	147	156	194	224
100－299	37	83	85	87	112	145	152	193	220
300－499	31	78	79	80	109	135	137	191	219
500－999	30	76	78	79	107	134	136	190	218
Above 1 000	28	75	76	78	106	133	135	189	217

* 在某种情况下，用高一级的重量计费可能比用实际重量更经济，UPS 的计费系统会自动计算并以较低收费。

学习模块四　国际陆运及多式联运

【学习目标】　通过本模块的学习，使学生了解国际陆运的有关概念、特点及优越性，了解国际多式联运的特点，以及了解国际多式联运经营人应具备的条件；掌握国际多式联运经营人的责任期间和责任类型，熟练掌握国际陆运及多式联运的操作流程，熟练掌握国际陆运及多式联运业务单据的填写，以及熟练掌握国际陆运及多式联运业务的运费核算。

【实例导入】　香港地区某出口商委托一多式联运经营人，将一批半成品的服装经孟买转运至印度的新德里。货物由多式联运经营人在其货运站装入两个集装箱，且签发了清洁提单。集装箱经海运从中国香港运到孟买，再由铁路运到新德里。在孟买卸船时，发现其中一个集装箱外表有损坏。多式联运经营人在该地的代理将此情况于铁路运输前通知了铁路承运人。当集装箱在新德里开启后发现，外表损坏的集装箱里所装的货物严重受损；另一集装箱虽然外表完好、铅封也无损，但内装货物已受损。买方要求多式联运经营人赔偿其损失。

思考：

1. 多式联运经营人是否应对两箱货损负责？
2. 如果多式联运经营人负责，其赔偿责任如何？
3. 多式联运经营人能否享有责任限制？

学习任务一　基础知识单元

基础1　国际铁路货运基础

一、铁路货物运输概述

（一）铁路运输主要优点

铁路运输具有安全程度高、运输速度快、运输距离长、运输能力大、运输成本低等优点，具有污染小、潜能大、不受天气条件影响的优势，是公路、水路、航空、管道运输无法比拟的。

（二）铁路货物运输种类

铁路货物运输种类即铁路货物运输方式，按我国铁路技术条件，现行的铁路货物运输种类分为整车运输、零担运输、集装箱运输三种。其中还包括快运、整列行包快运，但现在开展的范围不大。整车适于运输大宗货物；零担适于运输小批量的零星货物；集装箱适于运输精密、贵重、易损的货物，有利于开展国际多式联运业务。

铁路货物运输的种类是根据托运人托运货物的数量、性质、状态等特点加以选择的。在签订货物运输合同时，托运人与承运人要按《铁路货物运输规程》的规定和所运货物的特点，实事求是地确定运输的种类。

（三）铁路货物运输基本条件

1. 整车货物运输的基本条件。一批货物的重量、体积、状态需要以一辆以上货车运送的货物，应按整车办理。

2. 零担货物运输的基本条件。按货物的重量、体积、状态不需要以一辆单独货车运送，而且允许和其他货物配装的货物，可以按零担办理。

3. 集装箱货物运输的基本条件。凡能装入集装箱，并且不对集装箱造成损坏和污染的货物及可按集装箱运输的危险货物，均可按集装箱办理。

（四）铁路货物运输方式

1. 整车运输。托运人向铁路托运一批货物的重量、体积或形状，需要以一辆及以上货车运输的货物，应按整车运输的方式向铁路（承运人）办理托运手续。

铁路目前主要的通用货车，有平车、敞车、棚车、冷藏车（分为加冰冷藏车和机械冷藏车），其主要技术参数详见表4－1。

表4－1　铁路主要货车型号和技术参数

名　称	车型	自重（t）	载重（t）	车内容积（m^3）	车内尺寸（m）			计费重量	货物特点
					长	宽	高		
平　车	N17	20	60		13	2.9		60	装运大件货物
敞　车	C62	20.6	60	68.8	12.5	2.8	2	60	装运散装货物
棚　车	P62	24	60	120	15.5	2.8	2.7	60	装运贵重货物
加冰冷藏车	B6	34	45	86	16.4	2.5	2.1	38	装运冷藏货物
机械冷藏车	B23	38	46	105	18	2.6	2.4	48	4辆一组
机械冷藏车	B10	38.2	43.5	105	18	2.6	2.35	48	单节

另外，铁路还有很多特种车和专用车，如罐车（G）、矿石车（K）、长大货车（D）、集装箱车（XN）、散装水泥车（U）等，种类繁多，型号各异。

2. 零担运输。零担运输是指托运一批次货物数量较少时，装不足或者占用一节货车车皮（或一辆运输汽车）进行运输，在经济上不合算而由运输部门安排和其他托运货物拼装后进行运输，运输部门按托运货物的吨公里数和运价率计费。

（1）办理零担货物运输的条件。凡不够整车运输条件的货物，可按零担货物托运。零担货物一件体积不得小于$0.02m^3$，但一件重量在10公斤以上时，则不受此最小体积限制。零担货物每批件数不得超过300件。

不得按零担货物托运：需要冷藏加温运输的货物；规定限按整车办理的货物（装入铁路批准使用爆炸品保险箱运输的除外）；易于污染其他货物的污秽品（经过卫生处理不致污秽其他货物的除外）；蜜蜂；不易计算件数的货物；未装入容器的活动物（铁路局管辖范围内零担运输办法中

允许的除外);一件重量超过 2 吨或体积超过 $3m^3$ 或长度超过 9 米的货物(发站认为不致影响中转站或到站卸车作业者除外)。

(2)个人托运物品。个人托运物品按《个人物品运输办法》的规定办理。个人托运物品中,禁止夹带金银珠宝、文物字画与贵重物品、有价证券、货币凭证和危险货物。

(3)零担货物货签、标志。零担货物货签应使用坚韧的材质制作,货签内容、规格必须符合铁路统一的格式。每件货物使用 2 枚货签,分别粘贴、钉固于包装的两端。不宜粘贴或钉固时,可使用拴挂方法。

3. 集装箱运输。铁路一般集装箱运输是主要铁道运输方式之一,铁路集装箱运输在铁道运输系统内的整车、零担运输方面发挥了很大作用。由于铁道集装箱吨位不大,可利用货站原有的装卸设备,因而可在很大范围内办理这种运输业务。铁路各货运站的营业办理限制不尽相同,应注意查询。铁路集装箱按箱型分有 1 吨箱、5 吨箱、6 吨箱、10 吨箱、20 英尺箱、40 英尺箱。铁路集装箱型号和技术参数见表 4－2。

表 4－2 铁路集装箱型号和技术参数

序号	箱型	类别	自重(公斤)	容积(米^3)	内部尺寸(毫米)			最大载重量	最大总重
1	TJ1	1 吨箱	175	1.2	830	1 264	1 150	825	1 000
2	TJ5	5 吨箱	830	8.2	1 390	2 564	2 450	4 170	5 000
3	TJ5A	5 吨箱	815	9.6	1 825	2 352	2 243	4 185	5 000
4	TBT5	6 吨箱	900	10.02	1 640	2 514	2 430	4 100	5 000
5	TJ5B	6 吨箱	840	9.34	1 795	2 352	2 213	5 160	6 000
6	TJ5C	6 吨箱	940	10.02	1 840	2 306	2 360	5 060	6 000
7	TBJ10	10 吨箱	1 618	16.81	2 921	2 402	2 396	8 382	10 000
8	20 英尺	20 吨箱	1 600	31.5	6 028	2 418	2 551	18 720	20 320
9	40 英尺	40 吨箱			14 142	2 418	2 551		

注:20 英尺、40 英尺载重标准和容积与国际海运集装箱通用。

二、国际铁路联运

(一)国际铁路联运的产生与发展

19 世纪中期,有关国家签订协约开展国际铁路客货联运,1890 年欧洲国家在瑞士首都伯尔尼签订了《国际铁路运送规则》并于 1893 年开始生效。1934 年该公约修改后称为《国际铁路货物运送公约》并于 1938 年 9 月开始实行。现在参加该公约的国家已达到 30 多个,对国际铁路货物运输的影响也日益扩大。

1951 年在北大西洋公约组织欧洲各国部长运输会议上,由原苏联代表提议,起草并通过了《国际货协》和《国际客协》,最初有 8 个国家参加,1954 年中国、朝鲜、蒙古正式参加,随后越南也参加进来。从此,国际铁路联运成为连接亚欧各国客货运输的重要纽带。

(二)国际铁路联运定义和特点

1. 国际铁路联运的定义。指使用一份统一的国际铁路联运单据,由跨国铁路承运人办理两国或两国以上铁路的全程运输,并承担运输责任的一种连贯运输方式。国际铁路货物联运,是我国对外经济联系的渠道之一,是我国铁路涉外工作的一个部分。

2. 国际铁路联运的特点:手续复杂、涉及面广、时间性强、运输要求和质量标准高。

三、国际铁路联运的优势和作用

(一)国际铁路联运的优势

1. 简化手续,方便发货人(收货人)。发货人只需在发站办理一次性托运手续,即可将货物运抵另一国的铁路到站。

2. 充分利用铁路成本较低,运输连贯性强、运输风险小和不易受天气和季节变化影响等优势。

3. 可充分利用铁路运输优势,也便于选择运输路径,从而缩短运输时间,减少运输费用。

(二)国际铁路联运在国际货物运输中的作用

1. 免除货物在国境站重新办理托运的手续,火车可以直接过轨运输。

2. 减少了因换装所需的人力、物力、财力和时间。

3. 减少了货损货差,降低了运费,为开展国际贸易创造了更加便利的条件。

4. 各国铁路货物联运,有利于各国或地区间的经济交往,加速经济一体化的发展。

四、国际铁路货物联运规章

办理国际铁路货物联运所依据的规章是《国际铁路货物联运协定》(以下简称《国际货协》),以及《国际铁路货物联运协定办事细则》(简称《办事细则》)、《国际铁路货物联运统一过境运价规程》(以下简称《统一货价》)、《国际旅客联运和铁路货物联运清算规则》(简称《清算规则》)和《国际联运车辆使用规则》(简称《车规》)等规章。《国际货协》主要规定了适用的范围,运输的基本条件,运输合同的缔结、履行和变更,铁路的责任,以及赔偿请求和诉讼等内容;阐明了铁路和收、发货人之间的权利和义务,并对双方均具有约束效力。《国际货协》是参加运送铁路和收、发货人办理国际铁路货物联运时都必须遵守的基本规章。上述其他规章主要规定了铁路之间的车辆和货物在国境站的交接、国境站之间的列车运行、适用车辆的技术条件、过境运送费用的计算、铁路的责任划分及相互费用的清算办法等内容。这些都是参加运送的铁路及其工作人员应遵守的规章。

五、我国通往邻国及地区的铁路线及国境口岸

凡办理由一国铁路向另一国铁路移交或接受货物和机车车辆作业的车站称为国境站。国境站是国家对外开放的口岸,是铁路办理对外运输工作的重要场所。

目前,与我国有铁路相连的国家主要有俄罗斯、朝鲜、蒙古、越南、哈萨克斯坦。中国内地与香港特别行政区也有铁路相连。

我国与邻国边境铁路车站的站名、各站距国境线的距离及邻接的轨距大小见表4-3。

表 4-3　我国与邻国的边境铁路车站站名及其他

我国与邻国	我国铁路干线	我国国境站站名	邻国国境站站名	中国轨距/mm	邻国轨距/mm	距国境线距离/km	
						中国	邻国
中俄间	滨州线	满洲里	后贝加尔	1 435	1 520	9.8	1.3
	滨绥线	绥芬河	格罗迭科沃	1 435	1 520	5.9	20.6
	图晖线	晖春	卡梅绍娃亚	1 435	1 520	7.9	18.6
中蒙间	集二线	二连浩特	扎门乌德	1 435	1 524	4.8	4.5
中哈间	兰新线	阿拉山口	德新日巴	1 435	1 520	4.02	8.13
中朝间	沈丹线	丹东	新义州	1 435	1 435	1.4	1.7
	集梅线	集安	满浦	1 435	1 435	7.3	3.8
	长图线	图们	南阳	1 435	1 435	2.1	1.3
中越间	湘桂线	凭祥	同登	1 435	1 000/1 435	13.2	4.6
	昆河线	老街	新铺	1 000	1 000	6.5	4.2

新视窗 4-1

阿拉山口为我国最大的陆路口岸

我国最大陆路口岸新疆阿拉山口口岸去年累计进出口货运量达 2 034 万吨，贸易额近 174 亿美元，增长 46.5%，在海关税收和贸易额上，都保持全国陆路口岸之首位置。

作为我国第一大陆路口岸，阿拉山口口岸去年累计进口货物 1 862 万吨，进口贸易额达 140 亿美元，增长 35%；出口货物 172 万吨，出口额近 34 亿美元，增长了 1.2 倍。进出口物资价格均出现上涨是贸易额大增的主要原因。

据乌鲁木齐海关统计，去年阿拉山口口岸进口货物主要是资源性物资，其中我国首条跨国运输原油管线——中哈原油管道进口原油突破 1 000 万吨，创历史新高；进口棉花 14 万吨，九成以上来自乌兹别克斯坦，贸易额达 4 亿多美元；进口成品油近 78 万吨，贸易额近 5 亿美元；进口球团矿 285 万吨，贸易额 5 亿多美元，受国外铁矿石价格居高不下影响，我国进口企业贸易成本增加，利润空间开始缩小。

去年，阿拉山口口岸正式获国务院批准开始兴建综合保税区。作为新疆首个国家级综合保税区，阿拉山口口岸也开始由通道型经济模式向综合区域型经济模式转变。

（资料来源：http://www.silkroadnet.cn/，2012-03-13.）

基础 2　国际公路货运基础

一、国际公路货运概念

（一）国际公路货运的定义

国际公路货物运输是指国际货物借助一定的运载工具，沿着公路做跨及两个或两个以上国家或地区的移动过程，在国际货物运输中起重要的衔接作用。国际公路货物运输也是指起运地点、目的地点或约定的经停地点,位于不同的国家或地区的公路货物运输。

在我国,只要公路货物运输的起运地点、目的地点或约定的经停地点不在我国境内,均构成国际公路货物运输。目前,世界各国的国际公路货物运输一般以汽车作为运输工具,因此,国际公路货物运输与国际汽车货物运输这两个概念往往是可以相互替代的。

(二)国际公路货运的特点

1. 灵活性强,简捷方便,应急性强,能满足货主要求,实现"门到门"服务;
2. 运距短,单程货多。
3. 鲜活易腐货物要求时间性强,要随产随运,做好与空运班机、船舶的衔接运输工作。
4. 适应点多、面广、零星、季节性强的货物运输。
5. 空运班机、船舶、铁路衔接运输不可缺少的运输形式。
6. 港口集运争分夺秒,突击抢运任务多。
7. 汽车投资少,收效快。
8. 公路运输的局限性:载重量小,不适宜装载重件、大件货物,不适宜长途运输,车辆运输时震动较大,易造成货损事故,费用和成本比海上运输和铁路运输高。

(三)国际公路货运的作用

1. 公路运输的特点决定了它最适合于短途运输。它可以将两种或多种运输方式衔接起来,实现多种运输方式联合运输,做到进出口货物运输的"门到门"服务。

2. 公路运输可以配合船舶、火车、飞机等运输工具完成运输的全过程,是港口、车站、机场集散货物的重要手段。尤其是鲜活商品、集港疏港抢运,往往能够起到其他运输方式难以起到的作用。可以说,其他运输方式往往要依赖汽车运输来最终完成两端的运输任务。

3. 公路运输也是一种独立的运输体系,可以独立完成进出口货物运输的全过程。公路运输是欧洲大陆国家之间进出口货物运输最重要的方式之一。我国的边境贸易运输、港澳货物运输,其中有相当一部分也是靠公路运输独立完成的。

4. 集装箱货物通过公路运输实现国际多式联运。集装箱由交货点通过公路运到港口装船,或者相反。美国陆桥运输、我国内地通过香港地区的多式联运,都可以通过公路运输来实现。

二、国际公路货运公约

为了统一公路运输所使用的单证和承运人的责任,联合国所属欧洲经济委员会负责草拟了《国际公路货物运输合同公约》,简称 CMR,并在 1956 年 5 月 19 日在日内瓦举行的欧洲 17 个国家参加的会议上一致通过签订。该《公约》共有十二章五十一条,就适用范围,承运人责任、合同的签订与履行、索赔和诉讼,以及连续承运人履行合同等方面都做了较为详细的规定。

此外,为了有利于开展集装箱联合运输,使集装箱能原封不动地通过经由国,联合国所属欧洲经济委员会成员国之间于 1956 年缔结了关于集装箱的海关公约。参加该协定的签字国,有欧洲 21 个国家和欧洲以外的 7 个国家。在此基础上,为使本公约在世界范围内都适用,联合国和欧洲经济委员会对公约进行了修订,并于 1972 年制订了新的集装箱海关公约,定名《1972 年集装箱关务公约》,其目的是为了各缔约国发展集装箱运输业务,统一海关监管制度。我国于 1986 年 7 月 22 日加入该公约。

在这个公约的基础上,根据欧洲经济委员会倡议,还缔结了《国际公路车辆运输规定》

(Transport International Routine,简称 TIR),根据规则规定,对集装箱的公路运输承运人,如持有 TIR 手册,允许由发运地到达目的地,在海关签封下,中途可不受检查、不支付关税、也可不提供押金。这种 TIR 手册是由有关国家政府批准的运输团体发行,这些团体大都是参加国际公路联合会的成员,它们必须保证监督其所属运输企业遵守海关法规和其他规则。协定的正式名称是"根据 TIR 手册进行国际货物运输的海关协定"(Customs Convention on the International Transport of Goods under Cover of TIR Carnets)。该协定有欧洲 23 个国家参加,并已从 1960 年开始实施。尽管上述《公约》和协定有地区性限制,但它们仍不失为当前国际公路运输的重要国际公约和协定,并对今后国际公路运输的发展具有一定影响。

三、我国公路口岸与主要对外通道

近年来,我国大陆周边地区通过公路口岸出入境的货物运输发展较快,开放的一、二类边境口岸和临时过境通道已有 157 个。目前,我国公路对外运输通道主要包括:对俄罗斯、朝鲜、巴基斯坦、印度、尼泊尔、不丹、越南、缅甸的公路运输口岸,同时还有对香港地区、澳门地区的公路运输口岸。

基础 3　国际多式联运基础

一、国际多式联运的概念

(一)国际多式联运的定义

国际多式联运(Multimodal Transport),是以集装箱为运输单元,将两种或两种以上的不同运输方式有机地结合在一起,构成连续的、综合性的一体化货物运输,是一种以实现货物整体运输的最优化效益为目标的联运组织形式。

通过一次托运、一次计费、一份单证、一次保险,由各运输区段的承运人共同完成货物的全程运输,即将货物的全程运输作为一个完整的、单一的运输过程来安排。

国际多式联运与传统的单一运输方式又有很大的不同。根据 1980 年《联合国国际货物多式联运公约》(简称"多式联运公约")以及 1997 年我国交通部和铁道部共同颁布的《国际集装箱多式联运管理规则》的定义,国际多式联运是指"按照多式联运合同,以至少两种不同的运输方式,由多式联运经营人将货物从一国境内接管货物的地点,运至另一国境内指定地点交付的货物运输"。

(二)开展国际多式联运的条件

"国际多式联运"是以集装箱装载形式,把各种运输方式连贯起来进行国际运输的一种新型运输方式。按照《联合国国际多式联运公约》的解释,"国际多式联运"必须具备以下六个特征或基本条件:①至少是两种不同运输方式间的连贯运输。②必须具有一份多式联运合同。该运输合同是多式联运经营人与托运人之间权利、义务、责任与豁免的合同关系和运输性质的确定。③必须使用一份全程多式联运单证。该单证应满足不同运输方式的需要。④必须由一个多式联运经营人对货物运输的全程负责。该多式联运经营人不仅是订立多式联运合同的当事人,也是多式联运单证的签发人。当然,在多式联运经营人履行多式联运合同所规定的运输责任的同时,可将全部或部分运输委托他人(分承运人)完成,并订立分运合同。但分运合同的承运人与托运人之间，不存在任何合同关系。⑤全程按单一的运费费率计收运费。⑥必须是国际货物运输。

（三）国际多式联运的优越性

国际多式联运的优越性主要体现在以下几个方面：①简化托运、结算及理赔手续，节省人力、物力和有关费用；②缩短货物运输时间，减少库存，降低货损货差事故，提高货运质量；③降低运输成本，节省各种支出；④提高运输管理水平，实现运输合理化；⑤其他作用。

二、国际多式联运的组织形式

目前，有代表性的国际多式联运的组织形式包括：

（一）海陆联运

海陆联运是国际多式联运的主要组织形式，也是远东/欧洲多式联运的主要组织形式之一。这种组织形式以航运公司为主体，签发联运提单，与航线两端的内陆运输部门开展联运业务，与大陆桥运输展开竞争。

目前组织和经营远东到欧洲海陆联运业务的主要企业有：班轮公会的三联集团、北荷、冠航和丹麦的马士基等国际航运公司，以及非班轮公会的中国远洋运输公司、中国台湾长荣航运公司和德国那亚航运公司等。

（二）海空联运

海空联运又被称为空桥运输（Airbridge Service）。在运输组织方式上，空桥运输与陆桥运输有所不同：陆桥运输在整个货运过程中使用的是同一个集装箱，不用换装；而空桥运输的货物，通常要在航空港换入航空集装箱。不过两者的目标是一致的，即以低费率提供快捷、可靠的运输服务。

目前，国际海空联运线主要有：

1. 远东—欧洲：目前，远东与欧洲间的航线有的以温哥华、西雅图、洛杉矶为中转地，也有的以香港、曼谷、海参崴为中转地，此外还有的以旧金山、新加坡为中转地。

2. 远东—中南美：近年来，远东至中南美的海空联运发展较快。因为此处港口和内陆运输不稳定，所以对海空运输的需求很大。该联运线以迈阿密、洛杉矶、温哥华为中转地。

3. 远东—中近东、非洲、澳洲：这是以中国香港、曼谷为中转地至中近东、非洲的运输服务。在特殊情况下，还有经马赛至非洲、经曼谷至印度、经中国香港至澳洲等联运线，但这些线路货运量较小。

（三）陆桥运输

在国际多式联运中，陆桥运输（Land Bridge Service）起着非常重要的作用。它是远东到欧洲国际多式联运的主要形式。

陆桥运输是指采用集装箱专用列车或卡车，把横贯大陆的铁路或公路作为中间“桥梁”，使大陆两端的集装箱海运航线与专用列车或卡车连接起来的一种连贯运输方式。严格地讲，陆桥运输也是一种海陆联运形式。只是因为其在国际多式联运中的独特地位，故在此将其单独作为一种运输组织形式。

目前，远东/欧洲的陆桥运输线路有：西伯利亚大陆桥和北美大陆桥。北美地区的陆桥运输不仅包括上述大陆桥运输，还包括小陆桥运输（Minibridge）和微桥运输（Microbridge）等组织形式。

三、国际多式联运经营人

(一)国际多式联运经营人的概念

根据联合国多式联运公约和现行的国际多式联运业务,国际多式联运经营人是指"其本人或通过其代表订立多式联运合同的任何人,他是事主,而不是发货人的代理人或代表,或参加多式联运的承运人的代理人或代表,并且负有履行合同的义务"。

我国的《国际集装箱多式联运管理规则》对多式联运经营人所下的定义是:"多式联运经营人是指本人或者委托他人以本人的名义,与托运人订立一项多式联运合同并以承运人身份承担完成此项合同责任的人"。

由此可见,国际多式联运经营人是一个独立的法律实体,他是事主,是一个对货主(托运人)负有履行多式联运合同义务的合同当事人。

(二)国际多式联运经营人的类型

国际多式联运经营人既可以由参与某一运输区段的实际承运人担任,也可由不参加实际运输的经营人来充当。一般地,凡是与货物托运人订立了多式联运合同,并对全程运输负有责任的人,均可被视为国际多式联运经营人。担任国际多式联运经营人的主要有以下类型:货运代理人、无船公共承运人(NVOCC)及船舶所有人。

1. 有船承运人为多式联运经营人。在接收货物后,不但要负责海上运输,还须安排汽车、火车与飞机的运输。对此,经营人往往再委托给其他相应的承运人来运输,对交接过程中可能产生的装卸和包装储存业务,也委托给有关行业办理。但是,这个经营人必须对货主负整个运输过程中产生的责任。

2. 无船承运人为多式联运经营人。在接收货物后,也是将运输委托给各种方式的运输承运人进行,但他本人对货主仍应负责。无船经营人不拥有船舶,通常是内陆运输承运人、仓储业者或其他从事陆上货物运输中某一环节的人,也就是说,无船经营人往往拥有除船舶以外一定的运输工具。

3. 货运代理为多式联运经营人。对于货运代理人来说,要作为国际多式联运经营人参与国际货物多式联运,应该满足的条件为:①1995年《中华人民共和国国际货物运输代理业管理规定》中第二章关于"设立条件"的要求;②符合《国际集装箱多式联运管理规则》中,对国际集装箱多式联运经营人提出的资格要求。

(三)国际多式联运经营人的法律地位

国际多式联运这种运输方式需要多种运输工具完成,通常多式联运经营人自己并不独立承担全部运输,而是在与托运人签订多式联运合同后,再将部分或全部运输工作交由其他承运人完成。这些承运人依照其与多式联运经营人签订的运输合同对后者负责,他们与货主之间没有任何直接的合同关系。

多式联运经营人与货主之间的多式联运合同关系、多式联运经营人与区段经营人之间的合同关系,构成了国际多式联运合同关系的主要特征。在这两层合同关系中,国际多式联运经营人均居于主要地位,由此也体现了国际多式联运经营人的性质及其在国际多式联运中的法律地位和作用。

(四)国际多式联运经营人的资格要求

对于国际多式联运经营人应该具备什么资质,国际公约或惯例中并没有做出具体规定。联合国多式联运公约只在其第四条第三款中做了一个一般性的规定，即“多式联运经营人应遵守其营业所在国适用的法律和本公约的规定”。

因为国际多式联运经营人是多式联运的组织者或主要承担人，从加强国际多式联运的有效管理和控制角度来考虑，确定经营人的资格要求是必要的。它是保证多式联运顺利开展的前提条件，经营人要在法律上和服务上适应多式联运的需要，必须满足下列条件：①具有从事国际运输所需的专业知识、技能和经验；②具有一个较为完整的在国际货物运输业务往来中形成的分支机构和代理网络；③具有与经营业务相适应的资金能力。

根据国外实践经验并结合我国实际情况，我国的《国际集装箱多式联运管理规则》对国际集装箱多式联运经营人提出下列资格要求：①具有中华人民共和国企业法人资格；②具有与从事多式联运业务相适应的组织机构、固定营业场所、必要经营设施和相应专业管理人员；③该企业具有三年以上国际货物运输或代理经历，有相应的国内外代理；④注册资金不低于人民币 1 000 万元，并有良好资信，增设经营性分支机构时，每增设一个分支机构，增加注册资金人民币 100 万元；⑤符合国家法律、法规规定其他条件。

四、国际多式联运责任

（一）多式联运责任的划分

国际集装箱运输采用联运形式的大多利用“门到门”的运输方式。这样货物的交接点从传统的远洋航线两端港口延伸到内陆地区，而且货物的交接又有整箱货与拼箱货之分，在责任的划分上有很大的差别。

货方的责任在将货物交给经营人前与从经营人手中接到货物以后期间内，如果货物在这段时间内发生货损货差，或由于申报货物性质时有隐瞒的，其责任在货方自己。经营人的责任划分应在签订运输合同时确定，多式联运的集装箱货物在每个区段之间、每个装卸环节之间，由经营人与各运输区段的承运人和各装卸环节的经营人实行双边交接，逐段划清各自责任。

（二）多式联运经营人的责任类型

在货物多式联运情况下，多式联运经营人通常将全程或部分路程的货物运输委托给他人，即区段承运人去完成。在多式联运的两种或两种以上的不同运输方式中，每一种方式所在区段适用的法律，对承运人责任的规定往往是不同的。当货物在运输过程中发生灭失或损坏时，由谁来负责任，是采用相同的标准还是区别对待，必须看经营人所实行的责任制类型。

从目前国际集装箱多式联运的实践来看，主要有分段责任制和全程负责制两种。

1. 分段责任制。集装箱多式联运经营人在组织分段运输中，通过与多个运输部门签订合同、协议，为货主代办各种运输服务，但在运输全过程中则由各运输部门按照各自的规定，对自己运输区段内发生的货运事故负责，实际上是在分段接送、各自负责的基础上完成的。

2. 全程负责制。由经营人对所承运的集装箱货物，在运输全过程中向货主承担全部的责任，又可分为网状责任制和统一责任制。

（1）网状责任制（Network Liability System）。又称混合责任制，就是多式联运经营人对货主承担的全部责任，局限在各个运输部门规定的责任范围内，也就是由经营人对集装箱货物的全程运输负责，而对货物的灭失、损坏或延期交付的赔偿，则根据各运输方式所适用的法律规定进行处理。简单来讲，多式联运经营人对整个运输过程负责，但对不同区段发生的损失适用不同区段的法律。如海上区段按《海牙规则》处理,铁路区段按《国际铁路运输公约》处理,公路区段按《国际公路货物运输公约》处理,航空区段按《华沙公约》处理。

在不适用上述国际法时,则按相应的国内法规定处理。

在能确定造成货物灭失、损害的区段,则按该运输区段所适用的法律规定;在运输过程中出现的无法判定的货损(隐蔽货损),则采用"隐蔽损害一般原则"来确定使用一种统一规范,而这种统一规范往往是海上区段所适用的,多式联运经营人按照海上运输法律来承担责任。也就是说,对于损失区段发生不明的情况,推定该货损发生在海上,多式联运经营人按海上运输法律承担责任,或按双方约定的原则处理。同时,赔偿限额也是按各区段的国际法或国内法的规定进行赔偿。

网状责任制是介于全程运输责任制和分段运输责任制这两种责任制之间的一种责任制,故又称混合责任制。也就是该责任制在责任范围方面与统一责任制相同,而在赔偿限额方面则与区段运输形式下的分段负责制相同。

(2)统一责任制(Uniform Liability System)。又称同一责任制,就是多式联运经营人对货主负有不分区段的统一原则责任,也就是说,经营人在整个运输中都使用同一责任向货主负责。即经营人对全程运输中货物的灭失、损坏或延期交付负全部责任,无论事故责任是明显的还是隐蔽的,是发生在海上运输段还是发生在内陆运输段,均按一个统一原则由多式联运经营人统一按约定的限额进行赔偿。但如果多式联运经营人已尽了最大努力,仍无法避免或确实证明是货主的故意行为过失等原因所造成的灭失或损坏,经营人则可免责。

统一责任制是最符合多式联运特点的责任制度,该制度下的经营人在整个运输中都使用相同的责任制对货主负责,使得经营人和货方之间的法律关系明确,这样便消除了承运人相互推卸责任带来的隐患。

从全程负责制的两种责任类型来看,网状责任制减轻了多式联运经营人的风险,对刚起步阶段的多式联运经营人有积极的保护作用;统一责任制是一种科学、合理、手续简化的责任制度,但这种责任制对多式联运经营人来说责任负担较重,具有较大的风险,因此目前在世界范围内采用还不够广泛。

目前,国际上大多采用的是网状责任制。我国自"国际集装箱运输系统(多式联运)工业性试验"项目以来发展建立的多式联运责任制,采用的也是网状责任制。

我国发展和采用网状责任制,有以下利处:

(1)与国际商会1975年修订的《联合运输单证统一规则》有关精神相一致,也与大多数航运发达国家采用的责任形式相同;

(2)我国各运输区段,如海上、公路、铁路等,均有成熟的运输管理法规可以遵循,采用网状责任制,各运输区段所适用的法规可保持不变;

(3)相对统一责任制而言,网状责任制减轻了多式联运经营人的风险责任,对保护刚起步的我国多式联运经营人的积极性,保证我国多式联运业务顺利、健康地发展,具有积极意义。

但是,从国际多式联运的发展来考虑,网状责任制并不理想,容易在责任轻重、赔偿限额高低等方面产生分歧。因此,随着我国国际多式联运的不断发展与完善,统一责任制应更为符合多式联运的要求。

(三)多式联运经营人的责任期间

责任期间(Period of Responsibility)是指行为人履行义务、承担责任在时间上的范围。承运人责任期间的长短,也在一定程度上体现了承运人承担义务的多少和责任的轻重。在各种国际公约和国内法规中,关于多式联运的责任期间具有很高的一致性。

1. 单一运输公约下承运人的责任期间。根据《海牙规则》的规定,海上承运人的责任期间是“自货物装上船时起至卸下船时止”。然而,这一规定并不是很明确,所以,提单条款必须明确具体的期间,大多数船公司的提单都以“钩到钩”作为承运人的责任期间。

2. 国际多式联运公约对多式联运经营人责任期间的规定是:“多式联运经营人对于货物的责任期间,自其接管货物之时起至交付货物时止”。

3. 我国法律对承运人责任期间的规定。我国《海商法》与国际多式联运公约以及《汉堡规则》关于承运人责任期间的规定完全相同。在国际集装箱多式联运中,这使海上承运人在很多情况下演变成了契约承运人,即与货物托运人订有多式联运合同的人,与此相对应的是,陆上承运人有时也充当了多式联运经营人的角色。在这两种经营人中,业务范围的扩大使他们的责任期间也随之延长了。

(四)多式联运经营人的赔偿限制

1. 赔偿责任限制基础。对承运人赔偿责任的基础,目前各种运输公约的规定不一,但大致可分为过失责任制和严格责任制两种,以过失责任制为主。《国际多式联运公约》对多式联运经营人规定的赔偿责任基础包括:

(1)多式联运经营人对于货物的灭失、损害或延迟交货所引起的损失,如果该损失发生在货物由多式联运经营人掌管期间,则应负赔偿责任。除非多式联运经营人能证明其本人、受雇人、代理人,或其他有关人为避免事故的发生及其后果已采取了一切符合要求的措施。

(2)如果货物未在议定的时间内交货,或者如无此种协议,但未在按照具体情况对一个多式联运经营人所能合理要求的时间内交付,即构成延迟交货。

(3)如果货物未在按照上述条款确定的交货日期届满后连续 90 日内交付,索赔人即可认为这批货物已灭失。

2. 赔偿责任限制。目前,绝大多数国家的多式联运经营人采用网状责任制,与网状责任制有关的各运输区段国际货运公约以及国际多式联运公约所规定的赔偿标准(即责任限额)见表 4-3 及表 4-4。

表 4-3　国际货物运输公约有关赔偿责任限额规定　　单位:SDR

公约名称	每一件或每一单位责任限额	每千克毛重责任限额	备　注
多式联运公约	920	2.75	包括海运或内河运输
多式联运公约		8.33	不包括海运或内河运输
汉堡规则	835	2.50	
公路货物公约		8.33	
铁路货物公约		16.67	
华沙公约		17.00	

注:SDR 为国际货币基金组织特别提款权。

表 4－4　国际公约关于货物延迟交付的赔偿责任限额规定

公　约	赔偿责任限额	赔偿责任总额
多式联运公约	应付运费的 2.5 倍(40% 以下)	不超过合同应付运费总额
华沙公约	无限额规定	无限额规定
海牙规则	无限额规定	无限额规定
汉堡规则	应付运费的 2.5 倍	不超过合同应付运费总额
铁路货物公约	应付运费的 2 倍	无限额规定
公路货物公约	延误货物运费总额	无限额规定

3. 赔偿责任限制权力的丧失。如经证明货物的灭失、损害或延迟交货是由于多式联运经营人有意造成,或明知有可能造成而又毫不在意的行为或不行为所引起,多式联运经营人则无权享受赔偿责任限制的权益;如经证明,货物的灭失、损害或延迟交货是由于多式联运经营人的受雇人或代理人或为履行多式联运合同而使用其服务的其他人,有意造成或明知可能造成而又毫不在意的行为或不行为所引起,则该受雇人、代理人或其他人无权享受有关赔偿责任限制的规定。

基础 4　国际陆桥运输基础

一、大陆桥运输

大陆桥运输(Land Bridge Transport)是指利用横贯大陆的铁路(公路)运输系统,将大陆作为连接两端海运的中间桥梁,把大陆两端的海洋连接起来的集装箱连贯运输方式。简单地说,就是两边是海运,中间是陆运,大陆把海洋连接起来,形成海陆联运,而大陆起到了"桥"的作用,所以称之为"陆桥"。海陆联运中的大陆运输部分,就称之为"大陆桥运输"。采用这样的运输方式,使集装箱船和专用列车结合起来,达到迅速运输和降低成本的目的。

目前,世界上大陆桥主要有三条:北美大陆桥、西伯利亚大陆桥和新欧亚大陆桥。

(一)北美大陆桥(North American Land Bridge)

北美大陆桥是指利用北美的大铁路,从远东到欧洲的"海陆海"联运。该陆桥运输包括美国大陆桥运输、加拿大大陆桥运输和墨西哥大陆桥运输。

1. 美国大陆桥运输。美国大陆桥有两条运输线路:一条是从西部太平洋沿岸至东部大西洋沿岸的铁路和公路运输线;另一条是从西部太平洋沿岸至东南部墨西哥湾沿岸的铁路和公路运输线。美国大陆桥于 1971 年年底,由经营远东/欧洲航线的船公司和铁路承运人,联合开办"海陆海"多式联运线,后来美国几家班轮公司也投入营运。

目前,主要有四个集团经营远东经美国大陆桥至欧洲的国际多式联运业务。这些集团均以经营人的身份,签发多式联运单证,对全程运输负责。

2. 加拿大大陆桥运输。加拿大大陆桥与美国大陆桥相似,由船公司把货物海运至温哥华,经铁路运到蒙特利尔或哈利法克斯,再与大西洋海运相接。

北美大陆桥是世界上历史最悠久、影响最大、服务范围最广的陆桥运输线。据统计,从远东到北美东海岸的货物有 50% 以上是采用双层列车进行运输的,因为采用这种陆桥运输方式比采用全程水运方式通常要快1~2周。

3. 墨西哥大陆桥运输。随着美国和加拿大大陆桥运输的成功营运，北美其他地区也开展了大陆桥运输。墨西哥大陆桥（Mexican Land Bridge）就是其中之一。墨西哥大陆桥于1982年开始营运，目前其服务范围还很有限，对其他港口和大陆桥运输的影响还很小。

在北美大陆桥强大的竞争面前，巴拿马运河可以说是最大的输家之一。随着北美西海岸陆桥运输服务的开展，众多承运人开始建造不受巴拿马运河尺寸限制的超巴拿马型船（Post - Panamax Ship），从而放弃使用巴拿马运河。随着陆桥运输的效率与经济性的不断提高，巴拿马运河将处于更为不利的地位。

（二）西伯利亚大陆桥（Siberian Land Bridge，SLB）

1. 西伯利亚大陆桥的线路。西伯利亚大陆桥又叫亚欧大陆桥，是指使用国际标准集装箱，将货物由远东海运到俄罗斯东部港口，再经跨越欧亚大陆的西伯利亚铁路运至波罗的海沿岸，如爱沙尼亚的塔林或拉脱维亚的里加等港口；然后再采用铁路、公路或海运，运到欧洲各地的国际多式联运的运输线路。

2. 西伯利亚大陆桥的地位。西伯利亚大陆桥于1971年正式确立。现在全年货运量高达10万标准箱（TEU），最多时达15万标准箱。使用这条陆桥运输线的经营者主要是日本、中国和欧洲各国的货运代理公司。其中，日本出口欧洲杂货的1/3，欧洲出口亚洲杂货的1/5是经这条陆桥运输的。由此可见，它在沟通亚欧大陆、促进国际贸易中所处的重要地位。

3. 西伯利亚大陆桥的运输方式。西伯利亚大陆桥运输包括“海铁铁”“海铁海”“海铁公”和“海公空”四种运输方式。由俄罗斯的过境运输总公司（SOJUZTRANSIT）担当总经营人，它拥有签发货物过境许可证的权利，并签发统一的全程联运提单，承担全程运输责任。

4. 西伯利亚大陆桥的运输优势。西伯利亚大陆桥是目前世界上最长的一条陆桥运输线。它大大缩短了从日本、远东、东南亚及大洋洲到欧洲的运输距离，并因此而节省了运输时间。

5. 西伯利亚大陆桥的运输不足。由于西伯利亚大陆桥所具有的优势，随着它的声望与日俱增，也吸引了不少远东、东南亚以及大洋洲地区到欧洲的运输，使西伯利亚大陆桥在短短的几年间就有了迅速发展。但是，西伯利亚大陆桥运输在经营管理上存在的问题，如港口装卸能力不足、铁路集装箱车辆的不足、箱流的严重不平衡以及严寒气候的影响等，在一定程度上阻碍了它的发展。尤其是随着我国兰新铁路与中哈边境的土西铁路的接轨，一条新的“欧亚大陆桥”的形成，为远东至欧洲的国际集装箱多式联运提供了又一条便捷路线，使西伯利亚大陆桥面临严峻的竞争形势。

（三）新亚欧大陆桥

新亚欧大陆桥，又称“第二亚欧大陆桥”，东起中国的连云港和日照港，西可到达鹿特丹港、安特卫普等港口的铁路联运线，横贯亚欧两大洲中部地带，全长10 900公里，辐射世界30多个国家和地区。新亚欧大陆桥的东端直接与东亚及东南亚诸国相连，其中国段西端，从新疆阿拉山口站换装出境进入中亚，与哈萨克斯坦德鲁日巴站接轨，西行至阿克套，进而分北中南三线接上欧洲铁路网通往欧洲。

北线由哈萨克斯坦阿克套北上与西伯利亚大铁路接轨，经俄罗斯、白俄罗斯、波兰通往西欧及北欧诸国。

中线由哈萨克斯坦往俄罗斯、乌克兰、斯洛伐克、匈牙利、奥地利、瑞士、德国、法国至英吉利海峡港口转海运或由哈萨克斯坦阿克套南下,沿吉尔吉斯斯坦边境经乌兹别克斯坦塔什乾及土库曼斯坦阿什哈巴德西行至克拉斯诺沃茨克,过里海达阿塞拜疆的巴库,再经格鲁吉亚第比利斯及波季港,越黑海至保加利亚的瓦尔纳,并经鲁塞进入罗马尼亚、匈牙利通往中欧诸国。

南线由土库曼斯坦阿什哈巴德向南入伊朗,至马什哈德折向西,经德黑兰、大不里士入土耳其,过博斯普鲁斯海峡,经保加利亚通往中欧、西欧及南欧诸国。

与西伯利亚大陆桥相比,新亚欧大陆桥具有明显的优势:

1. 地理位置和气候条件优越,整个陆桥避开了高寒地区,港口无封冻期,可常年作业;

2. 运输距离短,新亚欧大陆桥比西伯利亚大陆桥运距短 2 000 ~ 2 500 公里,运输时间缩短一个月左右;

3. 新亚欧大陆桥欧洲一段辐射面广,总面积达 5 071 万平方公里;

4. 新亚欧大陆桥对亚太地区吸引力大,除中国大陆外,日本、韩国及东南亚各国均可利用此线开展集装箱运输。

欧亚大陆桥中国段有四条通道方案,具体如下:

1. 大连方案,又称连满欧亚联运大通道。以大连为上岸港,把我国大陆、香港地区、日本、东南亚各国供俄罗斯和西北欧的货物,经哈(尔滨)大(连)铁路、滨(哈尔滨)洲(满洲里)铁路,由我国最大的陆路口岸内蒙古的满洲里出境,沿西伯利亚大铁路,经俄罗斯的莫斯科到俄边境城市布列斯特分流,再经波兰的华沙、德国的柏林到荷兰的鹿特丹港。该方案中,铁路贯通我国东北三省和内蒙古北部,经大连、沈阳、哈尔滨 3 个特大城市和若干中小城市,横跨松辽平原,工农业发达。

2. 绥芬河方案,又称绥满欧亚联运大通道。以国内货物或日本、中国香港过境货为主,海运到俄罗斯的纳霍德卡港,经铁路至黑龙江省的绥芬河,途经哈尔滨和内蒙古的满洲里,然后到俄国的札拜卡力斯克——塔尔斯克铁路与西伯利亚大铁路连接,到布列斯特分流,直至西抵鹿特丹港。该方案中,中国境内的铁路横贯东北最北部;途经黑龙江省和内蒙古的兴安盟、呼伦贝尔盟,沿线资源丰富,工业发达。

3. 天津方案,可称津蒙欧亚联运大通道。货运集装箱从天津新港上岸,经天津、北京、山西的大同、内蒙古的二连入蒙古国,经乌兰巴托北入俄境与西伯利亚大铁路接轨,到布列斯特分流,西抵鹿特丹港。该方案中,铁路经过华北平原、工农牧业均较发达,煤炭、电力、天然气资源丰富,途经京、津等特大城市。

4. 日照连云港方案,又称新欧亚大陆桥。东起山东省日照市和江苏省连云港,经河南郑州、陕西西安、甘肃兰州、新疆乌鲁木齐,从阿拉山口出境,经中亚到新西伯利亚与西伯利亚大铁路接轨,经莫斯科到布列斯特分流,西抵鹿特丹港。该方案地理位置适中,覆盖西部省区较多,除在兰州以北要翻越乌鞘岭外,该道路横穿中国中部,经江苏、安徽、河南、陕西、甘肃、新疆 6 个省区,顺行范围大,沿线工农业较发达。

新视窗 4-2

渝新欧亚欧大陆桥已正式进入常态化运营

2011 年 7 月 30 日晚 9 时,满载“重庆造”IT 产品的首列“渝新欧”国际货运专列从重庆驶往德国杜伊斯堡。这标志着“渝新欧”国际货运班列,重庆新亚欧大陆桥经过国内段、中俄段及全程三次测试后，正式进入常态化全线运行。

渝新欧国际铁路联运大通道是铁道部、国家海关总署及途经各国加强合作，在原新欧亚大陆桥的基础上进一步优化完善的国际物流大通道。运行路径从重庆始发，经达州、安康、西安、兰州、乌鲁木齐，向西过北疆铁路到达我国边境阿拉山口，进入哈萨克斯坦，再转俄罗斯、白俄罗斯、波兰，至德国的杜伊斯堡，全程 11 179 公里，运行 16 天，这比传统的渝深铁海联运模式节约 20 天以上。

（资料来源：http://www.silkroadnet.cn/，2011－08－01.）

二、小陆桥运输

小陆桥运输（Miniland Bridge，MLB）是指通过海、陆运输方式将集装箱货物从远东港口海运至美国、加拿大西部港口卸下，再由西部港口换装铁路集装箱专列或汽车，运至北美东海岸和加勒比海区域以及相反方向的运输。

（一）小陆桥运输组织方式

从运输组织方式上看，与大陆桥运输并无大的区别，只是其运送货物的目的地为沿海港口，本质上是海陆联运。即利用陆上铁路作为桥梁，将美国西海岸、东海岸以及墨西哥湾连接起来的运输方式，所以称为小陆桥运输，它比大陆桥运输少了一段海上运输。以美国海陆公司和总统轮船公司为例，其实际的运输形态是：远东各港口—奥克兰、圣佩德罗—美国铁路休斯敦、佳洱维斯顿—欧洲等。

（二）小陆桥运输优势和不足

目前，北美小陆桥运送的主要是远东地区经北美太平洋沿岸到大西洋沿岸和墨西哥湾地区港口的集装箱货物，以及从欧洲到美西及海湾地区各港的大西洋航线的转运货物。

北美小陆桥在缩短运输距离、节省运输时间上效果是显著的。以日本/美东航线为例，从大阪至纽约全程水运（经巴拿马运河）航线距离 9 700 海里，运输时间为 21～24 天；而采用小陆桥运输，运输距离仅为 7 400 海里，运输时间 16 天，可节省 1 周左右的时间。

小陆桥运输能避免绕道运输，节省运输费用，缩短运输时间，还可享受铁路集装箱直达列车的优惠运价，但也存在铁路运费偏高、运输时间得不到保证（特别是冬季）、往返集装箱货源不平衡、造成大量集装箱在东海岸积压等问题。

三、微型陆桥运输

（一）微型陆桥（Microland Bridge）

远东到美国内陆地区的货物，在西海岸港口上陆后直接由陆地运输运到美国内陆地区的城市，这样就可免去收货人到港口去办理报关、提货等进口手续，方便货主，这便是微型陆桥运输。微型陆桥运输与小陆桥运输基本相似，只是其交货地点在内陆地区。

（二）北美微桥运输

北美微桥运输是指经北美东、西海岸及墨西哥湾沿岸港口，到美国、加拿大内陆地区的联运服务。

进出美、加内陆城市的货物，采用微桥运输既可节省运输时间，也可避免双重港口收费，从而节省费用。例如，往来于日本和美东内陆城市匹兹堡的集装箱货物，可从日本海运至美国西海岸港口如奥克兰，然后通过铁路直接联运至匹兹堡，这样可完全避免进入美东的费城港，从而节省在该港的港口费支出。

四、半陆桥运输

从东南亚各国（包括孟加拉、缅甸、泰国）到西亚（包括巴基斯坦、伊朗）的货物，利用东印度的加尔各答到西印度孟买的铁路为陆桥的运输，这条集装箱海陆联线可以节约绕道印度半岛的航程，由于其运输路线短，又通过印度半岛，所以称它为“半陆桥”。

五、内陆公共点运输

内陆公共点（Overland Common Point，OCP）是指美国西海岸有陆路交通工具与内陆区域相连通的港口。

（一）内陆公共点的地区范围

美国内陆区域是以洛矶山脉（Rocky Mountains）为界，即除紧临太平洋的美国西部九个州以外，其以东地区均为适用 OCP 的地区范围。

从美国的北达科他州、南达科他州、内布拉斯加州、科罗拉多州、新墨西哥州起以东的地区，均属 OCP 地区；所有经美国西海岸运往这些地区（或反向）的货物，称 OCP 地区货物，并享有内陆公共点运输的优惠费率。

（二）内陆公共点运输的运输方式

内陆公共点运输，又可简称为 OCP 运输，是从远东地区出口到美国的货物海运到美国西部港口（旧金山、西雅图）卸货，再通过陆路交通（主要是铁路）向东运至指定的内陆地点。

OCP 运输是一种特殊的国际运输方式。它虽然由海运、陆运两种运输形式来完成，但不属于国际多式联运。国际多式联运是由一个承运人负责自始至终的全程运输；而内陆公共点运输的海运、陆运段分别由两个承运人签发单据，运输与责任风险也是分段负责。因此，它并不符合国际多式联运的含义，而是一种国际多式联营运输。

（三）OCP 运输的费率

所谓 OCP 运输费率是太平洋航运公会为争取运往美国内陆地区的货物，途经美国西海岸转运而制定的一个较直达美国东海岸更低的费率。比当地运费率约低 3% ~5%，同时可享有比直达美国东海岸港口每运费吨约低 3.5 美元的海运费，内陆转运费、码头费、装卸费等已包含其中。因此采用 OCP 运输，对进出口双方都有利。

（四）OCP 运输条款

OCP 是一种成熟的国际航运惯例。美国 OCP 运输条款规定，凡是经过美国西海岸指定港口转往内陆地区的货物，如果按照该条款运输，可以享受内陆地区运输的优惠运费率，即陆路共通点运费率（OCP Rate）。

OCP 运输只适用于美国或加拿大内陆区域，所以货物的最终目的地必须属于 OCP 地区范围。签订贸易合同时，应在运输条款中予以明确；同时也要明确是集装箱运输，OCP 运输方式必须经由美国西海岸港口中转，以 CFR/CIF 美国西岸港口作为价格条款。为方便制单结汇，信用证也要做出相应规定：“自 × × ×（装运港）至 × × ×（美国西部港口）OCP × × ×（内陆地点）”，其英文为：

"Shipment from ××× to ××× OCP×××",在 OCP 运输单据中必须注明 OCP 字样。

六、内陆公共点多式联运

内陆公共点多式联运(Interior Point of Intermodal,IPI)是指使用联运提单,经美国西海岸和美国湾沿海港口,利用集装箱拖车或铁路运输将货物运至美国内陆城市,其运输方式、运输途径及运输经营人的责任和风险完全与小陆桥运输相同,但 IPI 联运是完整的多式联运。

小陆桥运输下的集装箱货物,其抵达区域是美国东海岸和加勒比海区域,而内陆公共点多式联运运输方式则将集装箱货物运抵内陆主要城市。两者的运输方式、运输途径及运输经营人的责任和风险完全相同。IPI 与 OCP、MLB 的比较见表 4－5。

表 4－5　OCP、MLB 和 IPI 运输方式比较

比较项	OCP	MLB	IPI
货物成交价	卖方承担的责任、费用终止于美国西海岸港口	卖方承担责任、费用终止于最终交货地	与 MLB 相同
提单签发	仅适用海上区段货物运输	适用全程运输	与 MLB 相同
运费计收	海、陆运输分段计收运费	收取全程运费	与 MLB 相同
保险区段	海、陆运输区段分别投保	可全程投保	可全程投保
货物运抵区域	内陆公共点	美国东海岸和美国湾	内陆公共点
多式联运方式	不是完整的多式联运	完整的多式联运	完整的多式联运
空箱回运	船公司	收货人	收货人
运单使用	陆上用	不用	不用
运输责任	海、陆分别负责	提单签发人	提单签发人

学习任务二　实务操作单元

操作 1　国际铁路联运业务操作

一、国际铁路联运出口业务流程

(一)货物托运前的准备工作

托运前必须将货物的包装和标记严格按照合同中的有关条款以及国际货协和议定书中的条款办理。货物包装应能充分防止货物在运输过程中发生灭失和腐坏等运输事故;货物标记、标示牌及运输标记、货签,内容主要包括商品的记号和号码、件数、站名、收货人名称等,标记上的字迹应清晰,不易擦掉,并能保证多次换装中不致脱落。

(二)出口货物交接的一般程序

国境站除办理一般车站的事务外,还办理国际铁路联运货物、车辆和列车与邻国铁路交接,货物的换装或更换轮对，运送票据、文件的翻译及货物运送费用的计算与复核等项工作。

1. 接车准备。联运出口货物实际交接在接收方国境站进行。出口国境站货运调度根据国内前方站列车到达预报，通知交接所和海关做好接车准备；口岸货运公司接到铁路交接所传递的运送单证后，依据联运运单审核其附带的各种单证份数是否齐全，内容是否正确，遇有矛盾不符等缺陷，则根据有关单证或函电通知更正、补充。

2. 报检报关。出口货物列车进站后，铁路会同海关接车，并将列车随带的运送单证送交接所处理，货物及列车接受海关的监管和检查；运送单证经审核无误后，将出口货物运送单截留三份（易腐货物截留两份），然后将有关运送单证送各联检单位审核放行。

3. 货物交接。单证手续齐备的列车出境后，交付方在邻国国境站的工作人员会同接收方工作人员共同进行单证和货物交接，依据交接单进行对照检查。交接可分为一般货物铁路方交接和易腐货物贸易双方交接。

交接所实行联合办公，由铁路、海关、检验检疫、外运等单位参加，并按照业务分工开展流水作业，协同工作。铁路主要负责整理、翻译运送单证，编制货物和车辆交接单，以此作为向邻国铁路办理货物和车辆交接的原始凭证。外运公司主要负责审核货运单证，纠正出口货物单证差错，处理错发错运事故。海关则根据申报，经查验单、证、货相符，符合国家法令及政策规定，即准予解除监督，验关放行。最后由双方铁路具体办理货物和车辆的交接手续，并签署交接证件。

以上仅是一般货物的交接过程。对于特殊货物的交接，如鲜活商品、易腐、超重、超限、危险品等货物，则按合同和有关协议规定，由贸易双方商订具体的交接方法和手续。属贸易双方自行交接的货物，国境站外运公司则以货运代理人的身份参加双方交接。

（三）铁路联运出口货物的交接方式

货物交接可分为凭铅封交接和按实物交接两种情况。

1. 凭铅封交接。根据铅封的站名、号码或发货人简称进行交接。交接时，应检查封印是否有效或丢失，印文内容、字迹是否清晰可辨，同交接单记载是否相符，车辆左、右侧铅封是否一致等，然后由双方铁路凭完整铅封办理货物交接手续。

2. 按实物交接。可分为只按货物重量、只按货物件数和按货物现状交接三种方式。

（1）按货物重量交接的，如中朝两国铁路间使用敞车、平车和砂石车散装煤、石膏、焦炭、矿石、熟矾土等货物。

（2）按货物件数交接的，如中越两国铁路间用敞车类货车，装载每批不超过100件的整车货物。

（3）按货物现状交接的，一般是难以查点件数的货物。

在办理货物交接时，交付方必须编制“货物交接单”，没有编制交接单的货物在国境站不得办理交接。

（四）国际铁路联运出口货物的交付

国际铁路联运出口货物运抵到达站后，铁路应通知运单中所记载的收货人领取货物。在收货人付清运单中所记载的一切应付运送费用后，铁路必须将货物连同运单交付收货人。收货人必须支付运送费用并领取货物。收货人只有在货物因毁损或腐坏而使质量发生变化，以致部分货物或全部货物不能按原用途使用时，才可以拒绝领取货物。收货人领取货物时，应在运行报单上填记货物领取日期，并加盖收货戳记。

二、国际铁路联运进口业务流程

1. 确定货物到达站。国内订货部门应提出确切的到达站的车站名称和到达路局的名称，除个别单位在国境站设有机构者外，均不得以我国国境站或换装站为到达站，也不得以对方国境站为到达站。

2. 注明货物经由的国境站。即注明货物是经二连还是满洲里抑或阿拉山口进境。

3. 正确编制货物的运输标志。各部门对外订货签约时，必须按照商务部的统一规定编制运输标志，不得颠倒顺序和增加内容，否则会造成错发、错运事故。例如：

(1)2010 年，中国机械进出口总公司受轻工业部门的委托，以第 003 号合同向法国订购计算机，其运输标志应为：10MHG－47003CF。

(2)2010 年，中国船舶工业公司受北京市物资局委托，代其向英国订购船用设备，合同号为 005，其运输标志应为：10GMRT/382005CE。

上述标志中的“10”为订货年度代号；“M”“GM”是进口单位代号；“HG”“RT”是收货人代号；“47”“382”是商品代号；“003”“005”是进口合同的顺序编号；“CF”“CE”是贸易国别的代号；间隔号“－”“/”，前者用于由外贸公司代购的进口商品，后者用于由工贸公司代购的进口商品。

4. 向国境站外运机构寄送合同资料。进口单位对外签订合同应及时将合同的中文副本、附件、补充协议书、变更申请书、确认函电、交货清单等寄送国境站外运机构，在这些资料中订有合同号、订货号、品名、规格、数量、单价、经由国境站、到达路局、到站、唛头、包装及运输条件等内容。事后如有某种变更事项，也应及时将变更资料抄送外运机构。

三、国际铁路联运单据

(一)国际铁路联运运单的性质与功能

国际铁路联运运单(International Through Rail Waybill)。国际铁路联运运单是发货人与铁路之间缔结的运输契约。它规定了铁路与发、收货人在货物运送中的权利、义务和责任，对铁路和发、收货人都具有法律效力。它不具有物权凭证的功能，不具有流通性。

运单正本从始发站随同货物附送至终点站并交给收货人，不仅是铁路承运货物出具的凭证，也是铁路同货主交接货物、核收运杂费用和处理索赔与理赔的依据。国际铁路联运运单副本，在铁路加盖承运日期戳记后发还给发货人，是卖方凭以向银行结算货款的主要单证之一。

(二)国际铁路联运运单的构成与流转

通常使用的《国际货协》运单的构成与流转程序见表 4－6。另外，根据发货人的报销需要及铁路内部交接，清算和统计等业务需要，还要在发送站和国境站填制“补充运行报单”。

表 4－6　《国际货协》运单的构成、功能及流转程序

序号	名　称	主要用途	单证周转程序
1	运单正本	运输合同凭证	发货人→发站→到站→收货人
2	运行报单	各承运人间交接、划分责任证明	发货人→发站→到站→到达铁路
3	运单副本	承运人接收货物的证明，发货人凭此结汇	发货人→发站→发货人
4	货物交付单	承运人合同履行的证明	发货人→发站→到站→到达铁路
5	货物到达通知单	收货人存查	发货人→发站→到站→收货人

(三)《国际货协》铁路联运单的缮制

《国际货协》铁路联运单(见附表4－2)共有98个栏目,其中运单、不带号码的补充运行的报单正面未划粗线的各栏由发货人填写,包括由发货人或车站填写的7个栏目。由海关填写1个栏目,其余由铁路(包括发运路、过境路和到达路)负责填写。

1. 由发货人填写的栏目有:发货人名称及地址、合同号码、发站、发货人特别声明、收货人名称及地址、对铁路无约束力的记载、到达路和到站、记号、标记、号码、包装种类、货物名称、件数、发货人确定的重量、共计件数(大写)、共计重量(大写)、发货人签字、互换托盘、种类和类型、所属者及号码、发货人负担过境铁路的费用、办理种别、由何方装车、发货添附的文件、货物的声明价格、检查标签、附件2等项目。

2. 由发货人或车站填写的栏目有:一般说明、车辆、标记、载重、轴数、自重、封印个数和记号、确定重量方法等项目。

3. 由海关填写海关记载。

4. 其余各栏目由铁路填写(包括发送路、过境路及到达路)。

(四)其他单据

我国出口货物必须添附"出口货物明细单""出口货物报关单""出口外汇核销单"。另外,根据有关规定和合同的要求,还要添附出口许可证、品质证明书、检验证、卫生检疫证、动植物检验检疫证以及装箱单、磅码单、化验单、产地证和发运清单等有关单证。

四、国际铁路联运运费计算

国际铁路货物联运运送费用的计算和核收,必须遵循《国际货协》《统一货价》和中华人民共和国铁道部《铁路货物运价规则》(简称《国内价规》)的规定。

联运货物运送费用包括货物运费、押运人乘车费、杂费和其他费用。

(一)运送费用核收的规定

1. 参加《国际货协》各铁路间运送费用的核收原则。

(1)发送路的运送费用:在发站向发货人或根据发送路国内现行规定核收。

(2)到达路的运送费用:在到站向收货人或根据到达路国内现行规定核收。

(3)过境路的运送费用:按《统一货价》在发站向发货人或在到站向收货人核收。

2. 国际货协参加路与非国际货协铁路间运送费用核收的规定。

(1)发送路和到达路的运送费用与1(1)、1(2)项相同。

(2)过境路运送费用计收规定为:参加《国际货协》并实行《统一货价》各过境路的运送费用,在发站向发货人(相反方向运送则在到站向收货人)核收;但办理转发送国家铁路的运送费用,可以在发站向发货人或在到站向收货人核收。过境非《国际货协》铁路的运送费用,在到站向收货人(相反方向运送则在发站向发货人)核收。

3. 通过过境铁路港口站货物运送费用核收的规定。从参加《国际货协》并实行《统一货价》的国家,通过另一个实行统一货价的过境铁路港口,向其他国家(不论这些国家是否参加统一货价)和相反方向运送货物时,用《国际货协》单证办理货物运送,只能办理至过境港口站为止或从这个站起开始办理。从参加《国际货协》铁路发站至港口站的运送费用,在发站向发货人核收;

相反方向运送时,在到站向收货人核收。

在港口站所发生的杂费和其他费用,在任何情况下,都在这些港口车站向发货人或收货人的代理人核收。

(二)国际铁路货物联运国内段运送费用的计算

根据《国际货协》的规定,我国通过国际铁路联运的进出口货物,其国内段运送费用的核收应按照我国《铁路货物运价规则》进行计算。运费计算的程序及公式如下:

1. 根据货物运价里程表,确定从发站至到站的运价里程。

2. 根据运单上填写的货物品名查找货物品名检查表,确定适用的运价号。

3. 根据运价里程和运价号,在货物运价率表中查出相应的运价率。

4. 按《铁路货物运价规则》确定的计费重量与该批货物适用的运价率相乘,算出该批货物的运费。

运费计算公式为:运费 = 货物运价率 × 计费重量

式中计费重量的确定:整车货物的计费重量除一些特殊规定外,一律按照货车标记载重量计算运费。货物重量超过标记载重量的,按货物重量计算。计费重量单位以吨表示,吨以下四舍五入;零担货物按货物重量计算,计费重量以 10KG 为单位,不足 10KG 时,进为 10KG。

(三)国际铁路过境路运送费用的核收

过境铁路的运送费用按《统一货价》规定计收。运费计算程序如下:

1. 根据运单记载的应通过的过境站,在《统一货价》过境里程表中分别找出货物所通过的各个国家的过境里程。

2. 根据货物品名,查阅《统一货价》中的通用货物品名表,确定所运货物应适用的运价等级。

3. 根据货物运价等级和各过境路的运送里程,在《统一货价》中找出符合该批货物的运费率。

4.《统一货价》对过境货物运费的计算是以慢运整车货物的运费额为基础的(即基本运费额),其他种类的货物运费则在基本运费额的基础上分别乘以不同的加成率。

过境运费的计算公式为:基本运费额 = 货物运价率 × 计费重量

其他种类的过境运费 = 基本运费额 × 加成率

式中的计费重量的确定:无论是整车货物还是零担货物,原则上都按货物实际重量计算。计费重量以 100KG 为单位,不足 100KG 时应进为 100KG。

式中加成率的确定:快运货物加成 100%;零担慢运货物加成 50%;随旅客列车挂运的整车货物加成 200%;超限货物加成 100%;零担快运货物加成 50% 后再加成 100%。

操作 2 国际公路联运业务操作

一、国际公路联运业务操作流程

1. 接单。公路运输主管从客户处接受运输发送计划。公路运输调度从客户处接出库提货单证并核对单证。

2. 登记。运输调度在登记表上按送货目的地和收货客户,登记提货号码。司机(指定人员及车辆)到运输调度中心拿提货单,并在运输登记本上确认签收。

3. 调用安排。填写运输计划。

4. 电脑输单。将货物在运输途中及送到情况、货物追踪反馈表填写并录入电脑。

5. 车队交接。根据送货方向、重量、体积,统筹安排车辆。报送运输计划给客户处,并确认到工厂提货的时间。

6. 提货发运。按时到达客户的提货仓库办理提货手续。办好出厂手续后即电话通知收货客户预计到达时间。

7. 在途追踪。建立收货客户档案,与收货客户电话联系送货情况,填写跟踪记录。有异常情况时应及时与客户联系,司机也应及时反馈途中信息。

8. 到达签收。货物到达后收货人签收运输单。司机将回单用 EMS 或 FAX 回传给公司。

9. 运输结算。整理好收费票据,做好收费汇总表交至客户,确认后交回结算中心。结算中心开具发票,向客户收取运费。

二、国际公路联运单据

国际公路货运业务中,一般认为运单的签发为运输合同的成立。公路货运公约规定:"运单是运输合同,是承运人收到货物的初步证据和交货凭证。"但是,运单丢失或运单不正规并不影响运输合同的成立或有效性。

运单应签发有托运人和承运人签字的三份正本。第一份交托运人,第二份跟随货物同行,第三份由承运人留存。当货物装在不同车内,或在同一车内装有不同种类货物或数票货物时,托运人或承运人有权要求对使用的每辆车、每种货或每票货分别签发运单。

(一)国际公路运单的性质

1. 运单是运输合同。

2. 运单是货物的收据、交货凭证。

3. 运单是解决责任纠纷的依据。

4. 运单不是物权凭证,不能转让。

(二)国际公路运单的内容

缮制国际公路运单(见附表 4 - 1)时应正确填写的内容有:运单签发日期和地点、托运人(发货人)名称和地址、承运人名称和地址、货运接管的地点及日期和指定的交付地点、收货人名称和地址、一般常用的货物品名和包装方法,如属危险货物,说明通常认可的性能、件数和其特殊标志和号码、货物毛重或以其他方式表示的数量、与运输有关的费用(运输费用、附加费用、关税和从签订合同到交货期间发生的其他费用)、办理海关和其他手续所必需的通知等。

(三)缮制国际公路运单的注意事项

1. 一张运单托运的货物必须是同属于一个托运人,承运人只对运单上填写的一个托运人负责。一个托运人可以托运拼装一车的货物或分卸几处的货物,但应将拼装、分卸详情在运单上注明。

2. 易腐、易碎货物,易溢漏的液体货物和危险货物,不得与普通货物填用同一张运单;性质相抵触、运输条件不同的货物,也必须填写两张或多张运单,以便于承运人安排理货、仓储、装车,保证安全运输。

3. 一张运单托运的货物,凡不具备同品名、同包装、同规格的应提交物品清单。

4. 托运集装箱时应注明箱号和封号，接运到港、站的集装箱，还要注明船名、航次或车站货位与箱位，并提交装箱清单。若集装箱运输贵重、易碎、怕湿等货物，每一张运单至少涉及一箱。

5. 轻泡货物应准确填写货物的数量、体积、折算标准、折算重量及有关数据。

6. 托运人要求处理装卸车时，经承运人确认后，应在运单内注明。

7. 托运人委托承运人向收货人代递有关文件或单据时，应在"托运人记载事项"栏注明代递文件或单据的名称及份数。

8. 托运人填写运单的各项内容时必须清晰、准确，并签字盖章。

三、国际公路联运运费计算

（一）公路运价种类

1. 按运价适应范围分类，公路运价分为普通运价、特定运价和国际联运运价。

2. 按运输方式分类，公路运价分为整车运价、零担运价、冷藏车运价和集装箱运价。计算运输费用时，整车适用整车货物运价率表，零担车适用零担货物运价率表，冷藏车适用冷藏车货物运价率表，集装箱适用集装箱货物运价率表。

（二）公路运输费用的计算程序

1. 确定运价里程。按《货物运价里程表》算出发站至到站的运价里程。

2. 确定货物运价等级和运价率。根据货物运单上填写的货物名称查找"公路货物运输品名分类与代码表"和《公路货物运输品名检查表》，确定适用的运价号，整车零担货物按货物适用的运价号，集装箱货物根据箱型、冷藏车货物根据车种，在《货物运价里程表》中查出适用的基价。

3. 确定计费重量。公路运费计费重量分整车计费重量和零担计费重量。

（1）整车货物计费重量的确定。整车货物除下列情况外，均按货车标记载重量计算运费。货物重量超过标记载重量时，按货物重量计费。整车货物以吨为单位，吨以下四舍五入。

（2）零担运输计费重量的确定。零担货物的计费重量为货物的实际毛重或尺码重量，两者中取数值较大者。零担货物以 10 千克为单位，不足 10 千克进 10 千克；集装箱货物，以集装箱为单位。

（三）国际公路运费的计算

1. 整批货物运费计算。整批货物运费计算公式：

整批货物运费 ＝ 整批货物运价 × 计费重量 × 计费里程 ＋ 吨次费 × 计费重量 ＋ 杂费

2. 零担货物运费计算。零担货物运费计算公式：

零担货物运费 ＝ 零担货物运价 × 计费重量 × 计费里程 ＋ 杂费

3. 集装箱运费计算。集装箱运费计算公式：

重（空）集装箱运费 ＝ 重（空）箱运价 × 计价箱数 × 计费里程 ＋ 箱次费 × 计费箱数 ＋ 杂费

操作 3　国际多式联运业务操作

一、国际多式联运业务的流程

国际多式联运业务的流程主要有：①接受托运申请，订立多式联运合同；②空箱的发放、提取,出口报关,货物装箱及交接;③订舱及安排货物运输;④办理货物运输保险;⑤签发多式联运提单,组织完成货物的全程运输;⑥货物到达交付。

二、国际多式联运单证

(一)国际多式联运单证的性质和作用

《联合国国际多式联运公约》对国际多式联运单证所下的定义为:“国际多式联运单证(Multimodal Transport Document,MTD),是指证明多式联运合同及证明多式联运经营人接管货物并负责按照合同条款交付货物的单证。”

国际多式联运提单本质上借鉴并吸收了海运提单和海运单各自的特点,以适应国际货物多式联运的实际需要。多式联运提单并不是多式联运合同,而只是多式联运合同的证明,同时是多式联运经营人收到货物的收据和凭其交货的凭证。

根据托运人的要求,国际多式联运提单可以做成可转让的多式联运提单,也可以做成不可转让的多式联运提单。可转让的多式联运提单即具有物权凭证的特性,与海运提单相似,不可转让的多式联运提单同海运单相似。

(二)国际多式联运单据的内容

国际多式联运单据的内容主要有如下各项,样单见附表4-2和附表4-3。

1. 货物品类、识别货物所必需的主要标志,如属危险货物,其危险特性的明确声明、包数或件数、货物毛重或其他方式表示的数量等,所有这些事项均由发货人提供;
2. 货物外表状况;
3. 多式联运经营人的名称和主要营业场所;
4. 发货人名称;
5. 如经发货人指定收货人,收货人的名称;
6. 多式联运经营人接管货物的地点和日期;
7. 交货地点;
8. 如经双方明确协议,在交付地点交货的日期或期间;
9. 表示该多式联运单据为可转让或不可转让的声明;
10. 多式联运单据的签发地点和日期;
11. 多式联运经营人或经其授权人的签字;
12. 如经双方明确协议,每种运输方式的运费或者应由收货人支付的运费,或者关于运费由收货人支付的其他说明;
13. 如在签发多式联运单据时已经确知,预期经过的路线、运输方式和转运地点;
14. 如不违背签发多式联运单据所在国法律,双方同意列入多式联运单据的任何其他事项;
15. 关于多式联运遵守本公约的规定的声明。

以上一项或者多项内容的缺乏,不影响单据作为多式联运单据的性质。

(三)缮制或审核多式联运提单时应注意的问题

1. 表面上应注有多式联运经营人或承运人或船长或他们的代理人所签署;
2. 表明货物已发运,接受监管或装船并有装运日期;

3. 提交的提单是全套的；

4. 有货物的接受监管地和最后目的地，并与信用证规定相符；

5. 在所有方面均符合信用证规定，并可参照海运提单缮制或审核。

（四）国际多式联运业务中的其他单据

国际多式联运业务中，除多式联运提单外，还会涉及集装箱设备交接联单、装箱单、场站收据联单、提货联单等国际海运集装箱运输业务中所用到的单据。这些单据的缮制方法与国际海运集装箱运输业务中的缮制方法相似，这里不再重复。

三、国际多式联运运费核算

（一）国际多式联运的费用构成

国际多式联运的费用包括运输总成本、经营管理费用和经营利润三项。

1. 运输总成本。主要由集疏运费、港杂费、海运费、集装箱租赁费和保险费构成。

2. 经营管理费。主要包括多式联运经营人与货主、各派出机构、代理人、实际承运人之间信息、单证传递费用，单证成本和制单手续费，以及各派出机构的管理费用。

3. 经营利润。多式联运经营人预期从该线路货物联运中获得的毛利润。

（二）国际多式联运运费的计收方式

国际集装箱多式联运全程运费是由多式联运经营人向货主一次计收。目前，多式联运运费计收方式主要有单一运费制和分段运费制两种。

单一运费制是指集装箱从托运到交付，所有运输区段均按照一个相同的运费率计算全程运费。在西伯利亚大陆桥（SLB）运输中，采用的就是这种计费方式。原苏联从 1986 年起修订了原来的 7 级费率，采用了不分货种的以箱为计费单位的 FAK 统一费率。陆桥运输开办初期，从日本任何一个港口到布列斯特（原苏联西部边境站）的费率为 385 卢布/TEU，陆桥运输的运费比班轮公会的海运运费低 20% ~30%。

分段运费制是按照组成多式联运的各运输区段，分别计算海运、陆运（铁路、汽车）、空运及港站等各项费用，然后合计为多式联运的全程运费，由多式联运经营人向货主一次计收。各运输区段的费用，再由多式联运经营人与各区段的实际承运人分别结算。目前，大部分多式联运的全程运费均采用这种计费方式，例如，欧洲到澳大利亚的国际集装箱多式联运，日本到欧洲内陆或北美内陆的国际集装箱多式联运等。

理论上讲，国际多式联运企业应制定全程运价表，且采用单一运费率制。然而，由于制定单一运费率是一件较为复杂的问题，因此，作为过渡方法，目前有的多式联运经营人尝试采取混合计收方法，即从国内接收货物地点至到达国口岸采取单一费率。向发货人收取（预付运费）；而从到达国口岸到内陆目的地的费用则按实际成本确定，另向收货人收取（到付运费）。

案例研讨与教学互动

国际多式联运经营人应对货物运输的全程负责。当货物是由多式联运经营人装箱时，多式联运经营人就应对箱内所装货物负责。

本模块实例导入中的货物是由多式联运经营人负责的装箱，并负责全程运输，所以多式联运经营人应对这两箱货物的损坏负责，并应对箱内货物数量及好坏负责。但多式联运经营人可享有一定的责任限额和赔偿限额。

联合国国际多式联运公约规定的两种赔偿限额分别适用于下列两种情况：第一，如在国际多式联运中包括了海运或内河运输，多式联运经营人的赔偿责任限额为每件 920 特别提款权，或货物毛重每公斤 2.75 特别提款权，以较高者为准；第二，如在国际多式联运中未包括海运或内河运输，多式联运经营人的赔偿责任限额为毛重每公斤 8.33 特别提款权。此外，因延迟交付造成损失的赔偿限额为延迟交付货物的应付运费的 2.5 倍，但不得超过多式联运合同规定的应付运费的总额。在确知发生货损的区段时，如该区段适用的公约或国家法律规定的赔偿责任限额高于本公约的规定，则适用该公约或国家法律的规定。

对于多式联运经营人的责任制，国际多式联运公约采用了"修正的统一赔偿责任制"。也就是说，在责任原则方面，遵循由债务人（经营人）承担举证责任的严格责任主义，采用统一责任制。而在责任限额方面，则采用网状责任制。

多式联运经营人的赔偿责任将会超过其分承运人，而且难以从其分承运人那里得到与其支付给索赔人（货主）数额相同的赔偿金额。因为多式联运经营人对其分承运人的追偿请求不能适用多式联运公约，只能适用多式联运某运输区段所对应的单一运输国际公约，而有些单一运输方式所适用的国际公约规定的赔偿责任却低于多式联运公约的规定。为弥补此差额，多式联运经营人除提高运费外，只得向保险公司进行责任保险，以避免此类损失。

随着多式联运经营人责任的严格化和扩大化，以经营人的责任为对象的货物赔偿责任保险的保险费将会大幅度提高，而这种保险费也包括于运费之中。

本案例中包括海运，所以适用联合国国际多式联运公约规定的第一种赔偿责任限额。多式联运经营人的赔偿额为：两个集装箱中所装的货物件数乘以 920SDR/件的积与两个集装箱所装货物的实物毛重与 2.75SDR/KG 的积比较，取高者。

思考与练习

一、选择题

1. 国际铁路联运运单具有（　　）功能。

A. 运输合同证明和物权凭证　　B. 运输合同证明和货物收据

C. 货物收据和货物凭证　　D. 货物收据和流通性

2.《国际货协》运单由五联组成，下列（　　）单据的流转程序为：发货人→发站→到站→收货人。

A. 运单正本　B. 运单副本　C. 运行报单　D. 货物交付单

3. 多式联运经营人在统一责任制下对货物承担的运输责任是（　　）。

A. 全程　　B. 自己运输区段

C. 实际承运人区段外的区段　　D. 自己控制区段

4. 在国际道路货物运输中，车辆抵达边境口岸时，应向国际道路运输管理机构递交相关单证，但这些单证不包括（　　）。

A. 司机的国际驾驶证　　　　　　　B. 国际道路货物运单
C. 国际汽车运输行车许可证　　　　D. 国际道路运输国籍识别标志

5. 下列关于《国际货协》运单，表述正确的是(　　)。

A. 运单正本是运输合同

D. 运行报单是各承运人间交接、划分责任的证明

C. 运单副本是承运人接收货物的证明

D. 货物交付单是承运人合同履行的证明

二、判断题

1. 国际铁路联运运单属于《UCP600》规定的公路、铁路或内河运单的范畴，它仅具有运输合同证明和货物收据的功能，不具有物权凭证的功能，不具有流通性。因此，《国际货协》和《国际货约》均明确规定，铁路联运运单中的收货人一栏必须是记名的。(　　)

2. 我国是《国际货协》参加国，在办理国际铁路货物托运业务时，作为唯一法定的运单是国际货协运单。(　　)

3.《联合国国际货物多式联运公约》是调整国际多式联运方面的国际公约，因此对多式联运经营人具有强制适用性。(　　)

4. 无运单、运单不正规或运单丢失都不影响公路运输合同的成立及有效性。(　　)

5. 多式联运经营人应当对合同约定的全部运输负责。多式联运经营人除了对自己及自己的受雇人或代理人的行为负责外，对托运人、收货人等在内的货方而言，还必须对区段承运人及其受雇人或代理人的行为负连带责任，但可以向其追偿。(　　)

三、案例分析

1. 大连A国际货运代理公司与发货人订立多式联运合同，并负责将两个集装箱货物从大连经印度孟买运至新德里。A国际货运代理公司分别与B船公司和C铁路运输公司签订运输合同，货物装船后B船公司签发清洁海运提单。货物在孟买港卸船时，发现其中一个集装箱外表损坏，A国际货运代理公司在当地的代理人在将货物通过铁路运往新德里前已告知C铁路运输公司。当集装箱到达新德里后，收货人发现外表损坏的集装箱内的货物严重受损。试回答以下问题：

(1)A国际货运代理公司是否应承担责任？为什么？

(2)B船公司是否应承担责任，为什么？

(3)C铁路运输公司是否应承担责任，为什么？

2. 2008年6月，我国A进出口公司委托B货代公司办理600个纸箱的男式羽绒滑雪衫出口日本的手续。B公司将货物装上C船公司派来的船舶，并向A公司签发了清洁的多式联运提单，提单载明货物数量600纸箱，分装在3个集装箱内。6月29日，该轮抵达神户港，当日，集装箱驳卸到岸上。7月7日，这3个集装箱由B公司安排卡车运至东京收货人仓库，收货人发现，由于集装箱有裂痕，雨水进入箱内造成货物损坏。2009年9月25日，收货人以B货代公司和实际承运人C船公司为被告，向法院提起诉讼。请分析：

(1)B公司的身份是代理人还是承运人，为什么？

(2)依据我国海商法的规定，C公司是否应承担赔偿责任，为什么？

(3)依据国际多式联运公约的规定，B公司是否应承担赔偿责任，为什么？

附表 4－1　国际公路货物运单

国际公路货物运单

CHN　　　　　　　　　　　　　　　　　　**No:**

1. 发货人 名称____ 国籍____	2. 收货人 名称____ 国籍____
3. 装货地点 国家____市____ 街道____	4. 卸货地点 国家____市____ 街道____

5. 货物标记和号码	6. 件数	7. 包装种类	8. 货物名称	9. 体积(m^3)	10. 毛重(kg)

11. 发货人指示	
a. 进/出口许可证号码:	从　　在　　海关
b. 货物声明价值	
c. 发货人随附单证	
d. 订单或合同号	包括运费交货点
e. 其他指示	不包括运费交货点

	13. 应付运费			
12. 运送特殊条件	发货人	运费	币别	收货人
14. 承运人意见				
15. 承运人				
	共计			

16. 编制日期 到达装货____时____分 离去____时____分 发货人签字盖章____ 承运人签字盖章____	17. 收到本运单货物日期____ 18. 到达卸货____时____分 离去____时____分 收货人签字盖章____
19. 汽车牌号____　车辆吨位____ 司机姓名____　拖挂车号____ 行车许可证号____　路单号____	20. 运输里程____　过境里程____ 收货人境内里程____ 共计____
21. 海关机构记载	22. 收货人可能提出的意见

附表 4－2　《国际货协》铁路联运单正面

运单正本—Оригиал накладной

（给收货人）—（для　получателя）

- 发送路简称（Сокращенное наименование дороги отправления）中铁 кжд 1
- 1 发货人，通信地址—Отправитель, почтовый адрес
- 25 批号—Отправка №（检查标签—контрольная этикетка）运输号码
- 2 合同号码—Договор №
- 3 发站 Станция отправления
- 4 发货人的特别声明—Особые заявления отправителя
- 5 收货人，通信地址—Получатель, почтовый адрес
- 26 海关记载—Отметки таможни
- 6 对铁路无约束效力的记载—Отметки, необязательные для железной дороги
- 27 车辆—Вагон／28 标记载重（吨）Подьемная сила（т）／29 轴数—Оси／30 自重—Масса тары／31 换装后的货物重量—Масса груза после перегрузки
- 27　28　29　30　31
- 7 通过的国境站—Пограничные станции перехода
- 8 到达路和到站—Дорога и станция назначения
- 国际货协—运单　慢运　СМГС－Накладная малой скорости
- 9 记号、标记、号码 Знаки, марки, номера
- 10 包装种类 Род упаковки
- 11 货物名称 Наименование груза
- 50 附件第 2 号 прил. 2
- 12 件数 Число мест
- 13 发货人确定的重量（公斤）—Масса（в кг）определена отправителем
- 32 铁路确定的重量（公斤）—Масса（в кг）определена железной дорогой
- 14 共计件数（大写）—Итого мест прописью
- 15 共计重量（大写）—Итого масса прописью
- 16 发货人签字—Подпись отправителя
- 17 互换托盘—Обменные поддоны 数量—Количество
- 集装箱／运送用具—Контейнер／Перевозочные средства
- 18 种类—Вид 类型—Категория
- 19 所属者及号码 Владелец и №
- 20 发货人负担下列过境铁路的费用—Отправителем приняты платежи за следующие транзитные дороги
- 21 办理种别—Род отправки：整车*）повагонная*）；零担*）мелкая*）；大吨位集装箱*）Крупнотоннажного Контейнера*）
- 22 由何方装车 Погружено：发货人*）отправителем*）；铁路*）железной дорогой*）
- *）不需要的划消—Ненужное зачеркнуть
- 23 发货人添附的文件—Документы, приложенные отправителем
- 24 货物的声明价格 Объявленная ценность груза за 瑞士法郎 шв. фр.
- 45 封印 Пломбы：个数 Количество；记号—Знаки
- 33　34　35　36　37　38　39　40　41　42　43　44
- 46 发站日期戳—Календарный штемпель станции отправления
- 47 到站日期戳—Календарный штемпель станции назначения
- 48 确定重量方法 Способ определения массы
- 49 过磅站戳记，签字—Штемпель станции взвешивания, подпись

附表 4－3 《国际货协》铁路联运单背面

53 联运—Сообщение	60 类项号码 № позиции	61 等级 Класс	62 费率 Ставка	63 计费重量(公斤) Расчётная масса(кг)	68 向发货人计算的费用 Расчёты с отпра вите ле м: 70 款项 卢布—Сумма в рублях	68: 71 款额单位 Сумма в	69 向收货人计算的费用 Расчёт ы с полу чателем: 72 款项 卢布—Сумма в рублях	69: 73 款额单位 Сумма в
54 运费 Провозная плата 自 от / 至 до; 杂费 Дополнительные сборы					74 / 78	75 / 79	76 / 80	
64 / 65 / 66 km 公里 / 67 运价 Тариф				共计 Итого	82	83	84	85
55 运费 Провозная плата 自 от / 至 до; 杂费 Дополнительные сборы	60	61	62	63	74 / 78		76 / 80	
64 / 65 / 66 km 公里 / 67 运价 Тариф				共计 Итого	82	83	84	85
56 运费 Провозная плата 自 от / 至 до; 杂费 Дополнительные сборы	60	61	62	63	74 / 78		76 / 80	
64 / 65 / 66 km 公里 / 67 运价 Тариф				共计 Итого	82	83	84	85
57 运费 Провозная плата 自 от / 至 до; 杂费 Дополнительные сборы	60	61	62	63	74 / 78		76 / 80	
64 / 65 / 66 km 公里 / 67 运价 Тариф				共计 Итого	82	83	84	85
58 运费 Провозная плата 自 от / 至 до; 杂费 Дополнительные сборы	60	61	62	63	74 / 78		76 / 80	
64 / 65 / 66 km 公里 / 67 运价 Тариф				共计 Итого	82	83	84	85
59 运费 Провозная плата 自 от / 至 до; 杂费 Дополнительные сборы	60	61	62	63	74 / 78		76 / 80	77 / 81
64 / 65 / 66 km 公里 / 67 运价 Тариф				共计 Итого	82	83	84	85
90 兑换率—Курс пе рес чёта; 发送路—дороги отпра вления; 到达路—дороги назна че ния				总计 Всего	86	87	88	89

91 有关计费记载 Отме тки о рас чётах платежей	87′ 应向发货人核收的总额(大写)—Всего взыскать с отпра вите ля (пропис ью) 签 字—Подпись
	89′ 应向收货人核收的总额(大写)—Всего взыскать с полу чате ля (пропис ью) 签 字—Подпись
	92 应向发货人补收的费用—Дополнительно взыскать с отправителя за

附表 4－4　国际集装箱多式联运提单

国际集装箱多式联运提单

1. Shipper Insert Name, Address and Phone

B/L No.

2. Consignee Insert Name, Address and Phone

中远集装箱运输有限公司
COSCO CONTAINER LINES

TLX: 33057 COSCO CN
FAX: +86(21) 6545 8984

ORIGINAL
Port-to-Port or Combined Transport
BILL OF LADING

3. Notify Party Insert Name, Address and Phone
(It is agreed that no responsibility shall attach to the Carrier or his agents for failure to notify)

RECEIVED in external apparent good order and condition except as other-Wise noted. The total number of packages or unites stuffed in the container, The description of the goods and the weights shown in this Bill of Lading are Furnished by the Merchants, and which the carrier has no reasonable means Of checking and is not a part of this Bill of Lading contract. The carrier has Issued the number of Bills of Lading stated below, all of this tenor and date, One of the original Bills of Lading must be surrendered and endorsed or sig-Ned against the delivery of the shipment and whereupon any other original Bills of Lading shall be void. The Merchants agree to be bound by the terms And conditions of this Bill of Lading as if each had personally signed this Bill of Lading.
SEE clause 4 on the back of this Bill of Lading (Terms continued on the back Hereof, please read carefully).
*Applicable Only When Document Used as a Combined Transport Bill of Lading.

4. Combined Transport * Pre - carriage by	5. Combined Transport* Place of Receipt
6. Ocean Vessel Voy. No.	7. Port of Loading
8. Port of Discharge	9. Combined Transport * Place of Delivery

Marks & Nos. Container / Seal No.	No. of Containers or Packages	Description of Goods (If Dangerous Goods, See Clause 20)	Gross Weight Kgs	Measurement
		Description of Contents for Shipper's Use Only (Not part of This B/L Contract)		

10. Total Number of containers and/or packages (in words)
Subject to Clause 7 Limitation

11. Freight & Charges	Revenue Tons	Rate	Per	Prepaid	Collect
Declared Value Charge					

Ex. Rate:	Prepaid at	Payable at	Place and date of issue
	Total Prepaid	No. of Original B(s)/L	Signed for the Carrier, COSCO CONTAINER LINES

LADEN ON BOARD THE VESSEL
DATE　　　　BY

学习模块五　国际货物运输保险

【学习目标】 通过本模块的学习，使学生了解国际货物运输保险的概念、特征、职能和种类，国际货物运输保险的风险和费用；理解国际货物运输保险的基本原则，国际货物运输保险合同的主体、客体、合同的履行、变更和终止；国际货物运输保险合同的主要内容和合同的订立、国际货物运输保险的损失、险别和条款、投保和承保、索赔和理赔。

【实例导入】 2011 年 8 月 22 日，我国甲电力公司从德国进口一批发电机组及配套设备，委托我国乙外运公司负责全程运输，乙外运公司以托运人的身份向海运承运人订舱，装卸港口分别为德国汉堡港和中国深圳港。货物从汉堡港起运后，甲电力公司向我国丙财产保险股份有限公司投保海洋货物运输一切险，保险单上启运地和目的地分别为德国汉堡港和中国深圳港。2011 年 10 月 9 日，发电设备被海运至我国深圳港后，乙外运公司又转委托中国丁运输公司将其运至甲电力公司所在海南的工地，并向其支付货物运输的费用。发电设备在公路运输途中，从丁运输公司的车上侧移跌落地面，严重受损。思考：

1. 甲公司的货损应向谁索赔？为什么？
2. 丁运输有限公司是否承担责任？为什么？
3. 保险公司是否承担责任？为什么？

学习任务一　基础知识单元

一、国际货物运输保险概述

（一）国际货物运输保险的概念

国际货物运输保险是指保险人和被保险人通过协商，就国际运输的货物约定以被保险人支付一定的费用为条件，要求保险人对该货物可能发生的某种损失承担约定的赔偿责任的一种经济行为和法律行为。支付一定费用的一方当事人为被保险人，支付的费用为保险费，承担约定赔偿责任的一方当事人为保险人。

国际货物运输保险的概念可以从两个方面来理解：一是从经济的角度出发，国际货物运输保险定义为一种经济补偿制度，保险人通过集中众多投保人所缴纳的保险费形成保险基金，同时也集合了可能发生的众多同质风险，通过科学的数理计算，将个别被保险人可能遭受的损失在所有参加保险的被保险人中予以分摊，从而得以进行经济损失补偿；二是从法律角度出发，国际货物运输保险是投保人和保险人之间的经济合同行为，彼此之间通过国际货物运输保险合同明确规定各自享有的权利和承担的义务，其中投保人应按照合同规定缴纳保险费，保险人应在合同约定的事故或条件发生时履行损失赔偿或给付保险金的责任。本书主要介绍一般意义上的国际货物运输保险，仅指国际货物运输中的商业保险，即国际货物运输中保险合同当事人通过订立保险合同而建立起来的民事法律关系。

在国际货物贸易中，货物的交接要经过长途运输、装卸和储存等环节，遇到各种风险而遭受损失的可能性比较大。为了在货物遭受损失时能得到经济补偿，就必须办理货物运输保险。因此，国际货物运输保险就成为国际货物销售和运输中不可缺少的一个环节。

（二）国际货物运输保险的特征

1. 国际货物运输保险属于一种商务行为，在通常情况下，或者保险的当事人属于不同的国家，或者保险事故发生在异地他乡，总之大多牵涉到复杂的国际经济法律关系。

2. 国际货物运输保险属于保险中的财产保险，是一种特定条件下的货物保险。

3. 国际货物运输保险是以国际货物运输过程中的各种货物作为保险标的的保险。

（三）国际货物运输保险的职能

国际货物运输保险的职能可以分为基本职能和派生职能。

1. 基本职能包括分摊风险和补偿损失。

（1）分摊风险。分摊风险是指保险组织通过向投保人收取保险费，建立保险基金，当少数被保险人遭受保险事故带来损失时，用保险基金进行补偿，把少数被保险人的损失分摊给大多数被保险人来承担，体现互助共济的作用。

（2）补偿损失。补偿损失是指把用被保险人交纳的保险费建立的保险基金用于补偿少数被保险人因遭受自然灾害或意外事故所造成的损失。

分摊风险是补偿损失的前提和手段，补偿损失是分摊风险的目的。

2. 派生职能包括投资职能和社会管理职能。

（1）投资职能。投资职能是指国际货物运输保险公司将保险基金暂时闲置的部分加以运用，重新投入到社会再生产过程中以实现保险基金的保值增值。

（2）社会管理职能。社会管理职能是指国际货物运输保险公司对整个社会以及各个环节进行调节和控制的过程。目的在于正常发挥各系统、各部门、各环节的功能，从而实现社会关系和谐、整个社会良性运行和有效管理。

二、国际货物运输保险的基本原则

（一）最大诚信原则

我国《保险法》第 4 条规定：“从事保险活动必须遵循法律、行政法规，遵循自愿和诚实信用原则。”保险活动中的最大诚信原则就是指保险双方当事人在签订和履行保险合同的过程中，都能够做到最大限度的诚实和守信，不隐瞒与保险相关的重要事实，不逃避或减少按合同规定对另一方承担的责任。

最大诚信原则的基本内容为告知、保证及弃权和禁止反言。

根据我国《海商法》的有关规定，履行如实告知义务的时间为“合同订立前”，被保险人的告知义务截至海上保险合同成立，被保险人没有义务告知在合同订立后才知道的新情况或才发生变化的情况。在海上保险合同订立前就已存在的不重要的情况，即使在合同订立后成为保险标的发生损失的原因，也不是被保险人必须告知的重要情况。

保证是指被保险人对于某一事项的作为或不作为、某种状态的存在或不存在做出的允诺。由于保证条款对被保险人限制十分严格，所以各国法律都限制保险人使用默示保证，只有一些约定俗成的事项成为默示保证。

最大诚信原则中的告知义务和遵守保证的义务绝大部分是针对被保险人的，而合同的制定者是保险人，为了保持公平，平衡双方的权利与义务，对保险人使用弃权和禁止反言原则。

弃权是指保险人自愿或有意识地放弃在合同中可以主张的某种权利。禁止反言指保险人既然已经放弃某种权利，日后就不得再向被保险人主张该权利。

（二）可保利益原则

可保利益（Insurable Interest），是指投保人或被保险人因对于保险标的具有利害关系而产生的为法律所承认的、可以投保的经济利益。保险合同中的标的，是保险所要保障的对象，但投保人或被保险人投保的并不是保险标的本身，而是对保险标的所具有的可保利益。对这点可以这样来理解，投保人对其所拥有的货物办理运输保险，那么保险事故发生后，保险人无须赔偿给投保人等同于保险标的的实物，而往往采用现金方式进行补偿，目的是保障投保人对一定财产的所有权，而不是保证投保人原封不动地拥有保险标的的实体形式。

由以上含义可以得知，可保利益具有以下三个特征：

（1）经济的利益或金钱上的利益。可保利益必须具有经济价值，这种经济价值是可以用货币估算的，否则发生损失时将难以确定补偿的标准。

（2）合法的利益。可保利益必须是法律上可以主张的利益，而不应该是违反法律规定、通过不正当手段获得，否则，即便订立了保险合同，也属无效。

（3）确定的利益。所谓确定利益，是指既得利益或预期利益，是客观上可以实现的利益，而不是单凭主观上的猜测，推断可能获得的利益。

知识链接 5－1

买卖双方对货物可保利益的划分标准

国际贸易中，买卖双方对货物具有的可保利益是由买卖双方所承担的货物在运输途中的风险决定的。而国际贸易中采用的贸易术语又具体规定了买卖双方对运输途中的货物承担的责任、费用和风险。

1. 工厂交货（EXW 术语）条件下，卖方在合同规定的时间在其所在地指定地点将货物置于买方支配之下风险即发生转移，对货物的保险利益同时随之转移给买方。卖方不需办理货物的运输保险，买方对货物享有可保利益，可以向保险公司办理将货物从指定地点运送到买方仓库的运输保险，对货物在运输中所受的保险损失，买方可以向保险人提出赔偿请求。

2. 目的地交货（包括 DAT、DAP、DDP 术语）条件下，卖方须于规定时间在指定目的地将货物置于买方支配之下，在此之前的风险由卖方承担，因此卖方对货物享有可保利益；卖方对其所承担的风险可以向保险公司办理投保，风险转移前的运输途中发生的损失，只能由卖方向保险公司索赔。货物被置于买方支配下后，风险随之转移给买方，买方对货物享有可保利益，买方可以向保险公司办理保险,此后期间发生的损失只有买方有权向保险公司要求赔偿。

3. 装运港交货(FAS、FOB、CFR、CIF术语)条件下。无论是装运港船边交货还是装运港船上交货,货物自买方仓库到装运港交付第一承运人或装上船这一段时间,风险都是由卖方承担,此后海上运输阶段的风险转由买方承担。因此,无论是买方还是卖方办理海上运输保险,内陆运输阶段内发生的保险事故,买方均不具有可保利益而无权向保险公司索赔。在FAS/FOB和CFR术语下,卖方办理海上运输保险,交货前发生在内陆运输途中的保险损失由卖方向保险公司索赔,交货后发生在海上运输途中的保险损失由卖方向保险公司索赔,为了使得任何一个阶段发生的损失都能获得赔偿,卖方投保时应以自己或将买方一同列为被保险人,如果单独将买方列为被保险人,那么内陆运输途中发生的损失将无法获得保险公司的赔偿。

(三)近因原则

近因原则是指在多个原因导致保险标的损失的情况下,只有导致保险标的损失的近因在保险责任范围之内,保险人才能对保险标的的损失负责赔偿。所以在保险理赔中,应确定造成保险事故的众多原因中哪一个是导致保险标的损害发生的最直接、最有效、起决定性作用的原因,然后再判断损失的近因是否属于承保风险时首先要解决的问题。

近因原则的里程碑案例是英国 Leyland Shipping Co. Ltd. V. Norwich Union Fire Insurance Society Ltd. 一案。第一次世界大战期间,Leyland公司一艘货船被德国潜艇的鱼雷击中后严重受损,被拖到法国勒哈佛尔港,港口当局担心该船沉没后会阻碍码头的使用,于是该船在港口当局的命令下停靠在港口防波堤外,在风浪的作用下该船沉没。Leyland公司索赔遭拒后诉至法院,审理此案的英国上议院大法官 Lord Shaw 认为,导致船舶沉没的原因包括鱼雷击中和海浪冲击,但船舶在鱼雷击中后始终没有脱离危险。因此,船舶沉没的近因是鱼雷击中而不是海浪冲击。

(四)损失赔偿原则

损失赔偿原则是指保险标的发生保险事故,被保险人遭受损失时,保险人应根据保险责任的范围对其进行补偿。这个原则取决于保险的经济补偿职能,是委付制度和保险代位权制度的基础。

损失赔偿原则有以下两个方面的含义:

(1)保险人只有在受到约定的保险事故造成的损失时才能够得到赔偿。在保险期间内,如果发生了保险事故,但被保险人没有受到损失,就无权要求保险人赔偿。

(2)被保险人所得到的赔偿金额不能超过保险单上的保险金额或被保险人遭受的实际损失,被保险人遭受的实际损失,被保险人不能因保险赔偿而获得额外利益。

三、国际货物运输保险合同

(一)国际货物运输保险合同的概念和特征

1. 国际货物运输保险合同,是指进出口商对进出口的货物按照一定的险别向保险公司投保,缴纳一定的保险费,当保险货物在国际运输中遇到风险事故时,由保险公司对进出口商因保险事故遭受承保范围内的货物损失和产生的责任负责赔偿。

2. 国际货物运输保险合同的特征。国际货物运输保险合同属于合同的一种,一经成立便受到法律的保护,具有经济合同所共有的一般法律特征。

(1)国际货物运输保险合同必须具有双方当事人,即投保人和保险人,双方必须具有民事行为能力,法律地位平等。

(2)国际货物运输保险合同是双务合同。投保人负有按约定给付保险费的义务,保险人则负有当保险事故发生时给付保险金的义务。

(3)国际货物运输保险合同是射幸合同,是指合同当事人一方是否履行有赖于偶然事件的发生。对投保人来说,其支付一定数额的保险费,在保险事故发生时,可以获得大大超过所付保险费数额的保险金;如果保险事故不发生,则丧失所交的保险费。对保险人来说,保险事故发生后,其支付的保险金额将大大超过保险费的收入;如果保险事故不发生,则获得保险费的利益,而无支付保险金的责任。

(4)国际货物运输保险合同是最大诚信合同,合同的订立和履行都要遵守诚实信用原则。保险合同的诚信原则比一般合同都要高,它要求投保人对订立和履行保险合同过程中的一切重要事实和情况做出真实、可靠的陈述,不能有任何隐瞒和虚假的陈述,这一点在前面保险合同的基本原则中已经讲过。

(5)国际货物运输保险合同是要式合同,是指在法律上要具备一定的形式和手续,各国的保险惯例都将保险合同做成保险单的形式,而且各国法律在保险立法上也有规定。国际货物运输保险合同是以保险单或保险凭证作为保险合同的书面形式。

(二)国际货物运输保险合同的内容

1. 国际货物运输保险合同的主体。国际货物运输保险合同的主体是指参加保险合同并且享有权利和承担义务的人,包括保险合同的当事人和关系人。

当事人有保险人和投保人。保险人又称承保人,是保险合同当事人的一方,是设计保险合同、收取保险费,并且在保险事故发生时对被保险人承担损失赔偿或给付保险金的主体。我国《保险法》第10条规定,保险人是指与投保人订立保险合同,并承担赔偿或给付保险金责任的保险公司。投保人又称要保人,是保险合同当事人的另一方,是与保险人订立保险合同并负有交纳保险费义务的主体。投保人既可以是自然人,也可以是法人。

国际货物运输保险合同的关系人有被保险人、受益人、保险代理人、保险经纪人和保险公估人等。

2. 国际货物运输保险合同的客体。国际货物运输保险合同的客体是指保险人和被保险人双方权利义务共同指向的对象。保险合同的客体并不是保险合同本身,而是投保人或被保险人对保险标的所有的可保利益。可保利益是指投保人或被保险人对保险标的所具有的经济上的利害关系。可保利益以保险标的的存在为前提,既体现在保险标的的存在上,也体现为投保人或被保险人的经济利益;当保险标的遭受损失时,被保险人将蒙受经济上的损失。投保人或被保险人向保险人投保,要求经济上的保障,并不是保险标的本身,而是针对保险标的所具有的经济利益,所以保险合同中权利义务共同指向的对象是可保利益。

3. 国际货物运输保险合同的内容。国际货物运输保险合同的内容是指保险合同所确定事项,即保险条款。保险人与被保险人的权利和义务具体体现在保险合同的条款上。保险合同的内容一般分为两种:一是法律规定保险合同必须列入的事项或条款,即保险合同的基本条款;二是允许当事人自由约定的事项或条款,即保险合同的特约条款。

根据我国《保险法》第18条和第19条的规定,保险合同应包括下列内容:

(1)根据我国《保险法》第18条规定,保险基本条款有:保险当事人及关系人的名称和住所;保险标的;保险责任和责任免除;保险期限和保险责任开始时间;保险价值和保险金额;保险费及支付办法;保险金赔偿或给付办法;违约责任和争议处理;订立合同的年月日。

(2)我国《保险法》第19条规定:"投保人和保险人在前条规定的保险合同事项外,可以就与保险有关的其他事项做出约定。"这种约定我们把它称为特约条款,它是指保险合同双方当事人在保险合同基本条款以外协商确定的其他保险条款。

当然,保险合同双方当事人自由协商的条款不得与我国的《保险法》以及其他法律法规相抵触,不得违背社会的公共秩序,否则协商条款无效。

(三)国际货物运输保险合同的订立、履行、变更和终止

1. 国际货物运输保险合同的订立。国际货物运输保险合同属于财产保险合同的一种。被保险人以填制投保单的形式向保险人提出保险要求(即要约),经保险人同意承保,并就货物运输保险合同的条款达成协议(即承诺)后,保险合同成立。

国际货物运输保险合同采用书面形式,书面形式一般有要保书、暂保单、保险单、保险凭证和批单五种方式。

(1)要保书,又称投保单,是投保人填写的递交给保险人的要求保险的书面要约。要保书一般载明投保人、被保险人的名称和地址;保险标的及其地点;保险对象及被保险人的年龄、健康情况;投保险别;投保价值及保险金额;保险期限和保险责任;保险费以及支付办法等主要事项。

(2)暂保单,又称临时保险书,是指在保险单发出以前出立给投保人的一种临时保险凭证。暂保单一般由保险代理人签发,表示保险代理人已经按投保人的要求及所列的事项办理了保险手续,等待保险人出立正式的保险单。暂保单的使用一般有时间限制,只能在规定的时间内使用才有效,一般为30天,并且在保险单签发后自动失效。

(3)保险单,又称大保单,是保险人和投保人之间订立正式保险合同的一种书面文件,一般由保险人签发给投保人。保险单将保险合同的全部内容详细列明,包括双方当事人的权利与义务以及保险人应承担的风险责任。保险单也是保险人向被保险人进行赔偿的依据。

(4)保险凭证是指保险人签发交给投保人业已表明保险合同生效的证明文件,它与保险单唯一的区别在于背面不附有保险条款。保险凭证是保险单的简化形式,俗称小保单,与保险单具有同等法律效力,但缺乏完整的独立性,需要依赖于其他文件,即保险当事人的权利、义务及相关保险责任范围的约定须以保险公司的正式条款为准。

(5)批单,又称背书,是保险人应投保人或被保险人的要求出立的修改或更改保险单内容的证明文件。它是变更保险单内容的批改书。

2. 国际货物运输保险合同的履行。国际货物运输保险合同的履行包括投保人对保险合同的履行和保险人对保险合同的履行。

投保人对保险合同的履行主要包括:投保人交付保险费的义务、维护保险标的安全的义务、保险标的危险增加通知的义务、保险事故通知的义务、投保人对施救的义务和提供单证的义务等。

保险人对保险合同的履行主要包括:保险人对签发保险单、赔付或给付保险金、支付有关费用及附随义务等的履行。

3. 国际货物运输保险合同的变更。这是指保险合同成立以后未履行完毕以前发生的投保

人、被保险人的变化以及保险合同内容的修改和补充。保险合同依法成立，即具有法律效力，当事人双方必须严格遵守，不得擅自变更或解除。保险合同在成立以后，未履行或者未完全履行以前，由于客观情况的变化使保险合同不能履行的，法律可以允许变更。

（1）投保人、被保险人的变更。又称为保险合同的转让或者保险单的转让，即投保人或被保险人在保险合同有效期内将保险合同的利益转让给新的受让人。在保险合同中，保险人往往是不会发生变化的，而投保人或被保险人则由于各种情况的出现可能会发生变化。投保人或被保险人的变更，通常是由于被保险财产的所有权或经营管理权的转移而引起的。

（2）保险合同内容的变更。保险合同内容的变更是指在保险合同有效期内发生的保险合同内容的修改和补充。保险合同内容的变更通常为保险标的的数量、品种的增加，用途、存放地点的变化，和保险金额、保险价值、保险费的增减，船期、航程的变更以及人身保险中受益人的指定或变更等。保险合同内容的变更是在主体不变的情况下发生的，保险合同成立以后，根据保险双方当事人的要求或为适应已经变化了的客观情况，允许对保险合同的内容做一定的修改或补充，这是各国保险立法的通例。前面讲述的批单，其实就是保险合同的变更形式。

（3）保险合同变更程序。无论是投保人或被保险人的变更，还是保险合同内容的修改和补充，都必须经过一定的程序，办理一定的手续。保险合同变更的方法主要有两种：一是通知变更，保险合同的变更无须经过保险人同意，只要通知保险人即发生合同变更的效力，如货物运输保险合同的转移等；二是协议变更，保险合同的变更必须经过投保人和保险人双方协商一致以后，才能发生合同变更的效力。通知变更和协议变更都是在原保险单或其他保险凭证上批注或附贴批注，即背书，或双方订立书面变更协议。

4. 国际货物运输保险合同的终止。国际货物运输保险合同的终止是指合同确立的当事人之间的权利和义务关系的结束，即保险关系的完全消失。导致保险合同终止的主要原因有自然终止、义务已经履行完毕而终止、因保险标的全部灭失而终止、因合同解除而终止等。

四、国际货物运输保险的承保范围、险别及条款

（一）国际货物运输保险的承保范围

国际货物运输保险中，保险人是按照不同的险别包括的风险所造成的损失和费用来承担赔偿责任的。在保险业务中，风险、损失、费用和险别之间有着密切的联系。

1. 风险。国际货物运输保险中的风险包括两类，一类是海上风险，一类是外来风险。

（1）海上风险。海上风险又称海难，是指海上发生的自然灾害和意外事故。

自然灾害是指由于自然界的变异而产生的具有破坏力量的现象，是不以人的意志为转移的，如雷电、暴风雨、海啸、洪水等。

意外事故是指由于偶然的难以预料的原因造成的事故，如船舶搁浅、触礁、沉没、互撞或遇流冰或其他固体物，如与码头碰撞以及失火、爆炸等原因造成的事故。

按照国际保险市场的一般解释，海上风险并非局限于海上发生的灾害和事故。那些与海上航行有关的发生在陆上或海陆、海河或驳船相连接之处的灾害和事故，如地震、洪水、火灾等，也属于海上风险。因货物原有的缺陷、发货人的故意损失、商品的特性、货物的自然耗损以及运输迟延等导致的损失不包括在海上风险之内。

（2）外来风险。外来风险是指由于海上风险以外的其他外来原因引起的风险，包括一般外

来风险和特殊外来风险。一般外来风险包括偷窃、雨淋、短量、渗漏、破碎、串味、受潮、受热、钩损和锈损等。特殊外来风险包括战争、罢工、拒收、交货不到等。

2. 损失。国际货物运输保险的损失可以分为全部损失和部分损失。

(1)全部损失。全部损失是指被保险货物在运输过程中遭遇风险而导致货物实际全部灭失或构成推定全部灭失即为全部损失,简称全损。全部损失又分为实际全损和推定全损。

实际全损又称绝对全损,是指被保险货物完全灭失或已经失去使用价值或原有用途。如100立方米的棉花发生火灾全部烧成灰烬;水泥被水浸泡后完全结成硬块等。

构成保险标的实际全损的有下面几种情况:被保险货物的实体已完全灭失;被保险货物遭受严重损害,已丧失原有用途和价值;被保险人对被保险货物的所有权已无可挽回地被完全剥夺;载货船舶失踪并达到一定期限(一般为6个月)仍杳无音讯。如船舶全部沉入海底,船只被盗,货物被占,货物被海水浸湿,已完全失去使用价值,都可以看作实际全损。

推定全损是指货物发生保险事故后,实际全损已经不可避免,或者为了避免发生实际全损所需要支出的费用与继续将货物运抵目的地的费用之和超过了保险价值。在这种情况下,被保险人可以要求保险人按照保险金额予以全部赔偿,但是残损的货物必须交给保险公司处理。这种做法,在法律上称为"委付"。

知识链接5-2

委　付

委付是指被保险人在保险标的发生推定全损时,将货物的一切权利、义务都转移给保险人,然后要求保险人按全损给予赔偿的一种做法。委付的条件是:要将被保险货物全部进行委付,并不得附带任何条件。委付经保险人同意后才能生效,但保险人应当在合理时间内将接受委付或不接受委付的决定通知被保险人。委付一经保险人接受,不得撤回。但当被保险人要求做推定全损赔偿时,必须向保险人发出"委付通知",经保险人同意后才能作全部损失处理。

如汽车运往销售地销售,每辆售价10 000美元。途中船舶遇险,导致货物遭受严重损失。如要修理汽车,所需要的修理费用,再加上继续运往目的地的费用,每辆车将超过10 000美元。此时,被保险人有权要求保险公司按投保金额予以全部赔偿,并将残损汽车交给保险公司处理。

(2)部分损失。部分损失是指货物的损失没有达到上述全部损失的程度。按照损失产生的原因不同,部分损失可以分为共同海损和单独海损。

共同海损是载货船舶在海运途中遇到灾害、事故,威胁到船、货的共同安全,为了解除这种威胁,维护船、货共同的安全或使航程得以继续完成,由船方有意识地、合理地采取措施所做的某些特殊牺牲(如抛货)或某些额外的费用支出(如雇佣拖轮拖拉搁浅的船舶)。

知识链接5-3

构成共同海损的条件

1. 船方在采取紧急措施时,必须确有危及船、货的共同危险存在,且风险是不可避免发生

的，而不是主观臆测的，

2. 共同海损的危险必须是危及船、货各方的共同安全的，采取的措施是为了解除船、货的共同危险。若是仅为了维护船舶一方或货物一方的利益而采取措施所造成的损失，则不能看作共同海损。

3. 共同海损的牺牲必须是有意识的、合理的行为所导致，其支出的费用是额外的，且做出的牺牲和支出的费用是有效果的。

4. 共同海损的损失必须是共同海损措施的直接结果，即损失是由解除危险的措施造成的，而不是由风险本身造成的。

共同海损的牺牲和费用的支出都是为了船、货和运费免受损失，因而应该由全体受益人，即船方、货方和运费收入方按照最后获救的价值的多少，共同按比例来分摊，这种分摊叫作共同海损分摊。然后，各方再向各自的保险人进行索赔，共同海损分摊涉及的因素比较多，一般由专门的海损理算机构进行理算。

单独海损是指被保险货物受损后，未达到全部损失的程度，仅为部分损失，而这部分损失不属于共同海损，它只涉及船舶或货物所有人单方面的利益损失，并不涉及其他方；同时仅指保险标的本身的损失，不包括由此而引起的费用损失。例如，载货船舶在海上航行遇到风浪，海水入舱造成部分货物受损；又如某公司装运100箱货物出口，在运输途中，有10箱货被船上水管流出的热水浸泡损坏，这些情况都属于单独海损。

知识链接5－4

共同海损和单独海损的区别与联系

共同海损和单独海损的区别主要表现为：

1. 在损失的构成上，共同海损既包括货物牺牲，又包括因采取共同海损措施而引起的费用的损失；单独海损仅指货物本身的损失，不包括费用项目。

2. 在损失原因上，共同海损是为了解除或减轻承保风险而人为地采取合理措施而造成的；而单独海损是由于承保风险直接造成的船货损失。

3. 在损失承担上，共同海损的损失是由受益人按获救财产价值的大小比例来分摊；而单独海损的损失由受损方自己承担。

共同海损和单独海损的联系表现为：

一般来说，单独海损先发生，进而引起共同海损，在采取共同海损措施之前的部分损失，一般被列为单独海损。

3. 费用。国际货物运输保险中的费用是为抢救受损货物，以及为防止损失进一步扩大而形成的费用，又称为海上费用，一般由保险人支付，海上费用包括施救费用和救助费用。

施救费用是指被保险货物在遭遇承保责任范围内的灾害事故时，被保险人或其代理人，雇佣人或受让人，为了避免或减少货物的损失，采取各种抢救措施所支出的合理费用。

救助费用是指被保险货物遭受承保范围内的灾害事故时，由保险人和被保险人以外的第三者采取救助措施并获得成功,由被救助方给予救助方的一种报酬。救助费用一般都列为共同海损的费用项目,因为通常它是在船、货各方遭遇共同危险的情况下,为了共同安全由其他船舶前来救助而支出的费用。在我国,中国贸促会海事仲裁委员会制定有“海上救助契约格式”,这个格式采取的是“无效果、无报酬”的原则。

(二)国际货物运输保险的险别与条款

国际货物运输保险的险别,按照能否单独投保,可以分为基本险和附加险。

1. 基本险,也称主险。我国海洋货物运输保险条款包括三种基本险别,即平安险、水渍险和一切险。我国的基本险可以单独投保,附加险不能单独投保,只有在投保一种基本险的基础上才能加保附加险。

(1)平安险(Free from Particular Average,简称 F. P. A.)的承保责任范围。平安险的英文意思是“不负责单独海损”,即仅对全部损失和共同海损负责赔偿。随着国际航运和国际贸易的发展,这一险别经过多次修改和补充,已经超出了原责任范围。现在平安险的承保责任范围是:①被保险货物在运输途中,由于恶劣气候、雷电、海啸、地震、洪水等自然灾害造成整批货物的实际全损或推定全损;②由于运输工具遭受搁浅、触礁、沉没、与流冰或其他物体碰撞以及失火、爆炸等意外事故造成货物的全部和部分损失;③在运输工具已经发生搁浅、触礁、沉没、焚毁等意外事故的情况下,货物在此前又在海上遭受恶劣气候、雷电、海啸等自然灾害所造成的部分损失;④在装卸或转运时,由于一件、数件或整件货物落海造成的全部或部分损失;⑤被保险人对遭受承保责任内危险的货物采取抢救、防止或减少货损的措施而支付的合理费用,但以不超过该批被救货物的保险金额为限;⑥运输工具遭遇海难后,在避难港口由于卸货所引起的损失,以及在中途港、避难港由于卸货、仓储及运送货物所产生的特别费用;⑦共同海损的牺牲、分摊和救助费用;⑧运输契约订有“船舶互撞责任”条款,根据该条款规定,应由货方偿还船方损失。

(2)水渍险(With Particular Average,简称 W. P. A.)的承保责任范围除平安险所承保的全部责任外,还包括被保险货物在运输中,由于恶劣气候、雷电、海啸、地震、洪水等自然灾害所造成的部分损失。

(3)一切险(All Risks)的承保责任范围,除包括上面的平安险和水渍险的各种责任外,还负责被保险货物在运输中由于一般外来风险所造成的全部或部分损失,如偷窃、碰损、受潮受热、淡水雨淋、短量和包装破裂等。一切险无须和一般附加险一起投保,因为一切险中包括一般附加险。但是一切险可以和特殊附加险一起投保,如一切险加保战争险或罢工险等。而平安险和水渍险可以加保一般附加险或特殊附加险。

上述三种基本险别,被保险人可以从中选择一种投保。险别不同,保险责任的范围也不同。一切险的保险范围和责任最大,水渍险次之,平安险最小,因此,其保险费率也相对应的由高到低有所不同。

2. 附加险(Additional Risk)。附加险分为一般附加险和特殊附加险两类。

(1)一般附加险(General Additio nal Risk)是指由于一般外来风险所造成的全部或部分损失。它包括:偷窃、提货不着险;淡水雨淋险;短量险;混杂、玷污险;渗漏险;破损、破碎险;串味险;钩损险;受潮、受热险;包装破裂险和锈损险等 11 种险。

(2)特殊附加险(Special Additional Risk)包括:战争险、罢工险、舱面险、进口关税险、拒收险、黄曲霉素险、交货不到险和货物出口到中国香港(包括九龙)或中国澳门存仓火险责任扩展条款。被保险货物运抵目的地中国香港或中国澳门卸离运输工具后,如直接存放于保单载明的过户银行所指定的仓库,本保险对存仓火灾的责任至银行收回抵押款,解除货物的权益为止,或运输险责任中止时起满30天为止。这一保险是为了保障过户银行的利益,货主通过银行办理对货物的押汇业务,在货主未向银行归还货款前,货物的权益属于银行。因此,保险单上必须注明过户给放款银行。在此阶段,货物即使到达目的港,收货人也无权提取货物,货物一般存放在过户银行指定的仓库中,如在仓库期间发生火灾,保险人负责赔偿。

3. 承保责任的起讫期限

(1)基本险的责任起讫期限。平安险、水渍险和一切险的承保责任的起讫期限采用"仓至仓条款"。

根据国际保险市场的习惯做法,中国人保财产股份有限公司的海洋运输货物保险条款规定的基本险保险责任起讫期限为"仓至仓条款",即规定保险公司对被保险货物所承担的保险期限是:从被保险货物运离保险单上载明的启运港发货人的仓库开始,包括正常运输过程中的海上、陆上、内河和驳船运输在内,一直到货物运达保险单所载明的目的港收货人的仓库为止。该条款中所说的"运离",是指货物一经离开发货人仓库,保险责任即开始;所指"到达",是指货物一经进入收货人仓库,保险责任即终止。对在仓库发生的损失不负责赔偿。

如果货到目的港,因港口泊位拥挤或提单迟到等无法控制的原因,不能及时运到收货人仓库,则保险有效期可延长60天,60天届满时,不论被保险货物有没有进入收货人的仓库,保险责任均告终止。如货物在60天内运达收货人仓库,则以运达时间为保险责任终止的时间。若收货人收货后并不运往仓库就对货物进行分配、转运,则保险责任终止于分配、转运之时。

(2)海运战争险的起讫期限。海运战争险的承保责任的起讫期限采用"岸到岸条款"。战争险的责任起讫与基本险的责任起讫不同,不采用"仓至仓条款",其责任起讫期限仅限于水上危险。它规定保险责任从货物装上保险单上所载明的起运港的海轮或驳船时开始,直到卸离保险单上所载明的目的港海轮或驳船为止。如果货物不卸离海轮或驳船,则保险责任最长延至货物抵达目的港之日午夜起算满15天为止。如在中途港转船,则不论货物在当地卸载与否,保险责任以海轮抵达该港或卸货地点的当日午夜起算满15天为止,待货物再装上续运的海轮时,保险公司仍继续负责。

(3)罢工险的责任起讫期限。罢工险的责任起讫期限采用"仓至仓条款"。

(4)扩展保险期限。被保险人可以要求扩展保险期限。例如,我们对某些内陆国家的出口业务,如在港口卸货转运内陆,无法按保险条款规定的保险期限在卸货后60天内到达目的地,即可以申请扩展。经保险公司出具证明予以延长,但是需加收一定的保险费。在办理扩展责任时,必须注意,在买卖合同的保险条款中对扩展期限和扩展地点应做具体明确规定。对于没有铁路、公路、内河等正常运输线路的地区,除非事先征得保险公司的同意,一般不能规定扩展保险责任,对于散装货一般也不办理扩展责任。

4. 保险公司的除外责任。不论是平安险、水渍险或一切险,根据保险公司保险条款的规定,对于下列各项损失和费用,保险公司不负责赔偿:被保险人的故意行为或过失行为所造成的损失;属于发货人责任所引起的损失;被保险人货物的自然耗损、本质缺陷、特性以及市场跌价所引起的损失或费用;在保险责任开始前,被保险货物已存在的品质不良或数量短差所造成的损失;属于海洋运输货物战争险条款和货物运输罢工险条款规定的责任范围和除外责任;运输迟延所引起的损失或费用。

学习任务二　实务操作单元

操作1　国际货物运输保险业务操作

一、国际货物运输的投保

海运货物保险是国际贸易正常进行的必要保障,因此,在签订贸易合同时,买卖双方必须将保险的有关事宜加以明确,例如由谁投保、保险金额多少、保险险别是什么、保险条款是哪一条等。

1. 投保人。国际贸易中由谁投保的问题体现在贸易术语中。《2010年国际贸易术语解释通则》规定的11种贸易术语中明确规定,合同一方有办理货物运输保险义务的术语只有两种,即CIF和CIP。在这两种术语下,卖方必须根据合同约定自行负担费用取得货物保险,使买方或任何其他对货物有可保利益的人有权直接向保险人索赔,并向买方提供保险单或其他保险凭证。而其他术语中均无规定买方或卖方有办理货物运输保险的义务。这些贸易术语主要分为两类,一类是在出口国国内或港口交货的术语,卖方并不承担货物运输过程中的货物风险,因此,如果买方想要获得保险保障的话,须自己投保海运货物运输保险,这类贸易术语有商品产地交货的EXW,出口国内地或港口交货的FCA、CPT,装运港口交货的FAS、FOB、CFR等。另一类是在进口国的港口或国内交货的贸易术语,如DAT、DAP和DDP,这类术语下,卖方要自负风险和费用将货物交至目的港或目的地的指定地点,交货前的风险由卖方承担。所以,卖方为了转嫁风险需要投保海运货物保险。

2. 保险险别。至于保险险别也要在合同中明确。如果合同中没有规定,那么在卖方办理保险的CIF和CIP术语中,卖方应按照协会货物条款或其他类似的条款中的最低险别投保。如果买方提出额外要求,卖方在买方自担费用的条件下,可以投保战争险和罢工险。各种险别或附加险的名称要明确,不能笼统含糊。例如,要明确承保一切险加战争险,不能写成"承保一般险或者惯常险"等。

保险人承担保险责任的依据是险别。不同的险别,保险人承担的责任不同,保险费率也不同。投保人在选择险别时,既要顾及所选择的险别能为被保险货物提供充分的保险保障,又要注意到保险费用的节省,避免不必要的保险费支出。另外,不同险别下,保险人和被保险人所负担的举证责任也有很大不同,这一点,作为被保险人也是要慎重考虑的。

3. 保险金额的确定。投保金额多少关系到双方的切身利益,所以按CIF或CIP价格成交时,双方必须在合同中约定保险金额。根据习惯做法,保险金额一般按照合同价格加成计算。加成率如没有特别约定,《UCP600》规定至少加成10%,即按照合同价格的110%投保。卖方投保所需支付的保险费则按照此法计算出来的保险金额乘以保险费率得出。如果货物遭受承保损失,则保险公司以此保险金额为基础负责赔偿。

二、国际商会《跟单信用证统一惯例》有关保险单据的规定

(一)《跟单信用证统一惯例》对保险单据的规定

国际商会2007年修订的《跟单信用证统一惯例》对保险单据作了一些具体规定:

1. 所有的保险单据都必须符合信用证的规定,即单证一致的原则。

2. 保险单据必须标明最低投保金额,保险金额应为保险货物的CIF价值或CIP价值加10%。如果从单据表面不能确定CIF或CIP价值,最低投保金额应为信用证要求付款、承兑或议付金额的110%,或发票毛值的110%,两者中取较大者。保险单的币种要与信用证上所表示的一致。

3. 关于投保险别,要求在信用证上写明各种险别和附加险别的确切名称,不能笼统含糊。例如,要写承保一切险加战争险,不能写承保一般险或者惯常险。信用证上规定保一切险的,银行可以接受任何有一切险批注或条文的保险单据。

4. 关于免赔额或免赔率,银行可以接受表明有免赔额或免赔率的保险单证,但是信用证上特别规定无免赔额或免赔率的除外。

(二)信用证中有关投保条件可能出现的问题

1. 来证规定投保险别的词意不明确。

例如:Covering Usual Risks;Customary Risks;Sea Damage Risks;Marine Risks等表述含糊不清,无法确定其真实意图,应要求改证。

再如:Covering All Risks of PICC including Institute War Risks Clauses,这种表述属于主险与附加险条款选择不一致,应该要求改证。

2. 来证投保险别明确,但保险责任小于贸易合同规定。这种情况下,可先按照信用证所列的险别出单议付,然后再出批单补保贸易合同所规定的保险责任,将批单寄给客户。

3. 来证投保险别明确,但保险责任大于贸易合同规定。这种情况下应酌情处理,或要求外商改证,或要求客户承担保险费差额部分后同意投保。

4. 来证所列目的地笼统或不明确,无法控制保险责任的终止,应要求改证,列明其具体到达的目的地或港口。

如:Main port in Europe;Any city in Africa;Up to interior points in Japan;Up to one inland city in Japan;Extended cover from warehouse to buyer's warehouse in Italy.

对于这类来证内容,应该要求指明具体地点,或者加注“从船上卸货的港口被视为最后目的地”。

三、保险险别的选择

保险险别的选择一般应考虑以下因素:

1. 货物的性质和特点。例如,粮谷类商品的特点是含有水分,在运输途中,如果通风设备不

良，容易发汗、发热而致发霉，对于此类商品，一般可以在投保水渍险的基础上加保受潮受热险，或者投保一切险。而轻工类商品如玻璃制品、家电、仪器等比较容易碎裂、碰损或被偷窃，所以宜在平安险或水渍险的基础上加保碎裂险、碰损险或偷窃提货不着险等。常见国际贸易商品的特性和适宜投保的险别情况见表5－1。

表5－1　常见贸易商品的特性和适宜投保的险别

种类	分类	商品	特点	险别
食品类	粮食类	粮食、谷物豆类、花生仁、饲料	易水分蒸发而短量；易受潮霉变；易发生发汗发热损失	一切险；水渍险加保短量险和受潮受热险；散装规定免赔额
	油脂类	食用动植物油	易渗漏和玷污	水渍险加短量险和玷污险；散装规定免赔额
	食品类	水果、肉类罐头、坛装食品	包装易生锈、变形、破裂，易被偷窃	一切险；平安险或水渍险加包装破裂险、碰损险、锈损险和偷窃提货不着险
	冻品类	冷冻肉类	易解冻、变质或腐败	冷藏货物险
土产畜产类	麻类	黄麻、苎麻	易受潮发热而变质或自燃	平安险或水渍险加保受热受潮险
	鱼粉		一定温度和湿度下易受潮受热而变质	平安险或水渍险加保受热受潮险
	毛绒类	羊毛、羽毛、羊绒	易玷污而影响质量	平安险或水渍险加保混杂玷污险
	皮张类	山羊板皮、兔皮、黄狼皮	易玷污、受潮、受热而变质和被偷窃	平安险或水渍险加保受潮受热险、玷污险及偷窃提货不着险；一切险
	盐渍肠衣		易由于盐水渗漏而变质	平安险或水渍险加保渗漏险
轻工业品类	玻璃制品类	热水瓶、灯泡、灯管、玻璃管等	易破碎	平安险或水渍险加保破碎险
	陶瓷制品	日用陶瓷器、陶瓷洁具、陶瓷管	易破碎	同上(包装不足者可能招致拒保)
	家用电器	无线电、电视机、电扇、电冰箱等	易碰损和被偷窃	平安险或水渍险加保碰损险和偷窃提货不着险
	杂货类	仪表、金属餐具、文体用品和鞋类	易遭受水渍损失	水渍险加保淡水雨淋险
工艺品类		首饰、珐琅、雕刻、漆器、陶瓷品	比较贵重，易遭偷窃或碰损	水渍险或平安险加保碰损险、破碎险及偷窃提货不着险
化工类	液体类	原油、成品油	散舱运输、易发生短量和沾污	平安险加保散舱油类险
	粉粒状化工产品	化肥、石墨粉	易因包装破裂造成外漏短少	平安险或水渍险加包装破裂险
机械类	机床、通用电力机械、车辆		易受碰撞、擦损，车辆零件可能遭窃	平安险或水渍险加破损险及偷窃提货不着险，甲板货还要加保舱面险
纺织纤维类	纤维布匹、抽纱制品		可能遭受水渍、包装破裂、偷窃诸多风险	一切险；在平安险或水渍险的基础上加保沾污险、钩损险和淡水雨淋险

2. 货物的包装。有些货物在运输及装卸转运过程中,常因包装破损而造成质量上或数量上损失。因此,在选择险别时,还要考虑货物包装在运输途中可能发生的损坏。需注意的是,由于包装不良或不当造成的货物损失、损害属于海运货物保险的除外责任,保险人一般不予负责。

3. 运输路线及船舶停靠港口。海运中船舶的航行路线和停靠的港口不同,货物可能遭受的风险和损失也有很大的不同。

4. 运输季节。运输季节不同,也会给运输货物带来不同风险和损失。例如,载客船舶冬季在北纬60度以北航行,极易发生与流动冰川碰撞的风险;又如,夏季转运粮食、果品,极易出现发霉腐烂或者生虫的现象。

四、保险金额和保险费的计算

(一)保险金额

保险金额是被保险人对保险标的实际投保的金额,是保险人承担保险责任的标准和计收保险费的基础。在被保险货物发生保险责任范围内的损失时,保险金额就是保险人赔偿的最高限额。因此,投保人投保运输货物保险时,一般应向保险人申报保险金额。

1. 出口货物运输保险的保险金额,一般是按货物CIF发票金额加一成(即加成率为10%)计算。按CIF计算的原因主要是为了使被保险人在货物发生损失时,不仅货价的损失可获补偿,已支付的运费和保险费也能获得补偿;加一成投保的原因主要是为了在货物发生损失时被保险人所支出的费用(开证费、电报费、借款利息、税款等)及预期利润能获得补偿。

对于加成投保的问题,在国际商会《跟单信用证统一惯例》及《2010年国际贸易术语解释通则》中均有规定。前者的规定是:最低保险金额为"货物的CIF或CIP金额加10%"。后者的规定是:最低保险金额为"合同规定的价格另加10%"。按照后者的规定,保险金额可能高于CIF价格另加10%。

当然,保险加成率10%并不是一成不变的。保险人同被保险人可以根据不同的货物、不同地区进口价格与当地市价之间不同差价、不同的经营费用和预期利润水平,约定不同的加成率。在我国出口业务中,保险金额一般也是按CIF加成10%计算的。如果国外商人要求将保险加成提高到20%或30%,其保险费差额部分应由国外买方负担,同时,国外要求的加成率如果超过30%,应先征得保险公司的同意,且在签订贸易合同时不能贸然接受,以防由于加成过高,保险金额过大,引发道德风险。

保险金额的计算公式是:保险金额 = CIF货价 ×(1 + 加成率)

例如,CIF货价为105美元,加成率为10%,则保险金额为115.5美元。

保险金额既然以CIF价格为基础计算,如果对外报价为CFR而对方要求改报CIF,或者在CFR合同下卖方代买方办理保险,都不能以CFR价格为基础直接加保险费计算,而应先把CFR价格转化为CIF价格再加成计算保险金额。从CFR价格换算为CIF价格时,应利用下列公式:CIF = CFR/[1 -(1 + 加成率)× 保险费率]

例:某公司出口一批商品到欧洲某港口,原报CFR欧洲某港口,总金额为10 000美元,投保一切险及战争险,一切险费率为0.6%,战争险费率为0.04%,保险加成率为10%,则改报CIF价格为:

CIF = 10 000/[1 -(1 + 10%)×(0.6% + 0.04%)] = 10 070.90(美元)

如果出口时按CFR成交,买方要求卖方按照CIF价格加成10%代办投保,可用下列公式直接从 CFR 价格计算保险金额：

保险金额＝CFR/[1－(1＋加成率)×保险费率]×(1＋加成率)

按上例，该批货物的保险金额是：

保险金额＝10 000/[1－(1＋10%)×(0.6%＋0.04%)]×(1＋10%)＝11 077.99(美元)

2. 进口货物的保险金额。我国进口货物一般按照进口货物的 CIF 价格为准进行投保，通常不再加成。如果按照 CFR 价格成交，则按照预约保险合同适用的特约保险费率计算保险金额；如果按照 FOB 价格成交，则按照预约保险合同适用的特约保险费率和平均运费率直接计算保险金额。

按 CFR 进口时：保险金额＝CFR 货价×(1＋特约保险费率)

按 FOB 进口时：保险金额＝FOB 货价×(1＋平均运费率＋特约保险费率)

(二)保险费

投保人向保险人交付的保险费，是保险人承担保险赔偿责任的对价。保险人只有在被保险人承诺或实际支付保险费的条件下，才承担相应的保险责任。

保险费是保险人经营业务的基本收入，也是保险人用作支付保险赔款的保险基金的主要来源。每个被保险人应交纳的保险费是以投保货物的保险金额为基础、按一定的保险费率计算出来的，计算公式如下：

保险费＝保险金额×保险费率

保险费率是保险人以保险标的危险性大小、损失率高低、经营费用多少等因素为依据，按照不同商品、不同目的地以及不同的投保险别加以规定的。目前，中国人保财产股份有限公司出口货物保险费率分为一般货物费率和指名货物费率两大类。

1. 一般货物费率(见表 5－2)适用于所有海运出口的货物，凡投保基本险别(平安险、水渍险和一切险)的所有海运出口货物，均需依照“一般货物费率表”中的标准收取保险费。

表 5－2　一般货物费率表　　单位：每百元

州别	险别 / 目的地	平安险 FPA	水渍险 WPA	一切险 A/R
亚洲	港、澳、日本、印度、尼泊尔、阿富汗	0.0 x	0. ××	0. ××
欧洲	法、英、意、葡、西班牙	0.0 ×	0. ××	0. ××
非洲	埃塞俄比亚、坦桑尼亚、赞比亚	0. ×	0. ××	×. ××

2. 指名货物费率。对于一些在运输途中极易因为外来风险引起短量、破碎或腐烂等损失，且损失率较高的货物，通常将它们单独列出。对这类货物通常会加收一种附加费率。

表 5－3 为指名货物加费费率表，该表是按货物大类分类的，如粮油、土畜、轻工类等。凡表中所列的货物或与此同类的货物在投保一切险时，不论使用何种运输工具，也不论在哪个省市发货，均应在“一般货物费率表”的基础上再按照该表的规定加计保险费。例如，从上海运往新加坡的坛装榨菜保一切险，一般货物费率表规定到新加坡的费率为 1%，而指名货物加费费率表中规定土畜类坛装食品加费率为 2%，则总费率为 3%。

表5-3　指名货物加费费率表(粮油食品及土畜产类)　单位:每百元

货物		加费	备注
花生仁		×.×	
饲料类	袋装	×.××	扣短量免赔率×%~××%
	散装	×.×	
篓、坛装食品		×.××	

我国进口货物保险也有两种费率表,即“特约费率表”和“进口货物费率表”。“特约费率表”仅适用于同保险公司签订有预约保险合同的各投保人,它不分国别和地区,对某一大类商品只订一个费率,有的也不分货物和险别,实际上它是一种优惠的平均费率。“进口货物费率表”适用于未与保险公司订有预约保险合同的逐笔投保的客户,分为一般货物费率表和特价费率两项。一般货物费率按不同的运输方式,分地区、分险别制定,但不分商品,适用于除特价费率中列出的商品以外的其他一切货物。至于特价费率,是对一些指定的商品投保一切险时采用的。

五、国际货运保险投保过程

(一)投保方式

进出口货物的投保方式一般有两种,即逐笔投保方式和订立预约保险合同的方式。

1. 我国出口货物的投保一般采取逐笔办理的方式,投保人逐笔填写要保书或投保单,提出书面申请。投保单经保险人接受后,保险即开始生效。有时由于时间紧张,经口头或电话向保险公司申请,如获允诺,保险也可生效,随后再补送投保单。为了简化手续,保险公司还同意投保人不单独填制投保单,而利用出口公司的发票副本代替投保单。

2. 我国进口货物的投保既采取预约保险方式,又采取逐笔办理的方式。

对在一定期间内分批装运进口的货物,为了简化保险手续,并防止进口货物在国外装运后因信息传送不及时而发生漏保或来不及办理投保等情况,经营进口业务的公司可同保险公司签订海运进口货物运输预约保险合同,并由保险公司签发保险单证。预约保险合同明确规定,凡属该合同规定范围的海运进口货物,保险人负责自动承保。进口公司对每批进口货物无须填制投保单,只需在获悉所保的货物在国外某港口装运时,将装运情况通知保险人。通知的内容包括装运货物的船名、货物名称和数量、货物价值和保险金额等。如被保险人要求对依据预约保险合同分批装运的货物签发保险单证,保险人应当照办。如果分批装运分别签发的保险单证内容与预约保险单证的内容有不一致,应以分别签发的保险单证为准。

不经常有货物进口的单位一般采用逐笔办理投保的方式。货主在接到国外出口商的发货通知后,立即向保险公司索取并填写货物启运通知书送交保险公司。此通知书经保险公司盖章就完成了投保。根据我国《海商法》第234条的规定,被保险人应在合同订立之后立即支付保险费;在被保险人支付保险费前,保险人可以拒绝签发保险单证。

(二)投保手续

当投保人需要对一批货物进行保险时,首先要与保险公司联系,并填写一张投保单,此为保险合同的要约。投保单经保险公司接受后,就开始生效。有时由于时间比较仓促,经投保人以口头或电话向保险公司申请,如获允许,保险也如约生效,然后投保人补送投保单。

保险人签发的保险单的内容以投保人填写的投保单为准。投保人填报内容时,对以下内容要填写清楚。

1. 被保险人的名称。要按照可保利益的实际有关人填写。如系买方或卖方投保的,则分别写上其名称,因为保险合同是否有效与被保险人的可保利益有关。

2. 标记。应与提单上所记载的标记符号相一致,特别要同刷在货物外包装上的“唛头”相同,以免在发生索赔案件时引起检验、核赔、确定责任等的混乱。

3. 包装数量。对包装的性质,如箱、包、件、捆及数量,均须书写清楚。

4. 货物的名称。对货物名称的填写必须具体明确。例如,棉布、袜子、玻璃器皿等,一般不要笼统地写纺织品、百货、杂货。

5. 保险价值。定值保险单下须填写保险价值。保险价值的多少由被保险人与保险人共同商订。

6. 保险金额。一般按照发票的 CIF 价格加上一定的加成计算。如果发票价格为 FOB 或 CFR,应该将其折算成 CIF 价后再另加成。

7. 船名或装运工具。如果是用轮船装运,应写明船名,需要转运的也要写明。如果是火车或航空运输,最好注明火车班次和班机航次。如为联运,最好写明联运方式,如空陆联运、海空联运等。

8. 开航日期。有确切日期的,填上 × 年 × 月 × 日。无确切日期的,可填写“约于 × 年 × 月 × 日”开航。

9. 提单或运单号码。提单或运单的号码也要填写清楚,以备保险公司核对。

10. 航程或路程。应写明“自 × × 港(地)到 × × 港(地)”。如果到达目的地的路线有两条,应写明“自 × × 经 × × 到 × ×”。

11. 承保险别。需要投保哪种险别应填写清楚,不能含糊。如果对保险条款有特别要求也可以在这一栏内注明。

12. 赔付地点。一般都是在保险目的地支付赔款。如果要求在保险目的地以外的地方给付赔款,应予申明。

13. 投保日期。投保日期应在船舶开航或运输工具开航之前。

(三)投保时需注意的问题

1. 投保时所申报的情况必须属实。投保单中涉及的货物名称、装载的工具以及包装的性质等因素影响到保险人对投保是否接受和按什么费率承保,所以内容必须真实。如有不实,保险人将有权按照最大诚信原则解除合同或者不负赔偿责任。

2. 投保单的内容必须同买卖合同或信用证上的有关规定一致。由于保险单是以投保单为依据出立的,如果投保人不按照合同的规定填写投保单,保险人据此出立的保险单就会与合同的规定不符,收货人也就可以拒绝接受这种保险单。另外,在信用证付款方式下,投保的内容还应与信用证规定的内容相符,如在货物、保额金额、险别、币种、保险单据等方面有出入,银行会因“单证不符”而拒绝兑用。

3. 对进口货物尽可能保到内陆目的地。在国际贸易中,收货人的收货地点往往在内陆,但是常用的 CIF 贸易术语却只规定将货物运到目的港。如果保险也同贸易术语一样,只将货物保到港口,则从港口到内陆段所发生的损失就得不到保险保障。尤其是保一切险时,很多损失在港口是无法发现的,只有在货物运达内陆目的地经检验后才能确定,如果只保到港口,易出现扯皮现象,因而以保到内陆为宜。当然,有些内陆地点由于运输条件过差,保险公司明确不保。这时,收货人最好专门办理内陆运输货物保险。

4. 投保的险别和条件要符合贸易合同的规定。不符合合同规定的做法极易导致贸易纠纷,如投保的险别小于买卖合同规定,合同要求一切险,但却投保了水渍险;又如,合同要求不计免赔额,但保险单有免赔额的规定。对于一些较为特殊的险别要求,如买方要求投保拒收险,应事先与保险公司协商是否接受、保险费率多少和保险条件如何等。

5. 错误和遗漏。投保后如果发现有错误和遗漏,要及时向保险公司申请批改,特别是涉及保险金额的增减、保险目的地变更、船名错报等,都应立即通知保险公司,否则可能导致不能获赔或保险合同失效。

操作2　国际货物运输保险的承保

一、核保

核保是承保活动中的关键环节,是保险公司对保险标的的选择和风险控制。其内容一般包括风险因素的审查、保险费率的确定和保险业务的选择。

(一)风险因素的审查

影响货物保险人承保的风险因素有以下一些:

1. 货物的性质。被保险货物的性质不同,保险人承保的责任也就不同,保险费率自然会有高有低。对一些容易丢失或损坏的货物,以及冷藏货物、危险品等特种货物,保险人制定的保险费率要高于一般货物。

2. 货物的包装。包装是货物最重要的防损措施。海运货物的包装应达到防潮、防震的功能,否则,货物在长距离的运输中就会遭受很大的损失。

3. 货物的重量、体积和价值。沉重和大体积的货物对窃贼来说难于搬运,相反,体积较小、价值较高的货物,如珠宝,就容易成为盗窃对象,从而需要更严密的看管。但是,从另一个角度看,笨重的货物往往需要特殊的装卸设备,如果在目的港没有这种设备的话,就有可能导致意外事故而造成损失。

4. 运输方式。被保险货物的运输方式有海运、陆运和空运等,不同运输方式下,货物在运输途中可能遭遇的风险和发生损失的程度就会不同。即使是同一种运输方式,也会由于采用直达、转船或联运等不同的货运组织方式而使货物遭受的风险损失情况不一。这些都会导致不同的保险费率。

5. 载货船舶。船舶的建造年份、吨数、设备等对确定船舶的适航性很重要。尤其是船龄,是海上保险人厘定费率时必须考虑的一个重要因素。对于船龄在15年以上的船舶,保险人通常会按照有关条款适当加收保险费。而对于吨位较小的船舶,也会酌情加收保险费。

6. 投保险别。投保险别是决定保险费率的重要条件。承保范围与保险费率成正比例关系。在海运货物保险中,平安险或ICC(C)险承保的范围最小,因此保险费率也最低,而一切险或ICC

(A)险承保的范围最广,责任最重,因此保险费率也相应最高。各种附加险的保险费率也因保险人承担的风险责任不一而或高或低。

7. 航程和装卸港口。航程的远近以及承保期限的长短,与保险费率的高低密切相关。此外,装卸港口的设备条件、安全管理状况也是影响保险费率的因素。

8. 被保险人以往的索赔记录。一般来说,保险人在厘定基本费率时,考虑的只是所有被保险人共有的特点,对个别情况则需要针对具体情况分别确定适用的费率。对那些从未向保险公司提出索赔的或者索赔金额很小的被保险人,保险公司在续保时可以考虑给予一定的优惠,以资鼓励。反之,保险公司将会认真考虑是否予以续保,并调整包括保险费率在内的保险条件。

9. 社会经济环境。该因素是最难以衡量的,但它又的的确确影响着人们的行为,也就是保险学中所说的"道德危险"。当货物一夜之间变得不值钱了,货主如能把它们按照保险金额的价格"卖给"保险公司,可以想象这该是多么大的诱惑。

(二)保险费率的确定

经过审慎的核保后,如果保险人决定予以承保,就应根据上述风险因素审核承保人员在拓展保险业务时向投保人的开价是否适当。核保人员根据以往惯例、市场情况、承保方式等进行综合审定。当保险市场上存在同业公会统一费率时,还应遵守有关规定。

(三)保险业务的选择

为了保证业务质量,保险公司在审定投保因素后,对拟承保的风险还要做最后的选择。如果把开展业务前所进行的选择称为事前选择是对风险的规避,则核保时的选择就属于事后选择。事后选择的目的在于将拟承保的标的风险状况与被保险人所交付的保险费进行比较,实现保险合同双方权利和义务的对等,避免消极因素的产生。应根据具体情况对原承保条件进行修改和补充,采取一些限制性措施,比如控制保险金额、限制赔偿金额、规定免赔额或采取成数承保。

二、承保

(一)保险合同的订立

通过核保后,对于确认可以承保的标的,保险人与投保人或被保险人达成协议,正式签订保险合同,保险公司出具正式的保险单。需要注意的是,保险单是合同成立的书面证明文件,双方合同关系的确定以双方是否达成意思一致为准,不以保险单是否实际签发为条件。保险单的签发证明了合同关系的存在,同时又是承保活动的结束。

保险单出具后,如果保险合同内容方面有重大变更,被保险人应及时通知保险人,经保险人同意后,按新的条件承保。对变更内容,保险人应签发批单。

(二)承保时应掌握的原则

1. 在保证保险企业自身经济效益、遵守有关行业规范的同时,又要考虑市场竞争的实际情况,以及拓展保险业务的需要。

2. 帮助投保企业选择适当的投保险别,使其既能获得所需要的保险保障,又能节省保险费支出。

3. 保险单项目填写要全面、规范,内容要严格依据投保单出具。

(三)保险单的缮制

保险单是根据投保单的内容缮制的,如果保险单上所列各项内容与信用证要求不符,买卖双方银行均有权拒绝接受保险单。因此,保险单内容必须符合信用证要求。下面就保险单的缮制逐项予以说明。

1. 被保险人。根据信用证要求,出口运输货物保险的被保险人主要有以下几种填法:

(1)如果信用证上有下列相关规定,则被保险人栏直接打上受益人公司名称。

"Insurance to be effected by seller and blank endorsed…"

"Policy issued to our beneficiary…"

"Insurance policy or Certificate endorsed in blank…"

(2)如果信用证的保险条款是如下表示,则被保险人栏打上"To order of 受益人公司名称"。

"Policy issued to your order and blank endorse…"

"Policy issued to order of shipper. . . "

(3)如果信用证上是"Policy issued to the order of(in favour of)…Bank"的规定,则被保险人栏打上"To order of × × × bank"。

例如,"Hainan Light lndustrial Products I&E Corp,held to the order of…Bank"。

如果信用证规定为"Policy or Certificate to our order",则被保险人栏打上"To order of 开证行名称"。

(4)如果信用证规定为"Policy or Certificate issued to…Corp. "或"Policy or Certificate issued in the name of…Corp. ",那么被保险人栏打该公司名称。

(5)如果信用证规定为"Insurance Policy or Certificate to order…"或"Policy or Certificate to bear…",那么被保险人栏可分别打"to order"或"to bear"。

2. 标记的填写方法,标记又称唛头,应与提单所标记的一致,特别要同印刷在货物外包装上的实际标记相符,以免在检验、核赔时引起混乱。标记的填写方法通常有三种:

(1)如果信用证上未注明"showing marks and No. s",那么标记的填写方法是"as per invoice No. …"或"as per B/L No. …"。

(2)如果信用证上注明"showing marks and No. s",那么应按照提单上所显示的具体标记打在保险单上。

(3)如果信用证上规定"No Mark",那么标记栏打"N/M"。

3. 包装及数量的填写方法。投保单及保险单的包装及数量栏均应依据发票或提单进行填写。

4. 货物项目的填写方法。货物名称单一的,按照发票名称填写。如果货物的分类项目很多,填写其总称即可。如承保的货物包括青霉素和链霉素,填写"Medicine"即可。

如果信用证要求所有单据都加注信用证号码或合同号码,则应在货名栏下方加注信用证号码或合同号码,如"Medicine L/C No. …"。

5. 保险金额的填写方法。除非信用证特别规定,小数点后尾数一律进位取整数。保险金额不得修改。

保险金额大小写必须一致,大写后需加"Only",表示"整"。例如,"USD5 000. 00"应打为

“SAY U. S. Dollar Five Thousand Only”。

6. 保险费和保险费率栏的填写方法。除非信用证特别规定，不必逐单写明保险费和保险费率，只需写上“as arranged”即可。

7. 运输工具的填写方法。

直达海运的，写明船名，如“Yong Kang”；

直达海运，但出单时船名未定的，填写“to be declared”；

中途转船的可以参考后面的例子填写，如“Yong Kang or steamers with transhipment”。

火车运输的，填写“By train”。

航空运输的，填写“By air”。

海陆联运的，填写“M. V. …and thence by overland transportation to…”。

陆空陆联运的，填写“Train/Air/Truck”。

8. 承保险别的填写方法。保险公司内部有“保险险别及代码描述”，可填写代码。

在填写保险险别时需要注意：

（1）在保险险别上，目前，除了中国保险条款（China Insurance Clauses）外，亦可接受英国伦敦保险协会条款（Institute Cargo Clauses）以及美国协会货物保险条款（America Institute Clauses），但各国条款不可混用。

（2）险别的填写次序为：主险、一般附加险、特别附加险、特殊附加险。

（3）海陆联运的，保险险别要同时注明海运险和陆运险。

（4）一般不接受相对免赔率。

9. 开航日期的填写方法应按照提单装运日进行，且不得迟于提单装运日。

10. 赔款偿付地点及赔付币值的填写方法。一般在进口商所在地或目的地支付赔款，如果在保险目的地以外的地点赔付，应写明。所以赔款地点通常可填：目的港、目的地和指定赔付地。要列明赔付币别，如果信用证没规定，按信用证币别填写。

11. 投保日期的填写方法。应按照保险单装运日如实填写。

12. 保险代理人的选择。

（1）使用目的港、目的地、中转港的代理人。

（2）当地没有代理人的，可使用全境代理人；若也没有全境代理人，则可由当地合格的检验机构进行勘查。措辞如下：

“Survey to carried out by a local competent surveyors”或“Loss/damage to be surveyed by the local competent inspection organization”。

需要注意的是，一般不接受客户指定的非当地代理人，除非该代理人是保险人委托的代理人。

三、保险公司承保业务的内部手续

保险公司从接受投保到出具保险单，内部要有一套制度以保证业务的质量。一般要经过以下步骤。

1. 审核投保单。接到投保单后，保险人首先应审查投保单上各个项目是否填写清楚，对具体业务的投保对象和保险标的进行选择，经综合考虑后才决定是否承保以及费率水平。这样做，可以使保险人的保险费收入与承担的责任达到平衡。

2. 核定保险费率和计算保险费。审核投保单后,由经办人按照货物的种类、保险目的地、承保险别等有关内容按照费率表确定费率并计算应收保险费,在投保单上注明,交复核人员审核。

3. 缮制保险单和保险费收据。投保单经审核无误后,缮制保险单和保险费收据。要注意保险单据的内容要与投保单上的内容一致。承保险别的措辞,要根据投保单的内容,符合信用证的要求及保险习惯。

4. 粘贴保险条款和特约条款。如果保险双方有一些特别约定,那么就要将该条款粘贴到保险单上,以使双方明了责任。粘贴条款的顺序依然是先贴主险,后为一般附加险、特别附加险、特殊附加险、特约条款,依次粘贴。如粘贴的条款中内容发生冲突,以后粘贴的条款为准。

5. 复核。复核的主要内容有:保险单据上的项目是否完整;保险单据的内容是否与投保单相一致;承保险别是否符合投保要求以及信用证的要求是否符合保险习惯;理赔勘查代理人的名称、地址是否准确;保险费率和保险费的计算是否有误;该业务是否违反有关政策规定等。经以上复核无误后,由复核人员在保险单副本留底上签字。

6. 签章。复核完毕后,将保险单或凭证送负责人或指定签章人员加盖公司印章和负责人手签。至此,保险单据的缮制正式完成。

7. 单据分发。将保险单据正本和投保单位需要的副本份数连同保险费收据送投保人。保险公司自留两份保险单据副本,一份同保险费收据按顺序放好理齐,订本归卷,以备以后理赔时查阅;另一份留作统计或办理分保用。

四、保险单的批改和批单

(一)保险单的批改

保险单出立后,在保险期限内,被保险人如果发现投保时的申报有错误或遗漏,或由于新的或意外的情况发生,致使保险单所载内容与实际情况不相符合,被保险人必须向保险公司申请批改,由其出具批单,对原保险单的内容进行补充或变更,以使保险标的获得与实际情况相适合的保险保障。

凡是承保规定允许的,保险公司会同意对保险单进行批改。批改的内容如果是增加保险金额或者扩大保险责任,必须是在被保险人不知有任何损失事故发生的情况下,且在货物到达目的地以前申请批改,并需补缴一定的保险费。

(二)批单的内容

保险人批改保险单一般采用签发批单的方式进行。保险人所签发的批单,一般应贴在原保险单上,构成原保险单的一个组成部分。批改的内容如与保险合同有抵触的地方,应以批单为准。

保险单的批改涉及保险合同的各个方面。经常批改的内容有:①更改被保险人的名称;②更改标记;③更改包装、数量、包装种类,如由“箱”(Cases)变为“袋”(Bales);④更改商品名称,有时商品名称有遗漏或错误,需要补充或修改;⑤更改保险金额,增加或减少保额,有时也对保险单中错写的阿拉伯数字进行更正;⑥更改船名,载货船一经确定,不允许随意更换,如必须更换,则必须通知保险人,并更改保险单相应内容;⑦更改开航日期;⑧更改目的地,将保险责任延展至新的目的地,有时,在需要转运到内陆目的地的情况下,需要将内陆目的地通知保险人,并加批单批改;⑨更改保险条件,包括更改险别,或在原险别基础上增加承保内容;⑩延长保险期限,通过批单延长保险人的保险期限,如延长码头存仓期限或延长海关存仓期限等;⑪更改代理人;⑫更改赔付地点;⑬更改出单日期。《UCP600》规定,保险单的签发日期不能迟于提单的签发日期,或者货物接受承运人监管的日期,如果保险单的签发日期不符合上述规定而被银行拒收,被保险人可以要求保险人更改保险单的签发日期。

操作3　国际货物运输保险的索赔与理赔

国际货物运输业务中,当保险范围内的标的物发生了险情,具有可保利益人即可以通过正当程序进行索赔,保险人也应按正常的程序进行理赔。

一、国际货物运输保险的索赔

(一)索赔的一般步骤

索赔一般有以下几个步骤:①被保险人向保险人发出损失通知;②向承运人等第三责任人提出书面索赔;③采取合理的施救措施;④备全必要的索赔单证。

除了上述各种证明和单据外,保险人还可根据损失情况和理赔需要,要求被保险人提供与确认保险事故性质和损失程度有关的证明和资料。所有这些证明和资料是被保险人提出索赔的依据,保险人是否承担赔偿责任,除根据现场调查收集的资料外,主要是依据这些证明和资料进行判断。

(二)海事担保函

在载货船只发生海难需要求助,或者共同海损成立时,被保险人可能被要求出具某种担保函。而当货损货差是由于承运人的责任造成的时候,被保险人也可能向承运人索要某种担保。担保函包括:救助报酬担保函、共同海损担保函、货损货差担保函。

承保货物发生灭失或损坏时,如果涉及承运人责任,货方应及时采取保全措施,向承运人索取有效的货损货差担保。货损货差担保一般有现金担保、银行担保和信誉担保三种。其中信誉担保一般由船东保赔协会、保险公司或者著名企业出具。

(三)海运货物保险纠纷的解决途径

海运货物保险合同的纠纷可以通过协商、仲裁、诉讼三种方式解决。

协商是处理海运货物保险合同争议最基本、最主要的方式。这样做可以节省双方的时间和费用,减少不必要的麻烦,保持良好合作关系,使纠纷得到最及时合理的解决。在这个过程中,先与保险人交涉,然后再与其协商解决。因为即使提起诉讼,双方如果愿意,仍可以达成庭外和解。

仲裁是在争议发生之前或之后,双方达成协议,自愿将争议提交第三方审理并做出裁决的制度。与诉讼相比,仲裁在机构性质、当事人的选择权、仲裁制度、裁决的执行范围等方面存在着明显的区别。

诉讼由海事法院依据法定程序解决争议,具有权威性、强制性的特点。我国涉外海事诉讼所依据的主要原则是坚持国家司法主权和当事人诉讼平等的原则。此外,还要遵守国际条约优先适用原则、使用中国通用语言文字原则、委托诉讼代理人原则和司法豁免权原则。

三、货物保险的理赔

理赔是处理保险索赔案的全部过程,包括损失通知、保险索赔、损失确定、责任审定、赔款计算、赔款支付等环节。保险公司在处理索赔案的过程中还要同海外的勘查理赔代理人、勘查人、船方(包括保赔协会)、港口、律师、法院等部门发生联系,以确定损失是否属于保险责任并追究第三方的责任。因此,保险理赔是一项联系面广、政策性强的工作,理赔人员要坚持"主动、迅速、正确、合理"的基本原则。

保险公司要重合同、守信用。对于被保险人的损失通知,不管损失到底赔还是不赔,都要迅速采取行动,即所谓的主动迅速。要正确贯彻有关政策、法令,正确分清责任,定损准确,仔细核对赔款数字。对于不同的情况,要合情合理地对待,既要严格按照条款办事,又要具有一定的灵活性。对于拒赔的案件,要做到有理有据。

保险理赔按照立案、审核、损失核算、赔款给付、损余处理、归档等程序进行。

案例研讨与教学互动

通过对本模块的学习,我们已了解了国际货物运输保险的基本原则等基础知识及保险业务的操作知识,现对本模块实例导入中的几个问题进行研讨。

根据案情,我们知道,甲电力公司已向丙财产保险股份有限公司投保,保险单显示的启运地和目的地分别为德国汉堡港和中国深圳港。但该货损事故发生在由深圳运往海南的公路运输途中。根据保险原则,可作以下分析:

1. 甲电力公司的货损应向乙外运公司索赔。理由是:甲电力有限公司委托乙外运司负责全程运输,乙外运公司有义务按照指示处理委托事务,并保证货物运输安全。

2. 丁运输有限公司应承担责任。理由是:丁运输公司作为实际承运人,有责任保证货物运输安全,并承担货物受损责任。需要注意的是,丁运输公司的责任是相对于乙外运公司而言,因为两者是一种委托和被委托关系。

3. 保险公司不承担责任。理由是:在本案例中,甲电力公司向丙财产保险股份有限公司投保时,约定保险单上启运地和目的地分别为德国汉堡港和中国深圳港,而货物受损发生在货物运输至保险单规定的两个港口之外的第三地的途中,不属于承保范围。

思考与练习

一、选择题

1. 国际货物运输保险的基本职能包括(　　)。

A. 分摊风险　　B. 投资职能　　C. 社会管理职能　　D. 补偿损失

2. 根据保险实施的方式,国际货物运输保险可以分为(　　)。

A. 自愿保险　　B. 财产保险　　C 强制保险　　D. 人身保险

3. 国际货物运输保险的基本原则包括(　　)。

A. 最大诚信原则　　B. 近因原则　　C. 可保利益原则　　D. 损失赔偿原则

4. 索赔时应备的单证包括(　　)。

A. 保险单　　B. 运输契约　　C 索赔清单　　D. 海事报告

5. 国际货物运输保险合同采用书面形式,书面形式一般有(　　)。

A. 投保单　　B. 临时保险书　　C 大保单　　D. 保险凭证

6. 国际货物运输保险合同的终止包括(　　)。

A. 自然终止　　B. 义务已经履行完毕终止

C. 合同解除　　D. 因保险标的部分灭失而终止

7. 国际货物运输保险的损失按照损失的程度可以分为(　　)。

A. 全部损失　　B. 部分损失　　C. 共同海损　　D. 单独海损

8. 理赔工作的基本原则有(　　)。

A. 主动　　B. 迅速　　C 正确　　D. 合理

9. 保险险别的选择,一般应考虑的因素包括(　　)。

A. 货物的性质和特点　　B. 货物的包装

C. 运输季节　　D. 运输线路

10. 核保是承保的关键环节,其内容包括(　　)。

A. 风险因素的审查　　B. 保险费率的确定

C. 保险业务的选择　　D. 支付方式的选择

二、计算题

1. 某外贸企业按 CIF 条件出口一批货物,CIF 总值为 8 000 美元,按发票金额加成 10% 投保一切险、战争险(一切险费率为 3‰,战争险费率为 1‰),请计算该企业要交的保险费。

2. 湖南某贸易公司向日本出口一批水果,发票金额为 USD20 000,加一成投保了平安险加战争险,费率分别是 2‰和 1‰。请计算保险金额和保险费。

三、案例分析

1. 某出口公司按 CIF 术语成交一批货物,向保险公司投保了水渍险,货物在转船过程中遇到大雨,货到目的港后,收货人发现货物有明显的雨水浸渍,损失达 70%,因此向卖方和保险公司提出索赔。

请分析:卖方和保险公司能接受索赔吗?

2. 我国 A 公司以 CFR 贸易术语出口一批瓷器,A 公司按期在装运港装船后,即将有关文件寄交买方,要求买方支付货款,买方按要求办理了付款手续。当买方收到货物后即发函向 A 公司提出索赔,理由是货物在运输途中遭遇海上风险而损毁,且买卖双方均未投保海上货物运输保险。

请分析:

(1)A 公司是否有权拒绝买方的索赔?理由是什么?

(2)A 公司是否有义务投保海上货物运输保险?理由是什么?

学习模块六　国际货物运输事故及处理

【学习目标】　通过本模块的学习，使学生了解国际货运事故的发生、认定和索赔；熟练掌握海运事故、空运事故和国际多式联运事故的善后处理。

【实例导入】　2011 年 5 月青岛 A 贸易公司委托 B 外运公司负责全程运输，将一批电子产品经美西岸洛杉矶转运至弗雷斯诺。货物由 B 外运公司在其货运站装入五个集装箱后向 A 贸易公司签发了清洁提单。集装箱经海运从青岛港运到洛杉矶，再由铁路运输运到弗雷斯诺。在洛杉矶卸船时，发现一个集装箱外表损坏。当五个集装箱到达目的地弗雷斯诺后，收货人凭清洁正本提单提了货，开启时发现，外表损坏的集装箱所装货物完全损坏，另有一个集装箱外表虽然完好、铅封无损，但内装货物也严重受损。收货人向 B 外运公司提出索赔要求。

思考：

1. B 外运公司应该如何处理此票货物的货损问题？

2. 要解决此票货物的货损问题需要哪些基础知识？

3. 国际货运事故解决程序如何进行？

4. 事故处理中需要提供哪些运输单据？

学习任务一　基础知识单元

基础 1　国际货运事故概述

国际货物运输存在着空间跨度大、时间长、环境条件多变、单证文件复杂、作业环节多等特点，所以，在整个货物的运输、保管、接收和交付的过程中，经常会产生货物质量上和数量上的问题、收货人不及时提货的问题、承运人错误交付货物的问题以及延迟交付货物、货物损坏或灭失的问题，这类问题通常称为货运事故。

按照运输方式的不同，货运事故可分为海运事故、空运事故和陆运及多式联运事故。

一、海上货运事故

海上货运事故是指在国际海上货物运输中，造成的货物灭失或损坏，即货损货差事故。狭义上讲，海上货运事故是指运输过程中发生的货损货差事故。而广义上讲，海上货运事故还包括无单放货、运输单证差错、延迟交付货物等情况。

国际物流服务行业的从业人员应该了解造成海上货运事故的各种原因,这不仅有助于货运代理人在发生货运事故时,能够根据具体情况采取相应措施以减少损失,同时还可以在货运事故发生后,能够明确原因、分清责任,以便及时、正确地解决争议,最终达到防止或减少货运事故发生的目的。

(一)导致海上货运事故发生的主要原因

由于海洋气象环境多变,船舶随时可能遭遇到狂风巨浪、雷电、暴雨等袭击,因此,船舶在海上运输中的环境相对比较恶劣。此外,工作上的疏忽差错也会造成货运事故的发生。

国际海上货物运输中发生的货损可以分为全部损失和部分损失。

可能会造成货物全部损失的原因包括:载货船舶的触礁、沉没、抛货、火灾、盗窃、海盗行为、政府法令禁运和没收、船舶被扣留、货物被扣留、战争行为等。

可能会造成货物部分损失的原因包括:

1. 盗窃、抛货、遗失、落海等原因造成部分货物的灭失;
2. 包装不良或破损、盗窃、泄露、蒸发等原因造成货物的内容短缺;
3. 积载不当(超高或积载位置不当等)导致船舶航行中发生货物移动、倒垛、包装脆弱,装卸不当造成货物碰撞及坠落,使用手钩等原因造成货物的破损;
4. 雨、雪天气装卸,驳运过程中河水浸湿,消防救火过程中的水湿,舱内水管系统故障导致淡水浸湿等原因造成货物水湿;
5. 海上风暴、驳运过程中舱内海水管系故障、船体破损等导致海水浸入,消防救火过程中的海水浸湿等原因造成货物的海水湿;
6. 通风不良,衬垫、隔离不当,积载不当等原因造成货物的汗湿;
7. 不适当的混载,衬垫、隔离不当等原因造成货物的污染;
8. 驱虫灭鼠不充分,舱内清扫、消毒不充分,对货物检查不严致使虫、鼠被带入舱内等原因造成货物虫蛀、鼠咬;
9. 潮湿、海水溅湿,不适当的混载等原因造成货物的锈蚀;
10. 易腐货物未按要求积载的位置装载,未按要求控制舱内温度,温湿度过高,换气通风不充分,冷藏装置故障等原因造成货物的腐烂、变质;
11. 标识不清、隔票不充分、倒垛、积载不当等原因造成货物的混票;
12. 自燃、火灾、漏电等原因造成货物的焦损;
13. 温度过高、换气通风过度、货物本身的性质等原因造成货物的烧损;
14. 集装箱运输中,在集装箱的装箱过程中存在货物包装不良、积载不当、箱内不清洁等原因同样会造成货物受损。

国际海上货物运输中可能会造成货差事故的原因包括货物标志不清、误装、误卸、理货差错、中转处理错误等。

(二)非货运事故

在国际海上货物运输中,除由于承运人的原因造成货运事故外,还有一些情况也会使货物发生数量或质量上的变化。但是,这些情况的发生不属于运输合同下承运人所应承担的责任,而是要根据买卖合同等其他合同条款的规定才能确定由哪一方来承担责任。因此,此时货物虽然发

生了数量、质量上的变化,但不能认为是发生了货运事故。归纳起来可分为两种情况:

1. 如果在贸易合同中规定了货物的品质,但卖方交付运输的货物与贸易合同中规定的货物品质不符,承运人显然无法确切知道所有货物的化学成分等情况,造成承运人在目的地向收货人交付的货物“品质与买卖合同不符”。这种情况不属于货运事故,除特别约定外,承运人只需在货物包装外表状况良好的情况下交付货物,就不承担任何责任。“货物品质与合同不符”的问题是贸易合同问题,所以应该由买卖双方在买卖合同中做出相应的规定来解决。

2. 如果在贸易合同中规定了货物的数量,但卖方在货物包装内所装的货物数量不足,而承运人又无法知道包装内实际所装的货物数量,这就会造成所谓的“原装货物数量不足”。这种情况不属于货运事故,承运人只要在货物包装外表状况良好的情况下交付货物,就不承担任何责任。“原装货物数量不足”的问题也应该由买卖双方在买卖合同中做出相应的规定来解决。

(三)其他情况造成的货物损失

在国际海上货物运输中由于不可抗力等原因也会造成货物数量、质量上的损失,承运人在这种情况下通常可以免于承担赔偿损失的责任。由于货方对货物包装不良、不牢固而造成的货物损失,承运人通常也不承担赔偿损失的责任。对于散装货物的水尺计量不准,则应根据具体情况对待。运输或贸易上的欺诈行为等可能使有关的关系人遭受无法弥补的损失。

二、航空货运事故

航空货运事故是指在国际航空货物运输中,造成的货物灭失或损坏,即货损货差事故。

(一)航空货运事故产生的原因

航空运输过程中,货物在飞机飞行阶段遭受灭失、损坏的可能性较小,但在空运货物的交接、机场堆存、装机和卸机等过程中,存在着因工作差错而造成货物丢失、短缺、变质、污染、损坏等情况的货运事故。

(二)货物的不正常运输

货物的不正常运输是指货物在收运及运输过程中由于工作差错而造成的不正常情况。

1. 货物不正常运输的种类和代号。空运货物不正常运输的种类和代号见表 6-1。

表 6-1　空运货物不正常运输的种类和代号

英文全称	英文缩写	中文全称
overcarried	OVCD	漏卸(运过境)
shortshipped	SSPD	漏装
offloaded	OFLD	卸下、拉货
mislabeled cargo		货物贴错标签
missing label		标签脱离
missing cargo	MSCA	少收货物
found cargo	FDCA	多收货物
damage		破损
missing AWB	MSAW	少收货运单
found AWB	FDAW	多收货运单

2. 货物破损。

货物破损是指货物的外部或内部变形，因而使货物的价值可能或已遭受损失，如破裂、损坏或短缺。内损是指货物包装完好而内装货物受损，只有收货人提取后或交海关时才能发现。

货物破损的处理方法见表6－2。

表6－2　空运货物破损的处理方法

发现时间	货物破损的处理方法
收运时	拒绝收货
出港操作时	破损(内装物未损坏):加固包装，继续运输
	严重破损(内装物已损坏):停止运输，通知发货人或通知始发站，征求处理意见
进港操作时	填开不正常运输记录
	通知装机站和始发站
交接中转货物时	轻微破损:在货物中转舱单(TRM)的备注栏内说明破损情况
	严重破损:拒绝转运

3. 无人提取的货物。

(1)空运货物到达目的地14天后，由于下列原因造成无人提取时，称为无人提取货物：①货运单所列地址无此收货人或收货人地址不详；②收货人对提取货物通知不予答复；③收货人拒绝提货；④收货人拒绝支付应付有关款项；⑤出现了其他一些影响正常提货的问题。

(2)无人提取货物的到付运费的收取：①目的站填开运费更改通知书(Cargo charges Correction Advice，CCA)，向始发站结算所有费用；②始发站负责向托运人收取到付运费和目的站产生的其他所有费用。

(3)无人提取货物的通知：对于无人提取的货物通常发出无人交付货物通知单(Notice of Non-Delivery)，无人交付货物通知单应交给始发站的出票航空公司或者当地代理人，填开无人交付货物通知单的单位，出票承运人的财务部门应有副本。

三、陆路货运事故

陆路承运人对自货物承运时起至交付货物期间由于装卸、运输、保管以及交接过程中发生运输延误、灭失、损坏、错运等负赔偿责任。

货损事故范围包括：①货损。货损是指货物磨损、破裂、湿损、变形、污损、腐烂等。②货差。货差是指货物发生短少、失落、错装、错卸、交接差错等。③有货无票。货物存在而运单及其他票据未能随货同行或已遗失。④运输过失。因误装、误卸，办理承运手续过程中的过失或漏装等。⑤运输延误。已接受承运的货物由于始发站未及时运出，或中途发生变故等原因，致使货物未能如期到达。造成货损货差的其他原因，还包括破包、散捆、票据编制过失等。

对下列原因造成的货损事故，公路承运人不承担赔偿责任：①由于自然灾害发生的货物遗失或损坏。②包装完整，但内容物已短少。③由于货物的自然特性所致。④根据卫生机关、公安、税务机关有关规定处理的货物。⑤由托运人自行保管、照料所引起的货物损坏。⑥货物未过磅即发生数量短少。⑦承运人、托运人双方有协议，并对货损有特别规定者。

基础2 国际货运事故索赔与理赔概述

货物运输中发生了货损、货差后,受到损害的一方向责任方索赔和责任方处理受损方提出的赔偿要求是货运事故处理的主要工作。货主对因货运事故造成的损失向承运人等责任人提出赔偿要求的行为称为索赔。承运人等处理货主提出的赔偿要求的行为称为理赔。

国际货运事故的诉讼或仲裁案件通常都是从索赔开始的。索赔时,索赔方应坚持实事求是、有根有据、合情合理、注重实效的原则。索赔方应该明白货运事故的索赔要根据运输合同的规定,其索赔对象是运输合同中的承运人,同时还应该清楚合理的索赔必须具备的条件。

一、提出索赔的原则

导致货运事故发生的原因有很多,其规模和损失因事故不同而异。在客观上,认定损失的大小和原因往往比较困难;而在主观上,由于托运人或收货人与承运人分别考虑各自的利益,对货运事故原因归结和损失大小更是认知不同,从而难以界定事故的责任,这也是法律诉讼的起因。所以,坚持提出索赔的原则非常重要。

(一)实事求是的原则

实事求是是双方沟通的基础,也是解决纠纷的关键。实事求是就是根据事故发生的实际情况,分析其原因,确定责任人及其责任范围。

(二)有根有据的原则

在提出索赔时,应掌握造成货损事故的有力证据,并依据合同有关条款、国际公约和法律规定以及国际惯例,有根有据地提出索赔。

(三)合情合理的原则

合情合理就是根据事故发生的事实,准确地确定损失程度和金额,合理地确定责任方应该承担的责任。根据不同情况,采用不同的解决方式、方法,使事故合理、尽早得以处理。

(四)注重实效的原则

注重实效是指货损索赔中应注重实际效益。如果已不可能得到赔偿,而仍然长期纠缠在法律诉讼中,则只能是浪费时间和精力。如果能收回一部分损失,切不可因等待全额赔偿而放弃。

二、索赔对象的确定

发生货损、货差等货运事故后,通常应根据货物运输合同,由受损方向承运人提出赔偿损失的要求,即索赔对象是承运人。但是,在国际贸易实践中,货物到达收货人手里时,可能发生数量、质量等各种问题。

1. 买方通常应该根据货物买卖合同的规定,向卖方提出索赔的情况有:①原装货物数量不足;②货物的品质与合同规定不符;③包装不牢致使货物受损;④未在合同规定的装运期内交货。

以上情况下,收货人(通常是买卖合同中的买方)凭有关机构出具的鉴定证书,并根据买卖合同有关条款的规定,向托运人(通常是买卖合同中的卖方)提出索赔。

2. 收货人通常应该根据货物运输合同的规定,向承运人提出索赔的情况主要有:①承运人在目的地交付的货物数量少于提单、运单等运输单据中所记载的货物数量；②承运人在运输单证上未对所运输的货物做出保留批注，收货人提货时发现货物发生残损、缺少，且是承运人的过失；③货物的灭失或损害是由于承运人免责范围以外的责任所致。以上情况下，收货人或其他有权提出索赔的人凭有关机构出具的鉴定证书，并根据货物运输合同有关条款的规定，向承运人提出索赔。

3. 被保险人通常应该根据货物保险合同的规定，向保险人提出索赔的情况主要有：①承保责任范围内，保险人应予赔偿的损失；②承保责任范围内，由于自然灾害或意外事故等使货物遭受损害。此时，受损方作为被保险人，凭有关证书、文件向保险公司提出索赔。之后，保险公司可根据实际情况，在取得代位求偿权后，向有关责任人索赔。

除上述根据货物买卖合同、运输合同、保险合同可以向不同的责任方索赔外，货主还可以根据其他合同，如仓储合同等，要求责任方承担损失的索赔责任。

三、索赔必须具备的条件

一项合理的索赔必须具备以下四个基本条件：

(1)索赔人具有索赔权。提出货物索赔的人原则上是货物的所有人，或提单上记载的收货人或合法的提单持有人。但是，根据收货人提出的“权益转让书”(Letter of Subrogation)，也可以由有代位求偿权的货物保险人或其他有关当事人提出索赔。货运代理人接受货主的委托，也可以办理货运事故的索赔事宜。

(2)责任方必须负有实际赔偿责任。收货人作为索赔方提出的索赔应属于承运人免责范围之外的，或属保险人承保责任内的，或买卖合同规定由卖方承担责任的货损、货差。

(3)赔偿的金额必须是合理的。合理的赔偿金额应以货损实际程度为基础。要注意，在实际中，责任人经常受到赔偿责任限额规定的保护。

(4)在规定的期限内提出索赔。索赔必须在规定的期限，即“索赔时效”内提出。否则，索赔人提出的索赔在时效过后难以得到赔偿。

学习任务二　实务操作单元

操作1　货运事故的认定

“实例导入”中，B外运公司是否应对货物的货损负责，以及应如何处理此票货物的货损，这取决于货运事故的责任认定。只有先认定了责任人，接下来才能有针对性地向相关责任人提出索赔。与此同时，货运事故的处理程序、货运事故处理的注意事项以及在索赔与理赔过程中应该提交的单据种类和各自作用都是国际物流服务行业的从业人员应该掌握的知识与技能。

运输中发生货运事故的原因很多，其中大部分是由于承运人的原因所致。但是，实践中还有一些货运事故是由货方(托运人、收货人)、第三方(港口、集装箱货运站等)，甚至由于不可抗力所致。不同原因所导致运输中的货物数量减少、质量变差的损失将由不同当事人承担，这里的当事人可能是运输合同、买卖合同、保险合同等不同合同的当事人。运输合同中的当事人是承运人和托运人，只有了解货运合同下的责任分配问题，才能明确货运事故的责任划分。涉及承运人和托运人责任分配的主要问题包括以下几个方面。

一、承运人的责任

（一）承运人的责任期间

货物在承运人监管过程中所发生的货损事故，除由于上述的托运人的原因和不可抗力的原因外，原则上都由承运人承担责任。因此，承运人的责任期间是指承运人对货物应负责任的期间。承运人在这段时间内，由于其不能免责的原因使货物受到灭失或损坏，应当负赔偿责任。

在国际海上货物运输中，我国《海商法》的某些规定与有关海上货物运输的国际公约的相关规定相似。根据我国《海商法》第46条的规定，承运人对集装箱装运的货物的责任期间，是指从装货港接收货物时起至卸货港交付货物时止，货物处于承运人掌管之下的整个期间。承运人对非集装箱装运的货物的责任期间，是指从货物装上船时起至卸下船时止，即货物处于承运人掌管之下的整个期间；但是，承运人与托运人可以就非集装箱货物运输下承运人的责任期间另作约定。在承运人的责任期间，货物发生灭失或者损坏，除另有约定外，承运人应当负赔偿责任。

（二）承运人运输货物的责任

在适用于不同运输方式下的国际货物运输公约或者有关货物运输的国际公约中，都有承运人运输货物责任的规定。这些规定包括以下几个方面：

1. 在运输工具方面，各个国家和国际社会都对各种运输工具的技术要求做出了明确的规定，只有符合技术要求的运输工具才能投入货物运输；运输公司作为承运人将运输工具投入营运还需要符合市场准入规定。在运输货物时，运输工具还应该符合适合特定运输风险和货物特性的总体要求。

2. 在保管货物方面，在各种运输方式下都规定承运人应对货物的运输负责。

3. 承运人在货物运输过程中，应尽量合理地快速将货物运到目的地。我国《海商法》就船舶绕行问题做出了相关规定，如“承运人应当按照约定的或者习惯的或者地理上的航线将货物运往卸货港。船舶在海上为救助或者企图救助人命或者财产而发生的绕航或者其他合理绕航，不违反前款规定的行为”。

4. 货物运输合同是一种运输合同，一方应对违反合同造成的另一方的损失进行赔偿。承运人违反合同时，货方因此而遭受的损失有两种主要形式。一种是实际损失，即货物发生实际灭失或损坏；另一种是经济损失，即货物虽然没有发生灭失或损坏，但是货主应该得到的利益没有得到，最典型的就是货物的延迟交付。此时，货物虽然完好地被运到目的地，但是超过了合同约定的时间，导致货物无法继续出售或无法实现本应实现的利润。有关国际货物运输的法律法规中对承运人因延迟交付货物应承担的责任做了相关规定。

（三）承运人的免责与责任限制

承运人对于货物在其责任期间发生的灭失或者损坏应该承担责任。但是，国际公约和各国法律又都规定了一系列承运人对于货物在其责任期间发生的灭失或损坏可以免于承担责任的事项。这些事项是法定的,承运人可以通过合同减少或者放弃,但不能增加。在各种运输方式和多式联运下,国际公约和各国法律都规定了承运人的法定免责事项。

即使承运人根据合同或者法律应当对货损货差负责,在国际货物运输的有关公约和各国法律中,都赋予了承运人一项特殊的权利,即承运人可以将赔偿责任限制在一定数额以内。但有两种情况不适用责任限制:一种情况是有特别的约定,如托运人在货物装运时已经申报货物性质和价值,并办理了相应手续;另一种情况是承运人丧失了享受赔偿责任限制的权利,如货物的灭失、损坏或延迟交付是承运人故意或明知可能造成损失而轻率地作为或者不作为造成的,承运人就不得援引限制赔偿责任的规定。

二、托运人的责任

(一)正确提供货运资料

托运人托运货物,应当将货物的品名、标志、件数、重量、体积等相关资料向承运人申报。托运人必须保证其申报的资料正确无误,托运人对申报不实所造成的承运人的损失承担赔偿责任。如托运人为了少交运费,谎报货物重量,由此造成了承运人起重设备的损坏,则托运人应对此承担赔偿责任。应当注意的是,国际货运的相关公约及各国法律均对危险货物运输时托运人进行申报的问题做了特别的规定。

(二)妥善包装货物

包装货物是托运人的基本义务。良好的包装应该是正常的或者习惯的包装,在通常的照管和运输条件下,能够保护货物避免几乎大多数轻微的损害。托运人没有义务使用可能的最安全的包装而导致额外的费用。承运人应根据货物的包装对货物进行适当的装卸和照料。但是,这种适当的装卸和照料不应该超过运输此类货物一般应负的谨慎责任。货损发生时,其原因是包装不良还是承运人照料货物不适当有时难以判断。因此,对双方的要求都应该根据通常的标准来确定。如果货物包装不良或者标志欠缺、不清,由此引起货物本身的灭失或损坏,承运人可免除对托运人的赔偿责任。

三、货运事故的发现与责任判定

货运事故的发生可能在货物运输过程中的任何环节上,而发现货损货差,则往往是在最终目的地收货人收货时或收货后。当然,在运输途中发生的货损事故,也可能会被及时发现。

货运事故发生后,第一发现人具有报告的责任。如在船舶运输途中发生,船长有责任发表海事申明(Note of Sea Protest)。而当收货人提货时,发现了所提取的货物数量不足,或货物外表状况,或其品质与提单上记载的情况或贸易合同的记载不符,则应根据提单条款的规定,将货损货差的事实以书面的形式通知承运人或承运人在卸货港的代理人。即使货损、货差不明显,也必须在提取货物后的规定时间内,向承运人或其代理人通报事故情况,作为以后索理赔的依据。

无论索理赔工作日后如何进行,记录和保留有关事故的原始记录十分重要。积载图、装箱单、提单、运单、收货单、卸货报告、过驳清单、货物短溢单、货物残损单等货运单证均是货损事故处理和明确责任方的依据。货运单证上的批注是区分或确定货运事故责任方的原始依据。单证上的批注既证明了承运人对货物的负责程度,也直接影响着货主的利益,如能否持提单结汇,能否提出索赔等。各方关系人为保护自己的利益和划清责任,应妥善保管这些书面文件。

对于已经发生的货运事故，如果收货人与承运人不能对事故的性质和损坏程度取得一致，则应在彼此同意的条件下，双方共同指定检验人对所有应检验的项目进行检验，检验人签发的检验报告是日后确定货损责任的重要依据。事故的处理和日后的赔偿均是以这些证据或依据为准来确定责任人及其责任程度的。不同事故当事人的责任可以通过实际情况和法律规定进行判断。

（一）托运人的责任

1. 不论是航空货物运输、海上货物运输还是铁路或公路货物运输，也不论是单一运输方式的货物运输还是货物多式联运，托运人根据运输合同将货物交付承运人或者多式联运经营人之前所发生的一切货损、货差均由托运人自己负责。例如，在海上货物运输中，尽管货物运抵了港口，当租船合同使用了 FI 或类似条款时，在货物没有交付给承运人以前，在港期间发生的货物灭失或损坏，由托运人自己承担损失；此时还可能包括装货所造成的货物损坏或灭失。在集装箱货物运输情况下，拼箱货交至货运站（CFS）前，或整箱货交至堆场（CY）前，所发生的货物损坏或灭失，也属托运人的责任。

2. 当货物交付承运人，货物处于承运人监管下时，也并不是说托运人就一定能免除对货物发生的责任。例如，由于货物的包装不坚固、标志不清楚，或由于托运人隐瞒货物种类或其特性，或潜在缺陷等原因造成货损时，则由托运人负责。在航次租船合同订立 FIOST 条款的情况下，如果由于积载不当或绑扎不牢而造成了货损，根据租船合同的规定，也可能由托运人负责。我国《海商法》第 66 条第 1 款规定，“托运人托运货物，应当妥善包装，并向承运人保证，货物装船时所提供的货物品名、标志、包装或者件数、重量或者体积的正确性；由于包装不良或者上述资料不正确，对承运人造成损失的，托运人应当负赔偿责任。”

（二）承运人的责任

货物在承运人监管的过程中所发生的货损、货差事故，除由于托运人的原因和不可抗力等原因外，原则上都由承运人承担责任。承运人管理货物的时间不仅仅指货物装载在运输工具上的阶段，也可能包括货物等待装运和等待提货阶段。这要由运输合同的条款约定来决定。

例如，在国际海上货物运输中，如果航次租船合同订立了 FIO 条款，托运人负责装卸港的装卸操作，包括装卸工人的雇佣，所以，承运人的责任仅限于货物在船舶积载阶段。在海上集装箱货物运输中，如果约定在 CFS 交付货物，则在拼箱作业过程中，或拆箱过程中出现的货损也应由承运人负责。而货物在船运输阶段，承运人则既有保证船舶适航的义务，还有对货物给予充分保管的义务，即承运人及其雇佣人员在货物的接收、装船、积载、运送、保管、卸船、交付等环节中，对因其疏忽而造成的货损、灭失等，负有损害赔偿责任。

承运人或者代其签发提单或运单的人，知道或者有合理的根据怀疑提单或运单记载的货物品名、标志、包数或者件数、重量或体积与实际接受的货物不符，但又没有适当的方法核对提单或者运单记载的内容，在签发已装船提单时，可以在提单或者运单上批注，说明不符之处、怀疑的根据或说明无法核对。对于承运人在提单或者运单做出保留的单证，承运人可以在做出保留批注的范围内对收货人免除责任。承运人或者代其签发提单或运单的人未在单证上批注货物表面状况的，表明货物的表面状况良好。在提单或运单上未做保留的情况下，承运人须向收货人交付与单证记载相符的、表面状况良好的货物，否则，承运人应承担赔偿责任。

在国际海上货物运输中，还有一些特别的规定，如国际公约或一些国家的海商法，包括我国的海商法都规定,对船长、船员、引航员或承运人的其他受雇人在驾驶船舶或管理船舶中的航行过失所引起的,或承运人的非故意行为所引起的火灾而带来的货损,承运人可以免责;且还规定了其他因海上固有危险所造成损害的免责事项。根据有关公约、法律和提单上通常记载的免责条款,承运人对以下原因造成的货损事故承担赔偿责任:

1. 船舶不适航造成的损害。

船舶适航包括两个要件。其一,船舶的技术状态符合其确定的等级航区。这些技术状态既指船体、船机、属具等设备的状态,也包括船员、航行资料、船舶备品和必要消耗品等的配备状态。其二,船舶处于适于收受、载运和保管货物的状态。要使货舱及其他载货处适合积载货物,并使其处于良好的保管状态,保证货物安全运达目的港。

保证船舶适航是承运人对货物及托运人应承担的义务。不过,《海牙规则》和一些国家的海商法中规定了"谨慎处理"的条款。条款规定,承运人对船舶的适航已尽了"谨慎处理",对仍不能发现的潜在缺陷所引起货物的损坏或灭失可以免责。我国《海商法》第 50 条对此作了相应的规定。但是,在由于没有对适航给予"谨慎处理",从而未使船舶保持能承受航行中"通常海上危险"的适航能力,而造成货损的情况下,承运人要承担赔偿责任。在货损发生后,如果不能举证已经对船舶的适航性给予了"谨慎处理",承运人也要承担赔偿责任。

2. 对货物的故意或过失所造成的损害。

在货物处于承运人监管期间,包括货物在装船、积载、运输、保管、卸货等各个环节,承运人都应尽"谨慎处理"义务,并承担相应的责任。有关公约、法律或提单条款中的"疏忽条款"(Negligence Clause),仅指承运人对船长、船员、引航员或承运人的其他受雇人在驾驶船舶或管理船舶中的行为或疏忽等航行过失所引起的货损可以免责,而对于商业过失,即有关货物的接受、装船、积载、运送、保管、照料、卸货和交付等方面的过失不能免责。因船员或承运人的受雇人员的故意行为所造成的货损,无论什么情况,承运人都负有赔偿责任。

(三)第三者的责任

在货物的运输过程中,货物都处于承运人或托运人的监管之下。因此,对于货损事故,尽管可能确定是第三者的责任,承运人或托运人都不能免于承担责任。只不过是承运人与托运人根据运输合同解决了货损、货差的赔偿问题之后,再根据事故的责任追究第三方责任人。

在国际海上货物运输中,第三方责任人一般是港口装卸企业、陆路及水路运输企业、第三方船舶、车辆及仓储企业等。在装卸作业过程中,会由于装卸工人操作不当或疏忽致使货物损害;水路运输中会由于驳船方面的原因导致货物受损;陆路运输中也会由于交通事故、管理不善的原因而发生货物的灭失。仓储过程中,不良的保管条件、储存环境会使货物变质、失窃;与其他船舶、车辆的碰撞事故也是导致货损的现象之一。理货失误等也会造成货差事故的出现。对于这些损害,承运人和托运人如何分担责任,如何向第三方索赔等事务处理,要根据货损、货差发生的时间和地点而定。

为了确定货损事故的责任方,重要的一点是要首先明确货损发生的阶段。收货单、理货计数单、积载计划、积载检验报告、过驳清单或卸货报告、货物残损单和货物溢短单、检验证书等都是划分承运人、托运人、其他第三方责任的必要证据。要根据事故的直接或间接原因确定责任。

总之,事故的责任划分,应以货物在哪一方的有效控制下为基准。而且,对于任何货损、货差事故，首先是托运人与承运人之间的赔偿问题的解决，然后才是承运人或托运人与第三方之间的追偿问题。

四、国际多式联运中相关当事人责任的认定

国际多式联运全过程要通过各种代理人、实际承运人等共同来完成，因而各有关方之间的法律关系十分复杂。其中，既有国际多式联运经营人与托运人之间的合同关系，又有国际多式联运经营人与其受雇人之间的雇佣关系、与其代理人之间的代理关系、与分包承运人之间的承托关系，以及托运人、收货人与多式联运经营人及其受雇人、代理人、分包人之间可能发生的侵权行为关系。对于如此错综复杂，且权利、义务又各不相同的法律关系，应掌握一点，即国际多式联运下的法律结构是调整多式联运经营人与托运人之间的合同关系的，而其他法律关系都附着在这一合同关系上，并比照这一合同关系统一权利和义务。

（一）国际多式联运经营人与货主间的法律关系

1. 国际多式联运经营人的含义与特征。1980 年《联合国国际多式联运公约》第 1(2)条规定，“多式联运经营人(Multi - Modal Transport Operator，MTO)是指本人或通过其代表订立多式联运合同的人，他是事主，而不是发货人的代理人或代表或参加多式联运的承运人的代理人或代表，并且负有履行合同的责任”。由此可见，国际多式联运经营人是指本人或委托他人以本人名义与托运人订立一项多式联运合同并以承运人身份承担完成此项合同责任的人。

从以上的定义中，不难发现，国际多式联运经营人具有以下基本特征：

(1)国际多式联运经营人是多式联运合同的主体，是“本人”而非代理人。他既对全程运输享有承运人的权利，又负有履行多式联运合同的义务，并对责任期间所发生的货物的灭失、损害或延迟交付承担责任。

(2)国际多式联运经营人的职能在于负责完成多式联运合同或组织完成多式联运合同。国际多式联运经营人既可以拥有运输工具从事一个或几个区段的实际运输，也可以不拥有任何运输工具，仅负责全程运输组织工作。当国际多式联运经营人以拥有的运输工具从事某一区段运输时，他既是契约承运人，又是该区段的实际承运人。

(3)国际多式联运经营人是“中间人”。他具有双重身份，既以契约承运人的身份与货主签订国际多式联运合同，又以货主的身份与负责实际运输的各区段运输的承运人签订分运运输合同。

2. 国际多式联运经营人为其受雇人、代理人和其他人所负的赔偿责任。根据联合国多式联运公约的有关规定，多式联运合同的一方是多式联运经营人，包括其本人或通过其代表订立多式联运合同的任何人，他是事主，而不是托运人的代理人或代表或参加多式联运的承运人的代理人或代表，并且负有履行合同的责任。多式联运合同的另一方是托运人，这也是指本人或通过其代理与多式联运经营人订立多式联运合同的任何人。多式联运经营人和他的受雇人、代理人和分包人的关系都适用代理关系，货物交由他们掌管应视为与交给多式联运经营人掌管具有相同效力。所以，多式联运公约规定：多式联运经营人应对他的受雇人或代理人在其受雇范围内行事时的行为或不行为负赔偿责任，或对他为履行多式联运合同而使用其服务的任何其他人在履行合同的范围内行事时的行为或不行为负赔偿责任，一如他本人的行为或不行为。

同样，虽然托运人和收货人与多式联运经营人的代理人、受雇人没有合同关系，但可依据侵

权行为提起诉讼。不过,在这种诉讼中,经营人的代理人、受雇人可享受与经营人同样的辩护理由和责任限制。这样,既有利于货主与承运人之间行使追偿的权利,又使承运人一方得到应有的保护,而且也保障了以各种形式起诉都能得到同一法律效果,达到法律的统一性和公正性。

(二)国际多式联运经营人与区段承运人间的法律关系

1. 多式联运经营人对区段承运人的行为负连带责任。我国《合同法》第 318 条规定,"多式联运经营人可以与参加多式联运的各区段承运人就多式联运合同的各区段运输约定相互之间的责任,但该约定不影响多式联运经营人对全程运输承担责任的义务"。多式联运经营人与区段承运人的约定,不能对抗承运人。这一原则表明:多式联运经营人应当对合同约定的全部运输负责。多式联运经营人除了对自己及自己的受雇人或代理人的行为负责外,还必须对区段承运人及其受雇人或代理人的行为负责。可见,多式联运经营人的责任范围相当广泛,尤其在实务中,多式联运经营人很难控制区段承运人对其受雇人或代理人的选择。然而,如果法律不做出如此规定,而免除多式联运经营人对区段承运人及其受雇人或代理人的行为负责,货方的利益则难以保障,继而会影响商业关系的稳定。

2. 区段承运人对其履行的运输承担与多式联运经营人同等的法律责任。这一原则表明:区段承运人对自身及其受雇人或代理人的行为责任仅限于自己履行的运输期间。而且,由于他与托运人无合同关系,因而,对于多式联运经营人与托运人间约定的诸如扩大承运人责任范围、放弃承运人所享有的责任限制或放弃免除责任等超出法定责任的条款,只有在区段承运人以书面方式表示接受时才对区段承运人发生效力。因此,多式联运经营人在接受此类义务之前,应考虑区段承运人是否接受,否则将由自己承担此类义务。

3. 多式联运经营人、区段承运人及他们的受雇人或代理人的赔偿总额不能超出法定限额。这一原则表明:托运人或收货人无权以分别追索赔偿的方式取得双倍赔偿。这也说明,区段承运人对其履行运输承担责任的同时,也享有法律所规定的有关承运人的权利及责任限制与法定免责事项。

4. 多式联运经营人与区段承运人可按他们之间的合同约定相互追偿。当多式联运经营人或区段承运人间赔偿了托运人或收货人后,可按他们之间的合同约定相互追偿。

(三)现有国际公约、惯例对多式联运经营人责任的规定

1. 现有的国际多式联运公约和规则。从 20 世纪 50 年代到 70 年代末,一些国际公约已考虑了国际货物多式联运的问题,目前比较有影响的国际公约和规则主要包括以下三个:

(1)《联合运输单证统一规则》(Uniform Rules for A Combined Transport Document)。该规则由国际商会(ICC)于 1973 年制定,1975 年修订的最早的国际多式联运规则。作为民间规则,其适用性不具有强制性,需由当事人在多式联运合同中自愿采纳。

(2)《联合国国际货物多式联运公约》(United Nations Convention on International Multi－Modal Transport of Goods)(简称"公约")。该公约于 1980 年 5 月 24 日获得通过,但因迄今未满足公约规定的"公约在 30 个国家批准或加入后 12 个月开始生效"的条件而尚未生效。不过,尽管该公约至今仍未生效,它对各国有关多式联运的法律及其后的国际惯例都产生了重大的影响。

(3)1991 年联合国贸易与发展会议/国际商会(UNCTAD/ICC)多式联运单证规则。20 世纪 90 年代,鉴于《联合国国际货物多式联运公约》迟迟未能生效,既担心因多式联运经营人的抵触

心理而使它永远不能生效,也想证实所谓多式联运公约在理论上不会带来严重后果的论点是否属实,国际商会建议把《联合运输单证统一规则》和《联合国国际货物多式联运公约》合并,制定新的规则,使之在《联合国国际货物多式联运公约》生效前,供当事人在多式联运合同中自愿选用,以暂时弥补适用公约的空缺。为此,联合国贸易与发展会议会同国际商会在对《联合运输单证统一规则》做出修订的基础上,共同制定了《1991 年联合国贸易与发展会议/国际商会多式联运单证规则》(UNCTAD/ICC Rules for Multi - Modal Transport Documents,1991)。该规则作为民间规则,其适用性不具有强制性,需由当事人在多式联运合同中自愿采纳。

2. 现有公约和惯例对多式联运经营人责任制度的规定主要有分割责任制(dispersion of liability)、网状责任制(the network system of liability)、统一责任制(uniform system of liability)和经修正的统一责任制(the modified uniform liability system)四种情况。

联合国多式联运公约对货物的灭失、损坏和延迟交付规定了统一的归责原则,并对多式联运是否包含海运规定了两种统一的责任限制,同时该公约进一步规定,如果能清楚地知道货损发生的运输区段,而该运输区段所适用的国际公约或国内法又规定了比上述限额高的限额,则优先适用该公约或该国法律。

(四)我国对多式联运的有关法律规定

我国关于多式联运的法律规定主要体现在《海商法》第 4 章第 8 节"多式联运合同的特别规定"和《合同法》第 17 章第 4 节"多式联运合同"中。如果某一多式联运合同同时属于《海商法》和《合同法》的适用范围,而两者又有不同规定,应首先适用《海商法》的规定,然后是《合同法》。

操作 2　海运事故的处理

海运事故索赔的基本程序是:由索赔方发出索赔通知、提交索赔函,进而解决争议。如果无法解决争议,则可能进入诉讼或仲裁程序。

一、发出索赔通知

我国《海商法》和有关的国际公约(如《海牙规则》《维斯比规则》《汉堡规则》)以及各种承运人的提单条款,一般都规定,事故发生后,根据运输合同或提单有权提货的人,应在承运人或承运人的代理人、雇佣人交付货物当时或规定的时间内,向承运人或其代理人提出书面通知,声明保留索赔的权利,否则承运人可以免除责任。

关于发出索赔通知的时限,我国《海商法》第 81 条第 1 款规定,"承运人向收货人交付货物时,收货人未将货物灭失或损坏的情况书面通知承运人的,此项交付视为承运人已经按照运输单证的记载交付以及货物状态良好的初步证据"。该条的第 2 款有规定,"货物灭失或损坏的情况非显而易见的,在货物交付的次日起连续 7 日内,集装箱货物交付的次日起 15 日内,收货人未提交书面通知的,适用前款规定"。

《海牙规则》则规定,"根据运输契约有权收货的人,除非在卸货港将货物灭失和损害的一般情况,于货物被移交其监督之前或者当时(如果灭失或损害不明显,则在 3 天之内),已用书面通知承运人或其代理人,这种移交便应作为承运人已经按照提单规定交付货物的证据"。

不过,根据法律、国际公约、提单条款以及航运习惯,一般都把交付货物当时是否提出货损书面通知视为按提单记载事项将货物交付给收货人的推定证据，或者是初步证据。也就是说，即使收货人在接收货物时未提出货损书面通知，以后，在许可的期限内仍可根据货运单证（过驳清单、卸货记录、货物溢短单或残损单等）的批注，或检验人的检验证书，作为证据提出索赔。同样，即使收货人在收货时提出了书面通知，在提出具体索赔时，也必须出具原始凭证，证明其所收到的货物不是清洁提单上所记载的外表良好的货物。因而，索赔方在提出书面索赔通知后，应尽快备妥各种有关证明文件，在期限内向责任人正式提出索赔要求。

另外，在某种条件下，索赔人在接收货物时可以不提出货损书面通知书。这种情况是，货物交付时，收货人已经会同承运人对货物进行了联合检查或检验的，无须就所查明的灭失或损坏的情况提交书面通知。我国的海商法、国际公约和某些提单就有这样的规定。

二、提交索赔申请书或索赔清单

索赔申请书、索赔函或索赔清单（Statement of Claims）是索赔人向承运人正式要求赔偿的书面文件。索赔函的提出意味着索赔人正式向承运人提出了索赔要求。由此，如果索赔方仅仅提出货损通知而没有递交索赔申请书或索赔清单，或出具有关的货运单证，则可解释为没有提出正式的索赔要求，承运人不会受理货损、货差的索赔，即承运人不会进行理赔。索赔申请书或索赔清单没有统一的格式和内容要求，主要内容应包括：①文件名称及日期；②承运人名称和地址；③运输工具名称（船名、航次），装/卸货地点（港口），抵达日期；④货物名称，提单、运单号等有关情况；⑤短卸或残损情况、数量；⑥索赔日期、索赔金额、索赔理由；⑦索赔人的名称和地址。

对于正式索赔，有一个时效问题。如果提出索赔超过了法律或合同规定的时效，则就会丧失索赔的权利。确定时效时，应当考虑：①检查提单、运单背面的条款，确定适用的法律或公约；②根据适用的法律，确定时效的区间；③索赔接近时效时，是否要求事故责任人以书面形式延长时效；④注意协商延长的时效，是否为适用法律所承认。

三、提起诉讼或仲裁

因发生货运事故而产生的索赔可以通过当事人双方之间的协调、协商，或通过法律机关等第三人的调停予以解决。但是，这种协商、调停工作并不能保证出现可预见的解决问题的结果。这样，双方最终可能只有通过法律手段解决争议，也就是要进入司法程序，提出诉讼。另外，双方还可以仲裁解决争议。

法律对涉及索赔的诉讼案件规定了诉讼时效。因此，无论向货损事故的责任人提出了索赔与否，在解决问题没有希望的前提下，索赔人应在规定的诉讼时效届满之前提起诉讼。否则，就失去了起诉的权利，往往也失去了索赔的权利和经济利益。

在国际海上货物运输中，《海牙规则》和《海牙—维斯比规则》关于诉讼时效，规定期限为一年。英国的判例表明，在一年内向有适当管辖权的法院提起诉讼，即可保护时效。但最好向有最终管辖权的法院提出。我国《海商法》第 257 条规定：“就海上货物运输向承运人要求赔偿的请求权，时效期为一年，自承运人交付或者应当交付货物之日起算。”

除通过诉讼途径解决争议外，在当事人双方在合同中事先已经约定或者事后同意的情况下，还可以通过仲裁的手段解决纠纷。仲裁的主要问题包括仲裁协议的有效性、仲裁程序的合法性、仲裁的司法监督等。目前，我国调整仲裁的法律主要是 1995 年颁布的《仲裁法》。我国海事仲裁的常设机构是中国海事仲裁委员会。

四、索赔权利的保全措施

为了保证索赔得以实现,需要通过一定的法律程序采取措施,使得货损事故责任人对仲裁机构的裁决或法院判决的执行履行责任,这种措施就称为索赔权利的保全措施。

实践中,货方作为索赔人采取的保全措施主要是留置承运人的运输工具,如扣船,以及要求承运人提供担保等方式。

(一)提供担保

提供担保是指货损事故责任人对执行仲裁机构的裁决或法院的判决提供的担保。主要有现金担保和保函担保两种形式。

1. 现金担保。由货损事故责任人提供一定数额的现金,并以这笔现金作为保证支付赔偿金的担保。现金担保在一定期间内影响着责任人的资金使用,因此较少采用。在实际业务中,通常都采用保函担保的形式。

2. 保函担保。它是使用书面文件的担保形式。保函可由银行出具,也可由事故责任人的保赔协会等出具。其中,银行担保的保函比较安全可靠。保函中一般应包括:受益人、担保金额、造成损失事故的运输工具(如船名及国籍)、有效期、付款条件(应写明根据什么条款付款,如规定根据商检证书、仲裁机关裁定或法院判决书等)、付款时间和地点。

(二)留置运输工具

在货损事故的责任能比较明确地判定属于承运人,又不能得到可靠的担保时,索赔人或对货物保险的保险公司,可以按照法律程序,向法院提出留置运输工具的请求,如扣船请求,并由法院核准执行。

扣留运输工具,如船舶,其目的是通过船舶的临时扣押,保证获得承运人对承运人责任造成的货损赔偿的担保。这样可以避免货损赔偿得不到执行的风险。在承运人按照要求提供保证承担赔偿责任的担保后,应立即释放被扣船舶。

同样,扣船也会带来风险。如果法院判决货损责任不在承运人,则因不正确的扣船而给承运人带来的经济损失要由提出扣船要求的索赔人承担,同时也会产生其他不必要的纠纷和负面影响。因此,一些国家,如欧洲大陆国家及日本,规定索赔人提出扣船要求时,必须提供一定的担保作为批准扣船的条件。在我国《海事诉讼特别程序法》中对此也作了相应规定。

五、索赔单证

索赔人具有证明其收到的货物并不是在提单或者运单所记载的货物状态下接收货物的举证责任,作为举证的手段,索赔人要出具货运单证、检验证书、商业票据和有关记录等,以便证明货损的原因、种类、损失规模及程度,以及货损的责任。

主要的索赔单证有:

(一)提单正本

提单既是承运人接收货物的收据,也是将货物交付收货人时的交货凭证,还是确定承运人与收货人之间责任的证明,是收货人提出索赔依据的主要单证。提单的货物收据作用,表明了承运人所收货物的外表状况和数量,交付货物时,承运人如不能按提单记载提交货物则说明运输过程中发生了货损货差;提单作为运输合同,规定了承运人的权利、义务、赔偿责任和免责项目,是处理承运人和货主之间争议的主要依据。

（二）卸货港理货单或货物溢短单、残损单等卸货单证

这些单证是证明货损或货差发生在船舶运输过程中的重要单证。如果这些卸货单证上批注了货损或货差情况，并经船舶船长或大副签字确认，而在收货单上又未做出同样的批注，就证明了这些货损或货差是发生在运输途中的。

（三）重理单

船方对所卸货物件数或数量有疑问时，一般要求复查或重新理货，并在证明货物短溢的单证上做出“复查”或“重理”的批注。这种情况下，索赔时，必须同时提供复查结果的证明文件或理货人签发的重理单，并以此为依据证明货物是否有短缺。

（四）货物残损检验报告

在货物受损的原因不明显或不易区别，或无法判定货物的受损程度时，可以申请具有公证资格的检验人对货物进行检验。在这种情况下，索赔时必须提供检验人检验后出具的“货物残损检验证书”（Inspection Certificate for Damage and Shortage）。

（五）商业发票

商业发票（Commercial Invoice）是指贸易中由卖方开出的表明销售货物的名称、数量、单价、金额的清单。它是计算索赔金额的主要依据。

（六）装箱单

装箱单（Packing List）是一种列明了每一箱内所装货物的名称、件数、规格等的清单，用以辅助确定损失程度。

（七）修理单

修理单用来表明被损坏的仪器设备、机械等成套货物的修理所花费的费用。

（八）权益转让证书

所谓权益转让，就是收货人根据货物保险合同从保险公司得到赔偿后，将自己的索赔权利转让给保险公司，由保险公司出面向事故责任人或其代理人提出索赔的行为。

权益转让的证明文件就是“权益转让证书”（Letter of Subrogation），它表明收货人已将索赔权益转让给保险公司。保险公司根据“权益转让证书”取得向事故责任人提出索赔的索赔权和以收货人名义向法院提出索赔诉讼的权利。在权益转让的情况下，通常由收货人将权益转让证书正本交给保险公司，同时，必须将其副本交给事故责任人或其代理人备查。

权益转让证书的内容包括：收货人将其对该项货物的权利和利益转让给保险人；授权保险人可以以收货人的名义向有关政府、企业、公司或个人提出认为合理的赔偿要求或法律诉讼；保证随时提供进行索赔和诉讼所需要的单证和文件。这里包含了被保险人保证向保险人提供索赔中所需各种单证、文件的义务。

除了以上所述单证外，凡是能够证明货运事故的原因、损失程度、索赔金额、责任所在以及索赔人具有索赔权利的单证都应提供。同时，还应该有索赔函。如有其他能够进一步说明责任人责任的证明，如船长或大副出具的货损报告，或其他书面资料，也应提交。索赔案件的性质、内容

不同,所需要的索赔单证和资料也就不同。至于提供何种索赔单证,没有统一规定。总之,索赔单证必须齐全、准确、内容保持一致、不能自相矛盾。

操作3 空运事故的处理

一、空运事故索赔的有关法律依据

在航空货物运输过程中,主要是两种运输范围的问题:国际运输和国内运输。在航空国际运输中,主要的法律依据是华沙体制中的《华沙公约》和《海牙议定书》;在国内货物运输中,主要是《中华人民共和国民用航空法》和《中国民用航空货物国内运输规则》。

除了上述法律条文外,以下还有同航空货运有关的国家法律和规定:《中华人民共和国民事诉讼法》《中华人民共和国民法通则》《中华人民共和国商品检验法》《中华人民共和国动植物检验法》《中华人民共和国濒危动物保护法》《中华人民共和国消费者权益法》《中国民航局政府令》《中国民航航空货运管理规则》。

二、空运事故索赔人

1. 货运单上的托运人或收货人。向航空公司提出索赔的应是主运单上填写的托运人或收货人。分运单的托运人、收货人或其代理人应向主运单填写的托运人或收货人提出索赔。

2. 持有货运单上托运人或收货人签署的权益转让书的人员,具体包括:①承保货物的保险公司;②受索赔人委托的律师;③有关的其他单位;④集运货物的主托运人和主收货人。

3. 如果收货人在到达站已将货物提取,则托运人将无权索赔。如托运人要求索赔,应该有收货人出具的权益转让书。

三、空运事故索赔的地点和时限

(一)索赔的地点

托运人、收货人或其代理人在货物的始发站、目的站或损失事故发生的中间站,可以书面的形式向承运人或其代理人提出索赔要求。

(二)提出索赔要求的时限

提出索赔要求的时限有以下几个:①货损、货差属于明显可见的赔偿要求,应从发现时起立即提出并最迟延至收到货物之日起 14 天内提出;②货物运输延误的赔偿要求,在货物由收货人支配之日起 21 天内提出;③货物毁灭或遗失的赔偿要求,应自填开货运单之日起 120 天内提出。任何异议,均按上述规定期限,向承运人以书面形式提出。除承运人有欺诈行为外,有权提取货物的人如果在规定时限内没有提出异议,将丧失对承运人诉讼的权利。对于提出索赔的货物,货运单的法律有效期为两年。

四、索赔所需的文件

空运索赔时所需的单据及文件包括:①正式索赔函 2 份(收货人/发货人向货代公司,货代公司向航空公司);②货运单正本或副本;③货物商业发票、装箱清单和其他必要资料;④货物舱单(航空公司复印);⑤货物运输事故签证(货物损失的客观详细情况);⑥商检证明(货物损坏后由商检等中介机构所做的鉴定报告)；⑦运输事故记录；⑧来往电函。

五、赔偿规定

货物没有办理声明价值，承运人按照实际损失的价值进行赔偿，赔偿的最高限额为毛重每公斤20美元。已向承运人办理货物声明价值，并付声明价值附加费的，按声明价值赔偿。

内损货物的责任。货物的内损指货物的外包装完好，但货物本身破损了。对于此类货物的破损，如无确实的证据证明是由于承运人的过错造成的，则承运人不应当赔偿。但对于外包装破损或有盗窃痕迹的，承运人应负责赔偿。如果货物的一部分或货物中任何物件发生遗失、损坏或延误，用以决定承运人责任限额的重量，仅为该件或件数的总重量。如果货物的一部分或者货物中任何物件发生遗失、损坏或延误，以致影响同一份货运单所列的另一包装件或其他包装件的价值，在确定责任限额时，另一包装件的总重量也应当考虑在内。

六、理赔程序

(一)货物运输事故签证

航空地面代理在卸货时发现货物破损的，即由航空公司或航空公司地面代理填写《货物运输事故签证》，这份签证主要是在目的站货物出现问题的一个证明。在填写这份签证之前，收货人需要进一步确认内装物的受损程度，可以同航空公司的货运人员共同开箱检查，确认货物的具体受损程度。在开箱检查时，会出现两种情况：一是外包装破损，内装物完好；二是外包装破损，内装物破损。当出现第二种情况时，有可能是由于货主没有按照航空货物包装的要求来进行包装而导致的货物受损，这种情况就需要货主和承运人共同承担责任。这份证明要客观地描述货物出现问题的状况，尽量不要出现模糊性词语。这份签证由航空公司的货运部门签完后，再由收货人签字，其中一份航空公司留存，另一份由收货人留存。

(二)索赔申请书

自发现货物发生问题后，一定要按照公约所规定的赔偿时限提出赔偿要求，需要向航空公司提出书面的索赔申请书。索赔申请书格式如下：

××航空公司货运部

本公司在提取来自纽约的一票货，运单号为×××－54235786，1件共80公斤，由××123/78dts承运。该货在目的地交付时发生严重的外包装破损(详见贵公司开具的事故鉴定书)。

现本着实事求是、维护双方共同利益的原则，我公司向贵公司提出以下处理意见和索赔申请。

该货物价值1 600美元，请给予原价赔偿。参见托运人出具的受损货物价值证明。

请贵公司予以尽快办理为盼，谢谢合作。

随附：运单、装箱单、发票、事故记录等

××代理公司
××××年××月××日

(三)航空公司审核所有的资料和文件

航空公司在接到索赔申请书后，应对索赔申请人所提交的资料和文件进行审核。主要审核货运单、装箱单及发票内容的一致性，事故记录的真实性，业务过程中的来往电函等。

(四)航空公司进一步调查

1. 如货物已办理了保险,保险公司全额赔偿后,再向承运人提出,承运人视限额赔偿。
2. 货物遗失,查看往来电函。货物破损、潮湿,查看记录是全部损坏还是部分损坏。
3. 了解始发站是否收到索赔函,避免双重索赔。
4. 填写国际货物索赔报告。

(五)填写航空货物索赔单

由航空公司填写航空货物索赔单,索赔人签字盖章,表明航空公司正式认可索赔的有关事项。

(六)货物索赔审批单

航空货物的索赔根据索赔货物的金额需要审批。

(七)责任解除协议书

索赔人收到索赔款时会签署责任解除协议书,即放弃诉讼权及进一步索赔权。

操作4 陆运及多式联运事故的处理

一、公路货运事故的处理

(一)货运事故记录的编制

货运事故记录的编制过程,一般根据下列要求进行:①事故发生后,由发现事故的运送站或就近站前往现场编制商务记录。如系重大事故,在有条件时还应通知货主一起前往现场调查,分析责任原因;②如发现货物被盗,应尽可能保持现场,并由负责记录的业务人员或驾驶人员根据发现的情况会同有关人员做好现场记录;③对于在运输途中发生的货运事故,驾驶人员或押运人员应将事故发生的实际情况如实报告车站,并会同当地有关人员提供足够的证明,由车站编制一式三份的商务事故记录;④如货损事故发生于货物到达站,则应根据当时情况,会同驾驶人员、业务人员、装卸人员编制商务记录。

(二)货损事故的赔偿

受损方在提出赔偿要求时,首先应做好赔偿处理手续,具体做法如下:①向货物的始发站或到达站提出赔偿申请书;②提出赔偿申请的人必须持有有关单证,如,行李票、运单、货票、提货联等;③在得到责任方给予赔偿的签章后,赔偿申请人还应该填写"赔偿要求书",连同有关货物的价格票证,如发票、保单、货物清单等,送交责任方。

在计算货损货差的金额时,主要有三种情况:①发货前的损失,应按发货地当天同一品类货物的出厂价计算,已收取的运费也应予以退还;②到达后的损失,应按货物运到当天同一品类货物的市场均价计算赔偿;③对价值较高的货物,应按一般商品市场均价计算赔偿。

二、铁路货运事故的处理

在铁路货物运输中,凡涉及铁路与发货人、收货人之间,或参加运送铁路间、铁路内部各单位间发生货损货差时,应在事故发生当日编制记录,作为分析事故原因、确定责任的原始证明和处理赔偿的依据。

（一）货损事故记录编制

货运事故记录分为商务记录、普通记录、技术记录三种。

1. 商务记录。商务记录是在货物运送过程中对发生的货损、货差或其他不正常情况的如实记载，是具体分析事故原因、责任和请求赔偿的基本文件。在商务记录中，应确切记载货物的实际情况和运送当时发现的不良状况，以及发生货物损坏的原因。记录中应列举事实，而不应包括关于责任问题和发生损失原因的任何判断。同时，对商务记录各栏内容应逐项填写。遇到下列情况之一，应编制商务记录：①发现货物的名称、重量、件数等同运单和运行报告单中记载的事项不符；②货物发生全部或部分灭失或损害，或包装破损；③有货无票或有票无货；④由国境站开启装有危险货物的车辆时。

商务记录必须在发现事故的当日编制，并按每票货物分别编制。如果运送同一发货人和同一收货人的同一种类的货物时，允许在到达站对数批货物编制一份商务记录。

接受商务记录的铁路部门，如对记录有异议，则应从收到记录之日起45天内，对异议通知编制商务记录的人。超过这一期限则被认为接受记录内容。

2. 普通记录和技术记录。

货物运送过程中，如发现上述属商务记录以外的情况时，如有需要，车站应编制普通记录，普通记录不作为赔偿的依据。

当查明货损是由车辆状况不良所致时，除编制商务记录外，还应按该货损情况编制有关车辆状态的技术记录，并附于商务记录内。

（二）货损事故的赔偿

1. 赔偿请求的提出或受理。发货人、收货人均有权根据运输合同提出赔偿要求。

自赔偿请求提出之日，凭发信邮局戳记或铁路在收到提出的赔偿请求书时出具的收据为凭起，铁路必须在180天内审查此项请求，并对赔偿请求人给予答复。

2. 索赔的依据及有关文件。索赔人在向铁路部门提出索赔要求时，必须同时出具下列文件：

（1）一旦货物发生全部灭失，由发货人提出赔偿，发货人应出具运单副本。如由收货人提出赔偿时，则应同时出具运单副本和运单。

（2）货物发生部分灭失或变质、毁损时，收货人、发货人均可提出索赔，同时应出具运单以及铁路到达站给收货人的商务记录。

（3）货物发生运输延误时，应由收货人提出赔偿，并提交运单。

（4）对于承运人多收运输费用的情况，发货人可按其已付的款项向承运人追回多收部分的费用，但同时应出具运单副本或铁路规定的其他有关文件。如由收货人提出追回所收费用的要求，则应根据其支付的运费为基础，同时还需出具运单。

在提出索赔的赔偿请求书上，除应附有运单或运单副本外，在适当情况下还需附商务记录，以及能证明货物灭失、损坏和货物价值的文件。

3. 索赔的请求时效。凡根据运输合同向铁路部门提出的索赔，以及铁路对发货人和收货人关于支付运费、罚款的赔偿要求应在9个月内提出，有关货物运输延误的赔偿，则应在2个月内

提出。上述时效的计算方法是:

(1)关于货物损坏或部分灭失及运输延误的赔偿,自货物交付之日或交付之日起计算。

(2)关于货物全部灭失的赔偿,自货物按期运到后60天内。

(3)关于补充支付运费、杂费、罚款的要求,或关于退还此项款额的赔偿要求,则应自付款之日起计算。如未付款,则从货物交付之日起计算。

(4)关于支付变卖货物的货款要求,则自变卖货物之日起计算。

三、国际多式联运事故处理

(一)国际多式联运经营人的索赔

国际多式联运经营人索赔是指国际多式联运经营人在赔偿货主(托运人或收货人)的损失后,依约或依法向实际造成损失的责任人(货运代理人、区段承运人、港站经营人等)进行追偿的过程。其程序如下:

1. 发出书面的货损通知。目前,规范各种运输方式的国际公约与法规中均要求货主在索赔通知时限内向承运人发出货损、货差的通知,索赔人必须遵循其规定。

所谓索赔通知时限,是指有关运输的国际公约或国内法律中所规定的收货人或其代理人,在从承运人或其代理处收受货物后,应用书面形式向承运人或其代理提出的表明货物的损坏、灭失、延迟交付情况,并提出保留索赔权利的书面声明的期限。

(1)对于货物灭失或损坏的书面通知,应注意如下几点:

Ⅰ. 通知有效的基本条件。书面通知应同时满足以下条件才有效:①通知必须是书面的,口头通知不发生效力;②通知必须在规定的时间内递交;③通知必须递交予承运人或其代理;④必须表明有关货损或灭失情况。

Ⅱ. 无须递交书面通知的情况。如果货物交付时收货人已经会同承运人进行联合检查或者检验,或者已记载于双方交接的文件上,则收货人无须再提交上述书面通知。

Ⅲ. 书面通知期限的起算。从收到货物次日起算,如果期限终止日为星期天或法定节假日,应顺延至下一个工作日。

Ⅳ. 在法定时间内未提交书面通知,可能会产生三种后果。①货物状况良好的初步证据。在海运公约或法律、公路货运合同公约中规定:如果收货人未在规定的时间内提出书面通知,则货物的交付可视为承运人已经按照运输单证的记载交付以及货物状况良好的初步证据。②丧失索赔权。《华沙公约》《民用航空法》《国际铁路货约》等规定:除非承运人有欺诈行为,否则收货人未在收货时间内递交书面的索赔通知将丧失索赔权。③后果视不同情况而区别对待。在《国际货物多式联运公约》中,除了对货物灭失、损坏规定了一般索赔通知时限,并规定未能及时通知则视为多式联运经营人按货物状况良好交付的初步证据外,还进一步规定,如果在货物交付之日或应当交付之日后6个月内,没有提出书面索赔通知,并说明索赔的性质和主要事项,则在期满后失去诉讼时效。

(2)对于延迟交货损失的书面通知,应注意以下两点:

Ⅰ. 收货人应在规定的时间内向有关承运人或其代理提交书面的延迟损失通知;

Ⅱ. 如果收货人未在规定的期限内提交书面通知,各种运输方式下的国际公约或法律均规定收货人将失去索赔权。

2. 提交索赔申请书或索赔清单及随附单证。索赔申请书、索赔函或索赔清单是索赔人向货运责任方正式要求赔偿的书面文件。也就是说,如果索赔方仅仅提出货损通知,而没有递交索赔申请书或索赔清单或出具有关的货运单证,则可解释为没有提出正式索赔要求,被索赔方不会受理货损、货差的索赔。因此,在提出书面的货损通知后,应尽快备妥各种有关证明文件,在规定的时效内向责任人正式提交索赔要求。

索赔人除了提交索赔函外,还应该提供能够证明货运事故的原因、损失程度、索赔金额、责任所在,以及索赔人具有索赔权利的单证。这些单证主要有:提单或运单正本,商业发票,装箱单,货损、货差理货报告及货物残损检验报告,修理单,权益转让书,往来电函等。

3. 解决争议。双方通常采取和解或调解途径解决争议,如果无法解决争议,则可能进入诉讼或仲裁程序。值得注意的是,法律对涉及索赔的诉讼案件规定了诉讼时效,因此,无论向货运事故的责任人提出索赔与否,在无法自行解决问题的前提下,索赔人应在规定的诉讼时效届满之前提起仲裁或诉讼,否则,就失去了起诉的权利,往往也失去了索赔的权利和经济利益。

(二)国际多式联运经营人的理赔

国际多式联运经营人的理赔是指国际多式联运经营人对货主或其代理所提出的货运事故赔偿要求予以受理并进行处理的过程。多式联运经营人作为多式联运合同的当事人,既享有权利,也要承担义务与责任。在理赔的过程中,程序如下:①审查索赔人是否有索赔权;②审查索赔是否超过索赔时效;③审查货运事故是否发生在国际多式联运经营人的责任期间内;④审查国际多式联运经营人是否可以免责;⑤审查国际多式联运经营人是否可以享受责任限制;⑥综合上述步骤确定赔偿结果。

案例研讨与教学互动

通过对本模块的学习,我们已了解了国际货物运输事故的基础知识及事故处理的操作知识,现对本模块实例导入中的几个问题进行研讨。

由案情可知,该票货物的运输事故为国际多式联运事故,B 外运公司在此票货物的运输业务中为国际多式联运经营人,收货人持有提单为 B 外运公司签发的清洁提单,理应向多式联运经营人 B 外运公司提出索赔。

作为多式联运经营人的 B 外运公司应根据国际多式联运事故处理程序的要求进行处理。首先,B 外运公司应接受收货人的索赔申请,因为多式联运经营人作为多式联运合同的当事人,既享有权利,也要承担义务与责任。然后,再对理赔申请进行审核及后续处理。

理赔业务处理过程中,B 外运公司先应对索赔人是否有索赔权、索赔是否超过索赔时效、国际多式联运经营人是否可以免责、国际多式联运经营人是否可以享受责任限制等方面进行审核。之后 B 外运公司还要审核索赔人提交的相关索赔证据和资料,包括索赔申请书、索赔函及能够举证索赔函中所提出的索赔事项的原始证据,通常所应提供的证据有货运单证、检验证书、商业票据和有关记录等,以便证明货损的原因、种类、损失规模及程度,以及货损的责任。

当然,多式联运经营人 B 外运公司在对收货人进行赔偿后,可依约或依法向实际造成货损的相关责任人(区段承运人、港站经营人等)进行追偿。

本案例中，有一个集装箱的货损发生在海运过程中，B外运公司可依约或依法向海运的承运人追偿；另一个集装箱中的货损理应由B外运公司自己承担，因为货物是由B外运公司装箱、封箱，而向收货人交货时集装箱的外表状况良好、铅封完好。

思考与练习

1. 货主A公司向B公司订舱出运20个出口集装箱，B公司接受委托承运后向货主A签发了清洁提单。之后B公司又以自己的名义将其中10个集装箱交由C货运公司运输，将另外10个集装箱交由D航运公司运输。D航运公司的船舶在运输途中遇强风，部分装在甲板上的集装箱因绑扎不牢而落入海中灭失，收货人持B公司签发的B/L提货时发现少了3个集装箱。

试分析并解决下列问题：

(1)收货人应向谁提出索赔要求？

(2)收货人在索赔时应提供哪些单据及文件？

(3)请为收货人设计具体的索赔程序。

2. 一票航空运输的电子产品，从法兰克福经北京中转，目的站为青岛，总计费重量为102公斤，未声明价值。在从北京到青岛的国内段操作中发生货物灭失。

试分析并解决下列问题：

(1)本案是否适用华沙体制？为什么？

(2)收货人应向谁索赔？理论上能获得多少赔偿？

(3)请为收货人设计具体的索赔程序。

3. 我国A公司与美国B公司签订了进口5套设备的贸易合同，FOB美国西海岸，目的地为山东济南。A公司委托C航运公司负责全程运输。C航运公司从美国西雅图港以海运方式运输了装载于3个集装箱的设备到青岛港，C航运公司委托D汽车运输服务公司运输，双方订立陆路运输合同。货到目的地后，收货人发现2个集装箱破损，货物严重损坏。经查实，发现涉案的2个集装箱货物的损坏发生在青岛至济南的陆路运输区段。(本案适用中国法律)

试分析并解决下列问题：

(1)本案是否能按照中国《海商法》关于承运人赔偿责任和责任限额的规定来确定当事人的赔偿责任？为什么？

(2)收货人应向谁提出索赔要求？

(3)收货人在索赔时应提供哪些单据及文件？

(4)请为收货人设计具体的索赔程序。

参考文献

文献资源:

[1]中国国际货运代理协会.国际货运代理理论与实务.北京:中国商务出版社,2007.

[2]符兴新,陈广.国际贸易制单实务.第2版.北京:中国经济出版社,2012.

[3]姚大伟.国际货运代理理论与实务.北京:中国商务出版社,2007.

[4]顾永才.国际货物运输与保险.上海:同济大学出版社,2006.

[5]王俭廷.航空物流运营实务.北京:中国物资出版社,2009.

[6]肖旭.航空快递进出港业务.北京:中国民航出版社,2011.

[7]谢春讯.航空货运管理概论.南京:东南大学出版社,2006.

[8]孙家庆.集装箱多式联运.北京:中国人民大学出版社,2009.

[9]孙家庆.国际货运代理风险规避与案例分析.北京:科学出版社,2009.

[10]王学锋.提单实务及其法律.北京:中国商务出版社,2005.

[11]杨占林,尹波.国际物流铁路运输操作实务.北京:中国商务出版社,2004.

[12]中国航空法学会研究会,国际航空法华沙体制文件汇编.北京:中国法制出版社,1999.

[13]王学锋等.国际海上货物运输.上海:同济大学出版社,2006.

[14]朱敏霞.新编国际商法——案例与实务.南京:南京大学出版社,2010.

[15]张炳达,王晓静.国际贸易实务与案例.上海:立信会计出版社,2007.

[16]曾立新.国际运输货物保险.北京:中国人民大学出版社,2011.

[17]杨海芳,李哲.国际货物运输与保险.北京:清华大学出版社,2011.

[18]张苗,白云.国际货物运输与保险.北京:清华大学出版社,2010.

[19]王戈.保险学概论.北京:冶金工业出版社,2010.

[20]孙敬宜.国际货运代理实务.北京:电子工业出版社,2010.

[21]顾永才,国际货物运输与保险.北京:首都经贸大学出版社,2009.

[22]任英,国际货物运输与保险实务.北京:清华大学出版社,2009.

[23]李娟.国际货代与通关实训.北京:化学工业出版社,2011.

[24]陈广,蔡佩林.集装箱运输实务.北京:中国经济出版社,2010.

网站资源:

[1]中国国际货运代理协会官网[EB/OL].http://www.cifa.org.cn/.

[2]联邦快递中国官网[EB/OL].http://www.fedex.com/cn/.

[3]UPS中国官网[EB/OL].http://www.ups.com/cn.

[4]DHL中国官网[EB/OL].http://www.cn.dhl.com/.

[5]TNT中国官网[EB/OL].http://www.tnt.com.cn/.

[6]中国邮政速递物流官网[EB/OL].http://www.ems.com.cn/.

[7]Airline-DB[EB/OL].http://www.airline-db.com/.

[8]民航休闲小站[EB/OL].http://www.xmyzl.com/.